Das Burger Landrecht und sein rechtshistorisches Umfeld

Harz-Forschungen

Forschungen und Quellen
zur Geschichte des Harzgebietes

Herausgegeben vom

Harz-Verein für Geschichte und Altertumskunde e. V.

durch Dieter Pötschke
in Verbindung mit Jörg Brückner, Bernd Feicke,
Hans-Jürgen Grönke, Christian Juranek und Friedhart Knolle

Band XXX

Berlin und Wernigerode 2014

Dieter Pötschke, Gerhard Lingelbach, Bernd Feicke (Hg.)
unter Mitarbeit von Ulrich-Dieter Oppitz

Das Burger Landrecht und sein rechtshistorisches Umfeld

Zur Geschichte der Landrechte und ihrer Symbolik im Mittelalter
von Rügen bis Niederösterreich

Lukas Verlag

Umschlagabbildung: Ausschnitt und Beginn des Burger Landrechtes (fol. 65v), Landkreis- und Stadtarchiv Burg, erste Hälfte 14. Jahrhundert, Foto: Pötschke

Die Drucklegung dieses Bandes wurde mit wesentlicher Unterstützung des Kultusministeriums des Landes Sachsen-Anhalt, des Landesverwaltungsamtes Halle, des Harz-Vereins für Geschichte und Altertumskunde, der Volksbank Jerichower Land, der Sparkasse Jerichower Land und von privaten Sponsoren aus Burg und Magdeburg, aber auch des Lukas Verlages realisiert.

Die Autoren tragen die Verantwortung für den Inhalt ihrer Aufsätze und die Rechte zum Abdruck ihrer Abbildungen.

© Harz-Verein für Geschichte und Altertumskunde
© Lukas Verlag Berlin
Erstausgabe, 1. Auflage 2014
Alle Rechte vorbehalten

Lukas Verlag für Kunst- und Geistesgeschichte
Kollwitzstraße 57
D–10405 Berlin
www.lukasverlag.com

Lektorat und Herstellung: Susanne Werner
Umschlag: Lukas Verlag
Druck: Elbe Druckerei Wittenberg

Printed in Germany
ISBN 978-3-86732-185-3

Inhalt

Geleitwort Gunter Fritsch, Potsdam	7
Vorwort Clausdieter Schott, Zürich, Dieter Pötschke, Leest	10
Grußwort Violaine Varin, Magdeburg	13
Landrechte als Forschungsproblem – eine Einführung Dieter Pötschke	15

Landrechte und Landesordnungen

Das Burger Landrecht Ein spätmittelalterliches Rechtsbuch aus dem Kernland des Sachsenspiegelrechts Keno Zimmer, Saarbrücken	33
Zur Sprache des Burger Landrechts Jörn Weinert, Halle	58
Landrecht nach österreichischen Quellen Wilhelm Brauneder, Wien/Budapest	73
Die Grafen von Mansfeld als Vorsitzende königlicher Landdinge (*lantdinc*) zwischen Harz und Saale im Mittelalter Bernd Feicke, Westerhausen	79
Das Wendische Landrecht des Fürstentums Rügen und das Schweriner Landrecht – eine neue Rechtsquelle von der Insel Rügen Dieter Pötschke	88

Symbolik der rechtlichen Verhältnisse auf dem Lande

Darstellungen des Landrechtes in illustrierten Rechtshandschriften Gernot Kocher, Graz	119
Pranger in dörflichen Siedlungen in dem touristischen Raum Niederschlesien Andrzej Gulczyński, Poznań	125

Das Spannungsfeld Stadtrecht – Landrecht

Magdeburger Recht und Sachsenspiegel – Stadtrecht und Landrecht 143
CLAUSDIETER SCHOTT

Schöffenbuch, Stadtrecht und Landrecht in Burg 161
ADRIAN SCHMIDT-RECLA, Leipzig

Kombinierte Rechtsbücher zwischen Adria und Ostsee 175
WILHELM BRAUNEDER

Ein Herzogtum im Kolonisationsland? Der *ducatus transalbinus* des Erzbischofs von Magdeburg von 1196 180
MICHAEL SCHOLZ, Potsdam

Textfragment eines Stadt- oder Schöffenrechtes von Burg 194
DIETER PÖTSCHKE

Anhang

Text des Burger Landrechtes nach der Originalhandschrift 219
KENO ZIMMER

Übersetzung des Burger Landrechtes aus dem 14. Jahrhundert 232
DIETER PÖTSCHKE, KENO ZIMMER, JÖRN WEINERT

Das Burger Landrecht aus dem 14. Jahrhundert 241
Abdruck der Originalhandschrift

Adressen der Autoren und Herausgeber 255

Geleitwort[*]

Sehr geehrter Herr Bürgermeister Rehbaum, sehr geehrter Herr Dr. Pötschke, sehr geehrter Herr Erben, sehr geehrte Herren Referenten, Teilnehmer und Gäste,

lassen Sie mich heute mit einem Dank beginnen, einem Dank an die Sponsoren, die diese Tagung überhaupt erst möglich gemacht haben. Und zwar ausschließlich mit Sponsorengeldern ohne öffentliche Mittel. Schön, dass es noch so viele Menschen gibt, denen das möglich ist und die das auch wollen. Frau Hönicke hat hier dankenswerterweise ganze Überzeugungsarbeit geleistet.

Dass heute das Burger Landrecht als Thema im Vordergrund steht, ist insofern folgerichtig, soll aber nicht ausschließlich als Konzession an die Sponsoren verstanden werden. Eine Tagung in Burg hat natürlich auch die Berechtigung, sich mit einem Burger Thema zu befassen, in die eigene Vergangenheit zu schauen und eigenes Geschichtsbewusstsein aufzubauen.

Die wichtigsten Aufgaben für heute sind:
- das Burger Landrecht wissenschaftlich in die Geschichte der deutschen Landrechte auf dem ihm zustehenden Platz einzuordnen und
- der Legendenbildung entgegenzuwirken, es sei der eigentliche Ursprung des Magdeburger Rechts.

Als Schirmherr des Netzwerkes der Rolandorte bin ich gern Ihrer Einladung gefolgt. Denn heute wird ein dickes Brett gebohrt: Worin bestehen die rechtlichen Hintergründe für die Errichtung des erst im 16. Jahrhundert nachgewiesenen Rolands von Burg? Welche besonderen Rechte konnte Burg aufweisen? Warum können die Burger Bürger stolz auf ihren Roland, das Burger Landrecht, auf ihre Stadt sein, zu der heute auch Schartau gehört?

Die Orte des Rolandnetzwerkes haben in ihrer Gemeinsamen Erklärung von 2007 u.a. vereinbart, dass sich die Rolandorte gegenseitig in der Erforschung der Geschichte und Bedeutung der Rolandstandbilder unterstützen und sich für die Vertiefung der Kontakte zu europäischen Regionen einsetzen, die mit der Roland-Tradition ebenfalls verbunden sind.

Die Rolandorte haben seit der letzten Tagung 2010 in Haldensleben das Netzwerk mit Leben erfüllt. Zahlreiche Rolandfeste wurden veranstaltet. Wir müssen unter Tourismus nicht nur den Besuch von Ferntouristen verstehen. Vielmehr müssen wir die lokalen Feste wie Rolandfeste oder regionale Veranstaltungen vom Sachsen-Anhalt-Tag oder dem Brandenburg-Tag auch als Potential für Tourismus und vor allem für Kulturtourismus begreifen. Dazu wurde mithilfe des Kultusministeriums des Landes Sachsen-Anhalt eine Broschüre über die Rolandroute durch vier Bundesländer – Brandenburg, Sachsen, Sachsen-Anhalt und Thüringen – und ein entsprechender Internetauftritt entwickelt. Somit gelang es, eine gemeinsame Dachmarke für die Rolandorte zu entwickeln.

---

[*] Zur Tagung »Das Burger Landrecht – zur Entwicklung der Landrechte und ihrer Symbolik im Mittelalter« am 12./13. Oktober 2012.

Der Rolandgedanke lebt: Bennungen im Südharz und Hehlingen – heute Ortsteil von Wolfsburg, aber einst brandenburgische Exklave – haben in diesem Jahr in Rückbesinnung auf historische Traditionen ihren Roland wiedererrichtet. Der Hehlinger Roland ist natürlich wie der von Haldensleben beritten. Aber – lieber Prof. Schott – wir werden nicht mit der Kavallerie in die Schweiz einreiten. Schon allein deshalb nicht, weil wir nur zwei berittene Rolande besitzen.

Da ich schon beim befreundeten Ausland bin. Liebe Herren Professoren Brauneder, Kocher und Gulzyński – gibt es nicht auch etwas großes Gemeinsames in den Landrechten, jedenfalls in Mitteleuropa? Das wäre doch auch für die Zweifler an einer gemeinsamen europäischen Zukunft wichtig zu wissen.

Das Thema dieser Tagung interessiert mich auch aus heutiger Sicht. Wie haben sich im Mittelalter unsere Vorfahren, die ja aus verschiedenen Siedlergruppen bestanden – Wenden, Flamen, Niederländer und Deutsche – miteinander verständigt und einen gemeinsamen rechtlichen Schirm gefunden, unter dem sie leben konnten? Wie hat sich das Recht dann bis zur Entstehung unserer Rolande als Symbole des Selbstbewusstseins der Orte – es gab ja auch Dörfer mit Rolanden – weiterentwickelt? Was können wir daraus lernen, da unsere Bevölkerung zum Teil ja auch aus Bürgern anderer Nationen und anderer Religionen besteht?

Wenn wir an einer gemeinsamen europäischen Zukunft arbeiten, ist es hilfreich, unsere gemeinsame Geschichte zu kennen.

Ein Beispiel sind die europäischen Pilgerwege. Erst kürzlich ist der Jakobsweg von Heiligenblut bis Tschenstochau wieder eingeweiht worden. Ist Roland seinerzeit über die Pilgerwege von Frankreich zu uns gekommen? Noch wissen wir es nicht.

Ein weiteres Beispiel gemeinsamer Geschichte findet sich im deutsch-polnischen Klosternetzwerk wieder, das wir neulich in Prenzlau vorgestellt haben. Hier wird gleichzeitig gemeinsame Geschichte und gemeinsame Zukunft beachtet. Denn dieses Netzwerk wird sicher eine touristische Attraktion werden. Und da ich ja quasi ein Brandenburger mit »Migrationshintergrund« bin, 1942 in Landsberg an der Warthe – Gorzów – geboren, freut mich besonders Ihre Teilnahme Herr Prof. Gulzyński aus Poznań an der heutigen Tagung.

In Vorbereitung dieser wirklich hochkarätigen Tagung zum Thema Burger Landrecht machte mich Dr. Pötschke auf einen Begriff aufmerksam, der sich hinter der Vielzahl von rechtlichen Regelungen wie Ortsrecht, Siedlerrecht, Stadtrecht und Landrecht verbirgt: Gerechtigkeit.

In der Tat ist das Verhältnis von Recht und Gerechtigkeit ein spannendes Thema. Nach der Wende war die Erwartungshaltung sehr groß. Wir erinnern uns an Bärbel Bohleys Satz: »Wir wollten Gerechtigkeit und haben den Rechtsstaat bekommen.« Oder an den Satz: »Vor Gericht bekommt man nicht Gerechtigkeit sondern ein Urteil.« Und das ist auch richtig, denn die Richter entscheiden auf der Grundlage geltender Gesetze. Wenn das zu Ungerechtigkeiten führt, müssen die Gesetze novelliert werden, dann ist die Legislative gefragt. Es sei denn, das Verfassungsgericht entscheidet im Rahmen einer Normenkontrollklage direkt über die Rechtmäßigkeit eines Gesetzes.

Im zwanzigsten Jahr der Verfassung Brandenburgs ringen wir heute ständig um Gerechtigkeit. Wir haben – so wie auch das Land Sachsen – ein Gesetz, das die Rechte unserer Sorben oder Wenden in Sprache und Kultur schützt und fördern die etwa 20 000 im Land Brandenburg lebenden Wenden als Minderheit. Dahinter steht die Verpflichtung zum Minderheitenschutz und dieser wieder beruht auf dem Artikel 1 unseres Grundgesetzes: »Die Würde des Menschen ist unantastbar …«.

Aber sind Fragen des Mindestlohnes oder der künftigen Rentenhöhe nicht auch eine Frage der Gerechtigkeit, die in entsprechenden Gesetzen Niederschlag finden müssen? Was können wir aus der Geschichte lernen? Wie kann man Gerechtigkeit finden und in magere Gesetzesformulierungen packen ohne sie nach zehn Jahren wieder ändern zu müssen? Hier dürfen wir auf die Ergebnisse der Tagung gespannt sein.

Ich wünsche Ihnen für Ihre Beratungen viel Erfolg.

Gunter Fritsch
Präsident des Landtages Brandenburg und
Schirmherr des Netzwerkes der Rolandorte

Vorwort

Die Quellen zu dem auf dem Lande geltenden Recht fließen für Nordostdeutschland im Mittelalter relativ dürftig. Insofern ist die Auffassung, dass auch hier im Wesentlichen das Landrecht des Sachsenspiegels galt, schwer zu überprüfen. Aus der traditionsreichen Stadtrechtsforschung ist bekannt, dass in den Städten des Südens das sächsisch-magdeburgische Recht und das Goslarer Recht, zwischen Elbe und Oder das Magdeburg-Brandenburger und im Norden das Lübische und Schweriner Stadtrecht vorherrschten. Aber auf dem Lande?

Insofern war es richtig, dass die Fachkommission Rechtsgeschichte des Harz-Vereins für Geschichte und Altertumskunde die Bitte der Stadt Burg aufgriff, die im dortigen Kreis- und Stadtarchiv einzige Handschrift des Burger Landrechtes aus dem 14. Jahrhundert in die Landschaft der deutschen Landrechte einzuordnen. Handelt es sich doch um eines der wenigen Rechtsbücher Ostdeutschlands, die überhaupt noch im Original erhalten sind. Dem stand aber die Dürftigkeit der Quellen gegenüber, da hier nicht Hunderte von Handschriften wie vom Sachsenspiegel, dem Meißner Rechtsbuch, dem Schwabenspiegel oder den bayerischen und österreichischen Landrechten überliefert sind. Vielmehr sind für die Herzogtümer Mecklenburg, Pommern und das Fürstentum Rügen überhaupt keine Rechtsbücher aus dem Mittelalter überliefert, und Thüringen hat es wie die französisch-sprechende Schweiz auch nicht zu Landrechten gebracht. In dieser schwierigen Ausgangssituation sind die hier vorgelegten drei Fallstudien zu Landrechten – für das Schweriner Landrecht in Mecklenburg, Pommern und auf Rügen, aber auch für das Burger Landrecht und für Thüringen – sicher hilfreich.

Die genannte Fachkommission hatte sich auf mehreren ihrer Jahrestagungen mit den Stadtrechten von Goslar, Halberstadt, Wernigerode, aber auch mit der Bedeutung von Rechtssymbolen wie Rolanden und Prangern befasst und die Erträge in drei Bänden in der Reihe Harz-Forschungen 11(1999), 14(2002), und 23(2007) vorgelegt. Auf dem 34. Deutschen Rechtshistorikertag in Würzburg und dem 39. in Luzern wurde die Arbeit des Harz-Vereins auf dem Gebiet der deutschen Rechtsgeschichte vorgestellt. Neben dem Rheinischen Verein für Rechtsgeschichte e.V. ist der Harz-Verein einer der wenigen regional tätigen Vereine für deutsche Rechtsgeschichte.

Durch gute inhaltliche Vorbereitung im Netzwerk der Fachkommission stellten Historiker, Rechtshistoriker und Germanisten aus Deutschland, Österreich, der Schweiz und Polens nicht nur ihre Kenntnisse über Landrechte und ihre Symbolisierungen auf einer Internationalen Tagung am 12./13. Oktober 2012 in Burg vor, sondern erarbeiteten auch neue Forschungsergebnisse. Natürlich stehen in diesem Band das Burger Landrecht und das Recht in Burg im Vordergrund. Es wird hier nicht nur erstmals ein farbiges Faksimile sondern auch ein zitierfähiger Text und eine Übersetzung geboten.

Die Tagung in Burg und die nachfolgende 15. Jahrestagung der Fachkommission am 27./28. September 2013 in Ilsenburg zeigten, dass die Fachkommission Rechtsgeschichte nicht nur ein guter Mittler zwischen Wissenschaft und an historischen Zusammenhängen interessierten Bürgern ist. Vielmehr verfügt sie auch über ein Netzwerk zu den Universitäten in Leipzig, Jena, Wien, Zürich und Posen, mit dessen Hilfe sie Forschungsdesiderata quellennah, lokal und regional orientiert angeht. Wie dünn der von der bisherigen Landrechtsforschung aufbereitete Boden östlich der Elbe bisher war, zeigt das folgende Beispiel.

Im Magdeburger Weichbildrecht wird an der Stelle (Art. XIII, §1), bei der es um das Schelten eines Urteils der Magdeburger Schöffen geht, auf die Beteiligung von Schöffen aus Schartau bei Burg hingewiesen und zur Begründung angegeben, dass dieses länger als Magdeburg bestanden hätte »und die keiser otto dat hertichtum dar ut geleget hevet von alder tiet, und al mit enem rechte begrepen is.«[1] Dieses urkundlich im 12. Jahrhundert tatsächlich erwähnte Herzogtum als auch die Besiedlung des Gebietes links und rechts der Elbe u.a. mit flämischen Siedlern zählen zu den Bemühungen der Magdeburger Erzbischöfe und dem Markgrafen der Nordmark, Albrecht dem Bären, in dem Gebiet zwischen Elbe und Oder im 12. Jahrhundert wieder Fuß zu fassen. Das Herzogtum (*ducatus transalbinus*) hat es eigentlich nie gegeben und war – wie Scholz in diesem Band nachweist - nur ein Versuch, den Sprengel des ostelbischen Landgerichts adäquat zu beschreiben. Zugleich drangen die Dänen an der südlichen Ostseeküste nach Mecklenburg, Rügen und Pommern vor, und es haben sich in diesem Gebiet in der Folge verschiedene Stadt- und Landrechte herausgebildet. Von den letzteren war bisher weitgehend unklar, in welcher Verbindung sie zum sächsisch-magdeburgischen Recht standen und in welchem Land sie eigentlich galten.

Eine grundlegende offene Frage war, ob das Burger Landrecht aus dem 14. Jahrhundert auch in der Stadt Burg galt. Aufgrund der hier vorgelegten Ergebnisse kann diese Frage nun verneint werden. Zimmer hatte dies in seiner Dissertation 2003 bereits aus der Sicht des Burger Landrechts behandelt Schmidt-Recla zeigte nun durch die Analyse eines erhaltenen Burger Schöffenbuchfragments, dass Burg im 14. Jahrhundert wohl nur die Niedergerichtsbarkeit inne hatte und das Burger Landrecht keine Anwendung fand. Dennoch hat das in der Stadt geltende Erbrecht mit dem Burger Landrecht eines gemeinsam: Beide lehnen bereits im 14. Jahrhundert das Erbrecht des Sachsenspiegels ab.

Ein Textfragment, das zwar mit dem Burger Landrecht überliefert wurde, aber nachweislich nicht zu diesem gehört, da Bürger und Rat erwähnt werden, konnte durch Dieter Pötschke und Keno Zimmer mit ziemlicher Sicherheit als neuer, überraschender Fund einem ansonsten nicht überlieferten Burger Stadt- oder Schöffenrecht zugeordnet und in das 14. Jahrhundert datiert werden. Das Textfragment erhärtet die Auffassung, dass Burg im 14. Jahrhundert keine hohe Gerichtsbarkeit besaß. Auch die Frage, ob das Burger Landrecht in dem eingangs erwähnten Herzogtum galt, kann nach den abschließenden Ergebnissen von Scholz eigentlich verneint werden.

Das Burger Landrecht hat viele Jahre im Schatten der Forschungen zum sächsisch-magdeburgischen Recht, zum Sachsenspiegel, dessen Bilderhandschriften und Glossen gestanden. Noch Gerhard Buchda wollte sich 1978 in seinem lesenswerten Artikel »Landrechtsbücher« im Handwörterbuch zur Deutschen Rechtsgeschichte zum Burger Landrecht »hinsichtlich seines Charakters als Rechtsbuch« noch nicht festlegen.

---

1 Dat buk wichbelde recht. Das sächsische Weichbildrecht nach einer Handschrift der königl. Bibliothek zu Berlin von 1369, hg. von A. v. Daniels, Berlin 1853, S. 11.

1 Teilnehmer der Internationalen Landrechtstagung in Burg am 12./13.10.12. Foto: Steffen Reichel, 2012

Ulrich Dieter Oppitz hat es immerhin in sein Verzeichnis »Deutsche Rechtsbücher des Mittelalters« als Nr. 334 unter die deutschen Landrechtsbücher aufgenommen. Er forderte aber die Überprüfung der von der früheren Literatur getroffenen Aussage, es sei »allgemeines Kolonistenrecht«. Dies erfolgt in dem hier vorgelegten Aufsatz von Zimmer.

Allein vier Aufsätze befassen sich mit dem Recht in und um Burg. Zimmer wies nach, dass das Burger Landrecht als eines der frühen deutschen reinen Landrechte doch Unterschiede zum Erbrecht des Sachsenspiegels aufwies. Die gleiche Beobachtung wird hier durch weitere Untersuchungen zum in der Stadt Burg geltenden Erbrecht, zum brandenburg-berlinischen Recht und zum Schweriner Landrecht, das in Mecklenburg, Pommern und im Fürstentum Rügen vorherrschte, nachgewiesen. Das Erbrecht des Sachsenspiegels konnte sich hier nicht durchsetzen, während andere Teile des Landrechts des Sachsenspiegels übernommen wurden.

Der Erfolg beider Tagungen mit 160 bzw. 80 Teilnehmern an beiden Tagen und die hier vorgelegten Ergebnisse, die z.T. neu erarbeitet wurden, rechtfertigen den hohen Aufwand durch Autoren und Organisatoren. Als erfreulich muss die Tatsache bezeichnet werden, dass sich viele Bürger aus dem Harz-Raum, aus Burg, Magdeburg und Umgebung wieder für Rechtsgeschichte des Mittelalters interessieren. Das mag auch der besonderen politischen Situation Ostdeutschlands 23 Jahre nach der Wiedervereinigung geschuldet sein. Man fragt sich wieder, woher wir kommen und wohin wir gehen.

Danken möchte wir den Initiatoren der Tagung in Burg vor Ort und den Autoren auch für ihr reges Interesse an den Landrechten und ihren Symbolen.

Prof. Dr. iur. Clausdieter Schott
vormals Lehrstuhl für Rechtsgeschichte
und Privatrecht
Universität Zürich

Dr. Dieter Pötschke
Leiter der Fachkommission
Rechtsgeschichte im
Harz-Verein für Geschichte und Altertumskunde

Grußwort[*]

Sehr geehrter Herr Landtagspräsident Fritsch, sehr geehrter Herr Bürgermeister Rehbaum, sehr geehrter Herr Erben, sehr geehrter Herr Dr. Pötschke,
meine Damen und Herren, Mesdames, Messieurs

Es ist eine Ehre, als Kulturattachée der französischen Botschaft, als Leiterin des Institut français Sachsen-Anhalt, heute mit Ihnen diese international besetzte Landrechtstagung und zugleich die 11. Tagung »Roland und Recht im Mittelalter und früher Neuzeit« eröffnen zu dürfen.

Das Institut français Sachsen-Anhalt ist eine Außenstelle der französischen Botschaft in Deutschland, dessen Aufgaben hauptsächlich in der Vermittlung der französischen Kultur in Sachsen-Anhalt bestehen.

Wie mir berichtet wurde, ist es bereits zur Tradition geworden, dass sich die Orte des Rolandnetzwerkes gegenseitig bei der Erforschung ihrer Rechtsgeschichte und der Bedeutung ihrer Rolandstandbilder unterstützen – zur Tradition gehören auch die regelmäßig stattfindenden Tagungen – deren 11. am heutigen Tag in der Rolandstadt Burg eröffnet wird.

Nun mag man sich fragen, wo die Verbindung der Tätigkeit einer französischen Kulturattachée zur Thematik dieser Tagung besteht? Zum Einen ist es die Städtepartnerschaft zwischen der Rolandstadt Burg und der französischen Stadt La Roche-sur-Yon, die seit 1990 als »Dreiecksbeziehung« zusammen mit der Stadt Gummersbach besteht und seit November 2005 auch als direkte, bilaterale Partnerschaft gepflegt wird. Mit jährlichen Familienbegegnungen, regelmäßigen Austauschen zwischen Sportvereinen sowie gemeinsamen Kunst- und Kulturveranstaltungen zählt diese deutsch-französische Städtepartnerschaft zu den aktivsten in Sachsen-Anhalt.

Zum Anderen ist die historische Rolandverehrung eine gesamteuropäische – ja auch eine deutsch-französische Erscheinung. Nach dem derzeitigen Forschungsstand sollen französische Rolanddarstellungen die ikonografischen Vorbilder für Rolandstandbilder sein, die seit dem 14. Jahrhundert u.a. in Deutschland zu finden sind. Angefangen vom altfranzösischen Rolandslied, la Chanson de Roland, das jeder Franzose an der Grundschule stückweise aufwendig lernt, über Rolandskulpturen in Conques, Limoges und Brioude aus dem 12. Jahrhundert, spannt sich somit der historische Bogen zur Rolandstadt Burg und zur bevorstehenden Tagung. Sicher spielt dabei Kaiser Karl der Große – Charlemagne auf Französisch – als Herrscher und Gesetzgeber eine wichtige Rolle. Das ist aber schon wieder ein neues und umfangreiches Thema!

Da es sich um eine rechtshistorische Fachtagung handelt, bin ich der Auffassung, dass auch möglichst schnell die Fachleute zu Wort kommen sollten. Aus diesem Grund soll

---

[*] Zur Tagung »Das Burger Landrecht – zur Entwicklung der Landrechte und ihrer Symbolik im Mittelalter« am 12./13. Oktober 2012.

mein Grußwort an dieser Stelle enden. Für die Durchführung der Tagung wünsche ich Ihnen ein gutes Gelingen, maximalen Erfolg und möglichst viele neue Erkenntnisse. Ich bedanke mich für Ihre Aufmerksamkeit.

Vielen Dank. Merci

Violaine Varin
Kulturattachée
Beauftragte für deutsch-französische Angelegenheiten in Sachsen-Anhalt

Landrechte und ihre Symbolik als Forschungsproblem

Einführung

Dieter Pötschke

> Mag derohalben pro Lege publica, diese drey Bücher/den SachsenSpiegel/Weichbild und
> LehenRecht/sampt ihren Glossen uffnehmen wer da will;
> ich will mich an das jenige Sächsische Recht halten/welches in üblichen Brauch jederzeit
> bestanden/ es mag in solchen Büchern gleich beschrieben seyn oder nicht.[1]
> *Benjamin Leuber 1648*

Zum Forschungsansatz dieses Bandes

Mit der Herausbildung von Städten und ländlichen Siedlungen im Mittelalter und in der frühen Neuzeit, aber auch mit den entsprechenden Rechtssymbolen wie Halseisen, Pranger, Rolanden oder dem Rathausschmuck haben wir uns in den letzten Jahren in der 1997 gegründeten Fachkommission Rechtsgeschichte im Harz-Verein für Geschichte und Altertumskunde eingehend beschäftigt.[2] Mit Rechtssymbolen sind wir ja im Harzraum und seiner Umgebung reichlich gesegnet, wenn wir allein an das instruktive Buch von Hans-Günther Griep über die Harzer Rechtsdenkmale[3] mit seiner Vielzahl von Zeichnungen denken.

Die Verbreitung von Stadtrechten im Goslarer Rechtsraum in Städten wie Halberstadt, Quedlinburg, Aschersleben, Blankenburg, Wernigerode, Nordhausen und Mühlhausen, stand auf den verschiedenen Jahrestagungen der Fachkommission Rechtsgeschichte als weiteres Thema im Mittelpunkt.[4]

Als neuer Partner der Fachkommission Rechtsgeschichte im Harz-Verein hatte sich 2007 ein Netzwerk der deutschen Roland-Orte konstituiert, das neben der touristischen Vermarktung der Roland-Orte und ihrer historischen Sehenswürdigkeiten folgendes Ziel in ihr Gründungsmemorandum aufnahm: »Die Roland-Orte unterstützen die Erforschung der Geschichte und Bedeutung der Rolandstandbilder. Sie setzen sich für die Vertiefung der Kontakte zu europäischen Regionen ein, die mit der Roland-Tradition ebenfalls verbunden sind.« Denn rechtliche Bedeutung und Ursprung der 38 erhaltenen, meist überlebensgroßen Recken aus Holz oder Stein von Riga/Lettland bis Bremen und von Prenzlau bis Dubrovnik/Kroatien lassen sich – als bekanntestes Rechtssymbol neben Halseisen und Pranger – nicht ohne den rechtshistorischen Hin-

---

1 LEUBER (1648) – pars II, Z. 74, S. 41.
2 Vgl. die Berichtsbände in der Reihe HARZ-FORSCHUNGEN (1999, 2002, 2007).
3 GRIEP (1993).
4 HARZ-FORSCHUNGEN (2002). – HARZ-ZEITSCHRIFT (2004).

tergrund und den Privilegien des jeweiligen Rolandortes erklären. Übrigens finden wir Pranger und Rolande auch auf Dörfern. Gern hat sich die Fachkommission Rechtsgeschichte als fachlicher Ansprechpartner für das Rolandnetzwerk bereit erklärt, einzelnen Rolandorten zu helfen, ihre Rechtsentwicklung aufzuarbeiten. Zumal wir im Harzraum frühe Rolande z.B. in Halberstadt, Quedlinburg und Nordhausen finden.

2011 erreichte uns die Anfrage der Rolandstadt Burg bei Magdeburg, ob wir aufgrund unserer Erfahrungen mit den genannten Themen zu dem im dortigen Stadtarchiv überlieferten Burger Landrecht aus dem 14. Jahrhundert eine Tagung veranstalten könnten. Dabei sollte dieses alte Rechtsbuch, das stets im Schatten der Forschungen zu der reichhaltigen, von Magdeburg beeinflussten Überlieferung des sächsisch-magdeburgischen Rechts stand, in den Kontext der im deutschen Sprachraum überlieferten Landrechtsaufzeichnungen eingeordnet werden. Denn es handelt sich immerhin um eines der ganz wenigen in Ostdeutschland im Original erhaltenen mittelalterlichen Rechtsbücher. Zudem sollte seine Eigenständigkeit im Magdeburger Rechtsbereich herausgearbeitet und der bekannte Bezug zur flämischen Besiedlung Burgs im 12. Jahrhundert klargestellt werden. Auch wünschte man in Burg, das Verhältnis des Burger Landrechtes zum sogenannten Schartauer Recht klar zu stellen und zu prüfen, ob letzteres älter als das Burger oder gar das Magdeburger Recht sei. Damit wollten wir auch in einem alten Rolandort »in die Tiefe gehen« und den rechtshistorischen Hintergrund der Rolanderrichtung erhellen. Dieser wurde zwar erst 1521 erstmals erwähnt, ist aber älter und war schon ein nicht unbedeutendes Denkmal, da er in diesem Jahr nur vergoldet wurde.

So kam es, dass die folgende Tagung in Burg zugleich als 11. Tagung in die Reihe »Roland und Recht im Mittelalter und früher Neuzeit« aufgenommen wurde und von Frau Violaine Varin, Kulturattachée, Beauftragte für deutsch-französische Angelegenheiten in Sachsen-Anhalt, aber auch vom Schirmherrn des Rolandnetzwerkes, Herrn Landtagspräsidenten Gunter Fritsch, freundliche Grußworte erhielt.

Da wir mit dem systematischen Vergleich von Landrechten bisher noch keine Erfahrungen hatten und diese zudem in der Forschung bisher überwiegend nur punktuell bzw. regional untersucht wurden, beschlossen Prof. Gerhard Lingelbach/ Jena, Dr. Ulrich-Dieter Oppitz/Ulm und der Unterzeichner, den Rahmen wesentlich weiter – von der südlichen Ostseeküste über Burg und Thüringen bis in die Schweiz und nach Niederösterreich – zu spannen, um Landrechte im Vergleich betrachten zu können. Dies stieß auch auf Zustimmung in entsprechenden konzeptionellen Vorgesprächen mit Prof. Clausdieter Schott, Prof. Wilhelm Braunder/Wien, Prof. Lingelbach und dem Unterzeichner auf dem 39. Deutschen Rechtshistorikertag 2012 in Luzern. Dort berichtete mir Prof. Hans Schlosser von den unlängst edierten oberbayerischen Landrechten, deren Kodifizierung etwa gleichzeitig mit dem Burger Landrecht einsetzt[5], und Prof. Schott von deutsch-schweizerischen Landrechten, die auf einer nächsten Tagung behandelt werden könnten.

---

5   Die von SCHLOSSER/SCHWAB (2000) unlängst ediert wurden.

Im Zentrum sollten natürlich das Burger Landrechtsbuch und die darin nachweisbaren Einflüsse von Rechten flämischer Siedler stehen. Zugleich sollte untersucht werden, wie Elemente des Landrechtes durch Rechtssymbole in der schriftlichen Überlieferung und in der dörflichen Wirklichkeit dargestellt werden.

Eine Abfrage in unserem kleinen Netzwerk der Fachkommission von Historikern, Rechtshistorikern und Germanisten ergab, dass doch schon ausgedehnte Forschungserfahrungen bei verschiedenen Landrechten vorlagen. Um zu verstehen, wie wir uns dem sehr heterogenen Gesamtthema genähert haben, seien diese hier kurz und beispielhaft angeführt. Dies mag auch ein wenig als Legitimation dienen, weshalb wir uns an dieses hochkomplexe Thema »Landrechte« überhaupt heranwagten, das schon Generationen von Archäologen, Siedlungskundlern, Sprachwissenschaftlern, Rechtshistorikern[6], Kirchenhistorikern (Christianisierung und Entstehung der Pfarrbezirke; Verhältnis zu Burgbezirken) und Mediävisten ausführlich beschäftigt hat. Es war auch die Frage, ob die Rechtsgeschichte neben ihren Beiträgen zur Stadtrechtsentwicklung in Mitteleuropa über die reine Rechtstextanalyse hinaus einen eigenständigen Beitrag zur Geschichte und Entstehung der Landrechte und ihrer Rechtikonografie leisten kann, auch wenn die Quellenlage nicht immer günstig ist.

Mit den thüringischen Landesordnungen, Stadtrechten und Statuten (u.a. auch Nordhausen und Mühlhausen) hatte sich Prof. Lingelbach beschäftigt. Prof. Brauneder kannte die österreichischen Landrechte und die Wiener Stadtbücher. Ausgedehnte Erfahrungen brachte Prof. Schott/Zürich bei Stammesrechten, im Sachsenspiegel Land- und Lehnrecht, seinen Glossen und den Schweizer Landrechten, aber auch der entsprechenden Rechtssymbolik ein. Dr. Feicke/Thale hat sich ausführlich mit den erzstiftisch/Magdeburger und insbesondere mansfeldischen Geschichtsquellen befasst. Die Sprache des Sachsenspiegels, insbesondere die der Dresdener Bilderhandschrift und der zeitgenössischen Urkunden hatte Dr. Weinert untersucht. Prof. Kocher/Graz kennt am besten die Schwierigkeiten, Rechtssätze und -handlungen zu symbolisieren (Rechtsikonografie). Prof. Gulczyński/Poznań ist Spezialist für Rechtssymbole wie Pranger und Rolande in Mitteleuropa, die wir auch im ländlichen Raum antreffen. Dr. Weinert wurde zudem vom Unterzeichner gebeten, die Sprache des Burger Landrechtes einer erneuten Untersuchung zu unterziehen und mit zeitgenössischen Urkunden zu vergleichen. Die beste Übersicht über die deutschsprachige Landrechtsentwicklung hat Dr. Oppitz/Ulm[7], der derzeit an einem größeren Projekt über die bayerischen Landrechte arbeitet. Er gewann auch Dr. Zimmer/Saarbrücken als Hauptreferenten für die Tagung. Letzterer hatte bei Prof. Kroeschell eine Dissertation zum Thema »Das Burger Landrecht« erarbeitet.[8] Dr. Scholz/Potsdam ist ein Kenner der Magdeburgischen, Halleschen und brandenburgischen Urkunden. Der Unterzeichner hatte sich über 25 Jahre mit dem Einfluss des Sachsenspiegel-Landrechtes und seinen

---

6 Vgl. zusammenfassend Buchda (1978).
7 Oppitz (1990), Verzeichnis der deutschen Land- und Lehnrechte I (1990), S. 21–45.
8 Zimmer (2003).

Glossen auf das Berliner Schöffenrecht, den Landrechten in Mecklenburg, Pommern und dem Fürstentum Rügen und dem Goslarer Stadtrechtsraum, aber auch mit der rechtlichen Bedeutung der Rolande befasst.

Eine räumlich so weit gefasste angestrebte Untersuchung der Entwicklung von Landrechten zwischen Ostsee und Niederösterreich sollte eigentlich die Landrechte im Sachsenspiegel, seinen Glossen und Symbolisierungen der Rechte in den Bilderhandschriften, aber auch im Schwabenspiegel, Deutschenspiegel, Kleinem Kaiserrecht, bayerischen Landrechten usw. miteinbeziehen. Aber diese Rechte sind gut erforscht und können aus Platzgründen in diesem Band nicht untergebracht werden.

Der vorliegende Band enthält die Berichte der Internationalen Tagung »Das Burger Landrecht: zur Geschichte der Landrechte und ihrer Symbolik im Mittelalter«, die die Fachkommission Rechtsgeschichte des Harz-Vereins gemeinsam mit der Stadt Burg und dem Heimatverein Burg am 12./13.10.2012 in Burg veranstaltet hat und die mit privaten Sponsorengeldern finanziert wurde. Zudem fanden thematisch passende Vorträge von der 15. Jahresversammlung der Fachkommission Rechtsgeschichte am 27./28. September 2013 im Kloster Ilsenburg Aufnahme.

Schwerpunkte des Bandes sind also
- wissenschaftliche Einordnung des Burger Landrechtes in die deutsche Landrechtslandschaft und Vergleich der Sprache des Burger Landrechtes mit zeitgenössischen Urkunden
- Abgrenzung zum Landrecht des ebenfalls aus dem 13. Jh. stammenden Landrechtes des Sachsenspiegels und Magdeburger Schöffenrecht
- die Besiedlungsgeschichte von der südlichen Ostseeküste über den Magdeburger Raum bis nach Thüringen – soweit für die Entstehung der Rechtstexte relevant
- der Spannungsbogen von der Entstehung der Orts- und Landrechte im südlichen Küstenbereich der Ostsee, Mitteldeutschlands und Österreichs
- die rechtlichen Grundlagen des Zusammenlebens auf dem Lande – Verhältnis von Stadt- zu Landrechten
- Frage nach der Symbolik landrechtlicher Verhältnisse, da im hohen Mittelalter die Mehrheit der Bevölkerung nicht lesen konnte.

Hier werden erstmals Besiedlungsgeschichte und Landrechtentwicklung, aber auch Sprache und Symbolik der letzteren in einen gemeinsamen Kontext gestellt.

Zum Begriff »Landrecht«

Ausgerechnet die älteste Erwähnungen des Begriffes Landrecht finden sich nicht in den juristischen Quellen, die – von antiken überlieferten Aufzeichnungen auf Stein und Pergament abgesehen – spätestens seit Kaiser Justinian I. und seinem Corpus iuris civilis[9], also seit dem 6. Jahrhundert reichlich fließen.

---

9 Die erste Gesamtausgabe unter dem Titel *corpus iuris civilis* erfolgte erst durch Dionysios Gothofredus 1583, vgl. ders. Corpus Iuris Civilis, Frankfurt/M.³1602.

1 Seite aus der Münchner Heliand-Handschrift Cgm 25. Hier wird im 9. Jahrhundert der Begriff Landrecht als »landreht« erstmals erwähnt. Quelle: Robert Koenig: Deutsche Literaturgeschichte. Bielefeld, Leipzig 1878, S. 189.

Die erste Erwähnung des Landrechtes finden wir im Heliand, einem frühmittelalterlichen altsächsischen Großepos aus der 1. Hälfte des 9. Jahrhunderts, wo es im Vers 3860 heißt: »than uueldi that folc iudeono queðen, that he iro aldiron êo uuiðersagdi, thero liudio landreht.«[10] Darin sagen also die Juden zu Christus, der ihnen die Steinigung der Ehebrecherin verwehrt, dass sei wider ihr »landreht«.

Die Entwicklung des Begriffes Landrecht lässt sich auch in der mittelhochdeutschen Literatur verfolgen, so im Alexanderlied des Pfaffen Konrad (V. 250), in Gottfried Strassburgs Tristan (V. 5999) und im Parzival Wolframs von Eschenbach (V. 4608).[11] Aber erst seit der Mitte des 11. Jahrhunderts lassen die Quellen einen territorialen Bezug erkennen. So wird das *ius provincie* »landreht« in einer Urkunde aus dem Jahre 1200 erstmals in einen klaren Gegensatz zu den statuta civitatis gestellt.[12]

---

10 BEHAGHEL (1602). Zudem auch die Stelle: »Erodes mohta, thie iuuuan êo bican, iuuuaro liudo landreht, hie ni mahta is libes gifrêson« V. 5321.
11 BUCHDA (1978A), Sp. 1529.
12 Ebd. Sp. 1529. – Weitere Belege des Begriffes Landrecht für das gesamte Mittelalter unter *http://drw-www.adw.uni-heidelberg.de/drw/*, Artikel Landrecht (Zugriff 16.6.2012).

Landrechte als Forschungsproblem

Landrecht (LR)	Original erhalten?	Territorium bestimmt?	Königliche o.ä. Bestätigung	Rechtsquellen bekannt?
Burger Landrecht 14. Jh.	ja	nein	nein	nein
Oberbayerisches LR 1346	0	ja	ja	0
Schlüssel zum LR 15. Jh.	ja	nein	nein	ja
Rügisches Landrecht	ja	ja	nein (beinahe)	nein
Sachsenspiegel LR	nein	nein	nein	nein/ja
Berliner Schöffenrecht 1325	nein	ja	nein	ja

Das früheste Rechtsbuch, das landrechtliche Regelungen enthält ist – neben dem Landrecht des Sachsenspiegels, das aber nicht an die strengen Grenzen eines Herrschaftsbereiches gebunden ist – die Kulmer Handfeste von 1233 für das Land des Deutschen Ordens. In Österreich kam es bereits in babenbergischer Zeit (1237) zu einer Aufzeichnung des Rechts, das im Lande des Herzog Leopolds von Österreich galt.[13] Zudem wurde es etwa 1278 unter König Rudolf I. sowie 1298 unter Albrecht I. aufgezeichnet. Das auf Gewohnheitsrecht beruhende Landrecht der Steiermark wurde wahrscheinlich in der 2. Hälfte des 14. Jahrhunderts abgefasst und galt auch in Kärnten. Die österreichischen Landrechte wurden insbesondere in den 1990er Jahren gut untersucht. Ein Oberbayerisches Landrecht wurde unter Kaiser Ludwig dem Bayern 1346 herausgegeben. Das schlesische Landrecht oder Landrecht des Fürstentums Breslau von 1356 wurde bereits von Gaupp 1828 ediert und sein Verhältnis zum Sachsenspiegel untersucht.

Die Behandlung der Landrechte im Sinne einer vergleichenden Landrechtsgeschichte stößt allerdings auf eine elementare Schwierigkeit. Die schriftliche Überlieferung der Landrechte ist im Osten Deutschlands und nicht nur dort äußerst heterogen. Man kann die Vielfalt unserer Landrechte allein schon an ihrer Entstehungszeit, an der Art der Überlieferung, an der Frage, in welchem Territorium es galt, an der Frage, ob eine königliche oder andere obrigkeitliche Bestätigung vorliegt und an ihren Rechtsquellen erkennen. Wenn wir uns fragen, was Landrecht eigentlich ist, so könnte man es sich leicht machen und antworten: »Ein kleiner Ort in Schleswig«. Aber schon bei der Frage, warum der Ort so genannt wurde, kommen wir unserem Thema näher. Denn der Ort Landrecht wurde so genannt, weil dort dänisches Landrecht, das sog. jütische Landrecht (von Jütland, »Jyske Lov«) galt, während in der benachbarten Stadt Wilster das Lübische Stadtrecht galt. Aber was ist eigentlich jütisches Landrecht? Da könnte man einfach antworten, das ist das Recht, das 1241 kodifiziert wurde und in Jütland galt. Wir wollen die Beantwortung der vielschichtigen Frage, was Landrecht ist, den Autoren überlassen.

Vor zwanzig Jahren war die Welt der Stadt- und Landrechte noch in Ordnung. Sie waren gemäß der 1. Auflage des Handwörterbuches für deutsche Rechtsgeschichte

---

13 BUCHDA (1978A), Sp. 1530.

noch sauber begrifflich geschieden. Unterdessen bröckeln die Fronten. Bereits im Jahre 1980 stellte Weitzel die Frage, worin sich denn eigentlich der Rechtsbegriff der Magdeburger Schöffen von dem des Magdeburger Stadtrechtes eigentlich unterschied.[14]

> Das Stadtrecht »beruht« also nicht auf dem Landrecht in dem Sinne, daß das Landrecht zur Ausbildung oder tragend zur Ausgestaltung des Stadtrechtes herangezogen worden wäre. Das Stadtrecht ruht vielmehr auf dem Landrecht auf.

stellt WEITZEL (1980) fest und bestritt damit den hauptsächlichen Einfluss des Sachsenspiegel-Landrechtes auf die Ausgestaltung des Magdeburger Stadtrechtes.

Auf der anderen Seite bezeichnen Wilhelm Ebel[15] und Hans Thieme das Magdeburger Recht als »stadtrechtliche Fassung des Sachsenspiegel-Landrechtes« und zur zeitlichen Entwicklung schreibt Ebel gar: »Das lübische Recht ist nicht etwa, wie das Magdeburger Recht, die Anpassung eines Landrechtes an die Bedingungen des städtischen Lebens.«[16]

Sachsenspiegel und Landrechte in Nordostdeutschland

Hier galt es Einschränkungen vorzunehmen. Wir wollten uns auf reine Landrechte beschränken. Das etwa hundert Jahre zuvor entstandene Landrecht des Sachsenspiegels zählt nicht dazu, da es auch z.B. die Rolle des Königs und des Papstes, die Gerichtshoheit von König und Fürsten, den Kirchenbann und das Erbrecht der Mönche, die Heerschildordnung usw. enthält.

Die Geschichte der Landrechte fällt nach Gerhard Buchda aber weitgehend mit der Geschichte des Sachsenspiegels zusammen. Dieser Werdegang sei durch Vervielfältigung, nicht durch Vervollständigung gekennzeichnet.[17] Da seine Geschichte gut untersucht ist, wird auf das weit verbreitete Landrecht des Sachsenspiegels und seine Wirkungsgeschichte in diesem Band nur am Rande eingegangen: Verhältnis des Sachsenspiegels und seinen Glossen zum Magdeburger Recht bei SCHOTT, Verhältnis zum Erbrecht im Burger Landrecht bei ZIMMER, Gültigkeit des Sachsenspiegels in Mecklenburg, Pommern und im Fürstentum Rügen bei PÖTSCHKE und Sprache des Burger Landrechtes und des Sachsenspiegels bei Weinert.

Das Landrecht des Sachsenspiegels und seiner Glossen ist zwar gut erforscht[18], aber seine Wirkung auf andere Stadt- und Landrechte und sein Verhältnis zur Rechtswirklichkeit – z.B. zu den Schöffensprüchen – ist weniger detailliert untersucht. FRIEDRICH EBEL (2001) schrieb:

---

14 WEITZEL (1980), hier insbesondere Abschn. III: Das Verhältnis von Magdeburger Stadtrecht und Sachsenspiegel-Landrecht.
15 EBEL (1971), hier S. 24. – THIEME (1971), hier S. 145
16 EBEL (1971).
17 Ebd. – BUCHDA (1978B), hier Sp. 1537.
18 Bei den Regesta Imperii, *http://opac.regesta-imperii.de* sind allein 552 Titel genannt (Zugriff 12.10.2013). – Vgl. neuerdings auch LÜCK (2013). – KANNOWSKI (2007). – KÜMPER (2009).

Landrechte als Forschungsproblem

> So sind die thüringischen Städte Herde des ursprünglich fränkischen Rechts (das vielfach statutarisch fixiert weiterlebt), während eigentlich nur auf dem Land der Sachsenspiegel das Recht saxonisiert. Für Preußen, Schlesien und viele kleinere Gegenden auch Mitteldeutschlands (s. schon das Wort »Fläming«) ist flämisches Recht relevant, was im Bewusstsein des Mittelalters stets präsent blieb. Goslar, dessen Recht vor allem im Meißener Rechtsbuch erscheint, war zwar eine Königsstadt auf sächsischem Boden; ihr Recht aber ist stark fränkisch beeinflusst. Und auch die Tochterstädte Magdeburger Rechts, vor allem wenn sie selbst Oberhoffunktion wahrnahmen wie etwa Leipzig, Halle, Breslau, gaben den Entwicklungen eigene Akzente.

Eine vertiefte Textanalyse der Rechtsquellen zeigt aber teilweise ein anderes Bild. Von dem zu Anfang des 14. Jahrhunderts verfassten Berliner Schöffenrecht – die Aufzeichnung im erhaltenen Berliner Stadtbuch stammt erst aus dem Ende des 14. Jahrhunderts – konnte PÖTSCHKE (1990) nachweisen, dass von den 234 Artikeln des Landrechtes des Sachsenspiegels 149 ganz oder teilweise benutzt wurden – das sind etwa 64 Prozent der Artikel. Umgekehrt beruhen von den etwa 275 Artikeln, in die man das Schöffenrecht zerlegen kann, 210 ganz oder teilweise auf dem Sachsenspiegel. Das umfängliche Goslarer Stadtrecht derselben Zeit, das weite Verbreitung durch seinen Einfluss auf das Meißner Rechtsbuch gewann, beruht ganz wesentlich auf dem Sachsenspiegel und hat viele Rechtsregelungen wörtlich übernommen.[19]

Der große Einfluss des Sachsenspiegel-Landrechtes auf 19 weitere Rechtsbücher ist von KÜMPER (2009) detailliert auf der Ebene der Artikel belegt worden. Dabei wurden nach dem methodologischen Vorbild der Untersuchung des Berliner Schöffenrechts durch Pötschke Konkordanztabellen angelegt, die den Nachweis auf Artikelebene erbringen. Die nächste Stufe wäre eine wortgruppen-genaue Analyse der Rechtstexte und Zitate aus dem Sachsenspiegel und anderen Rechtsquellen, die sogenannte polychrome Edition, bei der verschiedene Textschichten farbig markiert werden.[20] Andererseits ist die Verbreitung des Landrechtes des Sachsenspiegels zwar nach Niedersachsen[21], nicht aber nach Mecklenburg, Pommern und Rügen nachweisbar. Welche Landrechte galten aber dort? Hier hat die Forschung noch keine endgültige Antwort geliefert, vgl. den Aufsatz von Pötschke in diesem Band.

Landrechte – erteilte Privilegien oder private Rechtsaufzeichnungen

Bei Landrechten haben wir – wie auch bei Stadtrechten – zu unterscheiden, ob es sich um von der Landesherrschaft privilegierte Rechte handelt oder um private Aufzeichnungen von Rechtskundigen, die das Recht bestimmter Landschaften aufzeichneten. Im Falle einer Privilegierung würde das Rechtsbuch aus der herkömm-

---

19 GÖSCHEN (1840) stellte die Belege auf 53 Seiten zusammen, S. 522–575. – Neue Ausgabe der jüngeren Goslarer Handschrift bei LEHMBERG (2013).
20 Konzept und Beispiele bei PÖTSCHKE (2012).
21 EBEL (1978).

lichen Definition deutschsprachigen Rechtsbücher herausfallen, die gemeinhin als »private Arbeit rechtskundiger Männer, die nicht im amtlichen Auftrag oder durch legislatorischen Akt zwischen 1200 und 1500 zustande kamen«.[22] Z.B. das Landrecht des Sachsenspiegels ist eine private Aufzeichnung des ostfälischen Rechts durch Eike von Repchow, auch wenn nach der Reimvorrede die Übersetzung in die deutsche Sprache von Hoyer von Falkenstein ausgegangen ist. Gegen seine Autorenschaft auch des Lehnrechtes sind übrigens nun ernsthafte Bedenken vorgetragen worden.[23] Der Glossator des Sachsenspiegels, Johann von Buch, glaubte, dass es sich um ein Privileg Kaiser Karls des Großen handelte, das nicht verändert werden dürfe. Er wollte wohl auf diese Weise dem Sachsenspiegel zu einer erhöhten Legitimation verhelfen.

In Berlin zeichnete ein uns unbekannter Kompilator im 14. Jahrhundert das Berliner Schöffenrecht auf, das sich als schlecht an Berliner Verhältnisse adaptierter Landrechtsentwurf erwies. Da es in das Berliner Stadtbuch mit weiteren Innungsprivilegien usw. aufgenommen wurde, ist es naheliegend, dass es im amtlichen Auftrag erstellt wurde. Es enthält im Wesentlichen Magdeburg-Brandenburger Recht, ohne dass für Brandenburg oder Berlin eine landesherrliche Privilegierung vorliegt, ja, vielleicht wie in vielen anderen Fällen gar nicht erfolgte.

Ähnlich ist die Lage bei den Landrechten. Waldemars Seeländisches Recht (Sjællandske Lov), das wohl aus der Zeit von König Waldemar II. stammt, wurde schon vor 1215 angenommen und königlich privilegiert. Eine Privilegierung des Wendischen Landrechts des Fürstentums Rügen durch die pommerschen Herzöge wurde im 16. Jahrhundert zwar nachweisbar gefordert und vorbereitet, kam aber nicht mehr zustande. Ein Oberbayerisches Landrecht wurde – wie bereits erwähnt – unter Kaiser Ludwig dem Bayern 1346 herausgegeben. Das Landrecht von Burg ist eher als private Aufzeichnung von Rechtsgewohnheiten um Burg herum anzusehen.

Drei Besonderheiten in unserer Methodologie seien genannt:
- Im Rahmen der Ostsiedlung[24] kam es zur Entwicklung von Personengruppenrechten, zu Ortsgruppenrechten bis hin zu Landrechten bzw. Stadtrechten (z.B. Rügen, Burg: Stadt-, Schöppen- und Landrecht). Dieser Prozess ist bei den bisherigen Untersuchungen zur Ostsiedlung v.a. von Walter Schlesinger zwar angesprochen, aber rechtshistorisch in seiner Differenziertheit in der Fläche – Herausbildung von Herrschaftsgebieten und Rechtsterritorien! – nicht aufgearbeitet worden. Durch eine tiefere Analyse der überlieferten Rechtsquellen (Wendisches Landrecht des Fürstentums Rügen, Burger Landrecht, Burger Schöffenbuch zur niederen Gerichtsbarkeit, Fragment eines Burger Stadtrechtes usw.) kann nun der Prozess der Entstehung von Stadtrechten und Landrechten und ihre oft schwer fassbare Abgrenzung besser verstanden werden.[25]

---

22 Munzel (1971).
23 Weinert (2013).
24 Dazu neuerdings Bünz (2008).
25 Vgl. Weitzel (1980), Schott in diesem Band, Schmidt-Recla in diesem Band.

- Dabei spielten auch auswärtige Rechte wie die der flämischen/westfälischen Siedler eine tragende Rolle. Dies führte im Burger Landrecht, aber auch in der Niedergerichtsbarkeit der Stadt Burg, Brandenburgs oder Berlins zu eigenen Rechtsentwicklungen – z.B. beim Erbrecht –, die sich vom Recht des Sachsenspiegels unterschieden. Dazu gehören auch Rechte, die von der dänischen kirchlichen Obrigkeit – Rügen gehörte im Mittelalter zum Bistum Roskilde – v.a. im Abgaben- und Gerichtsbereich den Klöstern, Dörfern, Bauern und Adligen auferlegt wurden.
- Es soll die grundsätzliche Frage einbezogen werden, ob ein aufgezeichnetes Recht »als Recht für eine autonome Selbstverwaltungskörperschaft (die Stadt) oder als Recht für das in eine Grundherrschaft eingebundene Land … verstanden werden soll. Für die Beantwortung solcher Grundfragen wird in der rechtshistorischen Forschung bislang nur selten versucht, den in einem konkreten, eng umrissenen Territorium tatsächlich geübten Rechtsverkehr mit dem Normativbestand zu vergleichen« (Schmidt-Recla).

Rechtsaufzeichnungen und Rechtswirklichkeit

Die aufgezeichneten Rechte in Stadt und Land spiegeln oft nur eine abstrakte Rechtsnorm wider, die eigentlich mit der Rechtswirklichkeit überprüft werden muss.[26] Dies ist oft aus Mangel aus Quellen nicht möglich. Aber im Falle Burgs konnte Schmidt-Recla das tatsächlich in der Stadt angewendete Recht anhand von 81 Eintragungen in dem überlieferten Schöffenbuchfragment mit dem Burger Landrecht und dem Magdeburger bzw. dem Sachsenspiegelrecht vergleichen.

Dem an ein Landrecht erinnernden Berliner Schöffenrecht schließt sich ein Buch der Übertretungen (»Buyk der overtredunge«) an, das 137 konkrete Rechtsfälle auflistet. Anhand dieser lässt sich überprüfen, ob die Berliner Rechtsnormen tatsächlich angewendet wurden. Im Original des Wendischen Landrechts des Fürstentum Rügen sind verschiedene Rechtsfälle – eher andeutungsweise – genannt und erläutert, welcher namentlich genannte Landvogt dazu welche Rechtsnorm herangezogen hat. Aber systematisch ist dieser Vergleich der Rechtsnormen mit dem wirklichen Rechtsleben in Nordostdeutschland bisher nicht oder nur ansatzweise erfolgt.

Ergebnisse

- Erstmals haben Experten – u. a. Rechtshistoriker, Germanisten und Historiker – ausgewählte Landrechte und Landesordnungen von Rügen bis Niederösterreich und ihre Symbolik auf einer gemeinsamen Tagung untersucht.
- Es erfolgte eine ausführliche rechtliche, sprachliche und historische Würdigung des Burger Landrechtes und seines rechtlichen Umfeldes. Es galt offensichtlich nicht in der Stadt Burg: Das bischöfliche Vogteigericht tagte vor der Stadt Burg

---

26 KROESCHELL (1977). – KROESCHELL (1986), hier S. 6.

und in den Dörfern, es wird aber kein Rat oder Schöffenstuhl erwähnt usw. Zimmer konnte nachweisen, dass sich das Burger Landrecht nicht unerheblich vom Magdeburger Recht v.a. im Erbrecht unterschied. Das Recht des Ortes Schartau (heute zu Burg gehörig) und das Burger Recht wurden bereits 1159 gleichzeitig mit dem Magdeburger Recht erstmals erwähnt.

- Der erneute sprachliche Vergleich mit etwa 60 Urkunden durch Weinert ergab Hinweise auf eine etwas jüngere Datierung als bisher geglaubt, aber noch in die erste Hälfte des 14. Jahrhunderts. Das Burger Landrecht enthält eine Mischung von mittelniederdeutschen und magdeburgischen Formen von Rechtsbegriffen.
- Vier Gründe sprechen dafür, dass das Burger Landrecht in Burg nicht galt:
  1. Es ist häufig von Bauern die Rede, aber nicht von Bürgern oder einem Rat oder Ratsmitgliedern. Es werden keine städtischen Angelegenheiten geregelt.
  2. Im Burger Landrecht werden zwei Gerichte erwähnt – aber von keinem Gericht in der Stadt Burg ist die Rede. Zunächst hegt der bischöfliche Vogt vor der Stadt Burg ein Ding im Landrecht – also das Vogtding (»vor der stad tu Borch imme lantrechte«, fol. 67r.). Er kann außer in den drei gebotenen Dingen vor Burg auch in Dörfern Gericht abhalten – das sog. *Botding*. Beide Gerichte fanden aber außerhalb der Stadt Burg statt.
  3. Eine Analyse des eindeutig der Stadt Burg zuzuordnenden Fragmentes eines Schöffenbuches durch SCHMIDT-RECLA ergab, dass 1395 in Burg ein Gericht existierte, das ausschließlich Aufgaben der grundherrlichen Niedergerichtsbarkeit und nicht der kommunalen Selbstverwaltung erfüllte und ein Schultheiß in Burg existierte. Es schloss, dass »in diesem Gericht ein Stadtschöffengericht mit dem Schultheißen als Richter zu erblicken« ist.
  4. SCHMIDT-RECLA kommt zu dem Ergebnis, dass aus der Sicht dieses Schöffenbuchfragmentes das Burger Landrecht »als Recht für das in eine Grundherrschaft eingebundene Land um Burg verstanden« werden sollte.
- Es ergab sich, dass das Verhältnis von Land- und Stadtrecht im Mittelalter so klar nicht ist, z.B. enthalten das Wiener Stadtrecht und das Berliner Schöffenrecht auch landrechtliche Elemente (Brauneder, Pötschke). Das Landrecht des Sachsenspiegels nimmt keinen Bezug auf Magdeburger Stadtrecht und bildet eher einen Gegensatz zum Lehnrecht, so SCHOTT (2014). Dieser hat das Landrecht und das Stadtrecht ausführlich nach der Weichbildglosse und dem Weichbildrecht untersucht.
- Während eine grundsätzliche Übereinstimmung der Erbfolgeordnungen des Sachsenspiegels und des Magdeburger Rechts festgestellt wurde[27], unterscheiden sich Magdeburger und Burger Landrecht v.a. im Erbrecht. Daher gab es vielfältige, regional verschiedene Antworten auf die Frage: Was ist eigentlich Landrecht?
- Die österreichischen Landrechte, z.B. für die Steiermark, aber auch lokale Rechte, die sich Landrechte nennen, kamen zur Darstellung. Landrecht, Stadtrecht, Hofrecht weisen aber keine prinzipiellen Unterschiede sondern eher eine weitgehend

---

27 MEUTEN (2000).

inhaltliche (materielle) Identität auf, Brauneder (2014a). Das lag am damaligen Trend der Rechtsvereinheitlichung. Manche Regionen besaßen keine expliziten Landrechte wie Thüringen (dort eher Landesordnungen, Lingelbach) oder die französisch-sprechende Schweiz.

- Das Burger Landrecht ist in einem Band mit weiteren Rechtsbüchern überliefert, diesem Typ von kombinierten Rechtsbüchern widmet sich Brauneder (2014b) in einem weiteren Aufsatz.
- Das urkundlich nachweisbare ostelbische Herzogtum (*ducatus transalbinus*) wurde von Scholz (2014) mit den Herzogtümern Köln und Würzburg verglichen, Es gab kein »Herzogtum jenseits der Elbe«, das – wie die Verfasser des Magdeburger Weichbildrechts glaubten – gar von Otto dem Großen verliehen worden war[28], sondern wahrscheinlich an der Wende vom 12. zum 13. Jahrhundert nur den Versuch, den Sprengel des ostelbischen Landgerichts adäquat zu beschreiben. Der *dux* war der Inhaber der Hochgerichtsbarkeit, und *ducatus* ist in unserem Zusammenhang wohl am treffendsten als »Hochgerichtsbezirk« zu übersetzen.
- Im Harzgebiet und seiner Umgebung finden wir in zahlreichen Städten das Goslarer Stadtrecht verbreitet. Über Landdinge und ihren Rang berichtet Feicke für einen Gau im Altsiedelgebiet westlich von Elbe und Saale.
- Vom Wendischen Landrecht des Fürstentums Rügen wurde das Original aus dem Jahre 1522 wieder aufgefunden und erste rechtshistorische Erkenntnisse von Pötschke gewonnen. Eine textkritische Edition des Originals des Wendischen Landrechts des Fürstentums Rügen, die klar zwei nachweisbare Textschichten zu unterscheiden hat, ist in Arbeit. Der dänische Einfluss auf die Entwicklung der Vogteiverfassung – nicht nur aus urkundlicher Sicht – ist im Zusammenhang mit der aus dänischer Zeit stammenden Einteilung nach den Bischofszehntregistern einer erneuten Analyse unterzogen worden. Es wurde darauf hingewiesen, dass untersucht werden muss, ob darüber hinaus seeländisches Kirchenrecht (1170) auf Rügen Einfluss nahm, da nach dem Original des Wendischen Landrechtes auf Rügen auch dänisches Recht gelten sollte. Auf Rügen galt auch Schweriner Recht, von dem nachgewiesen werden konnte, dass es – entgegen der Auffassung von Homeyer – weder mit dem Schweriner Stadtrecht noch mit dem Landrecht des Sachsenspiegels identisch ist. Sein Inhalt ist aber nach wie vor weitgehend unklar.
- In der Vorbereitung der Tagung wurde von Pötschke und Zimmer ein Textabschnitt am Ende des Burger Landrechtes als Text identifiziert, der nicht zum Burger Landrecht gehört und wahrscheinlich als Rest des verlorenen Burger Stadt- oder Schöffenrechtes angesehen werden muss, vgl. Pötschke in diesem Band. Die beiden überlieferten Sprechformeln wurden datiert.
- Schmidt-Recla untersuchte das Fragment eines »Schöffenbuches«, das in 81 Einträgen Beurkundungstätigkeiten (wahrscheinlich) eines Gerichts von Ende 1394 bis Anfang 1396 widerspiegelt. Es belegt in gerichtsverfassungsrechtlicher

---

28 Magdeburger Weichbildrecht (1853), Art. XIII, §1. – Zimmer (2003), S. 276, Anm. 67f.

Hinsicht, dass 1395 in Burg ein Gericht existierte, das in diesem Jahr ausschließlich Aufgaben der grundherrlichen Niedergerichtsbarkeit und nicht der kommunalen Selbstverwaltung erfüllte, und ferner, dass zu der Zeit ein Schultheiß in Burg existierte. Das (grundherrliche Stadtschöffen-)Gericht beurkundete Zuwendungen unter Ehegatten aber auch zugunsten von Abkömmlingen, sonstigen nahestehenden Personen und zugunsten der Kirche. Es hielt sich – bezogen auf diesen erb- und familienrechtlichen Spezialfall – in den normativen Grenzen des materiellen Burger Landrechts einerseits und des prozessualen Magdeburger Stadtrechts andererseits. Spuren des Sachsenspiegels finden sich insoweit nicht.

- Es gab gemeinsame Rechtssymbole wie Rolande, Halseisen und Pranger in ansonsten stark differenzierten Land- und Stadtrechtslandschaften. Insbesondere wurden Rolande in 52 Städten und 5 Dörfern nachgewiesen. Kocher und Björn Dittrich/Halle untersuchten ausführlich die Rechtssymbolik in Illustrationen von Rechtsbüchern. Ersterer behandelte die Kernfrage, ob landrechtliche Regelungen überhaupt bildlich darstellbar sind. Auch in Dörfern sind die bekannten Rechtssymbole wie Pranger und Roland anzutreffen (Dr. Gulczyński, Pötschke).
- Von der »wohlgelungenen und ertragreichen Tagung in Burg« (so Prof. Schott) wird hier ein Berichtsband vorgelegt, der erstmals eine farbige Faksimile-Ausgabe des Burger Landrechtes mit zitierfähigem Text und einer überarbeiteten Übersetzung enthält.

Die hier vorgelegten Fallstudien ergeben – etwas überraschend gegenüber der Auffassung der bisherigen Forschung –, dass das Landrecht des Sachsenspiegels sich in dem hier betrachteten Gebiet, dem eigentlichen Kernland des Sachsenspiegels, nicht ohne weiteres durchsetzen konnte:

1. Schmidt-Recla konnte nachweisen, dass die Beurkundungen im Burger Schöffenbuchfragment von 1395 dabei ebenso wie die von ZIMMER (2007) behandelten[29] einschlägigen Belegstellen des Burger Landrechts zeigen, dass das Ehegüterrecht anders als der Sachsenspiegel auch in der Praxis wohl keine Sondervermögen (nämlich Erbe, Gerade, Hergewete und Musteil) kannte. Jedenfalls sind 1395 keine Zuwendungen solcher Sondervermögen vorgenommen worden. Das bedeutet, dass im 14. Jahrhundert zumindest für den Bereich des Ehegattenerbrechts in Burg nicht das sächsische Landrecht des Sachsenspiegels, sondern ein eigenständiges Burger Recht gegolten hat.

2. Beim Berliner Schöffenrecht handelt es sich wohl um einen schlecht an Berliner Verhältnisse adaptierten Landrechtsentwurf. Einerseits konnte zwar nachgewiesen werden, dass der Kompilator des Berliner Schöffenrechts aus dem Anfang des 14. Jahrhunderts zahlreiche, z.T. wörtliche Anleihen dem Sachsenspiegel entnommen hat[30], aber die alten sächsischen Singularsukzessionen in Hergewäte, Gerade und Musteil hat das brandenburgische Recht ausgestoßen: »Ok so is in someliken Sassen-

---

29 Vgl. ZIMMER (2003), S. 258f.
30 PÖTSCHKE (2002). – Nun auch KÜMPER (2009), S. 344ff.

Landrechte als Forschungsproblem

lande, dar di erven nemen na doder hand hergewede, radeleve und musteile, dat id Brandenburgesche recht nicht en vulbordet«.³¹ Durch den Ausdruck »nicht en vulbordet« (vulbort – Zustimmung) wird die rechtliche Abweichung vom sächsischen Erbrecht bezeichnet.³² Das brandenburgische Recht hat die sächsischen Erbfolgen nicht aufgenommen, es hat sozusagen seine Zustimmung zur Aufnahme derselben verweigert.³³ Auch bezüglich Morgengabe und Leibzucht sind nicht unerhebliche Abweichungen vom Sachsenspiegel zu verzeichnen.³⁴ Als weiteres Beispiel mag die grundsätzliche Eigenart märkischer Stadtrechte dienen, die bereits um 1200 dem überlebenden Ehegatten die Hälfte des gesamten Vermögens einräumt – die »Gütergemeinschaft von Todes wegen« – wie allgemein das westfälische/flämische Recht. Durch die eingeräumte Halbteilung finden wir sehr früh eine vom Magdeburger Recht – ähnlich wie in Burg – verschiedene Grundlage der Erbteilung in der Mark Brandenburg.³⁵ Diese Beobachtung sollte noch genauer im Zusammenhang mit der Besiedlungsgeschichte der Mark Brandenburg erforscht werden. Neue Kenntnisse, wie die Ausgrabung flämischer Haustypen aus dem Ende des 12. Jahrhunderts im Zentrum Berlins, könnten zu ähnlichen Ergebnissen wie die Rolle der flämischen Siedler in Burg bei der Ausgestaltung des Erbrechtes des Burger Landrechtes führen.

Das uns in den Urkunden der Herzogtümer Mecklenburg, Pommern und im Rügischen Landrecht begegnende Schweriner Landrecht – von dem kaum Inhalte quellenmäßig überliefert wurden – scheint entgegen der von Carl Gustav Homeyer in seiner Dissertation von 1821 entwickelten Auffassung weder mit dem Schweriner Stadtrecht noch dem Landrecht des Sachsenspiegels identisch zu sein. Hier sind noch näher zu untersuchende Abweichungen im Erbrecht zu beobachten.

Es wurde festgestellt, dass für weitere systematische Forschungen zu den Landrechten wichtige Hilfsmittel fehlen:

- Für den Bereich der niederdeutschen Sprache fehlt ein Wörterbuch der Urkundensprache. Für die mittelhochdeutsche Urkundensprache gibt es nun ein derartiges Wörterbuch auf der Grundlage des »Corpus der altdeutschen Originalurkunden bis zum Jahr 1300«, WMU (1994). Es hat den Vorteil, dass Stichworte nicht nur zeitlich und örtlich, sondern auch authentisch nachweisbar sind. Ein niederdeutsches Wörterbuch wäre ein wichtiges Hilfsmittel zur Datierung und Lokalisierung von Rechtstexten, v.a. auch Fragmenten. Der von Friedrich Wilhelm begründete »Corpus« umfasst annähernd vollständig alle deutschsprachigen Urkundenausfertigungen von den Anfängen bis Ende 1299, nämlich 4422 Stücke

---

31 CLAUSWITZ (1883), S. 138.
32 Wir folgen hier HEYDEMANN (1841), S. 172.
33 Dieser Unterschied wird auch in dem Privileg deutlich, das die Askanier 1306 der Stadt Pasewalk erteilten: Innerhalb der Stadtmauern erfolgte die Erbteilung nach Magdeburger Recht, außerhalb der Mauern durfte bei der Erbteilung brandenburgisches Recht angewandt werden, vgl. HYMEN (1836), S. 24ff.
34 HEYDEMANN (1841), S. 180ff.
35 Vgl. HEYDEMANN (1841) S. 221.

mit etwa 1,3 Millionen Belegwörtern. Weinert nutzt diese Methode in seinem Beitrag. Ein derartiges Wörterbuch wäre auch für weitere rechtswortgeografische Untersuchungen nützlich.
- Digitale Aufbereitung verschiedener Landrechte im Volltext (Digitale Dynamische Edition[36])
- Digitale Aufbereitung der (Magdeburger) Schöffensprüche.[37]

Unser Dank gilt der unermüdlichen Frau Dipl.-Ing. Karin Hönicke vom Heimatverein Burg und Umgebung für ihre Bereitschaft, die Tagung in Burg zu initiieren. Durch ihren Einsatz bei der Gewinnung von Sponsoren und wichtiger Referenten wurde »diese wirklich einzigartig organisierte Tagung« – so Prof. Dr. Gerhard Lingelbach/ Universität Jena – ermöglicht. Danken möchten wir auch Herrn Reinbern Erben von der Stadtverwaltung Burg und Jörg Rehbaum, Bürgermeister der Rolandstadt Burg.

Die erste Landrechtstagung war über alle Maßen in organisatorischer Hinsicht, aus der Sicht der Teilnehmer und aus fachlicher Sicht äußerst erfolgreich. Über 140 Teilnehmer kamen nach Burg: 84 Teilnehmer am ersten Tag, 65 am zweiten und, als die Tore für einen öffentlichen Vortrag von Dr. Zimmer zum Burger Landrecht geöffnet wurden, füllten 125 Zuhörer alle Plätze der Stadthalle. Die Teilnehmer kamen aus 34 Orten zwischen Poznań (Posen) und Hannover bzw. Genthin und Zürich.

Das Erfolgsrezept der Tagung in Burg lag in der glücklichen Verbindung von professioneller Tagungsvorbereitung, privatem Engagement, Finanzierung durch interessierte Sponsoren aus Burg und Magdeburg und ausgezeichnete Pressearbeit der Stadt Burg mit der Regionalpresse. Drei Artikel und eine Pressekonferenz wiesen vorab auf die Tagung hin und gewannen so – unterstützt durch den Versand zahlreicher gedruckter und elektronischer Einladungen – immerhin über hundert Burger Bürger. Zudem sorgte eine rechtzeitige und gute Netzwerkarbeit der Fachkommission Rechtsgeschichte mit den Referenten für eine sehr gute Umsetzung der fachlichen Strategie und Eingehen der Referenten auf Wünsche und Fragen der Veranstalter.

Vielleicht ist damit der Anstoß zu weiteren Symposien zu Landrechten gegeben. Es wurde deutlich, dass das Interesse an orts- und regionalgebundenen Themen ungebrochen ist. Die beiden ertragreichen Tagungen zeigen, dass es der Fachkommission Rechtsgeschichte des Harz-Vereins über die Jahre gelungen ist, eine Plattform für den Austausch zwischen Wissenschaftlern und historisch interessierten Bürgern zu schaffen.

Dieter Pötschke
Leiter der Fachkommission Rechtsgeschichte
im Harz-Verein für Geschichte und Altertumskunde

---

36 Z.T. bereits im Deutschen Rechtswörterbuch vorhanden, *http://drw-www.adw.uni-heidelberg.de/drw/*. – Zur Digitalen dynamischen Edition s. PÖTSCHKE/FEUERSTAKE/MUNZEL-EVERLING (1995).
37 PÖTSCHKE (1997).

Literatur

BEHAGHEL (1602): Heliand und Genesis (= Altdeutsche Textbibliothek 4), hg. von Otto Behaghel, Halle (Saale) ⁶1948,

BUCHDA (1978A): Gerhard Buchda: Art. Landrecht, in: HRG 2(1978), Sp. 1527–1535.

BUCHDA (1978B): Gerhard Buchda: Art. Landrechtsbücher, in: HRG 2(1978), Sp. 1536–1540.

BÜNZ (2008): Benno Bünz (Hg.): Ostsiedlung und Landesausbau in Sachsen: die Kührener Urkunde von 1154 und ihr historisches Umfeld, Leipzig 2008.

CLAUSWITZ (1883): Paul Clauswitz: Berlinisches Stadtbuch, Berlin 1883.

DUBLER (2013): Anne-Marie Dubler: Landrechte Schweiz, in: Historisches Lexikon der Schweiz. *http://www.hls-dhs-dss.ch/textes/d/D47691.php.*

EBEL (1978): Friedrich Ebel: Magdeburger Recht. Bd. I: Sprüche für Niedersachsen, 1978.

EBEL (1971): Wilhelm Ebel: Lübisches Recht. Lübeck Bd. I, 1971.

EBEL (2001): Besprechung von MEUTEN (2000) durch Friedrich Ebel, in: Zeitschrift der Savigny-Stiftung für Rechtsgeschichte, GA 118 (2001).

GÖSCHEN (1840): Otto Göschen (Hg.): Die Goslarischen Statuten mit einer systematischen Zusammenstellung der darin enthaltenen Rechtssätze und Vergleichung des Sachsenspiegels und vermehrten Sachsenspiegel, Berlin 1840.

GRIEP (1993): Hans-Günther Griep: Harzer Rechtsdenkmäler: Vom Adlerwappen bis zum Zeremonialschwert, Goslar 1993.

HARZ-FORSCHUNGEN (1999): Rolande, Kaiser und Recht. Zur Rechtsgeschichte des Harzraumes und seiner Umgebung, hg. durch Dieter Pötschke (= Harz-Forschungen 11), Berlin 1999.

HARZ-FORSCHUNGEN (2002): Dieter Pötschke (Hg.): Stadtrecht, Roland und Pranger. Beiträge zur Rechtsgeschichte von Halberstadt, Goslar, Bremen und Berlin (= Harz-Forschungen 14), Berlin 2002.

HARZ-FORSCHUNGEN (2007): *vryheit do ik ju openbar…* – Rolande und Stadtgeschichte, hg. v. Dieter Pötschke (= Harz-Forschungen 23), Berlin/Wernigerode 2007.

HARZ-ZEITSCHRIFT (2004): 775 Jahre Stadtrecht Wernigerode (= Harz Zeitschrift 56), hg. von Christian Juranek, Berlin 2004.

HEYDEMANN (1841): Ludwig Eduard Heydemann: Die Elemente der Joachimischen Constitution vom Jahre 1527, Berlin o. J. (1841), Neudruck Graz 1972.

HYMEN (1836): G. v. Hymen: Statuarrecht der Städte des Herzogthums Alt-Vor- und Hinterpommern, Stettin 1836.

KANNOWSKI (2007): Bernd Kannowski: Die Umgestaltung des Sachsenspiegelrechts durch die Buch‹sche Glosse, Hannover 2007.

KROESCHELL (1977): Karl Kroeschell: Rechtsaufzeichnung und Rechtswirklichkeit. Das Beispiel des Sachsenspiegels, in: Recht und Schrift im Mittelalter (= Vorträge und Forschungen XXIII), Sigmaringen 1977, S. 349–382.

KROESCHELL (1986): Rechtswirklichkeit und Rechtsbücherüberlieferung Überlegungen zur Wirkungsgeschichte des Sachsenspiegels, in: Text–Bild–Interpretation. Untersuchungen zu den Bilderhandschriften des Sachsenspiegels (= Münstersche Mittelalter Schriften, Bd. 55/I: Text), hg. von Ruth Schmidt-Wiegand. Bd.I, München 1986, S. 1–10.

KÜMPER (2009): Hiram Kümper: Sachsenrecht. Studien zur Geschichte des sächsischen Landrechts in Mittelalter und früher Neuzeit (= Schriften zur Rechtsgeschichte, Heft 142), Berlin 2009.

LEUBER (1648): Benjamin Leuber: Gründlicher und Historienmässiger Discurs Uber etzlichen Der Stadt Magdeburgk in Sachsen gerühmten Alten Privilegiis, Freybergk 1648.

LEHMBERG (2013): Maik Lehmberg: Das Goslarer Stadtrecht (= Beiträge zur Geschichte der Stadt Goslar. Goslarer Fundus 52), Gütersloh 2013.

Lück (2013): Heiner Lück: Über den Sachsenspiegel: Entstehung, Inhalt und Wirkung des Rechtsbuches, Wettin 2013.

Magdeburger Weichbildrecht (1853): Dat buk wichbelde recht. Das Magdeburger Weichbildrecht von 1369, hg. v. A. v. Daniels, Berlin 1853.

Meuten (2000): Ludger Meuten: Die Erbfolgeordnung des Sachsenspiegels und des Magdeburger Rechts (= Rechtshistorische Reihe 218), Frankfurt a.M./Berlin/Bern 2000.

Oppitz (1990): Ulrich-Dieter Oppitz: Deutsche Rechtsbücher des Mittelalters, Bd. 1: Beschreibung der Rechtsbücher, Köln/Wien 1990, Bd. 2: Beschreibung der Handschriften, Köln/Wien 1990, Bd. 3, 1 und 2: Abbildungen der Fragmente, Köln/Wien 1992.

Pötschke (1997): Dieter Pötschke: Schöffensprüche und Rechtsbücher – ein computergestützter Ansatz zur Bestimmung des rechtshistorischen Eigenwertes von Schöffenspruchsammlungen, in: Gedächtnisschrift für Gerhard Buchda, hg. von Lothar Krahner und Gerhard Lingelbach, Jena 1997, S. 79–98.

Pötschke (2002): Dieter Pötschke: *Utgetogen recht steit hir*. Brandenburgische Stadt- und Landrechte im Mittelalter, in: Dieter Pötschke (Hg.): Stadtrecht, Roland und Pranger. Beiträge zur Rechtsgeschichte von Halberstadt, Goslar, Bremen und Berlin (= Harzforschungen 14), Berlin 2002, S. 109–165.

Pötschke (2012): Dieter Pötschke: Zum Einsatz von Methoden der Rechtsinformatik in der deutschen Rechtsgeschichtsforschung, in: Jahrbuch für die Geschichte Mittel- und Ostdeutschlands 58(2012), S. 117–135.

Pötschke/Feuerstake/Munzel-Everling (1995): Dieter Pötschke, Jürgen Feuerstake, Dietlinde Munzel-Everling: Überlegungen zu künftigen Standards der digitalen dynamischen Edition von mittelalterlichen deutschen Rechtsbüchern, in: Computer und Geschichte 2(1995): Neue Methoden für die digitale dynamische Edition historischer Texte (= Neue Anwendungen der Informations- und Kommunikationstechnologien im Land Brandenburg Bd. 5, 1995), hg. von D. Pötschke, Potsdam 1995, S. 107–117.

Schlosser/Schwab (2000): Oberbayerisches Landrecht Kaiser Ludwigs des Bayern von 1346, hg. von Hans Schlosser und Ingo Schwab, Köln 2000.

Thieme (1971): Hans Thieme: Die Magdeburger und Kulmer Stadtrechte im deutschen Osten, in: Deutsche Ostsiedlung in Mittelalter und Neuzeit, Köln/Wien 1971.

Weinert (2013): Jörn Weinert: Eike von Repchow – Autor des Lehnrechts des Sachsenspiegels? Vortrag auf der 15. Jahrestagung der Fachkommission Rechtsgeschichte im Harz-Verein für Geschichte und Altertumskunde »Von Jagdrechten und Rechtsbüchern« im Kloster Ilsenburg am 27./28.9.2013.

Weitzel (1980): Jürgen Weitzel: Zum Rechtsbegriff der Magdeburger Schöffen, in: Studien zur Geschichte des sächsisch-magdeburgischen Rechts in Deutschland und Polen, hg. von Dietmar Willoweit und Winfried Schich, Main/Bern/Cirencester 1980, S. 62–93.

WMU (1994): Wörterbuch der mittelhochdeutschen Urkundensprache auf der Grundlage des »Corpus der altdeutschen Originalurkunden bis zum Jahr 1300« (WMU). Unter Leitung v. Bettina Kirschstein und Ursula Schulze erarbeitet v. Sibylle Ohly et. al. Berlin I(1994), II (2003), III (2010).

Zimmer (2003): Keno Zimmer: Das Burger Landrecht. Ein spätmittelalterliches Rechtsbuch aus dem Kernland des Sachsenspiegels (= Studien zur Landesgeschichte, Bd. 8), Halle (Saale) 2003.

LANDRECHTE UND LANDESORDNUNGEN

Das Burger Landrecht

Ein spätmittelalterliches Rechtsbuch aus dem Kernland des Sachsenspiegelrechts

Keno Zimmer

Beim Burger Landrecht handelt es sich um einen kleinen Text aus dem räumlichen und zeitlichen Umfeld des Sachsenspiegels, den die Forschung längere Zeit aus den Augen verloren hatte. 1867 erstmals gedruckt,[1] war die Quelle 1938 von Markmann und Krause als fotografische Reproduktion mit Umschrift und Übersetzung vorgelegt worden.[2] Obgleich schon früh erkannt wurde, dass das Burger Landrecht innerhalb des sächsisch-magdeburgischen Rechtskreises einen »selbständigen Charakter«[3] ausweist, musste noch 1972 festgestellt werden, dass »die Einzelheiten dieses Rechtes [...] auf eine eingehendere Untersuchung«[4] warten. Angeregt und betreut durch meinen hochverehrten Doktorvater, Herrn Professor Karl Kroeschell, konnte ich 2003 eine rechtshistorische Dissertation zum Burger Landrecht vorlegen.

Der folgende Text fasst meine wesentlichen Untersuchungsergebnisse zusammen, wobei zunächst (I.) der historische Hintergrund des Burger Landrechts in der mittelalterlichen Siedlungs- und Herrschaftsentwicklung des Landes zwischen Elbe und Havel skizziert wird. Am Beispiel der bekannten Siedlungsprivilegien für Pechau, Wusterwitz und Löbnitz, in denen sich schon erste Hinweise auf ein *ius Burgense* finden, soll gezeigt werden, wie im erzstiftischen Gebiet östlich der Elbe durch die Ansiedlung von Bauern und Markthändlern, Sachsen und Niederländern ganz eigenartige Rechtsgemeinschaften entstehen, »Weichbilder in Miniaturausgabe« und kleine »Länder«, deren eines das Burger Land ist. Auch der Übergang von der Personalität des Rechts zur territorialen Geltung eines (dann sogar übertragbaren) Ortsrechts lässt sich anschaulich am *ius Burgense* bzw. Burger Landrecht ablesen. An den landesgeschichtlichen Abschnitt schließt sich (II.) eine Beschreibung der Handschrift an, in der das Burger Landrecht überliefert ist. Hierauf (III.) folgt eine Darstellung des Inhalts des Rechtsbuchs. Im Anschluss (IV.) werden einige vom Recht des Sachsspiegels abweichende Regelungen des Burger Landrechts vorgestellt. Ob diese »Abweichungen« der Rechtswirklichkeit entsprachen, soll (V.) anhand des Burger Schöffenbuchfragments überprüft werden, gefolgt (VI.) von dem Versuch, die Herkunft der im Burger Landrecht überlieferten Gewohnheiten zu erschließen. Letztlich folgt (VII.) eine knappe zusammenfassende Würdigung des Burger Landrechts.

---

1 VON MÜLVERSTEDT (1865–67), S. 159–169.
2 MARKMANN/KRAUSE (1938).
3 VON AMIRA/ECKHARDT (1960), S. 163.
4 BISCHOFF (1972), S. 359.

Der historische Hintergrund des Burger Landrechts in der mittelalterlichen Siedlungs- und Herrschaftsentwicklung des Landes zwischen Elbe und Havel

Seit dem Regierungsantritt Heinrichs des Löwen im Jahr 1142 schritt der in zahlreichen Regionen Europas zu beobachtende Territorialisierungsprozess auch in den Gebieten zwischen Saale und Elbe voran.[5] Hier im ostsächsischen Grenzland bemühten sich u.a. neben den askanischen Feudalherren vor allem die Erzbischöfe von Magdeburg um die Schaffung eines eigenen Territoriums. Im Kolonialland östlich der Elbe glückte es dem Erzstift schon um die Mitte des 12. Jahrhunderts, seine verstreuten grundherrlichen Besitzungen kontinuierlich auszudehnen und zu verdichten. Von grundlegender Bedeutung für diese Entwicklung war die erfolgreiche Kolonisation, die durch den Zuzug von Neusiedlern aus allen Teilen Mitteleuropas slawische Gebiete kleinräumig erschloss. Als der »bedeutendste Förderer der deutschen Siedlungsbewegung im 12. Jahrhundert«[6] gilt Erzbischof Wichmann von Magdeburg (1152–92). Von elf erhaltenen Lokationsprivilegien, die für Neusiedler im Mittelelbgebiet ausgestellt wurden, stammen allein sechs von ihm.[7]

---

5 Zur Landesgeschichte Ostsachsens siehe insbesondere Lieberwirth (1993), S. 54ff., ders. (1982), S. 7ff. und Ignor (1984), S. 304ff. Über die kirchlichen Belange des Magdeburger Erzbistums liegen zahlreiche Untersuchungen vor. Siehe diesbezüglich das umfangreiche Literaturverzeichnis bei Wentz/Schwineköper (1972), S. 4ff. Auffälligerweise war die Entstehung der erzstiftisch-magdeburgischen Landesherrschaft bisher nur selten Gegenstand der Forschung. Allein Claude (1972), Bd. 2, S. 279ff. befasst sich ausführlich mit den wichtigsten Etappen der Entstehung der weltlichen Herrschaft der Magdeburger Erzbischöfe und ihrer Vasallen. Auf deren Territorialpolitik, die durch eine gewisse Interessenkongruenz mit den brandenburgischen Askaniern geprägt erscheint, geht auch Escher (1984), S. 56ff. ein. Über die Geschichte des Erzstifts informieren darüber hinaus im Wesentlichen nur Biographien, so etwa Hoppe (1965), S. 1ff. Einen ersten, wenn auch teilweise durch die Arbeit von Claude überholten Überblick über den Umfang des erzstiftischen Territoriums gibt Hartung (1886), S. 1ff.

6 Schlesinger (1960), S. 282. Über Erzbischof Wichmann: Claude (1972), Bd. 2 S. 71ff.; Bartlett (1996), S. 150ff. und die im Ausstellungskatalog zum 800. Todestag von Erzbischof Wichmann erschienenen Beiträge von Springer (1992), S. 2ff.; Ehlers (1992), S. 20ff.; Kowalke (1992), S. 32ff.; Römer (1992), S. 56ff. sowie Puhle (1992), S. 74ff.

7 Noch als Bischof von Naumburg bestätigte Wichmann 1152 die Rechte der in Flemmingen bei Schul-Pforta siedelnden Holländer (UB Hochstift Naumburg, Nr. 209). Nachdem er zum Erzbischof aufgestiegen war, bestätigte er 1158 die Aussetzung von Krakau bei Magdeburg durch den Magdeburger Dompropst Gerhard (UB Erzstift Magdeburg, Nr. 321); 1159 gründete er Pechau bei Magdeburg (UB Erzstift Magdeburg, Nr. 299), im gleichen Jahr Wusterwitz an der Havel (UB Erzstift Magdeburg, Nr. 300), 1164 Poppendorf bei Magdeburg (UB Erzstift Magdeburg, Nr. 310). Auch die Vergabung des Waldes bei Schartau (UB Erzstift Magdeburg, Nr. 412) dürfte durch Wichmann erfolgt sein, selbst wenn dies nicht direkt aus der nur abschriftlich erhaltenen Urkunde zu entnehmen ist. Der Inhalt dieser Urkunden ist Gegenstand vielfältiger Abhandlungen; siehe u. a. Schlenker (1990), S. 42ff. und Bünz (2008), S. 121ff. Zum Urkundenwesen der Erzbischöfe von Magdeburg bis 1192 siehe die Dissertation von Rader (1991), der auf den S. 126ff. auch auf den Landesausbau eingeht.

Die Lokationsurkunde für Pechoe

Die früheste Urkunde, die Zeugnis von einer eigenständigen Siedlungstätigkeit Erzbischof Wichmanns ablegt, bezieht sich auf das im unmittelbaren östlichen Vorfeld Magdeburgs gelegene Dorf Pechau. 1159 übertrug Wichmann einem gewissen *Heribertus* diese *villam quandam, que Pechoe dicitur, cum omnibus ad eam pertinentibus agris, pratis, silvis et stagnis ad excolendum et fructificandum*.[8] Den Neusiedlern, *quos Herbert ipse locaret*, gewährte Wichmann *eam iusticiam, quam ius Burgense vocant, in omnibus suis causis et negociis*. Sie lebten also nach dem Recht von Burg, das offensichtlich als besonders freiheitlich galt, denn sonst wäre es wohl kaum Gegenstand des Siedlungsvertrags geworden. Die Kolonisten wurden mit Beginn ihrer Siedlung für die Dauer von zehn Jahren von der *burgwere* befreit, was wohl nur aufgrund der Lage Pechaus im gesicherten Magdeburger Vorfeld möglich war. Besonderes Kennzeichen der freiheitlichen Rechtsstellung der Kolonisten von Pechau war darüber hinaus das ihnen von Wichmann zugebilligte freie Grundbesitzrecht, das sich aus der Lokationsurkunde erschließen lässt: Wenn nämlich Herbert oder seinem Erben *cum eisdem incolis* das Recht eingeräumt wurde, eines oder mehrere der angrenzende *villae* hinzuzuerwerben, so dürfte daraus hervorgehen, dass Pechau selbst von ihnen gekauft worden ist. Die Urkunde nennt zwar keinen Rekognitionszins, doch sind alle Zinsbestimmungen offenbar in dem verliehenen Burger Kolonistenrecht enthalten.[9] Von größter Bedeutung für die Rechtsstellung der Siedler war aber, dass ihr Dorf aus der allgemeinen Gerichtsverfassung des Landes herausgehoben wurde: *Similiter statui, ut neque comes neque advocatus aliquis quidquam iuris ibi habeat*, heißt es dementsprechend in der von Erzbischof Wichmann ausgestellten Lokationsurkunde.[10] Das herrschaftliche Gericht war vielmehr dem ortsansässigen Lokator übertragen, der in Gegenwart des erzbischöflichen *villicus* über alle Rechtshändel der Kolonisten *ordine iudiciario* richten sollte. Vom anfallenden Gerichtsgefälle, d.h. den Geldzahlungen, Naturalabgaben und Diensten, die von den Parteien an die Gerichtspersonen geleistet werden und deren Einkünfte darstellen, erhielt der Erzbischof zwei Drittel, während das restliche an den dörflichen Richter fiel. Gerichtsherr blieb also weiterhin der Erzbischof, wohingegen dem Lokator die Funktion eines beauftragten Richters zukam. Gerade diese den Kolonisten zugestandene Gerichtsverfassung bedeutete für sie einen unschätzbaren Vorzug, denn dadurch, dass das Gericht in ihrer Siedlung abgehalten wurde und sie selbst als Urteiler fungieren konnten, war gewährleistet, dass ihr besonderes Siedlerrecht tatsächlich zur Anwendung kam und mithin von ihnen selbst fortgebildet werden konnte.

---

8   UB Erzstift Magdeburg, Nr. 299, S. 373f. Siehe zum Urkundeninhalt insbesondere SCHLESINGER (1961), S. 240ff. und CLAUDE (1972), Bd. 2, S. 105ff.

9   Dass das Recht der Erbzinsleihe in allen Neusiedlungen angewandt worden sein dürfte, selbst wenn es nicht in allen Lokationsurkunden nachweisbar ist, hat schon SCHLESINGER (1961), S. 242 glaubhaft gemacht.

10 Zur Gerichtsverfassung der unter Erzbischof Wichmann angelegten Kolonistendörfer siehe die grundlegende Untersuchung von SCHLESINGER (1953), S. 122ff.

Die Lokationsurkunde für Wosterwize[11]

Dass Wichmann den Landesausbau östlich der Elbe nicht nur durch die Gründung rein bäuerlicher Siedlungen wie etwa in Pechau vorantrieb, deren Bewohner in der Lokationsurkunde unterschiedslos als *incoles* angesprochen werden, er vielmehr das der Lokation von Pechau zugrundeliegende weitsichtige Siedlungskonzept der parallelen Gründung mehrerer bäuerlicher Siedlungen weiterzuentwickeln wusste, zeigt schon eine andere erzbischöfliche Urkunde.

Gemeint ist die Ansiedlungsurkunde, die Erzbischof Wichmann 1159 für die nahe bei der Havel gelegene *villam quandam, que Wosterwize dicitur*, ausstellte.[12] Hierin übertrug Wichmann einem gewissen Heinrich und dessen flämischen Gefährten, die *per ipsum et cum ipso* zu ihm gekommen sind, das ehemals wohl von Slawen besiedelte Dorf Wusterwitz samt allen Zubehörs. Dabei gewährte er den als *cultores agrorum* bezeichneten Neusiedler in allen Angelegenheiten das Recht, das nach Schartau genannt wird (*iusticiam, que Scartoensis appellatur*). Sie wurden zudem von der *burgwere* befreit, nicht jedoch von der Pflicht, sich gegen für möglich gehaltene heidnische Überfälle mit einem Wall zu umgeben. Wichmann verlieh ihnen darüber hinaus freies Grundbesitzrecht, wobei die Siedler zwei Schilling je Hufe zahlen mussten. Als weitere Gegenleistung für die ihnen gewährten Freiheiten waren die *cultores agrorum* verpflichtet, an den erzbischöflichen Dorfherrn den vollen Ertragszehnten zu entrichten.

Quasi als Aufwandsentschädigung für seine Lokationsbemühungen erhielt Heinrich als Führer des Siedlerverbandes vier Hufen und ein Talent nach Lehnrecht, während die *dos* der zu erbauenden Kirche eine Hufe betragen soll. Eine Weiterverlehnung seitens des Erzbischofs wird in der Urkunde ausdrücklich ausgeschlossen, wohl um zu verhindern, dass zwischen Siedelherr und Siedler eine fremde Zwischeninstanz Platz greifen konnte. Heinrich wird letztlich vergleichbar dem Lokator von Pechau zum Erbrichter der Neusiedler bestellt, die von Vogtei- und Grafengericht eximiert, d.h. aus der Gerichtsverfassung des Landes herausgelöst werden: *Est etiam*

---

11 Der Codex St. Mauricii, in dem die Lokationsurkunden für Pechau und Wusterwitz enthalten waren, gehört zu den Archivalien der Magdeburger Dompropstei, die während eines Bombenangriffs am Ende des Zweiten Weltkriegs bei der Zerstörung des Zerbster Schlosses, in dem das Anhaltische Staatsarchiv untergebracht war, verloren gegangen sind, vgl. dazu: STRUCK (1958), S. 12–48.

12 UB Erzstift Magdeburg, Nr. 300. Der Wortlaut dieser vielbesprochenen Urkunde findet sich samt einer Übersetzung auch bei KROESCHELL (2008), Quelle 56. MANGELSDORF (1975), S. 26 weist darauf hin, dass es sich bei »Wosterwize« offensichtlich nicht um eine Neugründung aus »wilder Wurzel« handelt, sondern um ein bereits bestehende slawische Siedlung, die an die zugewanderten Neusiedler übergeben wurde. Dies ergebe sich aus der Lokationsurkunde selbst, die von einem schon bestehenden Dorf spreche. Zum weiteren Inhalt des Lokationsprivilegs, in dem nach SCHNEIDER (1992), S. 161, der Landesausbau im Mittelelbgebiet am deutlichsten zu Tage tritt, siehe insbesondere SCHLESINGER (1960), S. 278ff. und CLAUDE (1972), Bd. 2, S. 107ff. Besonders hervorgehoben sei zudem, dass in der Lokationsurkunde Erzbischof Wichmanns für »Wosterwize« u.a. die *ministeriales Adelmus de Burch et frater eius* sowie *Wernerus de Burch* als Zeugen auftreten.

hoc firmatum, ut preter eundem Heinricum neque comitem super se habeant neque advocatum. Ipse vero Heinricus vel suus heres omnes causas eorum et negotia diiudicet, et, quidquid iure placitandi conquisierit, due portiones in usum archiepiscopalem cedant, tertia vero sit iudicis. Es bestand sonach ein Ortsgericht, das der Lokator abhielt und in dem die Siedler selbst ohne Beteiligung Ortsfremder Recht fanden, wobei die Gerichtsgefälle zu einem Drittel an den ortsansässigen Richter, zu zwei Drittel an den Erzbischof als Gerichtsherrn fielen.

Stellen diese den *cultores agrorum* von Wusterwitz zugutekommenden Vorrechte bzw. die ihnen auferlegten Pflichten im Rahmen der deutschen Ostkolonisation an und für sich keine Besonderheit dar, so erklärt sich die Bedeutung der Wusterwitzer Lokationsurkunde aus einem hier erstmals von Erzbischof Wichmann hinzugefügten Siedlungselement.

Weil nämlich die Verkehrslage der Siedlung für Reisende und Handeltreibende besonders günstig schien, sollte in Wusterwitz ein Jahrmarkt stattfinden.[13] Darüber hinaus war ausweislich der Lokationsurkunde geplant, *forenses et mercatores*, also Markthändler und Fernkaufleute, in Wusterwitz dauerhaft anzusiedeln. Diese werden durch die *libertatem emendi et vendendi*[14], wie sie die Magdeburger haben, privilegiert und sollen überhaupt all ihre Rechtshändel und Geschäfte nach *iusticiam, quam habent Magdeburgenses* durchführen.[15] Die Lokationsurkunde für Wusterwitz ist damit der älteste Beleg für die Übertragung Magdeburger Rechts auf einen Ort östlich der Elbe.[16]

---

13 UB Erzstift Magdeburg, Nr. 300: *Quia vero situs eiusdem ville viantibus et negociantibus plurimum est oportunus, ex consilio fidelium meorum statui, ut habeatur ibidem annuatim celebre forum et quanta potest copia rerum venalium.*

14 DILCHER (1996), S. 33 sieht in diesem Privilegsrecht der Kaufleute »einerseits das Vorrecht zum rechtlich anerkannten Handelskauf (d.h. Ankauf und Verkauf in Gewinnabsicht) auf dem Markte [...], [das zum anderen aber auch ein inhaltliches Handelsrecht der Kaufleute unter sich, eine *antiqua consuetudo negotiandi*, schützte und ihm für ein gerichtsförmliches Verfahren Anerkennung verschaffte«. Gerade die in der Gründungsurkunde für Wusterwitz niedergelegte Verbindung von Kauffreiheit und Neuerungen im Gerichts- sowie Beweisverfahren mag als Beleg für den allmählichen Übergang von einem orts- und personenbezogenen Privilegienrecht zum Kaufmannsrecht als einer gewohnheitsrechtlich begründeten Rechtsordnung angesehen werden. Dass hingegen bis zum Ende des 11. Jahrhunderts mit dem *ius mercatorum* ein subjektives Recht, eine Berechtigung, gemeint ist, hat KROESCHELL (1985), S. 418ff., überzeugend herausgearbeitet.

15 Dass das Magdeburger Recht seit der Mitte des 12. Jahrhunderts zu einem festen Begriff wurde, belegen im Anschluss an die Lokationsurkunde für Wusterwitz noch einige weitere Urkunden. Bei der Besiedlung der in unmittelbarer Nähe zu Magdeburg gelegenen Dorfstätte Poppendorf begegnet Magdeburger Recht als *iusticia et consuetudo Magadeburgensis fori* (UB Erzstift Magdeburg, Nr. 310) und erneut bei der Gründung der Stadt Leipzig durch Markgraf Otto von Meißen 1156/90 in der Wendung *sub Hallensi et Magebergensi iure* (CDS, II 8, Nr. 2). Zwischen 1151 und 1170 begabte auch Markgraf Albrecht von Brandenburg sein Dorf Stendal mit Magdeburger Marktrecht (HELBIG/WEINRICH [1975], S. 146ff., Nr. 32). 1174 verlieh Erzbischof Wichmann den *cives* von Jüterbog und ihren *successores libertatem illius iuris ... qua civitas Magddeburgensis fruitur et honorata est* (UB Erzstift Magdeburg, Nr. 343). Über die frühe Stadt nach Magdeburger Recht siehe allgemein SCHICH (1980), S. 35ff.

16 SCHICH (1980), S. 36.

Hinsichtlich des Gerichtswesens erhalten die Markthändler und Fernkaufleute die gleichen Befreiungen wie die *cultores agrorum*; auch sie sollen *nullum iudicem super se secularem habeant preter iam sepe dictum Heinricum vel suum heredem*. Insbesondere diese Bestimmung zeigt, dass bei der Lokation von Wusterwitz nicht nur an einen einmal jährlich stattfindenden Markt gedacht wurde, der auch in einer dörflichen Siedlung hätte abgehalten werden können. Vielmehr beabsichtigte Erzbischof Wichmann, in Wusterwitz neben einer dörflichen Siedlung eine selbständige Marktsiedlung zu gründen.[17] Die Urkunde spricht dementsprechend auch von *cives ac domestici eiusdem fori*[18], die erst nach fünf Freijahren einen Rekognitionszins in Höhe von sechs Pfennig je »städtischem« Hausgrundstück (*area*) entrichten müssen. Zur Förderung der Marktsiedlung gewährte Wichmann Gästen die *libertatem transeundi et redeundi, emendi et vendendi*. Um solche nach Wusterwitz zu locken, gewährte er ihnen wie auch den ortsansässigen Kaufleuten fünf Freijahre im Hinblick auf Zoll und Geleitsgebühr.

Im Unterschied etwa zu der rein agrarischen Siedlung von Pechau zielte Erzbischof Wichmann bei der Lokation von Wusterwitz offensichtlich darauf, in einer Ortsgemeinde Bauern, Handwerker und Kaufleute zusammenzuführen. Auf diese Weise sollte in einem Akt neben der ländlichen eine städtische Siedlung entstehen,[19] deren Bewohner ihren wirtschaftlichen Bedürfnissen entsprechend zwar nach unterschiedlichen Rechten, doch unter gemeinsamer Führung leben sollten. Dass es sich in der Tat nicht um zwei getrennt voneinander zu sehende Rechtsgemeinden handelt, zeigt sich insbesondere an ihrer gemeinsamen Herauslösung aus der Gerichtsverfassung des Landes. *Cultores* und *forenses* bilden eine einzige Gerichtsgemeinde mit einem eigenen Gerichtsbezirk, denn beide sollen keinen Richter über sich haben als Heinrich und seine Erben.[20] Dies bringt es mit sich, dass das den Siedlern gewährte bäuerliche Kolonistenrecht eng verwandt mit dem Marktrecht gewesen sein muss, obgleich das Magdeburger Recht bereits im 12. Jahrhundert auf eine lange Entwicklung im nichtagrarischen Umfeld zurückblicken kann. Nicht zuletzt dieser Gesichtspunkt führt dazu, die in Wusterwitz zu beobachtende Siedlungsform weder als eindeutig städtisch noch als dörflich charakterisieren zu können.[21] Die unterschiedlichen Siedlungselemente berücksichtigend spricht man daher in diesem Zusammenhang treffend von einem Marktdorf.

---

17 Vgl. SCHLESINGER (1960), S. 280ff. und KUHN (1971), S. 294.
18 Zur Begriffsbestimmung von *cives* hier wie allgemein in niederdeutschen Stadtrechtsquellen, siehe KÖBLER (1980), S. 27ff.
19 Vgl. hierzu den grundlegenden Aufsatz von SCHLESINGER (1960), S. 275ff. Ausführlich untersuchen zudem ZIENTARA (1974), S. 350ff., SCHICH (1980), S. 35ff. und MENZEL (1977), S. 93ff. das Nebeneinander von bäuerlichen und kaufmännisch-handwerklichen Elementen in den Neusiedlungen östlich der Elbe.
20 Zwar leben Markthändler und Bauern in Wusterwitz bzw. in Löbnitz nach unterschiedlichen Rechten, doch sollte man nicht wie RIETSCHEL (1897), S. 122f. von zwei Rechtsgemeinden, einer Kaufmanns- und einer Bauerngemeinde sprechen, denn beide Personengruppen stehen im gleichen Gericht, was schon VON BELOW (1892), S. 31, ROSENSTOCK (1912), S. 91f. und KROESCHELL (1960), S. 127, Anm. 70 zutreffend unterstrichen.
21 So bereits KROESCHELL (2008), S. 211 und S. 221.

Die Lokationsurkunde für Lubaniz

Das gleichberechtigte, sich ergänzende Nebeneinander von bäuerlichen und städtischen Siedlern in einer Ortsgemeinde ist aber nicht nur in der Lokationsurkunde Erzbischof Wichmanns für Wusterwitz zu beobachten. Als in der Sache durchaus vergleichbar hat die 1182 erfolgte und 1185 durch Bischof Martin von Meißen beurkundete Gründung von Löbnitz zu gelten.[22]

Auch hier, südöstlich von Bitterfeld an der Mulde, soll – vielleicht nach Magdeburger Vorbild – ein dörfliche und städtische Elemente verbindendes Marktdorf entstehen, um die Kolonisation des nahezu siedlungsleeren Gebietes planmäßig voranzutreiben. Die Siedler, die als rechtsfähiger Verband Bischof Martin entgegentreten, werden im Ansiedlungsvertrag deutlich nach *forenses* und *coloni* unterschieden.

Ersteren, die, anders als in Wusterwitz, bereits mit Beginn der Siedlung in Löbnitz gewesen sein müssen, gesteht Bischof Martin das Recht zu, ein ihnen vorteilhaft erscheinendes Recht frei zu wählen. Ihre Wahl fällt auf das Recht von Halle (*iusticiam, quam Hallenses habent*), das sich auf Magdeburger Recht zurückführen lässt. Ihre Marktsiedlung wird in der Siedlungsurkunde ausdrücklich als *civitas* bezeichnet. Wie die Marktsiedler von Wusterwitz erfreuen sich auch die Löbnitzer Marktbewohner der freien Erbleihe, wobei ihr Rekognitionszins ebenfalls sechs Pfenning *de qualibet curia in foro* betrug.

Den *coloni* verbrieft der mit Bischof Martin abgeschlossene Lokationsvertrag ebenfalls das freie Grundbesitzrecht, wobei sie quasi als Gegenleistung einen Hufenzins in Höhe von zwei Schillingen zu entrichten haben. Ferner unterliegen die Bauern verschiedenen Naturalabgaben und dürfen ihren Grundbesitz nicht an ritterlich lebende Leute verkaufen, wodurch wohl das Entstehen fremder lehnrechtlicher Beziehungen verhindert werden soll. Bei Verstoß gegen dieses Gebot kann der Bischof das betroffene Grundstück einziehen. Wie in Wusterwitz nehmen auch in Löbnitz die bäuerlich lebenden Siedler ein anderes Recht als die Markthändler für sich in Anspruch. Während Erzbischof Wichmann den in seinem Marktdorf lebenden Bauern das Recht von Schartau gewährte, erbaten sich die Löbnitzer Bauern von Bischof Martin als ihrem Siedlungsherrn, mit dem Recht der ländlich-bäuerlich lebenden Siedler Burgs (*colonis quam illi de Burch habent, quia eam elegerunt, iusticiam concessimus*) bewidmet zu werden. Im »materiellen« Recht unterschieden sich also auch in Löbnitz *coloni* und *forenses*.

Nichtsdestotrotz lebten beide Berufsgruppen aufeinander bezogen in einer Ortsgemeinde. Dies zeigt sich zum einen in der gemeinsamen Benützung der Viehweide und zum anderen in der gemeinsamen Exemtion vom Landgericht im Sinn eines zentralen Bezirksgerichts. *Forenses* und *coloni* bilden hier wie in Wusterwitz eine vom Umland sich abhebende Gerichtsgemeinde mit einem eigenen Gerichtsbezirk. Dementsprechend müssen sie sich in Niedergerichtsfällen (*vel de remissis verbis vel*

---

22 CDS, I, 2, Nr. 512. Zum Inhalt der Urkunde siehe Schulze (1896), S. 160f. und Schlesinger (1960), S. 282ff., der in gebotener Kürze auch auf Siedlungsgeschichte und Topographie von Löbnitz eingeht.

Das Burger Landrecht

de inordinato gestu corporis sive de alia aliqua minori indisciplina) vor dem dreimal jährlich abgehaltenen Gericht des bischöflichen Vogtes verantworten, wobei man unterstellen darf, dass dieses Dreiding in Löbnitz selbst stattfand.[23] Nur wenn die Urteiler eines solchen Gerichts die Kolonisten selbst waren, konnte die tatsächliche Anwendung ihres besonderen Siedlerrechts gewährleistet werden.

Das freibäuerliche Siedlerrecht im Sachsenspiegel

Zwar war in Eikes von Repgow[24] Heimat die Kolonisation bereits abgeschlossen, als er zwischen 1220 und 1235 an seinem Sachsenspiegel arbeitete, doch waren ihm die freibäuerlichen Vorrechte nicht verborgen geblieben, die bei der Neugründung von Dörfern *van wilder wortelen* verliehen oder erwählt worden sind. In Landrecht III 79 heißt es denn auch:

> 1. Wo immer Bauern ein Dorf in Neuland aus wilder Wurzel anlegen, denen kann der Herr des Dorfes Erbzins am Gut verleihen, obwohl sie nicht zu dem Gut geboren sind. Sie dürfen aber kein Recht erhalten, noch sich selbst wählen, mit dem sie dem Richter des Landes sein Recht schmälern oder seine Einkünfte aus Strafgeldern vermindern oder vermehren können.
> 2. Kein auswärtiger Mann ist verpflichtet, sich in ihrem Dorfe nach ihrem besonderen Dorfrecht zu verantworten, sondern nach allgemeinem Landrecht, wenn er nicht auf Erbe oder Gut oder wegen einer Schuld klagt.[25]

In der Heidelberger Bilderhandschrift des Sachsenspiegels ist die zitierte Textstelle eindrucksvoll illustriert. Im vorletzten Bildstreifen ist links die Verleihung des besonderen Dorfrechts durch den Grundherrn dargestellt. Der Grundherr (grüne Herrenkleidung und Schapel) übergibt dem durch den Strohhut gekennzeichneten Bauermeister eine Urkunde mit dreieckigem Siegel. Gleichzeitig gibt er mit dem Zeigefinger der linken Hand (Rede- oder Befehlsgestus) dem Bauermeister auf, die in der Urkunde niedergelegten Rechte und Pflichten zu achten. In dem daneben stehenden Bildfeld sieht man zwei mittels Hacke rodende Siedler und einen Siedler, der mittels einer Axt ein Haus errichtet.

Der sich anschließende Bildstreifen bezieht sich auf das Dorfgericht, das unter dem Vorsitz des Bauermeisters vor bzw. im Schutz der Kirche abgehalten wird. De-

---

23 Über dieses und andere Vogtgerichte im Kolonialland siehe SCHLESINGER (1953), S. 122ff. Dass in Hochgerichtsfällen, *sicut de latrocinio, de furto, de sanguine effuso, de rapina et de alia his simili violentia*, die Bewohner von Löbnitz sich unter Königsbann, d.h. wohl vor dem Meißener Domvogt, zu verantworten hatten, ist für die Interpretation des Sachsenspiegels von Bedeutung. Die Lokationsurkunde für Löbnitz belegt nämlich, dass das Fehlen des Königsbanns in der Mark, von dem der Sachsenspiegel in Landrecht II 12 § 6 und anderen Stellen spricht, nicht in der ursprünglichen Markenverfassung begründet sein kann. Es muss jüngeren Ursprungs sein, denn Löbnitz liegt unzweifelhaft in der alten Ostmark.
24 Zur Person Eikes von Repgow siehe LIEBERWIRTH (1993), S. 5ff., DERS. (1982), S. 21ff.; KROESCHELL (1991), S. 459ff.
25 SCHOTT (1984), Landrecht III 79.

monstrativ hält einer von drei Siedlern dem Richter eine Urkunde als Sinnbild des den Siedlern verbrieften Dorfrechts vor. Dieses einzuhalten fordern die Dorfgenossen mittels Gebotsgestus ein. Der Dorfrichter sagte dies zu, wie dem Zustimmungsgestus (erhobene Hand mit nach innen gekehrter Handfläche) zu entnehmen ist. Abseits der Gruppe steht ein Mann in Wickelgamaschen, dessen eine Hand den schräg vor der Brust emporgehobenen anderen Arm unterhalb des Handgelenks erfasst. Es handelt sich dabei um einen Unfähigkeits- bzw. Verweigerungsgestus.[26] Der *utwendich man*, d.h. ein von auswärts kommender Mann, zeigt mit ihm dem Gericht der Neusiedler an, dass für ihn das *sunderlekeme dorprechte* nicht galt, er sich vor dem Dorfgericht nicht verantworten muss.

Die von Eike in Landrecht III 79 § 1 niedergelegte Ansicht, den einwandernden Siedlern dürfe kein Recht gegeben werden, das das Recht *des landes richteres* schmälere, entsprach ersichtlich nicht der Rechtswirklichkeit. Bereits die eingangs vorgestellten Lokationsurkunden mit der darin verbrieften Gerichtsverfassung der Neusiedler sprechen eine andere Sprache. Die Lokationsurkunden belegen zudem, dass auch Eikes Ansicht, *kein man mag erwerbin ander recht, wen alse im an geboren iz*[27], nicht einer rechtstatsächlichen Überprüfung standhält. Die Neusiedler, die die Strapazen der Wanderschaft und Siedlung auf sich nahmen, wurden mit Siedlerfreiheiten belohnt, die eine Verbesserung der eigenen Rechtsstellung mit sich brachten. Diese Rechtswirklichkeit wird Eike nicht verborgen geblieben sein. Er dürfte auch in diesem Zusammenhang daher das als Recht hat aufschreiben lassen, von dem er sich vorstellte, es sollte geltendes Recht sein.

Zur Geschichte Burgs in der zweiten Hälfte des 12. Jahrhunderts

Eine Lokationsurkunde ist für Burg leider nicht erhalten. Der Ort ist im Zuge des Landesausbaus im 12. Jahrhundert nicht aus »wilder Wurzel« gegründet worden. Es gab ihn vielmehr schon. Dennoch ist davon auszugehen, dass hier schon vor 1159 Kolonisten zu besonders freiheitlichen Bedingungen angesiedelt worden sind. Nur so lässt sich erklären, dass im Jahr 1159 Erzbischof Wichmann den Neusiedlern von Pechau das Kolonistenrecht von Burg verleihen konnte. Bei dem Ansiedlungsvorgang in Pechau muss es schon das *sunderlekeme dorprechte* von Burg gegeben haben.

Ob die Kolonisation Burgs durch niederländische Neusiedler erfolgte, wie sie für andere mittelelbische Ortschaften belegt ist[28], lässt sich nicht mit letzter Sicherheit sagen.[29]

---

26 Koschorrek (1970), S. 27.
27 Landrecht I, 16, 1.
28 UB Hochstift Naumburg, I, Nr. 210 (Flemmingen): … *populo de terra, que Hollanth nominatur*. CDS, I, Bd. 2, Nr. 254 (Kühren): … *strenuos viros ex Flandrensi provincia adventantes*. CDA, I, Nr. 39 (Slawensiedlungen an der Mulde östlich von Dessau): *Flamiggis petentibus iure suo possidendas vendidimus*. UB Erzstift Magdeburg, Nr. 300 (Wusterwitz): *Heinrico aliisque, qui per ipsum et cum ipso ad me venerint, Flamingis*.
29 Vielleicht eine Andeutung einer wirklichen Gründung Burgs und somit einen Hinweis auf die Existenz eines Gründungsprivilegs scheint in einer erzbischöflichen Urkunde aus dem Jahr

Dass sich hier aber schon früh Siedler aus Flandern und Brabant niederließen, ist urkundlich belegt. Eine Urkunde Erzbischofs Wichmann von Magdeburg aus dem Jahr 1179 führt unter den Zeugen mindestens vier *cives de Borch* an, die flämische Herkunftsnamen tragen: *Wilhelmus Flamiger, Giselbrecht de Thiest, Lambrecht de Lovene* und *Reinerus de Brosle*.[30]

Niederländische Neusiedler waren es auch, die die wirtschaftliche Entwicklung Burgs nachhaltig prägten, indem sie hier nicht zuletzt das in ihrer Heimat in voller Blüte stehende Gewerbe der Tuchherstellung einführten.[31] Die Bedeutung, die der Herstellung von und dem Handel mit Burger Tuch zukam, tritt in mehreren erz-

---

1301 (CDB, I, 10, S. 454) enthalten zu sein. Hierin bestätigt nämlich Erzbischof Burchard von Magdeburg den *civibus nostris in Burch* ihre Rechte und Freiheiten, die sie *a prima fundacione eiusdem civitatis* besitzen. Ob diese Formel aber wirklich ein konkretes Ereignis meint (so Winter [1873], S. 15), oder lediglich eine Umschreibung für *antiquitus* ist (so von Mülverstedt [1872], S. 380), vermag nicht abschließend entschieden zu werden.

30 UB Erzstift Magdeburg, Nr. 362: *In nomine sancte et individue trinitatis. Wichmannus dei gratia sancte Magdeburgensis ecclesie archiepiscopus. […] confirmamus, adhibitis idoneis testibus, quorum nomina sunt hec: […], Conradus scultetus de Magdeburgk, Gebertus advocatus, Otto, Reinherus, Euerhardus offitialis; ac cives de Borch: Heidenricus et frater suus Conradus, Elias, Wilhelmus Flamiger, Walterus Corencob, Robertus Gelnreich, Jordan Sibern, Giselbrecht de Thiest, Hugo, Gadeschalcus Rugil, Lambrecht de Louene, Reinerus de Brosle, Sibodo Siere, Heinricus de Hus, Thiebaldus, Heinricus, Steffanus, Arnoldus, Lamprecht Sotekore et alii quam plures clerici et laici.* Vgl. hierzu die sich an die flämischen Namen anschließende Literatur: Götze (1869), S. 252ff., ders. (1877), S. 309ff. und von Mülverstedt (1871), S. 516ff. Lässt der hier wiedergegebene Urkundenabschnitt keinen Zweifel an der flandrischen Herkunft der Burger Neusiedler zu, so gibt dieser Quellenausschnitt jedoch aus einem anderen Grund Anlass zu interessanten Fragen. Während nämlich die in obigem Abdruck angeführte Amtsbezeichnung *offitialis* allein auf *Everhardus* bezogen werden kann, ist im CDB, I, 10, S. 447 *officiales* zu lesen, was sich nach der Interpunktion Riedels nur auf die drei vorangegangenen Zeugen beziehen kann. Zu ganz anderen Schlüssen führt die fehlerhafte Lesart in den Regesta Archiepiscopatus Magdeburgensis, I, Nr. 1601, denn dort ist die Rede von *officiales et cives de Burch*, wobei nicht klar wird, ob sich dies auf die vorangegangenen oder nachfolgenden Personen beziehen soll. Im letzteren Sinn fassen Lorenz (1962), S. 20 und Buchholz (1965), S. 21 diese Urkundenpassage auf, wollen aber einschränkend nur *Heinricus et frater eius Conradus* als *officiales* bezeichnen, da es sich bei ihnen um Angehörige des Ministerialgeschlechts von Burg handeln dürfte, wie sich aus anderen Quellen aufgrund von Namensidentität, Verwandtschaftsbeziehung und dem dortigen Zusatz *de Burch* erschließen lässt. Durch diese Interpretation vermeiden sie, die beiden Ministerialen in eine Reihe mit den *cives de Burch* stellen zu müssen, nehmen andererseits aber in Kauf, dass *Otto, Richardus* und *Everhardus* ohne Amtsbezeichnung in der Urkunde verzeichnet werden. Gegen diese Konzeption spricht, dass alle anderen Amtsbezeichnungen dieser Urkunde wie gewöhnlich den Personennamen nachfolgen. Bezieht man aber die in Frage stehende Bezeichnung auf den/die vorangegangenen Namen und hält man daran fest, in *Heidenricus* und seinem Bruder *Conradus* Ministerialen zu sehen, so würden diese ebenso wie die nachfolgenden namentlich genannten 17 Zeugen als *cives* bezeichnet werden. Bei diesen dürfte es sich um *meliores* handeln, wobei 11 von ihnen Doppelnamen tragen, wohl um im Handelsverkehr leichter zu identifizieren zu sein. Vgl. zum Meliorat Planitz (1954), S. 122ff.

31 Allein von Mülverstedt (1871), S. 517 verneint die niederländische Herkunft der Burger Tuchmacher. Dem widerspricht mit überzeugenden Argumenten Götze (1877), S. 309ff. Einen Überblick über die Entwicklung dieses Wirtschaftszweiges bieten Lorenz (1965), S. 1ff. und Hobusch (1954), S. 1ff.

bischöflichen Urkunden deutlich zu Tage. So gewährte Erzbischof Wichmann 1176 *den mercatores de Burch et reliqui transalbini negociatores* das Recht, in Magdeburg ein Warenlager samt einer Verkaufsstätte, namentlich für Tuche, einzurichten.[32] Dieses Privileg deutet darüber hinaus die Bedeutung der Burger Kaufleute im ostelbischen Raum an. Allein sie werden mit dem Namen ihrer Heimatstadt bezeichnet und damit individualisiert, während die Urkunde andererseits pauschal von den »übrigen ostelbischen Händlern« spricht.[33] Nur wenige Jahre später, 1179, verlieh Erzbischof Wichmann den Kaufleuten von Burg zwanzig Budenplätze (*loca tentoriorum*) auf dem Magdeburger Jahrmarkt, der Herrenmesse.[34]

Burg erscheint im 12. Jahrhundert als der wichtigste erzstiftische Handelsplatz östlich der Elbe.[35] Über die Handelsbeziehungen in diesen Raum berichtet das Lokationsprivileg für Jüterbog aus dem Jahr 1174. Demgemäß sollten die aus Magdeburg, Halle, Calbe, Burg und Taucha nach Jüterbog kommenden Kaufleute von dem dort zu entrichtenden Zoll befreit sein, wie gleichfalls die *cives* von Jüterbog, d.h. die Bewohner der Marktsiedlung, in den genannten Orten keinen Zoll zu leisten brauchen.[36]

Der Umstand, dass mit Burg schon früh Markthändler in Verbindung zu bringen sind, spricht für die Vermutung, dass hier – ähnlich wie in Wusterwitz – eine kom-

---

32 UB Erzstift Magdeburg, Nr. 350: *In nomine sancte et individue trinitatis. Wicmannus dei gracia sancte Magdeburgensis ecclesie archiepiscopus. [...] constituimus et observari volumus, ut in curia, que ecclesie sancti Iohannis in Monte pertinet et foro civitatis Magdeburgensis commode adiacet, mercatores de Burch et reliqui transalbini negociatores, qui venalia in pannis seu in aliis huiusmodi rebus in civitatem afferunt, se recipiant et res suas in domo ipsius curie vendant.*

33 KEHN (1968), S. 35 vermutet unter den überelbischen Kaufleuten auch solche aus Breslau.

34 UB Erzstift Magdeburg, Nr. 362: *In nomine sancte et individue trinitatis. Wichmannus dei gratia sancte Magdeburgensis ecclesie archiepiscopus. Quoniam pro multo affectu, quem habemus circa honorem et utilitatem civitatis nostre Burch, libenter videmus, ut omnem honorem et commoditatem, quam in civitate nostra Magdeburge habere possunt, incole iam dicte civitatis habeant et a successoribus nostris semper obtineant, eapropter notum esse volumus universis tam futuris quam presentibus, quod nos civibus et prefatis incolis burggravio nostro mediante decem loca tentoriorum ex directo iuxta sepem maioris prepositi ad orientem et decem ex opposito donavimus et contulimus, ita ut ipsi in festo dominorum eadem XX loca tentoriorum in nundinibus quolibet anno sine contradictione et sine omni inquietudine habeant et possideant et eorum heredibus succedant ita libere, quod ipsi vel eorum heredes ipsa loca impignorare possint,, cuicunque velint, aut vendere.*

35 Die im Lokationsprivileg für Wusterwitz aus dem Jahr 1159 (UB Erzstift Magdeburg, Nr. 300) zum Ausdruck kommende Hoffnung Erzbischof Wichmanns, hier einen Handelsplatz zu etablieren, an dem Händler und Fernkaufleute wohnen und nach Magdeburger Recht wirtschaften sollten, hat sich nicht erfüllt. Schon in der im Jahr 1174 ausgestellten Lokationsurkunde für Jüterbog wird Wusterwitz nicht neben den anderen erzstiftischen Marktorten östlich der Elbe genannt. Auch die als *exordium et caput provincie* gegründete Marktsiedlung Jüterbog konnte auf wirtschaftlichem Gebiet Burg im 12. Jahrhundert nicht überflügeln, wurde sie doch kurz nach der Gründung von Slawen zerstört.

36 UB Erzstift Magdeburg, Nr. 343: *In nomine sancte et individue trinitatis. Wichmannus dei gracia sancte Magdeburgensis ecclesie archiepiscopus. [...] Volumus autem et statuimus, ut, quicunque de Magdeburg, de Halle, de Calbe, de Burch et de Tuch pro suis negociis agendis Iuterbogk veniant, de theoloneo ibi persolvendo liberi existant. Et similiter cives de Iutterbogk in locis prenominatis theoloneum non persolvant.*

binierte Gründung von Dorf- und Stadtgemeinde stattgefunden haben könnte.[37] Es ist ferner zu vermuten, dass Burg die erfolgreichste Lokationsmaßnahme Erzbischof Wichmanns war.[38]

Bei wie vielen Ortsgründungen Burger Kolonistenrecht erbeten oder gewährt wurde, lässt sich nicht sagen. Ob das Burger Recht mit dem Schartauer und/oder dem des *ius Lindowis*, das beim Verkauf eines Waldes bei Schartau an den erzstiftischen Ministerialen Nikolaus von Niegripp erwähnt wird, identisch ist[39], lässt sich nicht nachweisen. Auch die Ansicht, dass es sich zum »allgemeingültigen Kolonistenrecht für die ländliche Bevölkerung bei der Besiedlung des nordwestlichen Flämings«[40] entwickelte, ist nicht zu belegen.

Territorialisierung des Rechts: Land und Landrecht

Eindeutig festmachen lässt sich am Burger Siedlerrecht und den anderen nach einzelnen Siedelorten benannten Ortsrechten jedoch der Übergang vom Personalitätsprinzips des Rechts zum Territorialitätsprinzip. Entsprach es noch dem mittelalterlichen Personalitätsprinzip, dass die Siedler ihre heimischen Rechtsgewohnheiten in die zu besiedelnden Landstriche mitbrachten, so verlor sich dort die Stammeszugehörigkeit als Bezugspunkt des Rechts. Nicht mehr der Siedler, sondern die Siedlungen selbst wurden zum Träger des Rechts, so dass jeder, der sich in einer Neusiedlung niederließ, unabhängig von seiner Herkunft das Recht dieser Siedlung teilte. Das Personengruppenrecht der Siedler wurde Ortsrecht. Bezugspunkt des Rechts ist nunmehr der Ort. Dessen Bewohner erscheinen als eine Rechts- und Friedensgemeinschaft, die durch ein bestimmtes Recht geeint ist.[41] Dass das Ortsrecht dann sogar übertragbar wurde, belegt beispielhaft die Verleihung von Burger Kolonistenrecht bei der Lokation von Pechau und Löbnitz. Durch die Ansiedlung von Bauern und Markthändlern, Sachsen und Niederländern entstanden ab der Mitte des 12. Jahrhunderts so ganz eigenartige Rechtsgemeinschaften, »Weichbilder in Miniaturausgabe«[42] und kleine »Länder«, deren eines das Burger Land ist.

Dass sich die Vorstellung vom Land und seinem eigenen Landrecht erst durchsetzen musste, lässt sich auch am Sachsenspiegel ablesen. Eike musste noch ausdrücklich hervorheben, dass in Sachsen auch der Fremde Erbe empfängt nach dem Recht des Landes und nicht nach dem Recht des Mannes:

> Iwelk inkomen man untvet erve binnen deme lande to Sassen na des landes rechte unde nicht na des mannes, he si Beier oder Swaf oder Vranke.[43]

---

37 Claude (1972), Bd. 2, S. 113–115. Siehe ihm folgend Schich (2007), S. 345.
38 Bünz (2008), S. 131.
39 Vgl. etwa Schulze (1896), S. 161 Anm. 2, Rosenstock (1912), S. 91 und Markmann (1936), S. 21.
40 Rosenstock (1912), S. 92; Dessen These übernahmen etwa Markmann/Krause (1938), S. 4f.
41 Brunner (1959), S. 234.
42 Schlesinger (1960), S. 299.
43 Sachsenspiegel Landrecht I 30.

Hier klingt noch die ältere Anschauung vom Stammesrecht an, dessen Geltung an die Herkunft der Person gebunden war. »Das Wort ›Landrecht‹ weist demgegenüber auf die modernere Vorstellung von einer territorialen Geltung des Rechts hin.«[44]

Wie weit das Burger Land sich erstreckte, in dem die freie Bevölkerung nach Burger Landrecht lebte, lässt sich nicht mit Sicherheit sagen. Aber selbst wenn das Burger Landrecht in Abgrenzung zu einem Burger Stadtrecht nur »für das bäuerliche Land um Burg bei Magdeburg, vielleicht (aber) bloß für die Ackerbürger des Ortes aufgezeichnet«[45] worden sein sollte, so kann am urkundlich nachweisbaren Burger Kolonistenrecht und dem sich daraus entwickelnden Burger Landrecht mustergültig nachgezeichnet werden, dass die Vorstellung von einer Territorialität des Rechts insbesondere im Kolonialland östlich der Elbe auf fruchtbaren Boden gefallen ist und dort territoriale Rechtsgemeinschaften entstehen ließ. Dass diese im Falle von Burg zudem noch in der Lage war, vom sächsischen Landrecht abweichendes Recht zu bewahren, wird noch zu zeigen sein.

Die Handschrift des Burger Landrechts

Beschreibung der Handschrift

Das Burger Landrecht ist in einer einzigen Sammelhandschrift erhalten, die mehrere Rechtstexte in sich vereint. Der Kodex beginnt mitten in Art. 6 der Sächsischen Weichbildvulgata. Hieran schließt sich ein Auszug aus dem Sächsischen Landrecht an, gefolgt von einem Auszug aus dem Sächsischen Lehnrecht.

Erst der zweite Teil der Sammelhandschrift, der sich durch eine andere Tinte wie auch eine andere Schrift vom ersten Teil abhebt, enthält den Text des *Burges lantrecht*. Dieser umfasst 11 einzelne Seiten, wobei jedoch die letzte nicht vollständig vom Burger Landrecht eingenommen wird.

Der zweispaltig geschriebene Text ist durch Absätze in längere oder kürzere Textblöcke gegliedert. Am Anfang eines jeden solchen Textblocks ist zudem der erste Buchstabe weggelassen, der offenbar wie im ersten Teil der Handschrift als rote Initiale ausgeführt werden sollte.

Die Sammelhandschrift schließt mit einem Text, der stadtrechtliche Regelungen enthält. Darin ist die Rede von *ratmanne* und *deme rade der stad*. Es ist zu vermuten, dass es sich um einen Auszug aus dem ansonsten nicht überlieferten Stadtrecht von Burg handelt.

Verfasser des Burger Landrechts

Über den Verfasser des Burger Landrechts, der sich im Unterschied zum Verfasser des Sachsenspiegels selbst namentlich nicht zu erkennen gibt, weiß man aus dem »Prolog« lediglich, dass er den Erzbischof von Magdeburg als *myn here* betrachtet. Dies

---

44 Kroeschell (1998), S. 74.
45 Buchda (1940), S. 377.

Das Burger Landrecht

weist auf ein Abhängigkeitsverhältnis hin. Ob der Landrechtsautor der erzstiftischen Ministerialität angehörte, mag vermutet, aber nicht belegt werden.

Der Schreiber der Handschrift bleibt gleichfalls unbekannt. Ob er im Umfeld der Magdeburger Kanzlei zu suchen ist, worauf die gelegentlich Kanzleieinfluss verratende Sprache des Burger Landrechts hindeutet, muss offen bleiben, da sich das Burger Landrecht an anderer Stelle wiederum deutlich vom Magdeburgischen absetzt.[46]

Datierung der Handschrift und des Burger Landrechts

Da die Handschrift des Burger Landrechts nicht datiert und ihr Verfasser nicht zu ermitteln ist, kann eine Datierung nur mittelbar erfolgen. Lange Zeit war umstritten, ob die Burger Handschrift »noch dem 13. Jahrhundert«[47] zuzurechnen ist oder es sich um einen »Kodex des 14. Jahrhunderts«[48] handelt. Neuere philologische Untersuchungen haben erwiesen, dass die Burger Landrechtsaufzeichnung in den 1320er oder 1330er Jahren entstanden sein muss.[49] Bei der erhaltenen Handschrift dürfte es sich allerdings nicht um die Urschrift handeln. Schon Gerhard Buchda wies in seiner Rezension der Faksimile-Wiedergabe des Burger Landrechts durch Fritz Markmann und Paul Krause darauf hin, dass verschiedene Textstellen der Handschrift für eine Kopie sprechen.[50]

Die Datierung der erhaltenen Handschrift in das zweite oder dritte Jahrzehnt des 14. Jahrhunderts schließt daher nicht aus, dass der Text des Burger Landrechts schon um oder vor 1300 entstanden ist. Hält man sich vor Augen, dass der Sachsenspiegel nach der Interpolationshypothese von Armin Wolf[51] noch nach 1273 Textergänzungen erfahren haben soll, so rücken beide Texte noch näher aneinander heran als man nach der üblichen Datierung des Sachsenspiegels annehmen sollte.

---

46 Vgl. die eingehende Untersuchung von BISCHOFF (1972), S. 361ff., der sich die Frage stellt, ob die Rechtsgewohnheiten des Burger Landrechts »von Einheimischen aufs Pergament gebracht sein könnten oder ob hinter ihnen ein auswärtiger Schreiber steht bzw. fremder Kanzleieinfluss zu suchen ist«.

47 VON MÜLVERSTEDT (1867), S. 161; DERS. (1871), S. 390; DERS. (1872), S. 354ff. Vgl. ferner VOGEL (1897), S. XXVII und LORENZ (1953), S. 17. Insbesondere auch MARKMANN/KRAUSE (1938), S. 4, die zweiten Herausgeber des Burger Landrechts, datieren die Handschrift »auf das Ende des 13. Jahrhunderts«. Ihnen schloss sich zunächst BISCHOFF (1954), S. 5 an, wonach der Kodex des Burger Landrechts »noch dem 13. Jahrhundert« angehört; eine Ansicht, die BISCHOFF (1972) in seiner Untersuchung »Die Sprache des Burger Landrechtes«, S. 369 allerdings aufgegeben hat.

48 HOMEYER (1934), S. 46, gefolgt von ROSENSTOCK (1912), S. 22 und BUCHDA (1940), S. 378. Vgl. darüber hinaus VON AMIRA/ECKHARDT (1960), Bd. 1, S. 163, ECKHARDT (1958), S. 150, BISCHOFF (1972), S. 368f. und zuletzt OPPITZ (1990), Bd. 1, S. 44.

49 Diese Datierung verdanke ich der großzügig gewährten Hilfsbereitschaft von Frau Dr. Christa Bertelsmeier-Kierst und Herrn Dr. Jürgen Wolf, zur Zeit der Erstellung meiner Dissertation zum Burger Landrecht Mitarbeiter am Institut für Deutsche Philologie des Mittelalters der Philipps-Universität Marburg. Beide wiesen mich auf eine Fülle moderner Merkmale hin, die eine Kodifizierung des Burger Landrechts zeitlich nach dem ihm in der Sammelhandschrift vorangehenden Weichbild- und Sachsenspiegelrecht belegen und an eine Niederschrift in besagtem Zeitraum denken lassen. Dieser Befund präzisiert und ergänzt im Übrigen die zu einem vergleichbaren Ergebnis gelangte Untersuchung BISCHOFFS (1972), S. 361ff.

50 BUCHDA (1940), S. 379.

51 WOLF (1998), S. 189.

Der Inhalt des Burger Landrechts

Fragt man nach dem Inhalt des Burger Landrechts, so ist zunächst vorauszuschicken, dass es sich bei ihm um eines der ersten reinen Landrechtsbücher handelt, die die germanistische Rechtsgeschichte kennt. Dementsprechend sind es Fragen des bäuerlich-ländlichen Rechts, die seinen Inhalt ausmachen. Wohl der wirtschaftlichen Bedeutung Rechnung tragend, die ererbtem Vermögen in einer agrarisch-mittelalterlichen Gesellschaft zukam, beginnt der Landrechtsautor seine Aufzeichnung nach der üblichen Invocatio mit einer umfangreichen Schilderung erb- und ehegüterrechtlicher Rechtsgewohnheiten. So finden sich neben Bestimmungen, die auf eine Gütergemeinschaft der Eheleute zu Lebzeiten hindeuten, insbesondere solche, denen Aussagen zur ehegüterrechtlichen Auseinandersetzung im Todesfall zu entnehmen sind. Aber auch über die erbrechtliche Stellung der Nachkommen, gleich ob ehelicher oder nichtehelicher Abstammung, gibt das Burger Rechtsbuch Auskunft. Überdies wird nicht zuletzt zu personenrechtlichen Sachverhalten wie der Vormundschaft der Mutter über die Kinder beim Tod des Ehemannes und Vaters Stellung genommen.

Bilden die erb- und ehegüterrechtlichen Rechtsgewohnheiten den bei weitem um fangreichsten, inhaltlich in sich geschlossenen Themenkomplex innerhalb der Burger Landrechtsaufzeichnung, so finden sich weitere privatrechtliche Regelungen über das ganze Landrecht verstreut, wobei aber auch hier nicht selten eine Rechtsmaterie in der Abfolge einiger Rechtssätze ausgebreitet wird. Vertragsrechtliche Gesichtspunkte werden eher beiläufig erwähnt; sie scheinen nicht als fixierungsbedürftig angesehen worden zu sein. Über die Pflichten des Verkäufers eines Grundstücks, das *vor den schepen un vor den richter* übertragen werden sollte, erfährt man lediglich, dass er dem Käufer Währschaft zu leisten hat. Von dem der Übertragung von Grundeigentum zugrundeliegenden Verkehrsgeschäft weiß man darüber hinaus noch, dass der Käufer dessen Rechtsgültigkeit mittels Geschäftszeugen beweisen durfte. Der prozessuale Kontext, in dem diese wenigen vertragsrechtlichen Regelungen stehen, kehrt denn auch bei der Darstellung des Bürgschaftsrechts wieder. Die Rede ist nämlich allein vom sog. Gestellungsbürgen, der für das Wiedererscheinen des verklagten Schuldners vor Gericht einzustehen hatte. Vermochte der zahlungsunfähige Schuldner noch nicht einmal einen Gestellungsbürgen aufbieten, so blieb ihm der Weg in die recht ausführlich dargestellte Schuldknechtschaft.

Im Übrigen sind es vor allem Fragen der Gewere und dinglichen Berechtigung an Fahrhabe und Liegenschaften, die im Burger Landrecht in teils umfänglicher Kasuistik ausgebreitet werden. So wird Ackerland, das die örtliche Gemeinschaft der Bauern Jahr und Tag in Nutzung hat, gegen die unrechtmäßige Inanspruchnahme durch einen einzelnen geschützt, während letzterem das streitbefangene Gut als Besserberechtigtem dann zugesprochen wird, wenn er nachweisen kann, es 31 Jahre und einen Tag ohne rechte Widerspruche durch die Bauernschaft in Nutzung gehabt zu haben.

Das Burger Landrecht

Der vorangegangene Überblick darf allerdings nicht die Vorstellung hervorrufen, als stellten die ihm zugrundeliegenden Rechtssätze eine in sich geschlossene Texteinheit dar. Eine rein formale Trennung etwa zwischen Privatrecht und Strafrecht, wie sie das heutige Recht kennt, war dem mittelalterlichen Landrecht bekanntlich noch fremd. Beredtes Zeugnis hiervon legen diejenigen Rechtssätze ab, die die Sicherung des öffentlichen Friedens und damit die Bekämpfung von Unrecht zum Gegenstand haben. Deutlich ist der Einfluss der Gottes- und Landfriedensbewegung auf das Burger Landrecht auszumachen, wobei der ehemals für bestimmte Zeiten beschworene Friede nunmehr einem Dauerzustand gewichen ist. So stellt denn das Landrecht die peinliche, d.h. die an Leib und Leben gehende Strafe in den Dienst des Schutzes seiner mittelalterlichen Friedensordnung: Den Dieb soll man hängen, den Totschläger oder Räuber enthaupten. Den Mörder oder Mordbrenner soll man auf das Rad flechten. Zu den todeswürdigen Verbrechen zählt das Burger Landrecht letztlich auch die Fälscherei. Nicht der Tod, sondern der Verlust der Hand, wartet demgegenüber für gewöhnlich auf denjenigen, der einem anderen eine Wunde zugefügt hatte.

Die hierin zum Ausdruck kommende Kriminalisierung des Strafrechts darf aber nicht darüber hinwegtäuschen, dass im Burger Landrecht das aus den Stammesrechten überkommene Kompositionssystem weiterhin neben dem peinlichen Strafrecht praktische Anwendung fand. Buße und Wergeld als Sühneleistung des Verletzers sind dem Rechtsbuch wohl bekannt, wobei die Bußbestimmungen keine ständische Unterscheidung bei der Behandlung der Unrechtstäter erkennen lassen. Die Bußbestimmungen galten vielmehr wie die peinlichen, insbesondere ans Leben gehenden Strafbestimmungen unterschiedslos für die gesamte unter dem Frieden stehende Rechtsgemeinschaft, denn *eynes* (jeden) *mannes weregelt* betrug *achteyn pund*.

Zentrale Bedeutung innerhalb der dem Friedensschutz dienenden Rechtsgewohnheiten kommt schließlich auch den Bestimmungen zum Handhaftverfahren zu. Gelang es den Unrechtstäter noch auf frischer Tat zu ergreifen, und wurde er unter Gerüfte mit den Wahrzeichen der Tat gebunden vor Gericht gebracht, so war es nach dem Burger Landrecht möglich, dem Beklagten den Reinigungseid zu verlegen. Der verfahrensrechtliche, insbesondere beweisrechtliche Bezug dieses Rechtsinstituts ist offenkundig. Gleiches gilt für die von den Schöffen vorzunehmende Wundschau, auf die der Burger Landrechtsautor in mehreren aufeinanderfolgenden Bestimmungen am Ende seiner Rechtsaufzeichnung eingeht.

Sind es vor allem erb-, ehe- und familienrechtliche sowie strafrechtliche Fragen, die das ländlich-bäuerliche Rechtsleben der Bevölkerung des »Landes von Burg« und damit ihre Landrechtsaufzeichnung prägten, so wurden die einzelnen Rechtsgewohnheiten erst im Gerichtsurteil greifbar. Gerichtsverfassungsrechtliche Ausführungen nehmen daher ebenfalls breiten Raum. Vom erzbischöflich-magdeburgische Vogt heißt es etwa, dieser habe drei Mal pro Jahr *vor der stad tu Borch imme lantrechte* mit den Schöffen Gericht zu halten. Sein Gericht sei drei Tage vor dem eigentlichen Gerichtstermin den Gerichtsunterworfenen anzukündigen. Die Gerichtsfolgepflicht wird ausführlich thematisiert. Neben dem dreimal jährlich abzuhaltenden Vogtgericht, das sich u. a. durch die charakteristische Bewirtungspflicht des Bauermeisters auszeichnet, erwähnt das Burger Landrecht, wenn auch eher beiläufig, als weitere Gerichte zum einen dasjenige *in unser heren kameren* zu Magdeburg, zum anderen das Gericht der Dorfgenossen selbst, welches wohl unter Leitung des örtlichen Bauermeisters stattfand.

Das Gerichtsverfahren selbst erweist sich als weitgehend formalisiert. Als Vertreter des Magdeburger Gerichtsherrn leitet der Vogt das Gerichtsverfahren und garantiert den Frieden. An der eigentlichen Urteilsfindung ist er nicht beteiligt, diese obliegt vielmehr den Schöffen. Die ausführliche Schilderung, die das Verfahren der Urteilsschelte im Burger Landrecht gefunden hat, zeigt, dass auch hier der schwerfällige Passgang des Urteilfragens und Urteilfindens herrschte. Nach jeder Rede und Gegenrede der durch Fürsprecher vertretenen Parteien wird der Richter den Spruch der Schöffen erfragt haben, wie weiter zu verfahren sei. Die daraufhin von diesen gefundenen Rechtssprüche tragen eindeutig prozessualen Charakter, indem sie etwa lediglich festlegen, wer von beiden Prozessparteien näher daran sei, den streitbefangenen Gegenstand durch seinen Eid zu behalten. Bei alledem lassen sich an der Burger Rechtsaufzeichnung dennoch erste Zeichen einer sich allmählich bahnbrechenden Rationalisierung des Rechts ablesen: Gottesurteile und gerichtliche Zweikämpfe werden nicht als Beweismittel erwähnt. Demgegenüber kennt das Burger Landrecht den Zeugenbeweis als neue Erkenntnisquelle im Rahmen des Beweisverfahrens.

Unterschiede zwischen Burger Landrecht und Sachsenspiegel Landrecht

Das Burger Rechtsbuch enthält eine Fülle von Rechtsgewohnheiten, die deutlich von denjenigen des Sachsenspiegels abweichen. Insbesondere an den erb- und ehegüterrechtlichen Rechtssätzen lässt sich dies festmachen.

So kennt der Sachsenspiegel beispielsweise kein Ehegattenerbrecht. Starb der Ehemann, so führte dies dazu, dass (primär) seine Kinder gleichberechtigt gesamtes Vermögen erbten. Die Witwe behielt nur Gerade, Morgengabe und Musteil als ihr Eigentum und hatte damit, anders als der Witwer, kein Recht am Vermögen des verstorbenen Ehegatten.

Das Burger Landrecht kennt hingegen keine Sondervermögen (Gerade, Morgengabe und Musteil), die der Versorgung der Witwe hätten dienen können. Es regelt die Witwenversorgung vielmehr wie folgt:

> Kumpt eyn knecht unde eyn maget tu samen, dat gud is half unde half; stervet dy knecht ane erve, dat gud ist half der frowen unde half der frund.[52]

Starb der Ehemann *ane erve*, d.h. ohne Nachkommen zu hinterlassen, so entsprach es der Burger Landrechtsgewohnheit, dass das gemeinschaftliche Ehevermögen in

---

52 BLR, fol. 65v, Z. 49ff.

Das Burger Landrecht

zwei Teile zerfiel, wobei die eine Hälfte der überlebenden Ehefrau, die andere *der frund*, also der Verwandtschaft des Verstorbenen, zufiel. Das Burger Landrecht ist mithin im Unterschied zum Sachsenspiegel vom Grundsatz der Gütergemeinschaft und daraus folgend der Halbteilung beim Tod eines Ehegatten beherrscht.

Das Burger Landrecht unterscheidet sich aber nicht nur im Ehegattenerbrecht vom Sachsenspiegel. Im Unterschied zu diesem beerbte die Mutter im Burger Landrecht ihr nichteheliches Kind, traten Halbgeschwister bei der Erbfolge nicht gegen die Vollgeschwister um eine Parentel zurück, war die Mutter nach dem Tod ihres Ehemannes Vormund der gemeinsamen Kinder.

Auch außerhalb der erb-, ehegüter- und familienrechtlichen Bestimmungen finden sich Belege für eine rechtliche Eigenständigkeit der Burger Landrechts. Genügt es beispielsweise nach dem sächsischen Landrecht, dass der Gestellungsbürge den Unrechtstäter vor Gericht bringt, um von seiner freiwillig übernommenen Haftung frei zu werden, so lässt das Burger Landrecht es nicht mit einer bloßen Gestellung bewenden. Verlangt wird vielmehr, dass der Bürge über die Gestellung hinaus einen Reinigungseid selbsiebt auf *den hiligen* ablegt. Soweit ersichtlich stellt keine der sächsisch-magdeburgischen Rechtsquellen solch hohe Anforderungen an das Freiwerden des Gestellungsbürgen. Eine weitere bemerkenswerte Abweichung vom sächsischen Landrecht findet sich bei der Pflicht des Verkäufers einer Liegenschaft zur Währschaft. Während der Sachsenspiegel im Prinzip keine zeitlich begrenzte Währschaftspflicht kennt, begrenzt das Burger Landrecht diese auf die Dauer von Jahr und Tag.

Nicht zuletzt besteht auf beweisrechtlichem Gebiet eine Burger Besonderheit. Hat nach dem Recht des Sachsenspiegels der Kläger die Möglichkeit, das Bestehen eines außergerichtlichen Versprechens durch einfachen Eid abzuleugnen, so gesteht das Burger Landrecht dem Kläger das Recht zu, dem Beklagten den Reinigungseid durch einen Eid mit *lickops luden* zu verlegen.

Zusammenfassend lässt sich festhalten, dass zahlreiche im Burger Landrecht enthaltene Rechtsgewohnheiten weder auf sächsisches Landrecht noch auf Magdeburger Stadtrecht zurückzuführen sind. Diese stellen vielmehr innerhalb des sächsisch-magdeburgischen Rechtsgebietes Fremdkörper dar, die sich dort auch nicht erst entwickelt haben können.

Das Burger Landrecht und die Rechtswirklichkeit: Das Burger Schöffenbuchfragment

Die inhaltlichen Abweichungen des Burger Landrechts vom Sachsenspiegel sind derart groß, dass sich die Frage aufdrängt, ob die Burger Rechtsgewohnheiten überhaupt der Rechtswirklichkeit entsprechen.[53] Um dies zu ergründen, muss man sich den Urkunden zuwenden.

---

53 Siehe hierzu grundlegend KROESCHELL (1977), S. 349–382. – DERS. (1986), S. 1–10.

Rechtsgeschäftliche Urkunden, die das Burger Landrecht erwähnen, liegen nicht vor. Glücklicherweise ist ein Fragment des Schöffenbuchs von Burg erhalten geblieben. Dieses enthält die Eintragungen des letzten Dingtages des Jahres 1394, die des ganzen Jahres 1395 und aus dem Jahr 1396 die Eintragungen des ersten und teilweise die des zweiten Gerichtstages – insgesamt 64 bzw. 81 Vermerke.[54] Auch wenn es sich bei dem Burger Schöffengericht, aus dem das Schöffenbuchfragment stammt, um ein städtisches Gremium handeln dürfte und zwischen beiden Rechtsquellen mehrere Jahrzehnte liegen, verspricht ein Vergleich zwischen Burger Landrecht und Schöffenbuch durchaus einen Schluss auf die Rechtswirklichkeit zuzulassen.

Das Burger Schöffenbuchfragment weist 49 Einträge über Vermögensgesamtheiten aus, wovon die meisten gegenseitige Verfügungen unter Ehegatten betreffen. Hervorzuheben sind an dieser Stelle 12 Einträge, die vermeintlich Verfügungen unter Lebenden betreffen. Ein solcher Eintrag lautet wie folgt:

> Ilse, Heyne Diderdes husfrouwe, dedit Heyne Diderde viro suo legitimo totum bonorum, que habet ac unquam acquirit, debitis prius persolutis.
>
> Heyne Didert dedit Ilsen uxori sue legitime dimidium bonorum, que habet ac unquam acquirit, debitis persolutis.[55]

Dass es sich hierbei nicht um gegenseitige Verfügungen unter Lebenden handelte, ergibt sich schon aus dem Teilsatz »*que habet ac unquam acquirit*«, der auf den beim Tod des Verfügenden vorhandenen Nachlass als Verfügungsgegenstand abstellt. Auch aus der Angabe »*debitis persolutis*« lässt sich schließen, dass es sich um eine Verfügung von Todes wegen handelt. Der Begünstigte sollte durch die Verfügung das zugewendete Vermögen nach Begleichung der Schulden erhalten. Im konkreten Fall sollte *Ilse* nach dem Tod ihres Ehemanns *Heyne* die Hälfte von dessen Vermögen erhalten. Die andere Hälfte wird an die Kinder des Verstorbenen bzw. an dessen nächste Verwandte gefallen sein.

Auch in den übrigen gegenseitigen Verfügungen von Todes wegen unter Ehegatten, die im Burger Schöffenbuchfragment festgehalten sind, wurde der Ehefrau die Hälfte des Vermögens des Ehemanns zugewendet.[56] In Burg fand also zur Absicherung der Ehefrau Halbteilung statt, allerdings – in Abweichung vom Burger Landrecht - nur in Form der gerichtlichen Übertragung »von Todes wegen«. Da der Sachsenspiegel die Halbteilung nicht kennt, dürfte damit »die Authentizität […] des Burger Landrechts […] unter Beweis gestellt«[57] sein, selbst wenn auch das Magdeburger Recht Verfügungen von Todes wegen kannte.

---

54 Neubauer (1920), S. 82–88. Der Inhalt des Burger Schöffenbuchfragments wurde erstmals durch Schmidt-Recla (2011), S. 547–550, 699, 700 einer wissenschaftlichen Untersuchung unterzogen.

55 Die an einer gegenseitigen Verfügung beteiligten Eheleute mussten jeder für sich ihre Erklärung abgeben, welche dann getrennt beurkundet wurde.

56 Das Burger Schöffenbuchfragment enthält aber auch Eintragungen, wonach der überlebende Ehegatte zum Gesamterben eingesetzt wurde.

57 Schmidt-Recla (2011), S. 549.

Das Burger Landrecht

Abschließende Würdigung

Zusammenfassend wird man festhalten dürfen, dass das Burger Landrecht alles in allem ein anschauliches Zeugnis vom bäuerlich-ländlichen Rechtsleben um das Jahr 1300 im Kernland des Sachsenspiegelrechts ablegt. Mag man die Burger Landrechtsaufzeichnung mit dem Sachsenspiegel auch nicht auf eine Stufe stellen können, obwohl sie vergleichbar dem genannten Rechtsbuch das bisher nur mündlich in Anwendung stehende Recht erstmals aufzeichnete und in gewissem Maße systematisierte, so sollte der rechtshistorische Wert dieser bescheidenen, bisher weitgehend unbeachteten Rechtsquelle dennoch nicht zu gering veranschlagt werden. Dies ergibt sich schon daraus, dass es sich bei der Burger Rechtsaufzeichnung um eines der ersten reinen Landrechtsbücher handelt, das zudem keine, bloß durch Schöffensprüche umgestaltete »Kurzversion« des sächsischen Landrechts darstellt. Zwar dürfte der Sachsenspiegel den entscheidenden Anstoß zur Niederschrift des Burger Landrechts gegeben haben, doch wurde das Rechtsbuch Eikes von Repgow vom Burger Landrechtsautor nicht schlicht umgearbeitet und den lokalen Verhältnissen angepasst. Die Bedeutung der Burger Landrechtsquelle für die rechtshistorische Forschung ist mithin nicht zuletzt darin zu erblicken, dass sie das durch den Sachsenspiegel geprägte Bild vom Landrecht um einige wichtige Nuancen bereichert.

Sprechen bereits zahlreiche ostelbische Dorf- und Stadtrechte, die unverkennbar niederländische Rechtselemente beinhalten, gegen den in der rechtshistorischen Literatur weithin vorherrschenden Eindruck einer territorialen Geschlossenheit des sächsisch-magdeburgischen Rechtskreises, so wird diese Vorstellung durch das Burger Landrecht vollends widerlegt. Da der niederländische Rechtseinfluss jedoch nur nachwirkt, man das Burger Landrecht also auch nicht dem niederländischen Rechtskreis zuordnen kann, das Burger Landrecht sich zudem deutlich vom sächsischen Landrecht unterscheidet, ist es daher durchaus gerechtfertigt, im Einklang mit Karl August Eckhardt vom »selbständigen Charakter«[58] des Burger Landrechts zu sprechen.

---

58 Von Amira/Eckhardt (1960), Bd. 1, S. 163. So auch Kroeschell (1995), S. 27.

Literatur

VON AMIRA/ECKHARDT (1960): Karl von Amira/ Karl August Eckhardt: Germanisches Recht (= Grundriss der Germanischen Philologie 5), 2 Bde., Bd. 1, Rechtsdenkmäler, Berlin ⁴1960.

BARTLETT (1996): Robert Bartlett: Die Geburt Europas aus dem Geist der Gewalt, München 1996.

VON BELOW (1892): Georg von Below: Der Ursprung der deutschen Stadtverfassung, Düsseldorf 1892.

BISCHOFF (1954): Karl Bischoff: Elbostfälische Studien (= Mitteldeutsche Studien, Bd. 14), Halle 1954.

BISCHOFF (1972): Karl Bischoff: Die Sprache des Burger Landrechtes, in: Zeiten und Formen in Sprache und Dichtung. Festschrift für Fritz Tschirch zum 70. Geburtstag, hg. v. Karl-Heinz Schirmer und Bernhard Sowinski, Köln/Wien 1972, S. 357–375.

BRUNNER (1959): Otto Brunner: Land und Herrschaft, Wien/Wiesbaden ⁴1959.

BUCHDA (1940): Gerhard Buchda: Rezension zu: Das Burger Landrecht, hg. v. Fritz Markmann und Paul Krause, in: ZRG.GA 60, 1940, S. 377–380.

BUCHHOLZ (1965): Wolfgang Buchholz: Die Bürger von Burg und die Herren von Borch, in: Zur städtischen Entwicklung Burgs im Mittelalter (= Veröffentlichungen zur Burger Geschichte, Heft 8), Burg 1965, S. 15–27.

BÜNZ (2008): Enno Bünz: Die Rolle der Niederländer in der Ostsiedlung, in: Ostsiedlung und Landesausbau in Sachsen. Die Kührener Urkunde von 1154 und ihr historisches Umfeld (= Schriften zur sächsischen Geschichte und Volkskunde, Bd. 23), hg. v. Enno Bünz. Leipzig 2008, S. 95–142.

CLAUDE (1972): Dietrich Claude: Geschichte des Erzbistums Magdeburg bis in das 12. Jahrhundert, 2 Bde., Köln/Wien 1972.

Codex diplomaticus Anhaltinus: Zweiter Theil: 1212–1300, Dritter Theil: 1301–1350, hg. v. Otto von Heinemann, Dessau 1875/77.

Codex diplomaticus Brandenburgensis: Sammlung der Urkunden, Chroniken und sonstigen Quellenschriften für die Geschichte der Mark Brandenburg und ihrer Regenten. Geschichte der geistlichen Stiftungen, der adelichen Familien, so wie der Städte und Burgen der Mark Brandenburg. 1. Haupttheil, 10. Band, hg. v. Adolf Friedrich Riedel, Berlin 1856.

Codex diplomaticus Saxoniae Regiae, erster Haupttheil, Bd. 2: Urkunden der Markgrafen von Meißen und Landgrafen von Thüringen (1100–1195), hg. v. Otto Posse. Leipzig 1889.

DILCHER (1996): Gerhard Dilcher: Marktrecht und Kaufmannsrecht im Frühmittelalter, in: Bürgerrecht und Stadtverfassung im europäischen Mittelalter, hg. v. Gerhard Dilcher, Köln/Weimar/Wien 1996, S. 1ff.

ECKHARDT (1973): Karl August Eckhardt: Sachsenspiegel Landrecht, in: Monumenta Germaniae Historica, Fontes Iuris Germanici Antiqui, Nova Series, Tomi I, Pars I, Göttingen ³1973.

ECKHARDT (1958): Karl August Eckhardt: Art. Burger Landrecht, in: Sachwörterbuch zur deutschen Geschichte, hg. v. Hellmuth Rössler und Günther Franz, München 1958, S. 150.

EHLERS (1992): Joachim Ehlers: Erzbischof Wichmann von Magdeburg und das Reich, in: Erzbischof Wichmann (1152–1192) und Magdeburg im Hohen Mittelalter, hg. v. Matthias Puhle, Magdeburg 1992, S. 20–31.

FOCKEMA-ANDREAE (1888): Sybrandus Johannes Fockema-Andreae: Bijdragen tot de nederlandsche rechtsgeschiedenis, 5 Bde., Haarlem 1888/1914, Bd. 2.

GÖTZE (1869): Ludwig Götze: Niederländische Colonisten in Burg, in: Geschichtsblätter für Stadt und Land Magdeburg, Bd. 4, 1869, S. 252ff.

GÖTZE (1877): Ludwig Götze: Ist die Tuchmacherei in Burg auf niederländische Ansiedler zurückzuführen? in: Geschichtsblätter für Stadt und Land Magdeburg, Bd. 12, 1877, S. 309ff.

HARTUNG (1886): Julius Hartung: Die Territorialpolitik der Magdeburger Erzbischöfe Wichmann, Ludolf und Albrecht 1152–1232, in: Geschichtsblätter für Stadt und Land Magdeburg, Bd. 21, 1886, S. 1ff.

HELBIG/WEINRICH (1975): Herbert Helbig und Lorenz Weinrich: Urkunden und Erzählende Quellen zur Deutschen Ostsiedlung im Mittelalter. Erster Teil: Mittel- und Norddeutschland, Ostseeküste (= Ausgewählte Quellen zur deutschen Geschichte im Mittelalter 26a), Darmstadt 1975

HEYDEMANN (1841): Ludwig Eduard Heydemann: Die Elemente der Joachimischen Constitution vom Jahre 1527. Berlin 1841 (Nachdruck Graz 1972).

HOBUSCH (1954): Erich Hobusch: 800 Jahre Geschichte des Burger Tuchgewerbes, in: Veröffentlichungen zur Burger Geschichte, Heft 2/3, Burg 1954.

HOMEYER (1934): Gustav Carl Homeyer: Die deutschen Rechtsbücher des Mittelalters und ihre Handschriften. Erste Abt.: Verzeichnis der Rechtsbücher, bearb. v. Karl August Eckhardt. Zweite Abt.: Verzeichnis der Handschriften, bearb. v. Conrad Borchling und Julius von Gierke, Weimar ²1934.

HOPPE (1965): Willy Hoppe: Erzbischof Wichmann von Magdeburg, in: Die Mark Brandenburg, Wettin und Magdeburg. Ausgewählte Aufsätze, hg. v. Herbert Ludat, Köln 1965, S. 1–153.

IGNOR (1984): Alexander Ignor: Über das allgemeine Rechtsdenken Eikes von Repgow, Paderborn 1984.

KAMPTZ (1826): Karl Albert von Kamptz: Die Provinzial- und statutarischen Rechte in der Preußischen Monarchie. Erster Teil: Die Provinzen Brandenburg, Ost- und Westpreußen, Sachsen und Schlesien, Berlin 1826.

KEHN (1968): Wolfgang Kehn: Der Handel im Oderraum im 13. und 14. Jahrhundert, Köln 1968.

KERSTING (1952): Wilhelm-Christian Kersting: Das Hollische Recht im Nordseeraum, aufgewiesen besonders an Quellen des Landes Hadeln, Hamburg 1952.

KÖBLER (1980): Gerhard Köbler: Civis und verwandte Begriffe im Spiegel niederdeutscher Stadtrechtsquellen, in: Über Bürger, Stadt und städtische Literatur im Spätmittelalter (= Abhdl. d. Akademie d. Wiss. in Göttingen, Phil.-Hist. Klasse, 3. Folge, Nr. 121), Göttingen 1980, S. 27ff.

KOSCHORREK (1970): Walter Koschorrek: Die Heidelberger Bilderhandschrift des Sachsenspiegels. Faksimile-Ausgabe und Kommentar, Frankfurt a.M. 1970.

KOWALKE (1992): Götz Kowalke: Wichmann und Barbarossa, in: Erzbischof Wichmann (1152–1192) und Magdeburg im hohen Mittelalter. Stadt, Erzbistum, Reich. Ausstellung zum 800. Todestag Erzbischof Wichmanns, hg. v. Matthias Puhle. Magdeburg 1992, S. 32–41.

KROESCHELL (2008): Karl Kroeschell: Deutsche Rechtsgeschichte, Bd. I (bis 1250), Köln 2008.

KROESCHELL (1960): Karl Kroeschell: Weichbild (= Forschungen zur deutschen Rechtsgeschichte, Bd. 3), Köln/Graz 1960.

KROESCHELL (1986): Karl Kroeschell: Rechtswirklichkeit und Rechtsbücherüberlieferung. Überlegungen zur Wirkungsgeschichte des Sachsenspiegels, in: Text-Bild-Interpretation. Untersuchungen zu den Bilderhandschriften des Sachsenspiegels, hg. v. Ruth Schmidt-Wiegand, München 1986, S. 1–10.

KROESCHELL (1991): Karl Kroeschell: Der Sachsenspiegel in neuem Licht, in: Heinz Mohnhaupt (Hg.): Rechtsgeschichte in beiden deutschen Staaten, Frankfurt aM. 1991, S. 232–244, erneut abgedruckt in: Studien zum frühen und mittelalterlichen deutschen Recht, hg. v. Karl Kroeschell, Berlin 1995, S. 457–469.

KROESCHELL (1977): Karl Kroeschell: Rechtsaufzeichnung und Rechtswirklichkeit. Das Beispiel des Sachsenspiegels, in: Recht und Schrift im Mittelalter (= Vorträge und Forschungen XXIII), Sigmaringen 1977, S. 349–382.

Kroeschell (1985): Karl Kroeschell: Bemerkungen zum »Kaufmannsrecht« in den ottonisch-salischen Markturkunden, in: Untersuchungen zu Handel und Verkehr der vor- und frühgeschichtlichen Zeit in Mittel- und Nordeuropa. T. 3. Der Handel des frühen Mittelalters: Bericht über die Kolloquien der Kommission für die Altertumskunde Mittel- und Nordeuropas in den Jahren 1980 bis 1983, hg. v. Klaus Düwel u. a., Göttingen 1985, erneut abgedruckt in: Studien zum frühen und mittelalterlichen deutschen Recht, hg. v. Karl Kroeschell, Berlin 1995, S. 381ff.

Kroeschell (1995): Karl Kroeschell: Stadtrecht und Landrecht im mittelalterlichen Sachsen, in: *der sassen speyghel*: Sachsenspiegel – Recht – Alltag, Band 1, hg. v. Egbert Koolman, Oldenburg 1995, S. 17ff.

Kroeschell (1998): Karl Kroeschell: Von der Gewohnheit zum Recht. Der Sachsenspiegel im späten Mittelalter. in: Recht und Verfassung im Übergang vom Mittelalter zur Neuzeit. Teil 1, Bericht über Koloquien der Kommission zur Erforschung der Kultur des Spätmittelalters 1994 bis 1995, hg. v. Hartmut Boockmann, Ludger Grenzmann u.a., Göttingen 1998, S. 68ff.

Kuhn (1971): Walter Kuhn: Die Stadtdörfer der mittelalterlichen Ostsiedlung, in: Zeitschrift für Ostforschung, Bd. 20, 1971, S. 1–69.

Lieberwirth (1982): Rolf Lieberwirth: Eike von Repchow und der Sachsenspiegel, (= Sitzungsberichte der Sächsischen Akademie der Wissenschaften zu Leipzig, Phil.-hist. Klasse, Bd. 122, Heft 4), Berlin 1982.

Lieberwirth (1993): Rolf Lieberwirth: Entstehung des Sachsenspiegels und Landesgeschichte, in: Die Wolfenbütteler Bilderhandschrift des Sachsenspiegels. Aufsätze und Untersuchungen. Kommentarband zur Faksimile-Ausgabe, hg. v. Ruth Schmidt-Wiegand, Berlin 1993, S. 43–61.

Lorenz (1953): Eberhard Lorenz: Die Entwicklung der Stadt Burg im Mittelalter (= Veröffentlichungen zur Burger Geschichte, Heft 1), Burg 1953.

Lorenz (1962): Eberhard Lorenz: Zur Urgeschichte der Stadt Burg, in: Aus der Frühgeschichte der Stadt Burg (= Veröffentlichungen zur Burger Geschichte, Heft 7), Burg 1962, S. 9–21.

Lorenz (1965): Eberhard Lorenz: Die Anfänge des Burger Tuchhandels und die wirtschaftliche Entwicklung der Stadt im hohen Mittelalter, in: Zur städtischen Entwicklung Burgs im Mittelalter (= Veröffentlichungen zur Burger Geschichte, Heft 8), Burg 1965, S. 1–14.

Lück (2010): Heiner Lück*:* »Flämisches Recht« in Mitteldeutschland, Tijdschrift voor Rechtsgeschiedenis, LXXVIII, 2010, S. 37–61.

Mangelsdorf (1975): Günter Mangelsdorf: Zur Entstehung von Groß Wusterwitz im 12. Jahrhundert, in: Brandenburger Kulturspiegel, Heft 3, 1975, S. 21–27.

Markmann (1936): Fritz Markmann: Zur Geschichte des Magdeburger Rechtes, in: Magdeburg in der Politik der deutschen Kaiser, hg. v. d. Stadt Magdeburg, Heidelberg/Berlin 1936, S. 81–128.

Markmann/Krause (1938): Fritz Markmann, Paul Krause*: Das Burger Landrecht,* Stuttgart/Berlin 1938.

Menzel (1977): Josef Joachim Menzel: Die schlesischen Lokationsurkunden des 13. Jahrhunderts (= Quellen und Darstellungen zur Schlesischen Geschichte, Bd. 19), Würzburg 1977.

Mülverstedt (1867): George Adalbert von Mülverstedt: Das Landrecht von Burg, in: Neue Mittheilungen aus dem Gebiete historisch-antiquarischer Forschungen, Bd. 11, 1867, S. 159ff.

Mülverstedt (1871): George Adalbert von Mülverstedt: Das älteste Innungs-Privilegium der Tuchmacher zu Burg vom Jahre 1299, in: Geschichtsblätter für Stadt und Land Magdeburg, Bd. 6, 1871, S. 516–523, 603f.

Mülverstedt (1872): George Adalbert von Mülverstedt: Das angebliche Schloß der Stadt Burg, seine Lage und vermeintliche Entstehung, in: Geschichtsblätter für Stadt und Land Magdeburg, Bd. 7, 1872, S. 354–382.

Mülverstedt (1871): George Adalbert von Mülverstedt: Das Deichrecht des Gerichts Plote aus dem Ende des 14. oder Anfang des 15. Jahrhunderts, in: Geschichtsblätter für Stadt und Land Magdeburg, Bd. 6, 1871, S. 390–401.

Neubauer (1920): Ernst Neubauer: Die Schöffenbücher von Burg, in: Geschichtsblätter für Stadt und Land Magdeburg, Bd. 55, 1920, S. 82–88.

Oppitz (1990): Ulrich-Dieter Oppitz: Deutsche Rechtsbücher des Mittelalters, 3 Bde., Köln/Wien 1990.

Planitz (1954): Hans Planitz: Die deutsche Stadt im Mittelalter, Graz/Köln 1954.

Puhle (1992): Matthias Puhle: Zur Münzpolitik Erzbischof Wichmanns, in: Erzbischof Wichmann (1152–1192) und Magdeburg im hohen Mittelalter. Stadt, Erzbistum, Reich. Ausstellung zum 800. Todestag Erzbischof Wichmanns, hg. v. Matthias Puhle, Magdeburg 1992, S. 74–79.

Rader (1991): Olaf Rader: Pro remedio animae nostrae. Das Urkundenwesen der Erzbischöfe von Magdeburg bis zum Tode Wichmanns von Seeburg 1192, Berlin 1991.

Römer (1992): Christof *Römer:* Orden und Klöster im Mittelelberaum 1076–1192, in: Erzbischof Wichmann (1152–1192) und Magdeburg im hohen Mittelalter. Stadt, Erzbistum, Reich. Ausstellung zum 800. Todestag Erzbischof Wichmanns, hg. v. Matthias Puhle, Magdeburg 1992, S. 56–73.

Rosenstock (1912): Eugen Rosenstock: Ostfalens Rechtsliteratur unter Friedrich II., Weimar 1912.

Schich (1980): Winfried Schich: Die slawische Burgstadt und die frühe Ausbreitung des Magdeburger Rechts ostwärts der mittleren Elbe, in: Studien zur Geschichte des sächsisch-magdeburgischen Rechts in Deutschland und Polen, hg. v. Dietmar Willoweit und Winfried Schich, Frankfurt a.M. 1980, S. 22–61.

Schich (2007): Winfried Schich: Die Gründung von deutschrechtlichen Marktorten und Städten östlich der Elbe im 12. und 13. Jahrhundert, in: Winfried Schich: Wirtschaft und Kulturlandschaft. Gesammelte Beiträge 1977 bis 1999 zur Geschichte der Zisterzienser und der »Germania Slavica«, 2007, S. 343–358.

Schlenker (1990): Gerlinde Schlenker: Bäuerliche Verhältnisse im mittleren Elbe- und Saalegebiet vom 12. bis 15. Jahrhundert, Halle 1990.

Schlesinger (1961): Walter Schlesinger: Bäuerliche Gemeindebildung in den mittelelbischen Landen im Zeitalter der mittelalterlichen deutschen Ostbewegung, in: Mitteldeutsche Beiträge zur deutschen Verfassungsgeschichte des Mittelalters, hg. v. Walter Schlesinger, Göttingen 1961, S. 212–274.

Schlesinger (1953): Walter Schlesinger: Zur Gerichtsverfassung des Markengebiets östlich der Saale im Zeitalter der deutschen Ostsiedlung, in: Jahrbuch für die Geschichte Mittel- und Ostdeutschlands Bd. 2, Tübingen 1953, S. 1–94; wiederabgedruckt in: Mitteldeutsche Beiträge zur deutschen Verfassungsgeschichte des Mittelalters, hg. v. Walter Schlesinger, Göttingen 1961, S. 48ff.

Schlesinger (1960): Walter Schlesinger: Forum, Villa Fori, Ius Fori. Einige Bemerkungen zu Marktgründungsurkunden des 12. Jahrhunderts aus Mitteldeutschland, in: Aus Geschichte und Landeskunde. Forschungen und Darstellungen. Franz Steinbach zum 65. Geburtstag gewidmet, Bonn 1960, S. 408–440; ergänzter Wiederabdruck in: Mitteldeutsche Beiträge zur deutschen Verfassungsgeschichte des Mittelalters, hg. v. Walter Schlesinger, Göttingen 1961, S. 275–305.

Schmidt-Recla (2011): Adrian Schmidt-Recla: Kalte oder warme Hand? Verfügungen von Todes wegen in mittelalterlichen Referenzrechtsquellen, Köln 2011.

Schneider (1992): Johannes Schneider: Mittelalterlicher Landesausbau in der Altmark und in der Magdeburger Börde, in: Mensch und Umwelt (Studien zu Siedlungsausgriff und

Landesausbau in Ur- und Frühgeschichte), hg. v. Hansjürgen Brachmann und Heinz-Joachim Vogt, Berlin 1992, S. 161–164.

SCHOTT (1984): Clausdieter Schott: Eike von Repgow. Der Sachsenspiegel. Übertragung des Landrechts von Ruth Schmidt-Wiegand. Übertragung des Lehenrechts und Nachwort von Clausdieter Schott, Zürich 1984

SCHRÖDER (1863): Richard Schröder: Geschichte des ehelichen Güterrechts in Deutschland, 2 Teile, Stettin/Danzig/Elbing 1863.

SCHRÖDER (1874): Richard Schröder: Das eheliche Güterrecht und die Wanderung der deutschen Stämme im Mittelalter, in: Historische Zeitschrift, Bd. 31, 1874, S. 289–312.

SCHRÖDER (1880): Richard Schröder: Die niederländischen Kolonien in Norddeutschland zur Zeit des Mittelalters, in: Sammlung gemeinverständlicher wissenschaftlicher Vorträge, XV. Serie Heft 347, hg. v. Rud. Virchow und Fr. von Holtzendorff, Berlin 1880.

SCHRÖDER/VON KÜNSSBERG (1932): Richard Schröder, Eberhard Freiherr von Künßberg: Lehrbuch der deutschen Rechtsgeschichte, Berlin/Leipzig ^{7}1932.

SCHULZE (1896): Eduard Otto Schulze: Die Kolonisierung und Germanisierung der Gebiete zwischen Saale und Elbe, Stuttgart 1896 (Neudruck Wiesbaden 1969).

SPRINGER (1992): Matthias Springer: Erzbischof Wichmann. Ein geistlicher Fürst der Stauferzeit, in: Erzbischof Wichmann (1152–1192) und Magdeburg im hohen Mittelalter. Stadt, Erzbistum, Reich. Ausstellung zum 800. Todestag Erzbischof Wichmanns, hg. v. Matthias Puhle, Magdeburg 1992, S. 2–19.

Urkundenbuch des Erzstifts Magdeburg, Teil 1 (937–1192) (= Geschichtsquellen der Provinz Sachsen und des Freistaates Anhalt, Neue Reihe, Bd. 18), hg. v. Friedrich Israel und Walter Möllenberg, Magdeburg 1937.

Urkundenbuch des Hochstifts Naumburg, Teil 1 (967–1207) (= Geschichtsquellen der Provinz Sachsen und des Freisstaates Anhalt, Neue Reihe, Bd. 1), hg. v. d. Historischen Kommission für die Provinz Sachsen und für Anhalt durch Felix Rosenfeld, Magdeburg 1925.

VANHOUTTE (1899): Hubert Vanhoutte: Le droit flamand et hollandais dans les chartes de colonisation en Allemagne au XIIe et au XIIIe siécle, in: Annales de la société d'emulation pour l'etude de l'histoire de la Flandre, Bd. 49, 1899, S. 115–150.

VOGEL (1897): Ludwig Ferdinand Wilhelm Friedrich Vogel: Ländliche Ansiedlungen der Niederländer und anderer deutscher Stämme in Nord- und Mitteldeutschland während des 12. und 13. Jahrhunderts, in: Deutsche Schulprogramme, Band 183, Nr. 572, Heft 11, Döbeln 1897.

WENTZ/SCHWINEKÖPER (1972): Gottfried Wentz, Berent Schwineköper: Das Domstift St. Moritz in Magdeburg (Germania Sacra, Abt. 1, Bd. 4, Das Erzbistum Magdeburg, T. 1), 1972.

WINTER (1873): Franz August Winter: Die Entstehung der Stadt Burg, in: Geschichtsblätter für Stadt und Land Magdeburg, Bd. 8, 1873, S. 1–16.

WINTER (1953): Johanna Maria van Winter: Vlaams en Hollands Recht bif de Kolonisatie van Duitsland in de 12e en 13e Eeuw, in: Tijdschrift voor Rechtsgeschiedenis, Deel XXI, 1953, S. 205–224.

WOLF (1998): Armin Wolf: Königswähler in den deutschen Rechtsbüchern. Mit einem Exkurs: »kiesen« und »erwelen«, »kore« und »wale«. Zeitschrift der Savigny-Stiftung für Rechtsgeschichte, Bd. 115, 1998, 150–197.

ZIENTARA (1974): Benedykt Zientara: Zur Geschichte der planmäßigen Organisierung des Marktes im Mittelalter. Wirtschaftliche Grundlagen der Weichbilde im Erzbistum Magdeburg und in Schlesien im 12.–13. Jh., in: Wirtschaftliche und soziale Strukturen im saekularen Wandel. Festschrift für Wilhelm Abel zum 70. Geburtstag, hg. v. Ingomar Bog, Hannover 1974, S. 345ff.

Das Burger Landrecht

Zur Sprache des Burger Landrechts

Jörn Weinert

Die als »Burger Landrecht« bezeichnete Zusammenstellung von Rechtsgewohnheiten bietet auch der sprachgeschichtlichen Forschung vielfältige Zugriffsmöglichkeiten.[1] Aktuell notwendig erscheinende Schwerpunktsetzungen ergeben sich dabei aus fächerübergreifender Zusammenarbeit. Im Folgenden beruhen sie auf Fragestellungen, die von rechtsgeschichtlicher Seite formuliert worden sind.[2] Aus philologischen Studien erhofft man sich insbesondere weitere Anhaltspunkte für eine zeitliche Bestimmung und die Situation der Abfassung. Dem ist nachzugehen; andere für die Altgermanistik sicher ebenso reizvolle Themenfelder bleiben hier weitgehend unberührt.

Der im Kreis- und Stadtarchiv Burg unter der Signatur Cod. A 177 aufbewahrte Kodex in Quartformat enthält mit Beginn des Blattes 65v einen Text, der zehn Seiten und acht Zeilen umfasst und Charakterzüge eines Rechtsbuches aufweist.[3] Nach neueren Untersuchungen gehört er in das zweite oder dritte Jahrzehnt des 14. Jahrhunderts.[4] Inhaltlich beziehen sich die Darlegungen auf den dörflichen Bereich um den heutigen Lagerort. Sie tradieren somit sogenanntes Landrecht.[5]

Der Text ist mittelniederdeutsch (mnd.). In der Gegend um Burg war diese Sprache in breite Kreise der dort lebenden slavischstämmigen Bevölkerung erst seit dem

---

1 Zitiert wird im Folgenden nach einer Fotokopie der Handschrift von MARKMANN/KRAUSE (1938). Die Bezeichnung »Burger Landrecht« findet sich nicht im Text selbst. Der in der Forschung etablierte Begriff geht auf einen Satz zurück, der zu Beginn des Textes den ersten beiden Zeilen der linken Kolumne von einer anderen, aber wohl zeitgenössischen Hand hinzugefügt wurde: *Burges lāt recht heu͟z hir an* (vgl. fol. 65v). Da allerdings die Wortformen *lāt* und *recht* dabei nicht auf derselben Zeile geschrieben wurden und ein Trennungszeichen (wie auch sonst im Text häufig) fehlt, ist nicht eindeutig klar, ob hier überhaupt von einem Substantivkompositum in der Form *lātrecht* auszugehen ist. Es muss daher nicht unbedingt an ein (etwa bereits als vorhanden vorausgesetztes) ›Landrecht‹ gedacht werden, sondern könnte auch ein in ›Burgs Land‹ bzw. ›Burgs Umland‹ übliches Recht gemeint gewesen sein. In der Textspalte findet sich allerdings die Form *lantrechte* (fol. 65va, Zl. 3f.). Überdies ist 1159 ein *ius Burgense* genanntes Recht in der berühmten Lokationsurkunde für das heutige Pechau, etwa 10 km östlich der Elbe, bezeugt (UB Erzstift Magdeburg I, Nr. 299).
2 Vgl. Dieter Pötschke: Einführung (in diesem Band).
3 Vgl. OPPITZ (1990), Nr. 334 (436). Über die Kennzeichen von Rechtsbüchern herrscht in der Forschung keine Einigkeit. Sie werden in der Literatur meist charakterisiert als zwischen 1200 und 1500 entstandene private Arbeiten einzelner rechtskundiger Verfasser, in denen – häufig in deutscher Sprache – Rechtsgewohnheiten eines bestimmten Gebietes umfassend aufgezeichnet wurden (vgl. zur Terminologie SCHOTT [1996], S. 498–502; PÖTSCHKE [1997], S. 79–98, hier S. 81ff.).
4 Vgl. ZIMMER (2003), S. 47. Der Kodex vereint mehrere Rechtstexte. Dem Burger Landrecht gehen die von anderer Hand geschriebenen Teile der Weichbild-Vulgata und des Lehnrechts des Sachsenspiegel voraus (fol. 35v–65r). Vgl. hierzu OPPITZ (1990), Nr. 334.
5 Vgl. zur Terminolgie KROESCHELL (1995), S. 17–32.

12. Jahrhundert allmählich vorgedrungen. Wie man sich dabei den Sprachkontakt der ursprünglich wohl altpolabisch geprägten Einwohnerschaft und ihren Übergang zum westlichen Wortgebrauch vorzustellen hat, ist im Einzelnen nicht mehr zu erhellen.[6] Gesichert und bekannt ist jedoch, dass in einem ›slavischen‹ Umfeld Burgs während der hochmittelalterlichen Siedlungsphase nicht allein (im engeren Sinne) deutschsprachige Landbebauer, sondern auch solche Neuankömmlinge ansässig wurden, für die ein mittelniederländisches (mnl.) Idiom anzunehmen ist. Deutlich wird dies in sog. Lokationsurkunden der näheren und weiteren Umgebung, in Herkunftsnamen von Burger Kaufleuten, die bereits 1179 fassbar werden, und nicht zuletzt in Rechtsinhalten des hier näher zu betrachtenden Werkes.[7] Einige im Burger Landrecht enthaltene Bestimmungen, die vom benachbarten (ostfälischen) Bereich westlich der Elbe abweichen, werden als typisch ›niederländisch‹ bzw. ›flämisch‹ angesehen.[8] Die am Niederrhein und jenseits davon beheimatete Gruppe scheint also zahlenmäßig so groß oder ihre gesellschaftliche Rolle so bedeutend gewesen zu sein, dass man diesen Siedlern zumindest einige gewünschte Reglungen des Zusammenlebens zugestand, die sie aus ihrer Heimat mitgebracht hatten.[9] Das späterhin ein Ausgleich in der Fläche erfolgte, d.h. auch Bewohner anderer Abstammung ursprünglich ›niederländisches‹ Kulturgut übernahmen, ist anzunehmen. Die Rechtshistoriker haben in diesem Zusammenhang vor allem dem Bereich des Erbrechts (dem sog. Halbteilungsrecht) und der ehelichen Gütergemeinschaft ihre Aufmerksamkeit gewidmet.[10] Bestimmungen, die das Burger Landrecht hierzu enthält, weichen von den landrechtlichen Verhältnissen westlich der Elbe ab. Im dortigen, gerade auch vom Sachsenspiegel beschriebenen bzw. beeinflussten dörflichen Raum kommen sie in dieser Form nicht vor.[11]

Sprachlich spiegelt sich ein quantitativ nicht zu beziffernder ›niederländischer‹ Einfluss bis heute im Namengut um Burg. Es gibt z.B. nicht wenige Flurbezeichnungen mit Konstituenten, die auf *wâl* ›kleiner Teich‹ und *fenn* ›Sumpf‹ zurückgehen.[12] Diese

---

6 Zu Terminologie und Forschungsstand vgl. EICHLER (2004), S. 55–71 und LERCHNER (2004), S. 13–24.
7 Vgl. LÜCK (2004), S. 73–100, hier S. 77ff.
8 Mit BÜNZ (2008) wird im Folgenden sprachlich vereinfachend ›niederländisch‹ und von ›Niederländern‹ geschrieben, allerdings im Bewusstsein deren verschiedener Abkunft und Bezeichnung in den Quellen (vgl. BÜNZ [2008], S. 95–142, hier S. 97).
9 Aus Sicht der Sachsenspiegelverfassers Eike von Repgow (1209–33) war dieses Zugeständnis nur dann möglich, wenn das Recht des Gerichtsherrn nicht geschmälert wurde (vgl. Sachsenspiegel, Ldr. III 79). Inwieweit dies in der Praxis dennoch erfolgte, ist im Einzelnen insofern unklar, als dass die Verleihung von Sonderrechten an die Siedler nicht von vornherein mit Einschränkungen des Einflusses zuständiger Gerichtsherren gleichgesetzt werden müsste.
10 Vgl. LÜCK (2004), S. 80f.
11 Zu berücksichtigen ist allerdings, dass das Burger Landrecht erst ein gutes Jahrhundert nach der Siedlungszeit auf das Pergament gelangte, als viele Ausgleichsprozesse erfolgt waren bzw. vonstatten gingen. Überdies scheinen sich im städtischen Bereich Ostsachsens in Quellen des 13. Jahrhunderts, z.B. den Akener Schöffenbüchern, durchaus Tendenzen zur sogenannten Halbteilung bemerkbar zu machen. Darauf ist hier allerdings nicht ausführlicher einzugehen.
12 BISCHOFF (1972), S. 357–375, hier S. 360.

Zur Sprache des Burger Landrechts

und nicht wenige weitere Wörter werden zu den sogenannten Neerlandica gerechnet. Flankiert werden die Befunde durch Beobachtungen der Mundartforschung.¹³

Insofern ist eigentlich zu erwarten, dass auch *Burges lāt recht* entsprechende Kennzeichen aufweist. In der Tat sind hierfür einige Indizien greifbar, wie z.B. das Maskulinum *slap* in der Bedeutung ›Schläfe‹ (fol. 70ra Zl. 26), in dem Karl Bischoff ein ursprünglich mnl. Wort vermutet hat. Auf der anderen, westlichen Elbseite hieß die Schläfe *Dünnige* u.ä.¹⁴ Ebenfalls mnl. Provenienz wurde der Pronominalform *en ghen* in der Bedeutung ›kein‹ zuerkannt. Im Burger Landrecht finden sich deren Schreibvarianten des Öfteren neben *neyn*, das westlich der Elbe in der Form *nen* u.ä. vorherrschte.¹⁵

Solchem ostelbischen Wortgut möglicherweise ›niederländischer‹ Provenienz stehen nicht wenige Belege zur Seite, die man sprachlich und wohl auch im Hinblick auf die bezeichneten Rechtsinhalte dem ostfälischen Raum zuzuordnen hat. Dieser schloss sich westlich der Elbe an. Eine nennenswerte Niederländersiedlung hatte es dort entweder nicht gegeben oder diese keine vergleichbar nachhaltigen Wirkungen entfaltet. Als ein für dieses eigentliche Kernland des Sachsenspiegels typischer Ausdruck ist das mnd. Wort *burmeister* anzusehen, das sich im Burger Landrecht in der Form *burmest'* (fol. 68rb Zl. 19) findet.¹⁶ Im östlich der Elbe gelegenen, weiteren Umfeld der Ihle-Stadt ist hingegen für einen solchen ›Dorfvorsteher‹, der häufig auch Inhaber der Niedergerichtsbarkeit gewesen ist, in der Regel *schulte* u.ä. bezeugt.¹⁷ In der Burger Handschrift stehen ferner *vormunder* für das mnl. *momber* und *bank* für das eigentlich zu erwartende mnl. *vherschar* u.ä.¹⁸ Diese Ausdrücke müssen nicht unbedingt auf ostfälische Siedler zurückgehen, die es östlich der Elbe unter slavischstämmigen Alteingesessenen und Niederländern durchaus gegeben hat. Möglich erscheinen auch ›magdeburgische‹ Einflüsse einer Sprache der Verwaltungsebene, die bei der Textabfassung einwirken konnten. Ein Indiz hierfür könnte z.B. darin zu sehen sein, dass dem Schreiber auf fol. 69rb Zl. 12 einmal ein *h'* in der Bedeutung ›er‹ in die Feder geflossen ist. Sonst hat er für dieses Personalpronomen durchgehend *hy*, *hye* oder *hie* verwendet. Die in der Handschrift mit nur einem Beleg nachweisbare Variante kann nicht aus dem näheren und weiteren Umfeld stammen; hier gebrauchte man in dieser Zeit für ›er‹ *r*-lose Formen wie *he* und *hi*.¹⁹ Die mit *r*-Abbreviatur gekennzeichnete und somit als *her* aufzulösende Graphemfolge *h'* im Burger Landrecht wird daher aus

---

13 Zu Forschungsgeschichte und gegenwärtigem Arbeitsstand vgl. GOOSSENS (2004), S. 25–54 und WENNER (2004), S. 101–131. Es besteht Konsens darüber, dass heutige mundartliche Gegebenheiten nicht ohne weiteres auf die Siedlungszeit zu projizieren sind.
14 Vgl. BISCHOFF (1972), S. 365f.
15 Vgl. ebd., S. 366f.
16 Vgl. BISCHOFF (1954), S. 32ff., bes. Karte, S. 33.
17 Der Begriff *schulte* kann ebenfalls von ›Niederländern‹ mitgebracht sein (vgl. LÜCK [2004], S. 86). Im Burger Landrecht kommt der Ausdruck nicht vor.
18 Vgl. BISCHOFF (1972), S. 371.
19 Nur zweimal steht *he* im Burger Landrecht neben mehr als 100 *hy*, *hye* und *hie*.

mitteldeutschen bzw. ostmitteldeutschen Kanzleisprachen herrühren. Dort war die Kontaminationsform aus nördlichem *he* ›er‹ und südlichem *er* ›er‹ als *her* u.ä. in der ersten Hälfte des 14. Jahrhunderts geläufig.[20] Von Obersachsen und Thüringen aus konnte sie unter Magdeburger Schreibern bekannt geworden und über diese dann nach Burg gelangt sein. Eindeutig zu beweisen sind Adaptionen solcherart freilich nicht.[21]

Die Befunde deuten jedenfalls auf einen sprachlich relevanten – sicher unterschiedlich gewichteten – Austausch- und Ausgleichsprozess zwischen den Bereichen westlich und östlich der genannten Flusslinie hin. Dabei wird nicht recht deutlich, wann genau diese Entwicklung einsetzte und ebenfalls nicht, ob sie auf alle sozialen Ebenen Auswirkungen hatte, sich also auch jenseits der geschriebenen Sprache entfalten konnte. Es erscheint aber gut möglich, dass der Text des Burger Landrechts von Personen auf das Pergament gebracht wurde, die einerseits vom Raum um den heutigen Lagerort beeinflusst waren und deren Schreibe andererseits dem westelbischen Bereich um Magdeburg aufgeschlossen gegenüberstand. An diesem hat sich Burg während des Mittelalters politisch, kirchlich und wirtschaftlich ausgerichtet.[22] Für die Frage nach der Einbettung des vorliegenden Textes in die Überlieferung ist dies nicht unerheblich. Zu vergleichende Zeugnisse wird man also auch aus topographischen und sozialen Arealen jenseits der Elbe hinzuziehen müssen.

Keno Zimmer hat in seiner für die Geschichte des Burger Landrechts maßgeblichen rechtshistorischen Untersuchung dargelegt, dass die einzige erhaltene Handschrift in den 1320er oder 1330er Jahren entstand.[23] Die dabei zugrundegelegten paläographischen Befunde deuten darauf, dass das Rechtsbuch nicht mehr dem 13. Jahrhundert angehört, wie es von der älteren Forschung angenommen worden war.[24] Als sprachliche Indizien, womit hier ausschließlich Kennzeichen des Schriftbildes gemeint sind, werden bei dieser zeitlichen Neubestimmung u.a. das deutlich überhöhte runde Schluss »-s« wie auch das stark überhöhte doppelstöckige »a« angesehen.[25]

Dass Schreiber allerdings durchaus längere Zeit tätig sein konnten, ohne ihren – etwa im zweiten oder dritten Jahrzehnt des 14. Jahrhunderts erworbenen – Duktus merklich verändern zu müssen, wird nicht gänzlich auszuschließen sein. Für die Frage

---

20 Vgl. WEINERT (2007A), S. 179–196.
21 Die Schreibsprache des Burger Landrechts weist bis auf ganz wenige Ausnahmen eine mnd. Gestalt auf. Zu den wenigen vom Mnd. abweichenden, in Texten der Zeit gleichwohl nicht ungebräuchlichen Formen vgl. BISCHOFF (1972), S. 374.
22 Vgl. SCHWINEKÖPER (1987), S. 59ff.
23 ZIMMER (2003), S. 47: »Sprachliche Merkmale weisen unzweifelhaft auf das zweite oder dritte Jahrzehnt des 14. Jahrhunderts als Entstehungszeitpunkt der erhalten gebliebenen Landrechtsaufzeichnung.«
24 MARKMANN/KRAUSE (1938) Einleitung, S. 4: »Der dieser Veröffentlichung zugrunde liegende Codex zeigt in Schrift und Sprache auf das Ende des 13. Jahrhunderts.«
25 Es sei hinzugefügt, dass in der Handschrift nicht allein Graphe der beschriebenen Formen vorkommen, sondern *s* und *a* häufiger auch ›Normalgröße‹ haben. Die Abstriche an den Querbalken der Buchstaben *f* und *t* reichen ebenfalls keineswegs immer so unter die Zeile, wie es als Charakteristikum für die Datierung aufgezeigt worden ist.

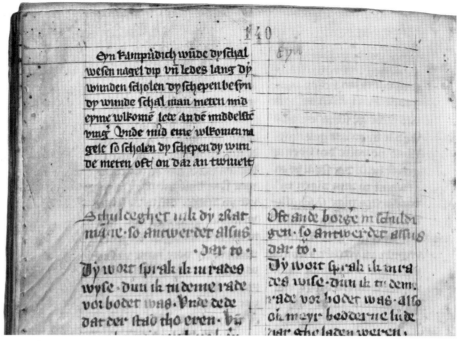

1 Fol. 70v des Burger Landrechtes. Foto: Pötschke

nach den Möglichkeiten zeitlicher Verortung mittels Schrift hat es ferner Relevanz, dass die bisher geltende Auffassung, ein einziger Schreiber hätte die Handschrift des Burger Landrechts abgefasst, in verschiedener Hinsicht zu relativieren ist. Die letzte Texteinheit (fol. 70va Zl. 1–Zl. 8) ist als das Produkt einer anderen Hand anzusehen. Diese schrieb sorgfältiger als die erste, unterließ Schleifen, vermied Ligaturen, d.h. kennt fast keine Buchstabenverschmelzungen, sondern setzte meist Zeichen für Zeichen jeweils mit deutlich sichtbarer, folgender Leerstelle (Spatium). Im Übrigen weicht die Form einzelner Buchstaben dieser Hand von denen des vorausgehenden Textes sichtbar ab.[26] Es ist somit von mindestens zwei Mitwirkenden auszugehen, die den Text gestalteten.[27]

Würde man nun nicht die Schrift der ersten, sondern der genannten zweiten Hand zum Maßstab für die Frage der Datierung machen, käme man wahrscheinlich zu anderen Ergebnissen. Ihre kalligraphisch sorgfältiger gesetzte Minuskel wirkt älter als die des ersten Schreibers. Es könnte also z.B. eine ältere oder schreibsprachlich früher geprägte Person zur Feder gegriffen haben, die dem vorausgehenden Text eines jüngeren Zeitgenossen Bestimmungen – hier zur kampfwürdigen Wunde –

---

26 Dies gilt insbesondere für die unterschiedliche Wiedergabe der Schriftzeichen *d* und *e*.
27 Nach Ende der vom zweiten Schreiber vollbrachten acht Zeilen auf fol. 70v wurde dann noch ein weiterer, nunmehr dritter Schreiber tätig, der sich stadtrechtlichen Zusammenhängen widmete. Diese Passagen gehören dem Landrecht um Burg daher nicht mehr an.

hinzufügte.[28] Eine Zuordnung der Handschrift in das zweite oder dritte Jahrzehnt des 14. Jahrhunderts allein auf der Grundlage paläographischer Befunde muss daher nicht als gänzlich gesichert angesehen werden.

Mehrere Initialbuchstaben, für die man bei der Niederschrift Raum freigehalten hatte, wurden überdies offenbar von jüngeren Händen nachgetragen. In nicht wenigen Fällen unterblieb eine Hinzufügung gänzlich. Wo eine solche auftritt, hat es den Anschein, als würde nicht allein bei Größe und Positionierung dieser wichtigen Schriftzeichen mit Indexfunktion vom ursprünglichen Plan abgewichen worden sein. Auch schreibsprachlich zeigen sich dabei Auffälligkeiten. Hinzuweisen ist z.B. auf jene Initiale bzw. Versalie *V*, die in einem Fall offenbar labiodentale Spirans symbolisieren sollte und daher in der Kombination mit folgendem *w* sehr ungewöhnlich wirkt. Auf fol. 67ra Zl.16 resultierte aus dieser Vorgehensweise eine heute zu lesende Form *Vwen*. (Abb. S. 62)

Vorgesehen war jedoch mit hoher Wahrscheinlichkeit ein *S*, denn ursprünglich sollte sicher einmal *Swen* geschrieben werden, um ein Indefinitpronomen in der Bedeutung ›wann auch immer‹ darzustellen. Im Mittelniederdeutschen war diese Schreibung bis in das 14. Jahrhundert hinein bekannt. Der Nachtrag des wenig sinnhaft erscheinenden und überdies in seiner Form wenig ästhetisch anmutenden *V* wird daher kaum unmittelbar nach der Niederschrift erfolgt sein. Das Schriftzeichen wurde wohl erst in einer Phase beigefügt, in der anlautendes *s* in der Schreibsprache nicht mehr gebräuchlich war, in einer Zeit also, in der man für mnd. *swenne* u.ä. bereits *wenne* u.ä. schrieb.[29]

Eine besondere Herausforderung bei der zeitlichen Bestimmung der vorliegenden Handschrift ist nun darin zu sehen, dass selbst genaue Datierungen der jeweils vorliegenden Schrift nicht von vornherein auf die verwendete Schreibsprache bezogen werden müssten. Wie für viele deutschsprachige Texte des Mittelalters gilt auch für das Burger Landrecht, dass zunächst nicht klar ist, ob und inwieweit es einen Sprachstand der Zeit seiner Niederschrift repräsentiert.

Stets ist mit der Möglichkeit der Überlieferung älterer Vorlagen zu rechnen. Handschriften des 14. Jahrhunderts können daher durchaus eine Schreibsprache enthalten, die für die Jahre ihrer Abbildung auf dem Pergament nicht mehr repräsentativ sein muss. Selbst jene Zeugnisse historischer Schriftlichkeit, für deren Abfassung man Zeit und Ort ganz genau kennt, sind in dieser Hinsicht keineswegs immer sicher zuzuordnen. Sie können als ›abgeschriebene Abschriften‹ vorliegen und daher ein Konglomerat aus Schreiberformen und Vorlagenformen sein. Für Rechtstexte dürfte

---

28 Von Interesse ist in diesem Zusammenhang auch die Frage, weshalb der erste Schreiber seine Arbeit mitten im Satz abbrach und der zweite die letzte Wortgruppe seines Vorgängers wiederholte, um sodann den Text fortzusetzen. Dabei ist es durchaus möglich, dass ihm eine durch den Seitenumbruch gegebene Zäsur aus ästhetischen Gründen nicht angemessen erschien.

29 Die bei der Abfassung und Konzeption einst verwendete ältere Textvorlage wurde also beim Nachtragen der Initialen wohl nicht mehr zurate gezogen bzw. stand vielleicht in dieser Zeit nicht mehr zur Verfügung.

dies im Besonderen gelten, da sie in der Regel über einen längeren Zeitraum anerkannte Regelungen enthielten und somit wiederholt kopiert wurden.[30]

Würde sich nun nachweisen lassen, dass man dabei – vielleicht in den 1320er oder 1330er Jahren – nicht zeitgenössische, sondern ältere Sprachelemente überliefert hätte, wäre dies bei Fragen zur Entstehungsgeschichte des Burger Landrechts zu berücksichtigen. Auf dieser Grundlage wären z.B. weitere Überlegungen zur Gestalt von Vorlagen möglich. Dass es mindestens einen älteren Text gleichen oder ähnlichen Inhalts gegeben hat, ist anzunehmen.[31] Nahe gelegt wird dies durch Schreibfehler, die mit einiger Wahrscheinlichkeit durch ein Überspringen der Zeile während seiner Abschrift verursacht sind (sog. Homöotheleutonlücke). In der Wortgruppe

(K)vmt eyn mag₂ odd' eyn knechᵗ | tů ſamēde […]

ist die unpassende bzw. missverständliche Konjunktion *odd'* ›oder‹ für ›und‹ offenbar aufgrund eines versehentlichen Blicks auf den vorherigen Satz aus der Feder geflossen; dieser lautet:

dy ſeuēde ſchal mў h'e dy biſ | cop ſin <u>odder</u> ſin trůwe bode.[32]

Dass der Schreiber dabei auf eine Vorlagehandschrift schaute, ist wahrscheinlich, ob und inwieweit der erhaltene Text deren sprachlichen Stand repräsentiert, allerdings unklar. Einer Datierung der Schreibsprache bzw. schreibsprachlicher Schichten werden auch in dieser Hinsicht Grenzen gesetzt. Angaben der einschlägigen Grammatiken zu den historischen Sprachstufen des Deutschen beziehen sich überdies meist auf ein ganzes oder halbes Jahrhundert und überwiegend auf Großlandschaften. Für genauere Bestimmungen fehlt es noch an Grundlagen.[33]

In dieser Ausgangssituation erfordert die konkrete Aufgabenstellung einer zeitlichen Verortung Vergleiche des Burger Landrechts mit bestimmten Textzeugnissen. Von grundlegender Bedeutung ist in diesem Zusammenhang das Phänomen Sprachwandel und hierbei insbesondere die Tatsache, dass bestimmte Elemente einer Sprache schwinden und andere neu entstehen bzw. aufgenommen werden können.[34] Für die Fragestellung verdient dies insofern besondere Beachtung, als dass in einer größeren Menge von Schriftstücken die Herausarbeitung des jeweils erstmaligen bzw. letztmaligen Vorkommens eines bestimmten schreibsprachlichen Elements möglich erscheint; dessen durch den Sprachwandel bedingtes Vorhandensein könnte also möglicherweise zeitlich eingegrenzt bzw. zugeordnet werden. Für Überlegungen zur Datierung hätte dies

---

30 Vgl. hierzu WEINERT (2011), S. 79–85.
31 Vgl. hierzu BISCHOFF (1972), S. 375. Allerdings könnte das Versehen auch dadurch zustande gekommen sein, dass dem Schreiber die im vorausgehenden Satz verwendete Form noch im Gedächtnis war. Für eine Vorlagehandschrift sprechen allerdings noch weitere, im Folgenden darzulegende Indizien.
32 Vgl. Burger Landrecht, fol. 65ra Zl. 5ff. [Hervorhebung durch Unterstreichung J. W.].
33 Zu neueren Entwicklungen vgl. FISCHER/KWEKKEBOOM (2012), S. 47f.
34 Zu möglichen Ursachen dieser Prozesse vgl. VON POLENZ (2000), S. 21ff.

Relevanz. Bei einer ausreichenden Belegdichte würde man ›neue‹ und ›vergehende‹ Sprachbestandteile herausarbeiten und mit dem Burger Landrecht vergleichen können.

Jene Texte, die in diesem Sinne zu untersuchen bzw. einander gegenüberzustellen sind, werden hier analog zu den grundlegenden altgermanistischen Forschungsarbeiten der letzten Jahre in einem Korpus zusammengefasst.[35] Für darin aufzunehmende Quellen sollten jeweils Aussagen zu Abfassungszeit, Abfassungsort, Auftraggeber und evtl. Schreiber zu treffen sein. Dies erscheint deswegen notwendig, weil die stets gegebene Möglichkeit landschaftsfremder Einflüsse zumindest eingeschränkt werden muss. Wichtig ist ferner eine Überlieferung als ›Original‹ und nicht etwa in jüngerem Kopiar, damit abweichende sprachliche Gegebenheiten einer späteren Zeit die Ergebnisse nicht beeinträchtigen.

Mit der Textsorte ›Urkunde‹, für die in größerer Anzahl deutschsprachige Texte in der näheren und weiteren Umgebung Burgs vorliegen, lassen sich die genannten Kriterien besonders gut in Einklang bringen.[36] Für diese Studie wurden daher sechzig Urkunden untersucht, die im Original erhalten sind.[37] Der Raum in dem diese datierbaren und häufiger auch lokalisierbaren Zeugnisse entstanden, ist im Westen mit dem Harz, im Osten mit dem Fläming bzw. der heutigen Landesgrenze Sachsen-Anhalts zu Brandenburg abgesteckt. Die Nord-Südausdehnung des Untersuchungsgebietes reicht von der Ohre bis zur Fuhne. Bezug genommen wird also auf den mittelniederdeutschen Bereich des historischen Ostsachsens links und rechts der Elbe und die damalige nördliche Einflusssphäre des Magdeburger Erzbischofes.

Die Abfassungszeit hier verwendeter Quellen reicht aufgrund der dargelegten paläographischen Befunde vom Beginn deutschsprachiger Schriftlichkeit im Urkundenwesen des genannten Areals im Jahr 1294 bis einschließlich 1350.

Die Beobachtungen müssen sich hier auf einige Bestandteile der Schreibsprache beschränken, die für die Fragestellung mit größerer Wahrscheinlichkeit Symptomwert haben, d.h. solche, die als Charakteristika schreibsprachlicher Veränderungen anzusehen sind.[38] Mit Bezug auf vorliegende Arbeiten kommen dabei insbesondere

---

35 Vgl. WEGERA (1990), S. 103–113, hier S. 107.
36 Für die Zeit bis 1300 wurden und werden mehr als 5000 deutschsprachige Urkunden in dem von Friedrich Wilhelm begründeten ›Corpus der altdeutschen Originalurkunden bis zum Jahre 1300‹ erfasst, für den zu untersuchenden Bereich jedoch nur ein knappes Dutzend. Erst im Verlauf des 14. Jahrhunderts hat die Zahl deutschsprachiger Urkunden auch in dem hier zu betrachtenden geographischen Raum stärker zugenommen. Genaue Zahlen liegen für diese Zeit nicht vor.
37 Alle Texte wurden ediert, nicht alle konnten im Original eingesehen werden. Die jeweilige Wiedergabe durch Herausgeber bzw. Bearbeiter der verwendeten Urkundenbücher erfolgte allerdings so, dass sie im Hinblick auf die hier in Rede stehenden schreibsprachlichen Elemente als belastbare Grundlage heranzuziehen sind. Stichproben haben dies bestätigt. Mögliche Einschränkungen der Auswertungsmöglichkeiten werden überdies durch eine größere Verteilung in der Fläche zumindest teilweise ausgeglichen.
38 Eine graphematisch-phonologische Analyse des gesamten sprachlichen Materials wird in dieser Studie nicht angestrebt. Systematische Darstellungen der vorhandenen Schriftzeichen im Verhältnis zu ihrem jeweils erschlossenen Lautwert bzw. eine wörterbuchartige, grammatisch geordnete Aufnahme und Auswertung Form für Form erfolgt demnach nicht.

Formen bestimmter Indefinitpronomina, Konjunktionen und Adverbia in Betracht. Es handelt sich um Wörter, die im Mittelniederdeutschen (wie auch im Mittelhochdeutschen) einerseits mit und andererseits ohne *s* anlauten konnten. Dabei lässt sich in der ersten Hälfte des 14. Jahrhunderts ein schreibsprachlicher Wandel beobachten, der zu einer Zurückdrängung des *s* führte.[39] Während also in älteren Texten die Pronomina mnd. *swat* ›was auch immer‹, mnd. *swelk* ›welch auch immer‹, mnd. *swer* ›wer auch immer‹ zu lesen sind, finden sich in jüngeren Zeugnissen Formen von *wat*, *welk*, *wer* etc. mit Hinblick auf den *s*-Anlaut gilt gleiches auch für die Konjunktion (modal) mnd. *swie* u.ä. ›wie auch immer, ganz so, wie‹ und die Konjunktion (temporal bzw. konditional) *swanne*, *swenne* u.ä. ›wann auch immer, [dann] wenn‹ sowie für das relative Adverb (lokal) *swa* u.ä. ›wo auch immer‹.

Die Auswahl gerade dieser Pronomina, Konjunktionen und Adverbia findet darin eine Begründung, dass sie sowohl im Burger Landrecht als auch in den Urkunden des zusammengestellten Korpus häufiger vorkommen. Rechtstexten geben solche Wortformen geradezu das Gepräge, denn sie sind für dort notwendigermaßen zu formulierende Bedingungssätze charakteristisch. Im Burger Landrecht heißt es z.B.

Swi den uoget in dat dorp lad$_z$
dy schal ôm dy cost geuē[40]

Für die genannten Wörter mit Symptomwert finden sich im Text nun folgende Schreibvarianten.

so welᵏ (fol. 65va Zl. 9),
welk (fol. 65va Zl. 15),
wat (fol. 66ra Zl. 26),
welk'leye (fol. 66vb Zl.12),
wat (67ra Zl. 8),
Vwen (fol. 67ra Zl.16),
welk (67rb Zl. 2),
Swy (67rb Zl. 8),
Swe (67vb Zl. 15),
Swi (68rb Zl. 20),
wē (fol. 69va Zl. 29),
wat (fol. 70ra Zl. 18),
we' (fol. 70vb Zl. 17),
Elk[41] (fol. 70vb Zl. 20),

---

39 Vgl. WEINERT (2007B), S. 89ff.
40 Vgl. fol. 68r. Übersetzungsvorschlag: »Wer auch immer den Vogt in das Dorf lädt (um Recht zu finden), der soll ihm die dafür anfallenden Kosten erstatten.«
41 Eine Leerstelle vor der Graphiekette *Elk* deutet ferner darauf hin, dass hier entweder ein *W* oder aber *SW* beigefügt werden sollte, also entweder *WElk* oder *SWElk* vorgesehen war. Allerdings ist es nicht zu einer Ausführung gekommen, sodass die Rekonstruktion unsicher bleibt.

Zunächst ist also festzuhalten, dass in der Quelle sowohl Belege mit initialem *s* als auch solche ohne *s* vorliegen.

In Arbeiten zum obersächsischen und thüringischen Sprachraum konnte ein solches Nebeneinander in ein und demselben Text seit 1293 des Öfteren aufgezeigt werden.[42] Die erste Urkunde, in der allein *w* herrscht, gehört dort in das Jahr 1309. In den 1330er Jahren sind die alten *s*-Formen dann in diesen schreibsprachlichen Großlandschaften bereits sehr selten geworden, in den 1340ern verlieren sie sich so gut wie ganz. Dieses Ergebnis aus dem Bereich des Ostmitteldeutschen kann natürlich nicht von vornherein auf den mittelniederdeutschen Text des Burger Landrechts übertragen werden.[43]

Mithilfe des zusammengestellten Urkundenkorpus lässt sich jedoch zeigen, dass zwischen Harz und Fläming ganz ähnliche schreibsprachliche Veränderungsprozesse vonstatten gegangen sein müssen. Sie erfolgten dort etwas später als in den genannten Arealen, die sich südlich anschließen. (Siehe Tabelle)

Anhand des Datenmaterials wird deutlich, dass die Schreibsprache des Burger Landrechts frühestens 1313 auf das Pergament gebracht worden sein kann. Dies ist der Zeitpunkt, an dem *w*-Formen im Untersuchungsraum erstmals überhaupt aufgetreten sind. Die These des Rechtshistorikers Keno Zimmer wird mit diesem Befund dahingehend bestätigt, als dass die vorliegende Handschrift nicht mehr dem 13. Jahrhundert angehören dürfte, wie es die ältere ältere Forschung angenommen hatte.

Aufgrund des Nebeneinanders von *s*-Formen und *w*-Formen im Burger Text könnte man zwar vermuten, dass die Schreibsprache in die Jahre einer Übergangsphase gehört, wie sie in der beigefügten Tabelle deutlich zutage tritt. Zur Vorsicht in dieser Hinsicht mahnt jedoch die sogenannte Makrostruktur des Textes. Nur dort, wo den Schriftzeichen eine Indexfunktion zukommt, d.h. Initialen gesetzt wurden, steht nämlich *S* u.ä.[44] Im Fließtext hingegen herrscht ausschließlich *W* bzw. *w*. Hieraus ergibt sich eine Wahrscheinlichkeit, dass der Schreiber eine Vorlage mit besonders hervorgehobenen *S*-Buchstaben vor sich hatte. Nur diese besonders ins Auge fallenden Schriftzeichen zu Beginn einer Texteinheit behielt er bei, sonst schrieb er *w*-Formen.[45] Er war bei seiner Arbeit also schon stark von den ›neuen‹ Sprachelementen beeinflusst.

Im Urkundenkorpus finden sich die ersten Texte, in denen *w*-Formen allein herrschen im Jahr 1315. Diesen beiden Urkunden folgt allerdings noch ein volles

---

42 Vgl. WEINERT (2011), S. 228.

43 In den einschlägigen Grammatiken des Mittelniederdeutschen ist das Phänomen allerdings noch nicht erörtert worden.

44 In drei Fällen wurde das *S* nachgetragen, zweimal wurde es unterlassen.

45 Allerdings hat der erste Schreiber des Burger Landrechts in einem Fall möglicherweise ein anlautendes *W* einkalkuliert (fol. 70vb Zl. 20), sodass nicht sicher sein kann, inwieweit bereits die Vorlage ein solches aufwies. Sollte sich dies so verhalten haben, würde auch dieser Text erst nach 1313 entstanden sein können.

Quelle	Beleg-Nr.	Datierung	swat u.ä.	swelk u.ä.	swer u.ä.	swo u.ä.	swenne u.ä.	swie u.ä.	wat u.ä.	welk u.ä.	wer u.ä.	wo u.ä.	wenne u.ä.	wie u.ä.
CAO	1299	1290	xxx			x	xx							
CAO	1310B	1290	x				xxx							
CAO	2024	1294					x							
CAO	2025	1294					x							
UB St. Magdeburg	235	1305					x							
CDA III	246	1312					x							
CDA III	247	1312					x							
UB St. Magdeburg	264	1313	x											
UB St. Magdeburg	265	1313	xxx											
CDA III	262	1313					x							
CDA III	271	1313	x	xxxx					x					
UB St. Magdeburg	266	1314	x		x									
CDA III	301	1315								x		xx	x	
UB St. Magdeburg	273	1315							x	x		xx	xxxx	
CDA III	315	1316	x		x				x					
CDA III	321	1316	xxx		x									
CDA III	395	1320			x		x		x				x	
CDA III	409	1321								x				
CDA III	438	1322							x					
CDA III	441	1323				x								
CDA III	480	1324	x											
CDA III	489	1325							x					
CDA III	490	1325							x	x			x	
CDA III	493	1325								xxxx				
CDA III	494	1325							xx	x				
CDA III	497	1325					x			x	xx			
CDA III	498	1325										x		
CDA III	529	1327											xx	
UB St. Magdeburg	330	1328							x				x	

Verteilung von Pronomina, Adverbia und Konjunktionen mit und ohne anlautendes *s* in Urkunden des Untersuchungsgebietes (1294–1350); x = ein Beleg

Jahrzehnt des Nebeneinanders der genannten Kennzeichen älterer und jüngerer Schreibsprache.[46] Erst seit der Mitte des dritten Jahrzehnts finden sich Formen, in

---

46 Es ist zwar nicht sicher, aber durchaus möglich, dass die Übernahme der *w*-Formen vom Ostmitteldeutschen und insbesondere dem obersächsischen Bereich aus erfolgte. Dort finden sie sich jedenfalls bereits 1293 in ein und demselben Dokument neben *s*-Formen (vgl. WEINERT [2007B], S. 193). Wiederum käme dabei Magdeburg als Mittler in Betracht, da es sich um den Hauptort jenes Erzbistums bzw. Erzstifts handelte, dem Burg und das Land ringsum in mehrfacher Hinsicht rechtlich unterstanden. Dort hatte man schon angesichts der dem Erzbischof

Quelle	Beleg-Nr.	Datierung	swat u.ä.	swelk u.ä.	swer u.ä.	swo u.ä.	swenne u.ä.	swie u.ä.	wat u.ä.	welk u.ä.	wer u.ä.	wo u.ä.	wenne u.ä.	wie u.ä.
UB St. Magdeburg	332	1329												X
CDA III	562	1329							x		xx			
CDA III	571	1330				x								
CDA III	575	1330							x					
CDA III	583	1330												Xx
CDA III	586	1329–30							xx	x			x	
CDA III	587	1330								x	x	x		X
CDA III	612	1332										xx		
CDA III	620	1333											x	
CDA III	648	1334									x			
UB St. Magdeburg	360	1336												x
CDA III	672	1336							x			xxx		
UB St. Magdeburg	366	1337									x			
UB St. Magdeburg	377	1340			x		x	x				x		
CDA III	724	1340							xxxx	x				
CDA III	739	1341											x	
CDA III	755	1342									x			
CDA III	762	1343							x	xxx				
UB St. Magdeburg	391	1345										x		
UB St. Magdeburg	392	1345										x		
CDA III	797	1346							x	x			xxx	
CDA III	811	1347											x	
CDA III	812	1347							x	x			x	
CDA III	816	1347										x		
CDA III	849	1348							x				x	
UB St. Magdeburg	402	1349	x	xxx				x						
CDA III	850	1349							x				x	
UB St. Magdeburg	411	1350							x	x				
CDA III	881	1350										xx		

denen allein *w* geschrieben worden ist, häufiger in den Korpustexten. Es wird überdies anzunehmen sein, dass es einige Zeit dauerte, bis der schreibsprachliche Wandel nach Burg ausstrahlte.[47] Die somit in Erwägung zu ziehende spätere Datierung der erhaltenen Handschrift des Burger Landrechts kann durch einen weiteren schreib-

---

untergeordneten Suffragane wie z.B. denen von Meißen und Naumburg-Zeitz sicher häufiger Kontakt zu mittelhochdeutscher Sprache. In der Elbestadt konnte man schreibsprachliche Entwicklungen des Südens eher wahrnehmen als andernorts im nördlichen Teil der Diözese bzw. des vom Erzstift umfassten Herrschaftsbereiches. Allerdings ist diese Überlegung nicht beweisbar.

47 Hinzuweisen ist in dieser Hinsicht auch auf das länger währende Nebeneinander beider Formen in den Urkunden des Untersuchungsgebietes.

Zur Sprache des Burger Landrechts

sprachlichen Befund gestützt werden. Die Graphemkombination *ol* für ursprüngliches *al* vor *d* ist dort mit einem Drittel der Belege im Verhältnis zu der im Ostfälischen sonst charakteristischen Schriftzeichenfolge *ald* relativ häufig; es heißt im Burger Text also z.B. nicht ausschließlich *halden*, sondern aufgrund eingetretener Vokalhebung daneben auch *holden*. In Magdeburg lässt sich diese Schreibweise jedoch erst seit 1334 nachweisen.[48] Auch die durchgesehenen Urkunden des Korpus sowie des Codex diplomaticus Brandenburgensis, der für das Gebiet nördlich und östlich von Burg repräsentativ ist, zeigen erst seit den 1340er Jahren *ol* für *al* vor *d*.[49]

Bei der zeitlichen Einordnung der Schreibsprache des Burger Landrechts ist somit wohl eher an das vierte Jahrzehnt des 14. Jahrhunderts zu denken. Erst in dieser Phase hatten sich die genannten *w*-Formen an der Peripherie durchgesetzt und wurde zunehmend auch *ol* vor folgendem *d* geschrieben. Die alten *s*-Schreibungen einer Vorlage, die unüblich – gleichwohl nicht unverständlich – geworden waren, konnte man in dieser Übergangszeit bei Formen mit *S*-Initialen sicherlich noch verwenden.

Damit ist ein neuer Datierungsvorschlag formuliert. Einschränkend ist allerdings beizufügen, dass er sich lediglich auf die im Burger Landrecht enthaltene Schreibsprache, d.h. auf die ›Form‹ bezieht, nicht aber auf den überlieferten Inhalt. Nur die sprachliche Gestalt ist wohl etwas jünger als bisher angenommen. Wie weit die in der Handschrift überlieferten Rechtsgewohnheiten zurückreichen, wird fächerübergreifend weiter zu fragen sein.[50]

---

48 Vgl. hierzu auch BISCHOFF (1972), S. 369.

49 Vgl. z.B. CDB 6 (1846), S. 464, Nr. XXXIII (*woldenrade*, 1345), CDB 15 (1858), S. 139, Nr. CLXXXV (*old*, 1351) und CDB 18 (1859), S. 304, Nr. XLIII (*Bernwold*, 1363). Eine Ausnahme bildet lediglich der früh bezeugte Personenname *Woldemar* u.ä.

50 Dass der Niederschrift des Burger Landrechts ältere Bestimmungen zugrunde lagen, könnte auch daraus abzuleiten sein, dass einzelne Rechtsbegriffe erkläret wurden. Ein auf die Situation der Urteilsschelte gemünzter Phraseologismus ›unverwandelten Fußes stehen‹ war – zumindest nach Auffassung des Verfassers des Burger Landrechts – nicht allen Adressaten seiner Arbeit mehr geläufig. Wohl aus diesem Grund hat er eine Erklärung hinzugefügt: *Eyn ordel ſchal eyn ſchepen | ſittene vindē dy gene dy dat | ſchuldᵉ dy ſchal ſtan vñ ſchal | ſchelden dat ordel vnuorwā | deldes vûtes dat is dat hy nichᵗ | von der ſtede gan ſchal hy en | hebbe dat ge ſchulden vñ eỹ | rechtʼ ordel gevunden* (Burger Landrecht, fol. 67va Zl. 10ff.).

Literatur

Quellen

BURGER LANDRECHT: Fotokopie der Handschrift Kreis- und Stadtarchiv Burg Cod. A 177. [Beilage in: Fritz Markmann, Paul Krause: Das Burger Landrecht. Text und Übersetzung nebst Faksimile-Wiedergabe nach dem Kodex des Stadtarchivs zu Burg b. Magdeburg. Stuttgart/Berlin 1938.]

CAO: Corpus der altdeutschen Originalurkunden bis zum Jahr 1300, Bd. I: 1200–1282, hg. von Friedrich Wilhelm, Lahr 1932, Bd. II: 1283–1292, hg. von Friedrich Wilhelm und Richard Newald, Lahr 1943, Bd. III: 1293–1296, hg. von Richard Newald, Helmut de Boor und Diether Haacke, Lahr 1962, Bd. IV: 1297–(Ende 13. Jahrhundert), hg. von Helmut de Boor und Diether Haacke, Lahr 1963, Bd. V: Nachtragsurkunden 1261–1297, hg. von Helmut de Boor, Diether Haacke und Bettina Kirschstein. Bis Lieferung 54: Lahr 1986, Lieferung 55 2004.

CDA: Codex diplomaticus Anhaltinus, hg. von Otto von Heinemann, 6 Bände, Dessau 1867–83.

CDB: Codex diplomaticus Brandenburgensis, hg. von Adolf Friedrich Riedel, 41 Bände, Berlin 1838–69.

UB ST. MAGDEBURG: Urkundenbuch der Stadt Magdeburg, bearb. von von Gustav Hertel (= Geschichtsquellen der Provinz Sachsen und angrenzender Gebiete 26–28), 3 Bde., Halle a.d. Saale 1892–96.

Literatur

BISCHOFF (1954): Karl Bischoff: Elbostfälische Studien (= Mitteldeutsche Studien 14), Halle 1954.

BISCHOFF (1972): Karl Bischoff: Die Sprache des Burger Landrechts, in: Zeiten und Formen in Sprache und Dichtung. Festschrift für Fritz Tschirsch zum 70. Geburtstag, hg. von Karl-Heinz Schirmer und Bernhard Sowinski, Köln/Wien 1972, S. 357–375, hier S. 360.

BÜNZ (2008): Enno Bünz: Die Rolle der Niederländer in der Ostsiedlung, in: Ostsiedlung und Landesausbau in Sachsen. Die Kührener Urkunde von 1154 und ihr historisches Umfeld, hg. von dems. (= Schriften zur sächsischen Geschichte und Volkskunde 23), Leipzig 2008, S. 95–142.

EICHLER (2004): Ernst Eichler: Slawen und Deutsche in ihren Sprachbeziehungen östlich von Elbe und Saale, in: STELLMACHER (2004), S. 55–71.

GOOSSENS (2004): Jan Goossens: Die ostelbischen Siedlungsmundarten aus niederdeutscher und niederländischer Perspektive, in: STELLMACHER (2004), S. 25–54.

KROESCHELL (1995): Karl Kroeschell: Stadtrecht und Landrecht im mittelalterlichen Sachsen, in: Egbert Koolman; Ewald Gäßler; Friedrich Scheele (Hg.): Der sassen speyghel. Sachsenspiegel – Recht – Alltag, Bd. 1: Beiträge und Katalog zu den Ausstellungen: Bilderhandschriften des Sachsenspiegels – Niederdeutsche Sachsenspiegel und Nun vernehmet in Stadt und Land (= Veröffentlichungen des Stadtmuseums Oldenburg 21, zugleich Schriften der Landesbibliothek Oldenburg 29), Oldenburg 1995, S. 17–32.

LERCHNER (2004): Gotthard Lerchner: Niederländisch, Niederdeutsch und Slawisch in siedlungsgeschichtlichen Kontaktbeziehungen: Möglichkeiten und Grenzen ihrer kulturmorphologischen Beschreibung, in: STELLMACHER (2004), S. 13–24.

LÜCK (2004): Heiner Lück: »Flämische Siedlungen« und »flämisches Recht« in Mitteldeutschland. Beobachtungen zu rechtsinstitutionellen und rechtssprachlichen Besonderheiten, in: STELLMACHER (2004), S. 73–100, hier S. 77ff.

MARKMANN/KRAUSE (1938): Fritz Markmann; Paul Krause (Hg.): Das Burger Landrecht. Text und Übersetzung nebst Faksimile-Wiedergabe nach dem Kodex des Stadtarchivs zu Burg b. Magdeburg, Stuttgart/Berlin 1938.

OPPITZ (1990): Ulrich Dieter Oppitz: Deutsche Rechtsbücher des Mittelalters, Bd. 2: Beschreibung der Handschriften, Köln/Wien 1990.

PÖTSCHKE (1977): Dieter Pötschke: Schöffensprüche und Rechtsbücher. Ein computergestützter Ansatz zur Bestimmung des rechtshistorischen Eigenwertes von Schöffenspruchsammlungen, in: Lothar Krahner, Gerhard Lingelbach (Hg.): Gedächtnisschrift für Gerhard Buchda, Jena 1997, S. 79–98.

POLENZ (2000): Peter von Polenz: Deutsche Sprachgeschichte vom Spätmittelalter bis zur Gegenwart. Bd. 1: Einführung. Grundbegriffe. 14. bis 16. Jahrhundert, 2., überarb. und ergänzte Aufl., Berlin/New York 2000.

SCHOTT (1996): Clausdieter Schott: Rezension von Ulrich-Dieter Oppitz: Deutsche Rechtsbücher des Mittelalters, in: ZRG GA 113 (1996), S. 498–502.

SCHWINEKÖPER (1987): Berent Schwineköper: Burg, Provinz Sachsen/Anhalt (= Handbuch der historischen Stätten Deutschlands 11) Stuttgart 1987, S. 59ff.

STELLMACHER (2004): Dieter Stellmacher (Hg.): Sprachkontakte. Niederländisch, Deutsch und Slawisch östlich von Elbe und Saale (= Wittenberger Beiträge zur deutschen Sprache und Kultur 3), Frankfurt a.M. 2004.

WEGERA (1990): Klaus-Peter Wegera: Mittelhochdeutsche Grammatik und Sprachgeschichte. Grundlagen, Methoden, Perspektiven, in: Werner Besch (Hg.): Festschrift für Johannes Erben zum 65. Geburtstag, Frankfurt a.M. 1990, S. 103–113.

WEINERT (2007A): Jörn Weinert: Möglichkeiten zeitlicher Einordnung undatierter ostmitteldeutscher Texte des 14. Jahrhunderts, in: Luise Czajkowski, Corinna Hoffmann, Hans Ulrich Schmid (Hg.): Ostmitteldeutsche Schreibsprachen im Spätmittelalter (= Studia Linguistica Germanica 89), Berlin/New York 2007, S. 179–196.

WEINERT (2007B): Jörn Weinert: Die Dresdner Bilderhandschrift des Sachsenspiegels. Studien zur Schreibsprache, Köln/Graz 2007, S. 89ff.

WEINERT (2011): Jörn Weinert: Zur Schreibsprache der Dresdner Bilderhandschrift des Sachsenspiegels. Zeitliche Einordnung und weitere Aussagen zur Entstehungsgeschichte, in: Heiner Lück (Hg.): Eike von Repgow Sachsenspiegel. Die Dresdner Bilderhandschrift Mscr. Dresd. M 32. Vollständige Faksimile-Ausgabe im Originalformat der Handschrift aus der Sächsischen Landesbibliothek – Staats- und Universitätsbibliothek Dresden. Aufsätze und Untersuchungen, Graz 2011, S. 79–85.

WENNER (2004): Ulrich Wenner: Hermann Teuchert, Karl Bischoff, Max Bathe. Auf der Suche nach niederländischen Sprachspuren im Mittelelbegebiet, in: STELLMACHER (2004), S. 101–131.

ZIMMER (2003): Keno Zimmer: Das Burger Landrecht. Ein spätmittelalterliches Rechtsbuch aus dem Kerngebiet des Sachsenspiegelrechts (= Studien zur Landesgeschichte 8), Halle a.d. Saale 2003, S. 47.

»Landrecht« nach österreichischen Rechtsquellen

Wilhelm Brauneder

Eingangs sei hervorgehoben, dass es sich bei der Einschränkung auf Rechtsquellen des heutigen Österreich um keinen Provinzialismus handelt, sondern um eine, letztlich zeit- und raumbedingte, geographische Beschränkung, freilich mit Beispielwirkung für andere Territorien des Römisch-Deutschen Reiches.

»Landrecht« in Privaturkunden

Der Ausdruck »Landrecht« begegnet quantitativ besehen wohl am häufigsten in Privaturkunden unterschiedlichster Art. Hier findet sich nach dem konkreten Vertragsinhalt – Kauf, Tausch, Pfandbegründung, letztwillige Verfügung etc. – die Schlussformel »nach Landrecht zu Österreich/Steyr/Salzburg«.[1] Hierin drückt sich das Bewusstsein aus, einen Vertrag im Bewusstsein der Rechtmäßigkeit der Gewohnheitsrechtsordnung eines Landes im verfassungsrechtlichen Sinn[2] abgeschlossen zu haben. Gleichzeitig manifestiert sich darin auch der Umstand, dass dieses Landrecht in Verträgen zu Tage tritt. Interessant ist, dass es in manchen Gebieten zu einem Wechsel dieser Schlussformel kam. Beispielsweise trat an Stelle des Hinweises »… nach dem Recht des Marchlandes« die Formel »… nach dem Recht des Landes ob der Enns«, dem späteren Oberösterreich.[3] Der Inhalt erfuhr jedoch dadurch keinerlei Änderung, das Gewohnheitsrecht, vertraglich bestimmt, dauerte gleichbleibend fort. Darin wird ein weiteres Element dieser Schlussformel sichtbar, nämlich der Hinweis auf die Zugehörigkeit zu einem bestimmten Land als Gemeinschaft gleichen Rechts (unter einem gemeinsamen Landesfürsten und mit gemeinsamen Landtag). Unser Beispiel versteht sich daraus, dass das Marchland ein Teil Oberösterreichs wurde. Eine Änderung des Rechtsinhalts war damit schon deshalb nicht verbunden, weil dieses sich (noch) nicht aus obrigkeitlichen Verfügungen herleitete, sondern eben gewohnheitsrechtlich, d.h. in Beobachtung bisheriger Rechtsgewohnheiten entstand. Mehrfachnennungen in Schlussformeln machen dies besonders deutlich wie etwa Vertragsabschlüsse nach dem Landsrecht von Kärnten, Tirol und Salzburg.[4] Auf spezifische Rechte dieser Länder wurde dabei nicht verwiesen, was weiter deutlich macht, dass es zwischen den einzelnen Landrechten keinen bzw. so gut wie keinen Unterschied gab. Wichtig erschien also stets der Hinweis auf das Bewusstsein, dem

---

1 Verzeichnis der entsprechenden Urkundenbücher bei Brauneder (1973), S. 431ff.; ferner Brauneder/Jaritz (1989) Iff., 1989ff.
2 Brunner (1965).
3 Hageneder (1973), S. 61ff.
4 Fuchs (1901), Nr. 1415; ähnlich Uhlirz (1904), II/3, 1904, u. a. Nr. 5320, 5414 a.

Recht des Landes oder sogar mehrerer Länder entsprechend gehandelt zu haben: »Gediinge [Vertrag] ist Landrecht«.[5]

Mehrfachnennungen finden sich auch besonders häufig in Hinblick auf Land- und Stadtrecht. So erfolgte beispielsweise die Begründung von Rechten an Weingärten außerhalb der Stadt Wien zwischen Wiener Bürgern und Einwohnern umliegender Orte wie etwa auch letztwillige Verfügungen über Grundstückseigentum in der Stadt Wien und im umliegenden Niederösterreich mit der Schlussformel »… nach dem Recht von Österreich und der Stadt Wien«.[6] Auch hier kam es zu keiner Differenzierung nach oder eine Bedachtnahme auf unterschiedliche Rechtsgewohnheiten im Land Österreich und in der Stadt Wien.

Insgesamt lässt sich also festhalten, dass man in derartigen Privaturkunden unter Landrecht die Summe der Rechtsregeln verstand, wie sie im Bewusstsein ihrer Rechtmäßigkeit niedergelegt, vereinbart wurden.

Die Landrechtsbücher

Landrecht fand seinen Niederschlag aber auch in mittelalterlichen Rechtsbüchern. Sie waren teils überregionaler Art wie insbesondere der Sachsenspiegel oder das »Kaiserliche Land- und Lehnrechtsbuch«, der später sogenannte Schwabenspiegel, der das überregionale Element bereits im Titel festhält. Dem entsprach durchaus die bekannte weite Verbreitung dieser Rechtsbücher. Dazu traten auch regionale Landrechtsbücher wie etwa das Bayerische Landrecht 1346[7] und solche für das Land Österreich und das Land Steiermark.

Das österreichische Landrecht von etwa 1280[8] besteht, wie andere Rechtsbücher auch, aus einem Landrechts- und einem Lehensrechts-Teil. Es enthält, modern charakterisiert, Verfassungsrecht, Ständerecht, Privatrecht (Sachen-, Familien-, Erbrecht), Strafrecht und Prozessrecht, dies alles allerdings sehr punktuell und keinesfalls systematisch-umfassend. Ähnlich das steiermärkische Landrechtsbuch von etwa 1300.[9] Es enthält nicht nur Landrecht, sondern auch Lehn-, Dienst- und (bäuerliches) Hofrecht und wurde daher als »Aufzeichnung des in Steiermark überhaupt geltenden gebräuchlichen Rechts« charakterisiert – allerdings ohne Stadtrecht![10] Dieses findet sich in eigenen Stadtrechtsbüchern wie etwa dem für Wien oder dem der salzburgischen Stadt Pettau in der Steiermark (heute Ptuj in Slowenien).[11]

Nahezu in Parallelität zu den Privatrechtsurkunden mit Hinweisen auf das Land- bzw. Stadtrecht verschiedener Territorien bzw. Städte existieren zahlreiche

---

5   HAGEMANN (1979), hier S. 133.
6   Beispiele u.a. DEMELIUS (1974) und DEMELIUS (1957).
7   SCHWAB (2002).
8   HASENÖHRL (1867).
9   BISCHOFF (1875).
10 Ebd., S. 50f.
11 Wien, u.a. 1278, 1340: TOMASEK (1877); BISCHOFF (1886).

Verbindungen der Rechtsbücher. Handschriften des österreichischen Landrechtsbuchs enthalten auch Teile des Schwabenspiegels, und zwar getrennt nach Landrecht und Lehensrecht, ebenso Handschriften des steiermärkischen Landrechtsbuchs.[12] Das Wiener Stadtrechtsbuch hat Teile des Schwabenspiegels aufgenommen, wobei auffällt, dass die ehegüterrechtlichen Bestimmungen mit dem in Wien vertragsmäßig üblichen Ehegüterrecht nicht übereinstimmen.

Der Zweck der Landrechtsaufzeichnungen bestand in ihrer Verwendung bei Gerichten wie es einige Handschriften der Landrechtsbücher Österreichs und der Steiermark wie auch des Schwabenspiegels deutlich zeigen. So lag das steiermärkische Landrechtsbuch dem obersten Landesgericht, der Landschranne in Graz, vor und es wurde vermutet, sein Verfasser sei wohl ein Schrannenschreiber gewesen.[13] Es war überdies auch in Kärnten und Krain in Verwendung.[14]

Lokales »Landrecht«

Die Bezeichnung »Landrecht« finden wir allerdings auch ohne Bezug zu einem Land wie Bayern oder Salzburg, nämlich für das Recht kleiner Gerichtssprengel in einem Land auf der Ebene des Hofrechts, also der meist sogenannten bäuerlichen Weistümer.[15]

Hieher zählt beispielsweise das »Rauriser Landrecht« aus dem Jahre 1565. Es enthält nicht das Recht eines Landes, sondern vielmehr das lokale Hofrecht einer der lokalen Gerichtsgemeinden im Lande Salzburg, nämlich des Gerichtsbezirks Rauris. In diesem Gerichtsbezirk urteilte nicht wie in anderen ein Pfleggericht, sondern ein »Freies Landgericht« mit einem »Landrichter«. Dies verstand sich daraus, dass es sich um ein Gericht des Landesfürsten, des Erzbischofs von Salzburg, handelte, allerdings, genau genommen, in dessen Funktion als Gerichts- und Grundherr von Rauris. Dies wieder verstand sich aus der wirtschaftlichen Bedeutung des Rauriser Tales mit seinem hoch entwickelten Bergbau, vor allem auf Gold, und seiner Bedeutung für den Alpenübergang nach Süden. Der Ausdruck »Landsbrauch«, ein Synonym für Landrecht, begegnet vor allem auch in den lokalen Gerichtsgemeinden »vor dem Arlberg«, also im späteren Land Vorarlberg. Durch den sukzessiven Ankauf dieser Gerichtsgemeinden durch die Habsburger fungierten diese als Gerichtsherrn ohne Zwischenschaltung eines Grundherrn[16] wie im salzburgischen Rauris. So etwa wurde im Gericht Mittelberg 1569/88 dessen »Landsbrauch« aufgezeichnet.[17]

Die Situation entspricht in allen diesen Fällen jener in der Stadt Burg mit ihrem »Landrecht«: Auch hier ist der Gerichtsherr der Erzbischof von Magdeburg als Landesfürst, es fehlt an einer mediatisierenden Zwischeninstanz zur Bevölkerung.

---

12 Bischoff (1886), S. 51f.
13 Bischoff (1886), S. 53, 64f.
14 Ebd., S. 49f.
15 Sie sind daher in der Regel auch in deren Sammlungen aufgenommen.
16 Brauneder (2009), S. 29.
17 Ebd., S. 100.

Formale Rechtskreise, materielle Identität

Die vorgeführten Rechtsaufzeichnungen zeigen eine Differenzierung nach Rechtskreisen, sei es territorial etwa mit den Ausdrücken »Landrecht« und »Stadtrecht«, oder personell-sachlich wie mit dem Ausdruck »Lehnrecht«. Inhaltlich sind die so etikettierten Rechte jedoch weitestgehend identisch. Dies zeigen die erwähnten Privaturkunden mit dem Hinweis in ihren Schlussformeln auf mehrere Landrechte oder Landrecht und Stadtrecht ohne inhaltliche Differenzierung. In Hinblick auf die Landrechtsaufzeichnungen war es daher möglich, dass beispielsweise das steiermärkische Landrechtsbuch auch in den Ländern Kärnten und Krain in Verwendung stand und es wie auch das Österreichs und das Wiener Stadtrechtsbuch Teile des Schwabenspiegels übernahmen.[18] Punktuelle Einzelregelungen ergänzten sich oft wie etwa solche zu den Formen der Erbteilung mit bzw. ohne Verzicht in den Rechtsbüchern des österreichischen, steirischen und Wiener Rechts.[19]

Zusammenfassung

Versucht man eine Beschreibung dessen, was die mittelalterlichen Zeitgenossen unter »Landrecht« verstanden, so wird man mit diesem Ausdruck in erster Linie auf das Recht eines Landes verwiesen, nämlich auf das Bewusstsein der Bevölkerung, ihm entsprechend zu leben, insbesondere ihm entsprechend Rechtsgeschäfte abzuschließen – soweit man nicht, wie nahezu die Regel, einem anderen Rechtskreis zugehörte, nämlich dem Stadtrecht oder dem Hofrecht. Letzteres verstand man auch dann als Landrecht, wenn es sich bei dem regionalen Gerichtsherrn um den Landesfürsten handelte, es also der Mediatisierung durch einen eigenen Grund- und Gerichtsherrn fehlte.

Die Orientierung am Landesfürsten sozusagen als Symbolfigur des mit »Landrecht« bezeichneten, eventuell nur regionalen Rechtskreises dürfte die weitere Entwicklung bestätigen. Der umfassende Charakter des Landrechts wie in den Landrechtsbüchern etwa in Österreich und in der Steiermark, aber auch anderswo, beispielsweise in Bayern, ferner die inhaltlichen Identitäten ermöglichten die Ausweitung des Landrechtskreises zu einer allgemeinen Landesrechtsordnung. Dies zeigen mehrere Beispiele deutlich. In die zweite Fassung des österreichischen Landrechts, bald nach 1300, schob der Landesfürst neue Bestimmungen ein, die im Gegensatz zu den bisherigen mit »Wir wollen/setzen und gebieten« beginnen.[20] In den Jahren 1420/21 hob er für Wien eine erbrechtliche Gewohnheit auf, um die Situation dem sonstigen Recht im Land anzugleichen.[21] Derartige Eingriffe verdeutlichen auch

---

18 Brauneder (1994a), S. 414f., S. 416.
19 Brauneder (2013), Quelle Nr. 28.
20 Hasenöhrl (1867), S. 16, 263ff. (Text).
21 Brauneder (1994b), S. 401ff.

Zusätze zum Bayerischen Landrecht 1346 mit ihren Hinweisen »verbessert« und »neu« neben »alt«.[22] Der österreichische Landrechtsentwurf 1526 setzte schließlich, wie auch andere Quellen, das Landrecht schlechthin mit dem »bürgerlichen Recht« gleich.[23] In diesem Sinne nannten sich die »statuta« für die »sächsische Nation« in Siebenbürgen in einem Druck von 1583 »Siebenbürger Landrecht«.[24] Das »Allgemeine Landrecht« Preußens von 1794 schließlich enthielt als Gesetz des Königs nahezu die gesamte Rechtsordnung unter Einschluss der Städte und Grundherrschaften.

---

22 Schwab (2002).
23 Brauneder (1994b), S. 456.
24 Laufs/Bührer (1973).

Literatur

BISCHOFF (1886): Ferdinand Bischoff: Das Pettauer Stadtrecht vom Jahre 1376 (= Sitzungsberichte d. Akad. D. Wissen. Wien 113). Wien 1886, S. 695–744.

BISCHOFF (1875): Ferdinand Bischoff: Steiermärkisches Landrecht des Mittelalters, Graz 1875.

LAUFS/BÜHRER (1973): Adolf Laufs, Wolfgang Bührer: Das Eigen-Landrecht der Siebenbürger Sachsen, München 1973.

BRAUNEDER (1973): Wilhelm Brauneder: Die Entwicklung des Ehegüterrechts in Österreich. Ein Beitrag zur Dogmengeschichte und Rechtstatsachenforschung des Spätmittelalters und der Neuzeit, Salzburg, München 1973, S. 431ff.

BRAUNEDER (1994A): Wilhelm Brauneder: Die Anfänge der Gesetzgebung am Beispiel der Steiermark, in: ders.: Studien I, 1994, S. 414f., S. 416.

BRAUNEDER (1994B): Wilhelm Brauneder: Die Geltung obrigkeitlichen Privatrechts im spätmittelalterlichen Wien, in: ders.: Studien I, 1994, S. 401ff.

BRAUNEDER (1994C): Wilhelm Brauneder: Zur Gesetzgebungsgeschichte der niederösterreichischen Länder, in: ders.: Studien I, 1994, S. 456.

BRAUNEDER (2009): Wilhelm Brauneder: Österreichische Verfassungsgeschichte, Wien [11]2009, S. 29.

BRAUNEDER (2013): Wilhelm Brauneder: Europäische Privatrechtsgeschichte, Wien 2013, Quelle Nr. 28.

BRAUNEDER/JARITZ (1989): Wilhelm Brauneder, Gerhard Jaritz: Die Wiener Stadtbücher Iff., Wien 1989ff.

BRUNNER (1965): Otto Brunner: Land und Herrschaft. Grundfragen der territorialen Verfassungsgeschichte Österreichs im Mittelalter, Darmstadt [5]1965.

DEMELIUS (1974): Heinrich Demelius: Erhart Haidem, Richter zu Perchtoldsdorf bei Wien, und die Landesfürstlichen Grundbücher 1431–1523. Ein Beitrag zur österreichischen Privatrechtsgeschichte des Spätmittelalters, Wien 1974.

DEMELIUS (1957): Heinrich Demelius: Die Nezeuger. Ein Beitrag zur Kenntnis des Wiener Privatrechts im 14. Jahrhundert, in: Jb. des Vereins für die Geschichte der Stadt Wien 13(1957), S. 29–62.

FUCHS (1901): Adalbert Franz Fuchs: Urkunden und Regesten zur Geschichte des Benedictinerstiftes Göttweig II (= Fontes Rerum Austriacum II/52), Wien 1901, Nr. 1415.

HAGEMANN (1979): Hans-Rudolf Hagemann: Gedinge bricht Landrecht, in: ZRG GA 87(1970), S. 114–189, hier S. 133.

HAGENEDER (1973): Othmar Hageneder: Die Rechtsstellung des Machlands im späten Mittelalter und das Problem des oberösterreichischen Landeswappens, in: Erlebtes Recht in Geschichte und Gegenwart. Festschrift Heinrich Demelius zum 80. Geburtstag, hg. von Werner Ogris, Gerhard Frotz, Wien 1973, S. 61–79.

HASENÖHRL (1867): Viktor Hasenöhrl: Österreichisches Landesrecht im 13. und 14. Jahrhundert: ein Beitrag zur deutschen Rechtsgeschichte, Wien 1867.

SCHWAB (2002): Ingo Schwab: Das Landrecht von 1346 für Oberbayern und seine Gerichte Kufstein, Kitzbühel und Rattenberg (= Fontes Rerum Austriacum III /17), Wien 2002.

TOMASEK (1877): Johann Adolf Tomaschek: Die Rechte und Freiheiten der Stadt Wien I, Wien 1877, XV, XXXVII.

UHLIRZ (1904): Karl Uhlirz (Bearb.): Quellen zur Geschichte der Stadt Wien II/3, Wien 1904, u.a. Nr. 5320, 5414 a.

Die Grafen von Mansfeld als Vorsitzende königlicher Landdinge (*lantdinc*) zwischen Harz und Saale im Mittelalter

Bernd Feicke

In den vom Regionalverband Harz e.V. herausgegeben Faltblättern zum Geopark Harz erschien 2011 als Landmarke 19 das Blatt Bösenburg.[1] Dieses keine 150 Einwohner zählende kleine quellbachreiche Dorf gehört seit der Gemeindereform Sachsen-Anhalts 2010 zur Stadt Gerbstedt, jedoch beherrscht der 170 m NN hohe spornartige Burgberg die umliegende Landschaft. Zahlreiche frühgeschichtliche Funde und ein erschlossener Burgwall weisen auf eine durchgängige Besiedlung seit mindestens 3000 Jahren.[2] Für die Zeit des Thüringer Reiches bis in das frühe Mittelalter wird dem Ort eine zentralörtliche Bedeutung zugewiesen. Altwege führten nach Nordwesten über Helmsdorf und den Archidiakonatssitz Wiederstedt in den Schwabengau, durch das Fleischbachtal über den Frühmarkt Königswiek nach Nordosten nach Friedeburg. Über das benachbarte Burgsdorf und weiter über das volkreiche Hedersleben führten Wege nach Süden zum bis Ende des 12. Jahrhunderts bestehenden Archidiakonatssitz Wormsleben und weiter in den Südhosgau, nach Südwesten zum überregionalen Markt Eisleben, der bis ins 12. Jahrhundert in einem Krongutsbezirk lag, und über Burgsdorf und Schwittersdorf in südöstliche Richtung über Salzmünde nach Halle. Historische Tradition, die beherrschende Höhenlage der Burg und die Einbindung in das Fernwegenetz prädestinierten Bösenburg als Sitz des Landgerichtes des Nordhosgaus.[3] Der Hosgau wurde 780 erstmals genannt und erstreckte sich zwischen Wipper/Schlenze, Saale, Unstrut und einer dem Waldsaum ab Friesdorf über Wolferode und Farnstädt nach Süden laufenden Linie (westlich lag das Friesenfeld). Der Hosgau war wegen seiner Größe im 10. Jahrhundert geteilt worden; das nördliche Comitat lag nördlich einer Linie Willerbach (= Böse Sieben) – Süßer See – Salza.[4]

Die Herausbildung der Gaue ist ein Zeugnis für den Siedlungsvorgang und die Raumerschließung bis ins 11. Jahrhundert, wobei der Übergang von »Gau« zu »comitat« umstritten ist. Fest steht, dass ein und dieselbe Adelssippe auch über die Gaugrenzen hinweg Allodial- und Lehnsbesitz und weitere Rechte wie Vogteien und Gerichte besitzen konnte. Die Gaue an der Elbe-Saale-Linie waren königliche Lehen. In kirchlicher Hinsicht gehörte das Gebiet zum Bistum Halberstadt. Als Beauf-

---

1 Landmarke Bösenburg (2011); Stolberg (1983), S. 57–59.
2 Marschall, Schmidt, Lohmeier (1984), S. 42–51, 57–78; beachte auch die Wüstungen bei Neuss (1971), H. 2, Anlage Wüstungskarten Friedeburg und Seeburg/Bösenburg.
3 Neuss (1999), S. 68; Feicke (2007), S. 230–245.
4 Inv. Mansfelder Seekreis, Kartenbeilage; Mück (1910), Bd. 1, Karte I; Feicke (1988), Karte 1, 2; Wenskus (1986).

1   Die Landmarke Bösenburg (Zeichnung von Walter Moebius 1938)

tragter des Königs führte ein Graf als Richter das Gaugericht unter Königsbann zu jährlich drei ordentlichen Terminen (»ungebotene Dinge«) durch. Die Ursprünge des Königsbannes sind letztlich auf ein Edikt des fränkischen Königs Chlot(h)ar II. von 614 zurückzuführen, als dieser zusicherte, die Königsgesetze im Einklang mit dem Volksrecht zu halten. Diese Tradition wirkte im ostfränkisch-deutschen Nachfolgereich fort. Das Landding war ausschließlich mit der Hochgerichtsbarkeit befasst, während die Niedergerichtsbarkeit im Rahmen der Dorfgenossenschaft ausgeübt wurde. Bis zum Erscheinen des Sachsenspiegels Anfang des 13. Jahrhunderts war im behandelten Gebiet das überkommene sächsische Volksrecht die Grundlage der Rechtsprechung.[5]

Im 10./11. Jahrhundert waren im Südhosgau die Pfalzgrafen von Sachsen-Goseck, im Harzgau, Nordthüringgau und Darlinggau die Grafen von Supplinburg und im Nordhos- und Südschwabengau die Wettiner Gaugrafen. Die Könige gingen im 11. Jahrhundert zunehmend dazu über, auch Grafschaften und deren Gerichtsrechte an Bischöfe der Reichskirche zu vergeben. So gab am 17.1.1052 Kaiser Heinrich III. die bisher dem Grafen Bernhard von Supplinburg gehörenden Grafschaften Harzgau, Darlinggau, Nordthüringgau und Balsamgau, der bischöflichen Kirche von Halberstadt zum Lehen.[6] Es musste das Bestreben der Halberstädter Bischöfe sein, auch die

---

5   LexMa, Bd. IV, Sp. 1322–1324; Mitteis (1974), S. 46, 161f., 427; Sachsenspiegel (1991), S. 36, 211f., 397.
6   MGH DDH III, Urk. 281; zu den Gerichtsstätten des Harzgaus hat Grosse (1939) eine Studie vorgelegt.

Grafschaftsrechte des Schwaben- und des Hosgaus zu erringen. Diese Möglichkeit für den Hosgau sollte sich bald ergeben. 1060 schenkt König Heinrich IV. auf Bitten seiner Mutter Kaiserin Agnes aus Besitz des Magdeburger Domherren Luidger zahlreiche Dörfer *in pago hassego* des Markgrafen der Lausitz und zu diesem Zeitpunkt noch Gaugrafen des Südschwaben- und Nordhosgaus Teti zahlreiche Dörfer, die allerdings überwiegend im Südschwabengau liegen, dem Erzbistum Magdeburg.[7] 1069 überwirft sich Teti allerdings mit Heinrich IV., so dass er seine Gaugrafschaften abgenommen bekommt und die Grafschaft des Nordhosgaus mit dem *lantdinc* in Bösenburg und die des Südschwabengaus mit dem *lantdinc* in Quenstedt der Edelfreie Hoyer I. von Mansfeld als Reichslehen erhält. Dieser Vorgang ist allerdings urkundlich nicht überliefert, kann aber über verschiedene Indizien erschlossen werden.[8] Seine Frau Christine gründet nach 1038 in Erinnerung an ihren Vater Pfalzgraf Siegfried von Sachsen mit Billigung des Bischofs von Halberstadt das Kloster Wimmelburg. Die Mansfelder dürften seit der Gründung Vögte des Klosters gewesen sein, ein Nachweis erfolgt allerdings erst im 13. Jahrhundert.[9] 1115 verliert Graf Hoyer II. als Feldherr Kaiser Heinrichs V. die Schlacht von Welfesholz gegen die aufständischen Sachsen unter Herzog Lothar von Supplinburg, dem späteren Kaiser, und fällt. Das Haus Mansfeld verliert seine Grafenrechte und wesentliche Teile seines Allodialbesitzes und die Stammburg Mansfeld. Die Burg und die Grafenrechte des Nordhosgaus gelangen in die Hände Bischof Reinhards von Halberstadt. Der 1115 noch minderjährige Hoyer III. wird am Hof der Staufer Konrad III. und Friedrich I. sichtbar. Mitte des 12. Jahrhunderts sind die Mansfelder, nunmehr als Halberstädter Lehnsnehmer, als Grafen wieder Inhaber von Rechten im Nordhosgaus, was aber für diesen Zeitpunkt urkundlich noch nicht deutlich wird. Die königlichen Bannrechte und den Vorsitz der *lantdinc*e in Bösenburg für den Nordhosgau und Quenstedt für den Südschwabengau scheinen sich aber weiter in der Hand der comes de Mansfeld[10] befunden zu haben. Das wird auch in zwei Urkunden, die zwischen 1173 und 1184 ausgefertigt wurden, deutlich. Hier verzichtet Graf Hoyer IV. als Vogt des Klosters Gerbstedt auf die Vogtei bei einem Tausch zwischen Bischof Hermann von Münster (diese hatten seit 1064/72 das Kloster Gerbstedt über die Wettiner als Eigenkloster in ihrer Hand) und dem Kloster Unser Lieben Frauen Magdeburg auf Ufer und Berge bei Rothenburg einerseits und ½ Hufe zu Zickeritz (im Südschwabengau) andererseits. Erzbischof Wichmann von Magdeburg bestätigt diesen Tausch vor dem *lantdinc* des Grafen Hoyer in *Bisinburg*.[11] Die königlichen Bannrechte der Mansfelder Grafen über beide Teilgaue waren offenbar seit den guten Kontakten zu den Staufern wiedererlangt

---

7   Reg. Archiepiscopatus Magdeburgensis (1876), Urk. 723.
8   Fenske (1977), S. 84–86; Pätzold (1997), S. 16–22, 181–187, 238–248; Stammtafeln der Mansfelder vgl. Feicke (2010), S. 196 und Feicke (2009a), S. 149.
9   Bogumil (1972), S. 69–70; Ub Kl. Mansfeld (1888), Urk. Wimmelburg 31; Spangenberg M 4/1, S. 410.
10   Schmidt (1930), S. 34; Feicke (2007), S. 230–240; Plassmann (1998), S. 35.
11   Ub Kl. ULF Magdeburg (1878), Urk. 58, 59.

worden, worauf der Tauscherwerb von 12 Königshufen mit vollem Königsbann in Kloschwitz von Friedrich II. 1215 durch den einflussreichen Grafen Burchard I.[12] und die wahrscheinliche Verwaltung des 1152 noch bestehenden Krongutsbezirkes Eisleben im Südwesten des Nordhosgaus hindeuten. Über Burchards Töchter gelangt die Grafschaft 1230 zunächst in die Hände Hermanns von der Neuenburg und 1264 an dessen Neffen Burchard III. von Querfurt, der bereits 1265 auf dem lantdinc in Bösenburg wegen einer Grundbesitzübertragung in Rumpin tätig ist. Bereits 1264 tagt er auf dem Iudicum in Eisleben wegen eines Grundstücksgeschäftes seiner Friedeburger Verwandten. Das zeigt, dass offenbar die anwesende Person des Grafen und nicht der Ort der Verhandlung entscheidend war; auch scheint der außerhalb des Nordhosgaus liegende schmale Streifen des Burgbezirkes Friedeburg in den Gerichtsbezirk involviert gewesen zu sein.[13] Im Zusammenhang mit der Verlegung des Archidiakonatssitzes von Wormsleben in das befestigte Eisleben nach 1192 war der Krongutsbezirk Eisleben offenbar in Halberstädter Lehnsabhängigkeit gekommen, denn 1286 erscheint das Iudicum von Eisleben in einer Verschreibung für das Leibgedinge der Gemahlin Burchards IV. Sophie von Lüchow durch Bischof Volrad von Halberstadt.[14] Allerdings war es Burchard III. 1267 gelungen, Burg Mansfeld aus der Halberstädter Lehnshoheit zu befreien und wieder u.a. im Tausch gegen Burg und Stadt Nebra in ein Allod zu verwandeln. Dem Hochstift gelang damit eine strategische Erwerbung an der Südgrenze des Hosgaus.[15]

Erstmals 1311 werden im Halberstädter Lehnbuch die Mansfelder Lehen deutlich: Stadt Eisleben mit »glänzendem« Zubehör, jeweils zwei Güter in Polleben und Volkstedt, die Vogtei über das Kloster Wimmelburg, umfangreichen Hufenbesitz im Nordhosgau und die Rechtssprechung in Mansfeld und Friedeburg. Die Burg Friedeburg war allerdings seit 1280 Halberstädter Lehen der Edlen von Hadmersleben.[16] Diese Lehnskonstellation sollte sich aber kurze Zeit später ändern. Während der Komplex um Eisleben bis zum Permutationsrezess mit Kursachsen 1573 Halberstädter Lehen blieb[17], fiel der Komplex Friedeburg durch Verkauf 1316 an das Erzstift Magdeburg; im Gegenzug konnte das Hochstift Halberstadt die Stadt Wegeleben wieder erwerben. Der innerhalb der alten Gaugrenze liegende Teil des Gerichtes Friedeburg verbleibt als Halberstädter Lehen bei den Mansfeldern. Die Vorgeschichte lag in einer 1288 erfolgten Verpfändung von Wegeleben (seit 1267 askanisches Lehen vom Erzstift Magdeburg, worüber Streit mit dem Hochstift Halberstadt bestand) durch Bischof Volrad von Halberstadt an die Grafen Otto I. und Heinrich III. von Anhalt. 1315 verzichtete Graf Albrecht I. von Anhalt zu Gunsten Bischof Albrechts auf Schloss und Stadt Wegeleben, worauf Erzbischof

---

12 Mück (1910), Bd. 2, Urk. 1; BBKL, Bd. 33 (2012), Sp. 191–195.
13 Schmidt (1930), S. 46–47.
14 Ub Hochstift Halberstadt (1883), T. 2, Urk. 1476.
15 Ub Hochstift Halberstadt (1883), T. 2, Urk. 1164–1166; Mück (1910), Bd. 2, Urk. 87.
16 Lehnsregister Hst Halberstadt 1311.
17 Mück (1910), Bd. 2, Urk. 91; Feicke (2008).

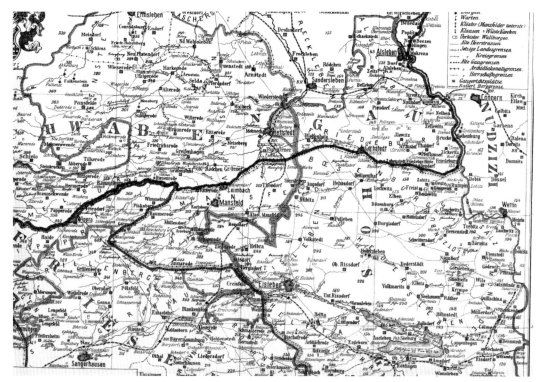

2 Der Nordhosgau und angrenzende Gebiete (Ausschnitt aus der Historischen Karte der Mansfelder Kreise von Hermann Größler 1895)

Burchard 1316 seine Wegelebener Rechte gegen die »Grafschaft im Hosegowe, die Vredeberg genannt wird, die die Grafen von Mansfeld von der Kirche Halberstadt haben, Stadt und Schloss Nebra, den halben Markt Königswiek u.a.« abtritt. In der Folgezeit sind die von Hadmersleben (bereits seit etwa 1280 Halberstädter Lehnsnehmer des Burgbezirks), von Anhalt, von Hakeborn und von Schraplau Magdeburger Lehnsnehmer der Grafschaft in Vredberghe.[18] Schließlich erwarben 1442 die Mansfelder die Burgbezirke Friedeburg und Salzmünde mit den Gerichtsrechten als Magdeburger Lehen.[19]

1320 erwirbt Burchard V. von Mansfeld von Erzbischof Burchard von Magdeburg Haus und Gericht Hedersleben mit den Dörfern Gorsleben und Dederstedt, die offenbar aus dem bereits 1287 erfolgten Kauf des Burgbezirkes Seeburg noch herausgelöst worden waren. Die Vogtei des Klosters Hedersleben war bereits seit 1311 in den Händen der Mansfelder. Aus dem ehemaligen Untergericht Hedersleben wurde

---

18 Schmidt (1930), S. 117; Ub Hochstift Halberstadt (1883), T. 2, Urk. 1512, dgl. (1887), T. 3, Urk. 1937, 1949–1953.
19 Spangenberg M 3/3, S. 159.

ein Gerichtssprengel aus den Burgbezirken Bösenburg, Closchwitz, Polleben und Hedersleben gebildet. Für den Fall, dass man sich in Hedersleben nicht einigen könne, sollte man sein Urteil in Bösenburg holen.[20] 1420 wurde bei einer Erbteilung das Gericht Polleben, das ja Halberstädter Lehen war, ausgegliedert.

Daneben gab es vom 14.–15. Jahrhundert in Hedersleben ein Reichsschultheißenamt, das die Herren von Repgow innehatten. Wann es geschaffen wurde, ist unbekannt. Namentlich bekannt sind Andreas und Heinemann. Andreas kündigt 1380 Grafen Gebhard von Mansfeld seine Lehen auf und kündigt an, diese dem Kloster Neu-Helfta zu geben, ebenso übereignet er 1383 eine Wiese und einen Garten bei Eisleben, die er vom Grafen von Mansfeld zum Lehen hatte, dem Kloster Neuhelfta. 1381, 1382 und 1397 wird er unter den Baronen und Rittern des Erzstiftes Magdeburg genannt, die ein besonderes schriftsässiges Gut besitzen (also kein Reichslehen). 1415 wird Heinemann, Andreas Sohn, von Kaiser Sigismund mit dem Reichsschultheißenamt zu Hedersleben belehnt. Trotz guter Kontakte zum Mansfelder Grafenhaus fällt auf, dass sie Unabhängigkeit anstreben; sie werden nicht in den Auflistungen der Mansfelder Ritterschaft genannt.[21]

Sichtbar werden kaiserliche Belehnungen mit Gerichten erstmals 1323: Burchard V. von Mansfeld erhält die Gerichte von Quenstedt (Südschwabengau, beim Erwerb der Herrschaft Arnstein als Allod 1387[22] wird dieses als vorhanden vorausgesetzt) und Helfta (nordwestlicher Südhosgau, 1346 Erwerb der Herrschaft von den von Hakeborn) sowie die Reichsburgen Allstedt (1363 wieder verloren) und Morungen von Kaiser Ludwig dem Bayern. 1364 verleiht Karl IV. in einer fest umschriebenen Grafschaft dem Grafen Gebhard den Grafenbann und die Berggerechtigkeit. Diese Grafschaft umfasst die Herrschaften Mansfeld, Eisleben, Helfta, Hedersleben, Kloschwitz, Seeburg und Bornstedt sowie die südlich davon liegenden Klostervogteibezirke Holzzelle, Sittichenbach und Klosterode, sämtlich Magdeburger Lehen.[23] Auch das Gericht Hedersleben und die 1442 erworbene Grafschaft Friedeburg waren weiterhin Magdeburger Lehen. Die 1335 vom Erzstift Magdeburg erworbene Herrschaft Schraplau lag außerhalb dieser Grenze und wurde offenbar als Sonderterritorium aufgefasst. 1417 und 1437 belehnt Kaiser Sigismund die Grafen mit den Reichslehen, darunter den Grafenbann und neu den Bergwerken zu Arnstein, Rammelburg und Morungen.[24] Im Zuge der Auseinandersetzung mit den Wettiner müssen die Grafen von Mansfeld 1442 ihr Allod Arnstein von Kursachsen und 1455 ihr Allod Mansfeld vom Erzstift Magdeburg zum Lehen nehmen.[25] 1453/54 verleihen bzw. verpfänden die Mansfelder Grafen die Nieder-, wenig später die Hochgerichtsbarkeit an die Räte ihrer

---

20 Spangenberg M 3/3, S. 61; Neuss (1999), S. 70–71.
21 Schmidt (1930), S. 79; Spangenberg M 3/3, S. 127, 146; Lehnbücher Est Magdeburg, S. 181, 190, 301.
22 Ub Kl. Mansfeld (1888), Urk. Walbeck 15; Spangenberg M 4/3, S. 32, 69–70.
23 Mück (1910), Bd. 2, Urk. 2, 3, 113, 120.
24 Mück (1910), Bd. 2, Urk. 4, 5.
25 Mück (1910), Bd. 2, Urk. 103, 107.

Städte Hettstedt und Eisleben, die damit selbständige Gerichtsbezirke bilden.[26] 1485 werden sie auch nach langem Rechtsstreit mit den Wettinern bzgl. der Bergrechte zu Afterlehnsnehmern Kursachsens herabgedrückt. Dadurch entsteht die merkwürdige Situation, dass im überwiegend magdeburgischen (1680 in Folge des Westfälischen Friedens preußischen) Nordhosgau bis 1808 sächsische Bergrechte bei preußischer Landeshoheit bestehen. Besonders nach ihrer Sequestration 1570 halten die Grafen bis zu ihrem Aussterben 1780 im Mannesstamm an ihren Restrechten vom Reich fest: den 12 Reichshufen von Closchwitz (= das letzte territoriale Reichslehen), den Gerichten von Quenstedt und Helfta, dem Reichsschultheißenamt von Hedersleben (vor 1477)[27] und verschiedene Rechte der Mansfelder Städte, Märkte, Münze, Zoll, Geleit und Wildbann. Den letzten Lehnsbrief mit den nur noch formalen Rechten erteilte 1768 Kaiser Josef II.[28] Durch die Sequestration und die Permutationen 1570/79 standen die Grafen unter Oberaufsicht Kursachsens und Magdeburgs bzw. 1680 Preußens. Die Rechtspflege lag bei deren Oberaufseherämtern in Eisleben und Mansfeld, wobei 1716 die Grafschaft Mansfeld aus der preußischen Sequestration entlassen worden war und die gräfliche Kanzlei in Eisleben die Aufgaben des Oberaufseheramtes Mansfeld übernahm. Die Obervormundschaft über den Fürsten Heinrich Franz II. wurde allerdings erst 1734 aufgehoben. Die letzten von den Mansfeldern direkt verwalteten Ämter Friedeburg, Holzzelle und Klostermansfeld (Preußen) sowie Bornstedt und Artern (Sachsen) wurden von den Lehnsherren eingezogen.[29] Interessant ist in diesem Zusammenhang, dass 1732–36 der Mansfelder Kommissionsrat und Jurist Gottlieb Heinrich Klopstock (1698–1756, Vater des Dichters Friedrich Gottlieb Klopstock) auf Vermittlung seines Schwagers, des Mansfelder Kanzleidirektors (1730–79) Dr. Johann Christoph Schmidt (1704–81) Generalpächter und damit Inhaber der Gerichte der beiden Friedeburger Ämter war.[30] Das Amt Hedersleben, bis 1666 letzter Sitz der Grafen von Mansfeld-Hinterort, war 1674 von der Familie Marschall von Bieberstein erworben worden, die es 1737 an König Friedrich Wilhelm I. von Preußen veräußerte. Dieser überwies es der Prinzlichen Kammer. In Hedersleben führte 1794–1795 Adelbert Herder beim Oberamtmann Morgenstern ein landwirtschaftliches Volontariat durch.[31]

Die Grafen von Mansfeld spielten als Urkundenzeugen und Funktionsträger der deutschen Kaiser und Könige eine wichtige Rolle in der deutschen Geschichte, die aber seit 1500 im Schwinden begriffen war. Der wohl bedeutendste Graf des Hauses, Burchard I. († 1229) ist beispielhaft zu einer lehnsrechtlichen Situation in der Heidelberger Bilderhandschrift des Sachsenspiegels abgebildet.[32]

---

26 FEICKE (2009A).
27 MÜCK (1910), Bd. 2, Urk. 113 (Anm. 1), 81, 82.
28 MÜCK (1910), Bd. 2, Urk. 86.
29 FEICKE (2008); SCHWARZE-NEUSS (1994).
30 FEICKE (2009B), S. 104–105.
31 FEICKE (1998).
32 FEICKE (2010), S. 186–191; BBKL, Bd. 33 (2012), Sp. 191–195.

Literatur

Quellen, Inventare, Nachschlagewerke

BBKL: Traugott Bautz (Hg.): Biographisch-Bibliographisches Kirchenlexikon, Nordhausen, Bd. 33 (2012).

Inv. Mansfelder Seekreis: Hermann Größler; Adolf Brinkmann: Beschreibende Darstellung der älteren Bau- und Kunstdenkmäler der Provinz Sachsen, H. 19 – Mansfelder Seekreis, Halle 1895, ²2000.

Leers (1907): Rudolf Leers: Geschlechtskunde der Grafen von Mansfeld Querfurter Stammes, T. 1 (Regestensammlung), in: Mansfelder Bll. 21 (1907), S. 97–151.

Lehnbücher Est Magdeburg: Gustav Hertel (Bearb.): Die ältesten Lehnbücher der Magdeburgischen Erzbischöfe (= Geschichtsquellen d. Prov. Sachsen, Bd. 16), Halle 1883.

Lehnsregister Hst Halberstadt 1311: Adolph Friedrich Riedel: Codex diplomaticus Brandenburgensis. Sammlung der Urkunden, Chroniken und sonstigen Geschichtsquellen für die Geschichte der Mark Brandenburg und ihrer Regenten, des 1. Hauptteiles oder der Urkunden-Sammlung für die Orts- und spezielle Landesgeschichte Bd. 17, Berlin 1859, Urk. XXVIII, S. 441–477.

LexMa: Lexikon des Mittelalters, 9 Bde., München 2002.

MGH DD H III: Harry Bresslau, Paul Kehr: MGH. Die Urkunden der deutschen Kaiser und Könige, Bd. 5. Die Urkunden Heinrichs III., München ²1993.

Mück (1910): Walter Mück: Der Mansfelder Kupferschieferbergbau in seiner rechtsgeschichtlichen Entwicklung, 2 Bde., Eisleben 1910.

Neuss (1971): Erich Neuß: Wüstungskunde der Mansfelder Kreise (Seekreis und Gebirgskreis), H. 1–2., Weimar 1971.

Reg. Archiepiscopatus Magdeburgensis (1876): Georg Adalbert v. Mülverstedt: Regesta Archiepiscopatus Magdeburgensis, T. 1., Magdeburg 1876.

Sachsenspiegel (1991): Clausdieter Schott (Hg.): Eike von Repgow. Der Sachsenspiegel [Übersetzung des Landrechtes von Ruth Schmidt-Wiegand], Zürich ²1991.

Spangenberg M 1 bzw. M 3/3 bzw. M 4/1 bzw. 4/3: Cyriakus Spangenberg: Die Mansfeldische Chronica. Der Erste Theil. Eisleben 1572 (²Naumburg 2009) bzw. Der dritte Teil, 3. Buch [= Beilage Mansfelder Bll. 26 (1912), Hg. R. Leers] bzw. Der vierte Teil, 3. Buch [= Mansfelder Bll. 27 (1913), S. 1–312. 28 (1914), S. 313–556, hg. v. C. Rühlemann] bzw. Erg.-Heft zu M 4/1, S. 367–436 (1924).

Stolberg (1983): Friedrich Stolberg: Befestigungsanlagen im und am Harz von der Frühgeschichte bis zur Neuzeit (= Harz-Forschungen, Bd. IX), Hildesheim ²1983.

Ub Hochstift Halberstadt (1883, 1887): Gustav Schmidt (Hg.): Urkundenbuch des Hochstifts Halberstadt und seiner Bischöfe, T. 2, 3 (= Publikationen aus den K. Preußischen Staatsarchiven, Bd. 21, 27), Leipzig 1883, 1887.

Ub Kl. Mansfeld (1888): Max Krühne: Urkundenbuch der Klöster der Grafschaft Mansfeld (= Geschichtsquellen d. Prov. Sachsen, Bd. 20), Halle 1888.

Ub Kl. ULF Magdeburg (1878): Gustav Hertel: Urkundenbuch des Klosters Unser Lieben Frauen zu Magdeburg (= Geschichtsquellen d. Prov. Sachsen, Bd. 10), Halle 1878.

Literatur

Bogumil (1972): Karlotto Bogumil: Das Bistum Halberstadt im 12. Jahrhundert (= Mitteldeutsche Forschungen 69), Köln/Wien 1972.

Buttenberg (1919): Fritz Buttenberg: Das Kloster zu Gerbstedt, in: ZHarzV 52 (1919), S. 1–30.

Feicke (1988): Bernd Feicke: Territorialgeschichtliche Entwicklung des Mansfelder Landes, T. 1, in: Mansfelder Heimatbll. 7 (1988), S. 21–27; Korrektur der Kartenkommentare 1 und 2 in dgl. T. 3, in: Neue Mansfelder Heimatbll. 6 (1998), S. 46, Anm. **.

Feicke (1998): Bernd Feicke: Das Mansfelder Land im Briefwechsel zwischen Herder und Gleim, in: Zs. für Heimatforschung, H. 7, Halle 1998, S. 67–74.

Feicke (2007): Bernd Feicke: Stadtgeschichte und der Schmuck historischer Rathäuser am Harz als Symbol stadtherrlicher Macht und städtischer Rechte – unter besonderer Beachtung des Rathauses der Altstadt von Eisleben, in: Rolande und Stadtgeschichte, hg. v. Dieter Pötschke (= Harz-Forschungen 23), Berlin/Wernigerode 2007, S. 227–277.

Feicke (2008): Bernd Feicke: Die Permutationsrezesse Ende des 16. Jahrhunderts in der Grafschaft Mansfeld, in: Zs. für Heimatforschung 17 (2008), S. 19–24.

Feicke (2009a): Bernd Feicke: Die Grafen von Mansfeld als Stadtherren von Eisleben. Die Verpfändung der Niedergerichte 1454 an den Rat der Stadt, in: HarzZ 61 (2009), S. 141–154.

Feicke (2009b): Bernd Feicke: Friedeburg – ein prägender Aufenthaltsort des jungen Klopstock, in: Quedlinburger Annalen 12 (2009), S. 102–107.

Feicke (2010): Bernd Feicke: Die Bedeutung des Altmansfelder Rautenwappens und des Querfurter Wappens in der Heidelberger Bilderhandschrift des Sachsenspiegels, in: HarzZ 62 (2010), FS für Dr. Bernd Feicke, S. 186–199.

Fenske (1977): Lutz Fenske: Adelsopposition und kirchliche Reformbewegung im östlichen Sachsen (= Veröff. d. Max-Planck-Instituts für Geschichte, Bd. 47), Göttingen 1977.

Grosse (1939): Walther Grosse: Die mittelalterlichen Gerichte und Dingstätten im Harzgau, in: Zs. d. Harzvereins 72 (1939), S. 4–56.

Landmarke Bösenburg (2011): Carl-Heinz Friedel, Christiane Linke, Isabel Reuter, Konrad Schuberth: GEOPARK Harz. Braunschweiger Land. Ostfalen, Landmarke Harz 19 – Bösenburg (10 Sichtpunkte), Quedlinburg 2011.

Marschall/Schmidt/Lohmeier (1984): Otto Marschall; Berthold Schmidt; Helmut Lohmeier: Vor Jahrtausenden im Mansfelder Land, Eisleben 1984.

Mitteis (1974): Heinrich Mitteis: Der Staat des Hohen Mittelalters, Weimar 1974.

Neuss (1999): Erich Neuß: Wanderungen durch die Grafschaft Mansfeld. Saalisches Mansfeld, Halle ²1999 (1938).

Pätzold (1997): Stefan Pätzold: Die frühen Wettiner. Adelsfamilie und Hausüberlieferung bis 1221 (= Geschichte und Politik in Sachsen, Bd. 6), Köln/Weimar/Wien 1997.

Plassmann (1998): Alheydis Plassmann: Die Struktur des Hofes unter Friedrich I. Barbarossa nach den deutschen Zeugen seiner Urkunden (= MGH, Studien u. Texte, Bd. 20), Hannover 1998.

Schmidt (1930): Karl Schmidt: Die Grundlagen der territorialen Entwicklung der Grafschaft Mansfeld, in: Mansfelder Bll, 36/37 (1927/30), S. 5–148.

Schwarze-Neuss (1994): Elisabeth Schwarze-Neuß: Untersuchungen zur Verfassungs- und Verwaltungsgeschichte der Grafschaft Mansfeld, insbesondere der magdeburgisch-preußischen Hoheit, in: Sachsen und Anhalt, Bd. 18, Weimar 1994, S. 525–549.

Wenskus (1986): Reinhard Wenskus: Der Hassegau und seine Grafschaften in ottonischer Zeit, in: Ausgewählte Aufsätze zum frühen und preußischen Mittelalter, FS zum 70. Geburtstag, hg. von Hans Patze, Sigmaringen 1986, S. 213–230 (1984).

Das Wendische Landrecht des Fürstentums Rügen und das Schweriner Landrecht

Eine neue Rechtsquelle von der Insel Rügen[1]

Dieter Pötschke

Die Überschrift mag auf den ersten Blick überraschen. Was hat das Wendische Recht des ehemaligen selbstständigen Fürstentums Rügen mit dem aus Mecklenburg stammenden Schweriner Landrecht zu tun? Dem Kenner fällt ein, dass zur Ausstattung des Bistums Schwerin im Jahre 1171 auch das zu Pommern gehörige Herzogtum Pommern-Demmin mit den Ländern Tollense, Plote, Loitz, Tribsees und Zirzipanien, aber auch Ländereien aus den Gegenden um Pütte und Barth gehört haben sollen.[2] Angeblich war auch die halbe Insel Rügen dem Bistum Schwerin zugeordnet worden.[3] Aber hier geht es um Landrechte und nicht um kirchliches oder kanonisches Recht. Wir werden sehen, dass das Schweriner Landrecht in Mecklenburg, in Pommern und auf Rügen weit verbreitet war – wie das Landrecht des Sachsenspiegels in der Mark Brandenburg.[4]

Zur rechtshistorischen Bedeutung des Wendischen Landrechtes des Matthäus Normann für das Fürstentum Rügen

Für die Herzogtümer Mecklenburg und Pommern, aber auch das Fürstentum Rügen (bis 1325) sind bisher keine Rechtsbücher wie der Sachsenspiegel[5] oder das ältere

---

1 Überarbeitete Fassung zweier Vorträge vom 39. Deutschen Rechtshistorikertag 2.–5.9.2012 in Luzern (Thema: Einfluss dänischer Rechte auf Rügen) und von der internationalen Tagung »Das Burger Landrecht – zur Entwicklung der Landrechte und ihrer Symbolik im Mittelalter« am 12./13.10.2012 (Thema: Schweriner Landrecht in Pommern und auf Rügen), die die Fachkommission Rechtsgeschichte gemeinsam mit Partnern in Burg b. Magdeburg veranstaltet hat.
2 Es gibt eine nur in Abschriften enthaltene Fälschung der im Landeshauptarchiv Schwerin erhaltenen Originalurkunde von 1171 September 9. In dieser um 1229/30 entstandenen Fälschung werden auch die (alte) Burg Barth und die Länder Tribsees, Pütte, Wustrow (Wustrose) und Loitz als zugehörig eingeschoben, zudem zwei Dörfer im Land Barth (*duas villas in Barda*). Die Fälschung ist abgedruckt im PUB I² (1970), no. 56, S. 70ff. – Die echte Urkunde findet man im PUB I² (1970), no. 55, S. 67ff.
3 Die Aussage von HEYDEN (1957), Bd. I. S. 33, dass die halbe Insel Rügen von Anfang an zum Bistum Schwerin gehört haben soll, kann ich nicht nachvollziehen. Heyden bezieht sich auf die in weiten Teilen gefälschte Urkunde 1170 Januar 2 (PUB² no. 53, S. 69). Dagegen spricht auch, dass Papst Alexander III. die gesamte Insel Rügen der Diözesangewalt des Bischofs von Roskilde bereits 1169 unterstellte, PUB² no. 52, S. 59. – Inhaltlich spricht gegen die Behauptung auch, dass nicht Heinrich der Löwe (als Gründer des Bistums Schwerin) sondern die Dänen 1168 Arkona erobert, den Swantewit-Tempel gestürmt und somit sich Rügen zu eigen gemacht haben.
4 PÖTSCHKE (1991). – Nach neueren Untersuchungen sind ernsthafte Bedenken gegen Eikes Autorenschaft auch für das Lehnrecht des Sachsenspiegels vorgetragen worden, vgl. WEINERT (2013).

seeländische Recht für das Mittelalter überliefert oder wenigstens nachgewiesen. Auch für die zeitweise selbstständigen Teilbereiche der genannten Herzogtümer, die mehrfach Teilungen unterworfen waren, trifft dies zu. Das verwundert aus zwei Gründen. Zum einen kamen das Obodritenreich, Zirzipanien und Rügen schon in der zweiten Hälfte des 12. Jahrhunderts unter deutsche bzw. dänische Lehnsherrschaft. In diesem Küstenbereich gab es in der Folge einen nicht unerheblichen Einfluss Dänemarks auch im kirchlichen und kulturellen Bereich im Mittelalter.[6]

1167 gab Heinrich der Löwe das Obodritenland ohne Wagrien und Polabien und die neugegründete Grafschaft Schwerin dem einheimischen Fürsten Pribislaw als sächsisches Lehen zurück. Als Heinrich der Löwe in Reichsacht kam, zwang König Waldemar Mecklenburg unter die dänische Lehnshoheit, die bis zur Schlacht bei Bornhöved im Jahre 1227 anhielt.[7] Die dann entstehenden vier mecklenburgischen Fürstentümer kamen wieder unter sächsische Lehnsherrschaft. Mecklenburg nahm eine mit der Mark Brandenburg vergleichbare Entwicklung: vom slawisch besiedelten Land zum von Deutschen und Flamen beherrschten Neusiedelland. Auch wenn die hier wohnenden Wenden mit der Zeit in Stadt und Land integriert wurden, hielten sich wendische Rechtsbräuche doch noch mehrere Jahrhunderte.

Auch Pommern geriet früh unter deutsche bzw. zeitweise dänische Lehnshoheit. Die westpommerschen Herzöge kamen 1164 unter die Lehnshoheit Heinrichs des Löwen und 1181 unter die Lehnshoheit des Kaisers. Jedoch eroberte Dänemark zwischen 1168 und 1186 die slawischen Fürstentümer Rügen und Vor- und Hinterpommern. Die dänische Lehnshoheit bestand bis 1227. Pommern, ohne Rügen und das Herzogtum der Samboriden, wurde dann Teil des Heiligen Römischen Reiches bis zu dessen Auflösung. Die dänische Lehnsherschaft auf Rügen dagegen dauerte bis zum Aussterben des rügischen Fürstengeschlechtes im Jahre 1325 an[8], und die kirchliche Zugehörigkeit der Insel zum dänischen Bistum Roskilde[9] endete erst im 16. Jahrhundert!

Insofern sind deutschrechtliche Einflüsse auf die Entwicklung von Stadt und Land an der Küste naheliegend und eventuell auch dänischrechtliche Einflüsse.

Der zweite Grund ist die mit den dänischen Inseln bzw. Halbinseln und der benachbarten Mark Brandenburg vergleichbare rechtliche Entwicklung unseres betrachteten Küstengebietes.[10] Hier wurden schon frühzeitig entsprechende Rechte – auch Landrechte – kodifiziert. So wurde Waldemars Seeländisches Recht *(Sjællandske Lov)*, das wohl aus der Zeit von König Waldemar II. stammt, schon vor 1215

---

5   Texte des Sachsenspiegels findet man z.B. bei REPGOW (1996), ECKHARDT (1973), EBEL (1988).
6   Vgl. PETERSOHN (1979), S. 13–34 zum obodritischen Sakralraum. – HAMANN (1933). – NAWROCKI (2010), S. 122ff. – VON BOHLEN (1850).
7   LdMA 6(1999), Sp. 439.
8   HAMANN (1933). – Zur Geschichte Rügens und speziell seiner Vogteien vgl. neuerdings REIMANN et al. (2011).
9   Vgl. WIBERG (1987).
10 RUCHHÖFT (2008).

angenommen. Aus dem 13. Jahrhundert ist eine Reihe von dänischen Landrechten, aber auch Rechte aus dem noch zu Dänemark gehörenden Schonen einschließlich Bornholm, Halland und Blekinge überliefert.[11]

Brandenburg stand schon früh unter dem Einfluss des Magdeburger Rechts und des Sachsenspiegels.[12] So konnte nachgewiesen werden, dass der Kompilator des Berliner Schöffenrechts aus dem Anfang des 13. Jahrhunderts etwa zwei Drittel der Artikel zum Teil wörtlich aus dem Sachsenspiegel entnommen hat.[13] Der Märker Johann von Buch verfasste eine Glosse zum Sachsenspiegel, die sehr zur Verbreitung des Sachsenspiegels beigetragen hat.[14] Ein Mönch aus dem Kloster Lehnin verfasste einen »Schlüssel zum Landrecht des Sachsenspiegels«.[15]

Sollte man in unserem betrachteten Küstengebiet nichts von den Kodifikationen der Landrechte in Dänemark, Holstein, Schonen und der Mark Brandenburg erfahren haben? Gab es keine Gründe, die in Mecklenburg und Pommern geltenden Landrechte den Gerichten und nachfolgenden Generationen schriftlich an die Hand zu geben?[16] Die Voraussetzungen für eine Kodifikation[17] der rechtlichen Verhältnisse waren in Mecklenburg ebenso gegeben wie in den benachbarten Gebieten. Insofern wäre die Suche nach einem mecklenburgischen oder pommerschen Rechtsbuch aus dem Mittelalter durchaus begründet.

In der Forschung wurde bisher die Auffassung vertreten, dass auch in Mecklenburg im Mittelalter – zumindest auf dem Lande – das Recht des Sachsenspiegels galt. Heute ist bekannt, dass die Wirkung des Sachsenspiegels, obwohl zunächst nur eine private Rechtsaufzeichnung des Eike von Repchow, weit über das eigentlich Magdeburgische Gebiet hinausging. Wir wollen uns hier aber auch der Frage zuwenden, wie weit das in ihm aufgezeichnete Landrecht nach Norden - insbesondere nach Pommern und Rügen – gedrungen ist. Dabei werden wir zwangsläufig auch auf Mecklenburg kommen und die Frage, was dort unter dem sog. Schweriner Recht[18] zu verstehen war. In den Städten dieses Küstengebietes herrschte bekanntlich nicht das vom Sachsenspiegel beeinflusste Magdeburger Stadtrecht, sondern das Lübische Recht vor.[19]

---

11 Von Schwerin (1938). – Tamm/Jorgensen (1973).
12 Pötschke (1991).
13 Pötschke (2002).
14 Kaufmann (2002). – Zu Fragen der Textschichtung in den Glossen und zur Datierung der ältesten Glosse vgl. Pötschke (1995a).
15 Pötschke (1997). – Sinauer (1928).
16 Mündlich überliefertes Recht und Rechtsgewohnheiten haben sich an der Küste länger als im Binnenland gehalten. So habe ich meinen ersten Mietsvertrag mit der Stadt Barth 1976 nur mündlich und per Handschlag geschlossen. – Zur Mündlichkeit des Rechts Ott (1993). – Bühler (2013).
17 Zum Begriff Kodifikation und zur Kodifikationsforschung vgl. Kroppenberg (2012).
18 Hier ist nicht das Schweriner Stadtrecht gemeint, das z.B. 1356 als Lübeck-Schweriner Recht erwähnt wird, vgl. von Schwarz (1755), S. 817ff.
19 Vgl. Ebel (1971). – Ebel (1978). – Lück, Puhle, Ranft (2009), insbesondere S. 37ff., 163ff., 183ff.

Von dem auf dem Lande gültigen Recht sind leider keine Rechtsaufzeichnungen überliefert, so dass die Gültigkeit des Sachsenspiegels in dem bis 1325 selbstständigen Rügen und den Herzogtümern Pommern und Mecklenburg im Mittelalter nicht direkt überprüfbar ist. Diese Frage stellt für die territoriale rechtshistorische Forschung ein bis heute ungelöstes Problem dar.[20]

Nun bietet sich aber aufgrund eines Handschriftenfundes eine neue Möglichkeit, dieses seit über hundert Jahren ungelöste Problem anzugehen. Die Originalhandschrift des erwähnten Wendischen Landrechts in dem Fürstentum Rügen galt als verschollen. Nach bisher unbestrittener, aber nicht beweisbarer Überlieferung soll die älteste Aufzeichnung des auf Rügen geltenden Landrechts von Matthäus Normann, Kirchherr in Patzig auf Rügen und Gerichtsschreiber, stammen.[21] Die früheste bekannte und datierte Abschrift des Wendischen Landrechts stammte bisher von 1611. Nach dem Ende des letzten Krieges tauchte aber wie aus der Versenkung die Orginalhandschrift des Matthäus Normann von 1523 auf und befand sich bis vor einigen Jahren in Privatbesitz. Durch Verkauf ist sie nun einer wissenschaftlichen Bearbeitung zugänglich.[22]

Die überraschende Entdeckung von Rechtshandschriften bzw. von verschollenen Rechtstexten ist nicht so selten, wie man denken könnte.[23] Bei der erneuten systematischen Durchsicht der Handschriften der Christian-Weise-Bibliothek in Zwickau wurde eine der ältesten Fassungen des ostfriesischen Landrechts des Grafen Edzard (um 1528 abgefasst) entdeckt, die in keine der von Meyer[24] für die in Göttingen überlieferten Landrechtshandschriften aufgestellten Klassen A, B und C einordenbar ist und zahlreiche Abweichungen gegenüber dem Druck von Wicht von 1746[25] aufweist. Ein weiteres Beipiel liefert ein im Berliner Stadtarchiv 1987 aufgefundenes Fragment einer bisher unbekannten Sachsenspiegelglosse[26] und ein Fragment zum Schlüssel vom Landrecht.[27]

---

20 Zur Sache zuletzt LIEBERWIRTH (1987), der noch die Auffassung von Böhlau vertrat, dass unter dem in den mecklenburgischen Urkunden des Mittelalters genannten Schweriner (Land)Recht das Landrecht des Sachsenspiegels zu verstehen sei, vgl. BÖHLAU (1871).

21 Es gibt noch eine weitere kurze, fünf Druckseiten lange Aufzeichnung des Rügischen Landrechtes von Lorenz Kleist, wohl aus den Jahren 1532–38, vgl. FROMMHOLD (1906).

22 Ankündigung durch den früheren Besitzer STEUDTNER (1977), hier S. 47ff. – Erste Fundauswertung und rechtshistorische Problemstellungen, die der Fund berührt, bei PÖTSCHKE (1996).

23 So waren z.B. 1938 nur 113 Handschriften der Glosse zum Sachsenspiegel bekannt. Nach Oppitz sind über 180 vollständige Texte und Fragmente bekannt, vgl. OPPITZ (1990).

24 MEYER (1893).

25 Vgl. VON WICHT (1746).

26 Ankündigung des Fundes bei PÖTSCHKE/SCHROLL (1988). – Das wohl noch in das 14. Jahrhundert zu datierende Fragment diente wahrscheinlich nicht als Vorlage für das Berliner Schöffenrecht, vgl. PÖTSCHKE (1990). – Nachdem Oppitz eine umfassende Neubearbeitung des Verzeichnisses der deutschen Rechtshandbücher von Homeyer und Borchling vorgelegt hat, sollten die Handschriften künftig nach seiner Numerierung zitiert werden, vgl. OPPITZ (1990). Das Fragment ist bei Oppitz unter No. 215a verzeichnet, Abb. unter Nr. 1132–1135, Oppitz Bd. 3.

27 Vgl. OPPITZ (1990).

In diesem Zusammenhang ist es von besonderem methodischen Interesse, dass 1967 von Colorni der Originalwortlaut der Ronkalischen Gesetze Kaiser Friedrichs I. Barbarossa von 1168[28] in einer Handschrift der *libri feudorum* entdeckt wurde. Die *libri feudorum* – Sammlungen des lombardischen (langobardischen) Lehnrechts aus dem 12. Jahrhundert – stellten bis in das 19. Jahrhundert die in Europa am weitesten verbreitete Quelle des Lehnrechts dar. Fast 200 Handschriften sind über die Bibliotheken Europas verbreitet[29], und auch die Glosse zum Sachsenspiegel hat davon kräftigen Gebrauch gemacht.[30]

Auch die pommersche Chronistik des 16. Jahrhunderts enthält noch eine Reihe ungehobener Schätze. Die vielfach gedruckte Chronik von Kantzow[31] wird in ihrem Quellenwert weit überschätzt.

Über vielfach bessere und v.a. über andere Quellen verfügte nachweislich Valentin Eichstädt, dessen Chronik aus der ersten Hälfte des 16. Jahrhunderts bisher nicht ediert und daher von der Forschung völlig unterschätzt wird, wie schon allein ein Vergleich der Beschreibungen der Reise Bogislaws X. in das heilige Land zeigt.

Die wieder aufgefundene und wissenschaftlich zugängliche Originalhandschrift des Wendischen Landrechts des Fürstentums Rügen liefert erstmals den eindeutigen Beweis, dass Matthäus Normann der Verfasser dieser Rechtsaufzeichnung war. Die bisher unbekannte Vorrede I ist von ihm selbst unterschrieben worden. Das Wendische Landrecht besitzt nicht nur für die Rechtsgeschichte des Fürstentums Rügen und des Herzogtums Pommern, sondern auch darüber hinaus für die Kultur- und Sprachgeschichte des norddeutschen Raumes eine einzigartige Bedeutung.

Wir dürfen uns allerdings von der Überschrift »Das w[ende]sche edder des Furstendomes Rugen van older her geubede Lantrecht und Gebrauch« der Originalhandschrift nicht fehlleiten lassen. Zum einen ist der Zusammenhang der darin so bezeichneten wendischen Rechte bisher nicht systematisch mit den Rechten der Wenden, wie sie uns vereinzelt in den rügischen, pommerschen und mecklenburgischen Urkunden des 12. bis 13. Jahrhunderts begegnen, verglichen worden. Offensichtlich sollte die Bezeichnung von Normann auch der Legitimation älterer Rechte dienen.

Zum anderen mag die Verwendung der Bezeichnung »Fürstentum Rügen« durch Normann im 16. Jahrhundert zunächst verwundern, so war sie doch noch Tradition. Das Fürstentum war bis Aussterben der Rügenfürsten im Jahre 1325 selbstständig. Die pommerschen Herzöge sahen sich seitdem als Fürsten von Rügen an (*princeps Ruyanorum*). Mit einigen zeitlichen Ausnahmen lautete seitdem der vollständige

---

28 Dolezalek (1988).
29 Colorni (1969). – Vgl. Dilcher (1978).
30 Zum Einfluss der *libri feudorum* auf die Glossen zum Sachsenspiegel vgl. Steffenhagen (1922), Wiederabdruck bei Steffenhagen (1977), hier S. 707. – Systematisch ist ihr Einfluss auf die deutschen Rechtsbücher des Mittelalters noch nicht untersucht worden, da es bisher an einer geeigneten Methodik fehlte, vgl. aber die Ergebnisse des Projektes von Frohne (1994) unter Mitarbeit von Gerhard Günther.
31 Vgl. Kantzow (1929).

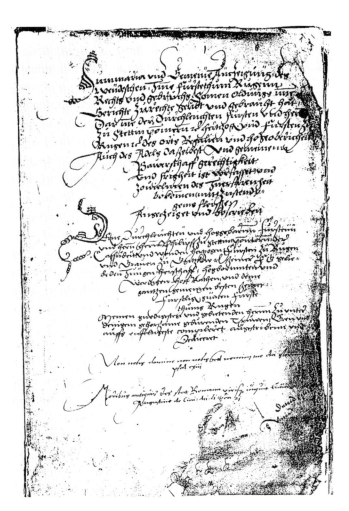

1 Das wendische Landrecht des Fürstentums Rügen von 1522.
Foto: Pötschke

Titel aller pommerschen Herzöge sowohl der Stettiner als auch der Wolgaster Linie: Von Gottes Gnaden zu Stettin, der Pommern, Kassuben und Wenden Herzog und Fürst zu Rügen.[32]

Bereits von Homeyer wurde die Bedeutung des »Wendeschen oder des Fürstentums Rügen Landrecht« mit der des Sachsenspiegels verglichen. Dem wäre insofern zuzustimmen, dass wir für das Mittelalter für Mecklenburg, Rügen und Pommern bisher über keinen Rechtskodex eines Landrechts verfügen und daher im wesentlichen auf die Aufzeichnungen Normanns angewiesen sind.[33] Denn diese liefern, wie die

---

32 AUGE (2005), hier S. 17.
33 Bisher sind die mecklenburgischen, pommerschen und rügischen Urkunden nicht systematisch unter allgemeinen rechtshistorischen Gesichtspunkten ausgewertet worden, vgl. jedoch EBEL (1971).

in der bisher unbekannten Vorrede I genannten und zur damaligen Zeit bereits verstorbenen älteren Zeugen und Gewährsleute Normanns – z.T. Vögte und Landvögte – noch interessante, aus dem Mittelalter stammende Elemente des auf Rügen geltenden Rechts. Schon die Bezeichnungen des Rechtsbuches in den Editionen von Gadebusch und Frommhold[34] sind falsch, ja teilweise irreführend und entsprechen nicht der Orginalüberschrift von 1523.
- Gadebusch: Matthaeus v. Normanns, vormals Fürstl. Landvogts auf Rügen Wendisch-Rugianischer Landgebrauch (1777).
- Frommhold: Das Rügische Landrecht des Matthaeus Normann nach den kürzeren Handschriften (1896).

Im Original dagegen heißt es: »Das w[ende]sche edder des Furstendomes Rugen van older her geubede Lantrecht und Gebrauch« (fol. 2r).[35]

Sieht Gadebusch in dem umfangreichen Rechtsbuch – in der kürzeren Fassung bei Frommhold immerhin noch 196 Druckseiten, bei den längeren Fassungen immerhin 218 Artikel – wenigstens darin noch einen wendisch-rugianischen Rechtsbrauch, so handelt es sich bei Frommhold nach der Überschrift schlicht um ein Rügisches Landrecht. Dabei waren die einheimischen wendischen Fürsten[36] auf Rügen und Rügen-Festland (das wird oft vergessen) noch bis zu ihrem Aussterben im Jahre 1325 an der Macht. Im Rechtsbuch wird mehrfach erwähnt, dass auf Rügen wendisches Recht noch gilt bzw. galt. Wendisches Recht wird allein in der Vorrede II zehn Mal erwähnt, davon einige Male im Zusammenhang mit dem rugianischen Recht.

Und die Quellen für wendisches Recht fließen in Mecklenburg, Pommern und Brandenburg nicht gerade reichlich. Wir können hier aus Platzgründen nicht auf das Verhältnis des wendischen Rechts auf Rügen und sein Verhältnis zu wendischen Rechtsbestandteilen in den zahlreichen früheren mecklenburgischen, pommerschen und brandenburgischen Quellen näher eingehen. Es scheint sich aber generell um kein homogenes Recht, sondern um territorial und lokal verschiedene Rechte – oft auf Abgaben bezogen – und Privilegien bzw. Gewohnheitsrechte (z.B. der Wenden im 13. Jahrhundert zur Nutzung einer Wiese auf dem Zingst) zu handeln.[37]

Auch setzt sich Normann mit einzelnen Bestimmungen des von ihm als wendisches Recht (*van olders her*) bezeichneten Rechts meist von Bauern eingehend auseinander.[38]

---

34 GADEBUSCH (1777). – FROMMHOLD (1896).

35 Vollständiger Titel: »Ene enfeltighe und ungeschickte Vorrede auff das w[ende]sche edder des Furstendomes Rugen van older her geubede Lantrecht und Gebrauch« (fol. 2r).

36 Erst seit dem Spätmittelater setzt sich die Bezeichnung *Slawe* gegenüber dem *Wenden* durch, HRG Bd. 5(1998) Sp. 1260. – Noch heute verstehen sich die Bewohner der Niederlausitz als *Wenden* in Abgrenzung zu den *Sorben* in der (sächsischen) Oberlausitz. Insofern wird die Sprache *Wendisch* auch von *Sorbisch* unterschieden.

37 Es gibt eine umfangreiche Literatur zum wendischen Recht, ohne dass der Begriff letztlich eine Klärung erfuhr. – SCHULZE (2006A). – SCHLESINGER (2006A). – SCHULZE (2006B). – Allgemeiner NUSSBERGER (2008).

38 Z. B. Rechte der Bauern bei FROMMHOLD (1896), S. 34, oder Erbteilungen bei Bauern auf Rügen im Text von FROMMHOLD (1896), S. 49.

Im Text des Landrechtes von Normann sind auch verschiedene Erläuterungen wie bei einer Glosse zum Rechtstext zu finden. Im Art. 7 geht es um das Befragen vorm Lantrichter. Dabei sind die Auslagen für *gare Koste* vom Kläger zu übernehmen. Nun erklärt Normann, was *gare Kost* alles sein kann: gare Kost heißt Tuchgeld[39], Schuhgeld, Holzgeld, Schmiedelohn oder was andere Handwerker oder was Krüger und andere Gastgeber an jeder Ware verkaufen.

Manche Erläuterungen finden aber erst später in den Rügischen Landgebrauch Eingang. So verwendet Normann im Original im Art. 8 *Von der Volge* den Ausdruck »Mantidt« (Monat)? Hier ergänzt die Gadebusch vorliegende Handschrift: *(is veer Wecken und dree Dage):*

> De volge het, dat eyn Ider averden sinen rechtes thovorhelpende erbodig und die Sake vor sick ropt tho rechte, moth bynnen Mantidt [G: (is veer Wecken und dree Dage)] rechts vorhelpen.

Normann nutzt im Original des Wendischen Landrechts noch in viel stärkerem Maße die niederdeutsche Sprache als in den späteren Abschriften. Bei Gadebusch – also in den späteren Fassungen der längeren Handschriften – ist so Manches schon hochdeutsch ausgedrückt. Als Textprobe mag Art. 9 im Original dienen:

> Weret ock dat eyner vorme gerichte wie(?) sick boschwerdt sick volde, und van stunt sick nicht kunde bosinnen, he mach den sulven dach by sunnenschine twelofferdigge[40] ludet ho sick nehmen, edder anden Lant faghet schicken, und em antugen laten, dat he denne noch appellirt will hebben, und stellen einen borgen edder Coram notario et testibus intra decem dies appelliren und deme lantfagede ock deme parte late intimiren.

Im Art. 11 ist in der Originalhandschrift am Rande ein Einschub *werden* nachgetragen. Dieser fehlt bei Gadebusch. Also hat ihm nicht die Überarbeitung von Normanns Original vorgelegen.

In Art. 11 schrieb Normann zunächst *broke*, hat dies aber bei der Überarbeitung durchgestrichen und stattdessen *grundbroke* geschrieben. Das durchgestrichene »broke« wurde nicht in G übernommen, stattdessen lesen wir dort *Grundbröke*. D.h. es wurde später die vom Normann überarbeitete und ergänzte Fassung mit »Grundbröke« verbreitet.

Die Originalhandschrift weist eine bisher unbekannte Vorrede I von 18 Seiten auf, die auch Hinweise auf die Hintergründe der Abfassung liefert. Wer war dieser Matthäus Normann? Was veranlasste ihn, die rügischen Rechtsbräuche schriftlich aufzuzeichnen?

Er wurde etwa um 1490 geboren, denn 1512 finden wir ihn als Studierenden der Rechte an der Universität Greifswald. Dort lehrten Bukow, Lotze und Mulert als Lehrer des römischen Rechts. »Auch wenn Matthäus Normann sein Studium mit der

---

39 Wantgeld – Tuchgeld, wohl von Wantmaker – mnd. Tuchmacher.
40 Glaubwürdige.

Erreichung eines akademischen Grades insbesondere des Baccalauréates anscheinend nicht abgeschlossen hat, so hat er sich doch jedenfalls in dieser Zeit die reichen Rechtskenntnisse, die juristische Beobachtungsgabe und Ausdrucksfähigkeit angeeignet«, die er später benötigte.[41] Bald darauf trat er in die Dienste des Herrn Waldemar zu Putbus, der von 1496–1517 das Amt eines fürstlichen Landvogtes auf Rügen innehatte und dem er als Gerichtsschreiber diente. Der Landvogt verkörperte die höchste Rechtsprechungs- und Gesetzgebungsgewalt als oberster »Beamter« des pommerschen Herzogs im Fürstentum Rügen. Normann war von 1520–34 Gerichtsschreiber. Die erste Niederschrift fällt in diese Zeit, und zwar begann er sie im Frühjahr 1522[42], also einige Jahre früher als bisher angenommen[43], und beendete sie zwischen 1525 und 1531. Bl. 97 findet sich ein Nachtrag mit der Jahreszahl 1548. Danach sind wenigstens dieser Nachtrag, evtl. aber auch alle zur Textschicht[44] R2 gehörenden Änderungen nach 1548 in die Originalschrift eingetragen worden. Die in der Originalhandschrift ursprüngliche Textschicht möchte ich als R1, die als handschriftliche Korrektur nachgetragene (einschließlich des nicht verbesserten Textes) als R2 bezeichnen.

1520 erscheint er bei einer notariellen Verhandlung als Kleriker der Roskilder Diözese. Bekanntlich gehörte ein großer Teil Rügens kirchlich bis zur Reformation 1539 zum dänischen Bistum Roskilde.[45]

Zu den Lehrern im auf Rügen geübten Landrecht zählen nicht nur sein bereits 1522 verstorbener Vater Hinrik Norman, sondern auch Erick, Henning, Marten und Rauen de Barnekowen, Gotke van der Osten, Vicke van der Lancken, Vicke Pretze, Clawes Wosseke, Baltzer von Jasmunde, Rickelt Rotermundt, Steffen van der Osten, Henninck [von] der Platen, und Clawes Norman (fol 11r. des Originals).

In den Jahren 1534/35 begegnet in den Prozessakten des vormaligen Reichskammergerichtes Wetzlar ein Mathis Narmann als Kirchherr und Pfarrer zu Patzig auf Rügen. Normann war dann der erste evangelische Pfarrer in Patzig.[46] Als 1544 der Bischof von Cammin starb, sollte Normann mit Rücksicht auf seine päpstliche Gesinnung gar dessen Nachfolger werden, wozu er in Greifswald ein Haus mietete und nochmals Theologie studierte!

---

41 So FROMMHOLD (1896), S. II.
42 Auf Bl. 21 des Originals hat Normann eigenhändig oben vermerkt: »anno 1522 angefangen«. Noch genauer wird die Datierung des Beginns der Aufzeichnung durch die Angabe auf Bl. 21v. oben am Rande »/28. Feb.«, d.h. Art. II *Tome ersten bouche, dar belanghet die (ge)richt(sge)walt* ff. wurde am 28. Februar aufgezeichnet, vgl. Abschn. Zur Datierung der Handschrift.
43 Hier sind also die bisherigen Vermutungen über den Beginn der Aufzeichnung zu berichten, z.B. STEFFEN (1963), S. 149: niedergeschrieben zwischen 1525 und 1531.
44 Beiträge zu einer Theorie der Textschichten lieferten u.a. Dolezalek und Colorni. An den frühen Kommentierungen des Codex Iustinianus, insbesondere den voraccursischen Glossen entwickelte Dolezalek wichtige Begriffsbildungen wie »paläographische Schicht (strato scrittorio)« und »strukturelle Schicht (strato struttura)«, s. DOLEZALEK (1995), S. 23ff. – Vgl. auch COLORNI (1969). – Zur computergestützten Erkennung von Textschichten, vgl. PÖTSCHKE (1996A).
45 Vgl. WÄCHTER (1987), hier S. 94ff.
46 Vgl. HEYDEN (1957), hier Bd. 1, S. 218.

Jedenfalls standen ihm an der Universität Greifswald gelehrte Rechtsbücher zur Verfügung. Dass er aus solchen auch geschöpft hat, sagt er selbst in seinen Aufzeichnungen (fol. 11r.): »das die alten, davon ichs gehört, geleret und aus iren Buchern befunden und gelesen habe[…]«. 1551 wurde er selbst zum Landvogt von Rügen berufen, starb aber bereits am 25. April 1556 in Stralsund.[47]

Interessant sind die Bemühungen, das Rügische Landrecht förmlich zum Gesetz zu erheben. Wohl auf dem Landtag 1553 zu Stettin hat Herzog Philipp I. von Pommern eine Aufzeichnung des alten auf Rügen gebräuchlichen wendischen Landrechts angeordnet und dem Rügenschen Adel als Termin für die Einreichung den 24. August 1554 gesetzt. Der Adel wandte sich an den Landvogt Normann, der eine Denkschrift über die weitere Vorgehensweise entwarf.[48] Danach sollte eine Kommission, die aus Vertretern des Adels und der Bauernschaft(!), aber auch der Stadt Stralsund als Grundbesitzerin auf Rügen bestand, eine Aufzeichnung des Rügenschen Landrechts vornehmen und dem Herzog zur Bestätigung vorlegen. Sicher ist, dass Normanns überarbeitete Fassung zu diesem Zeitpunkt bereits überwiegend vorlag. Über den weiteren Verlauf der Verhandlungen fehlt uns jegliche Nachricht.

Somit ergeben sich aus der Originalhandschrift folgende neuen Erkenntnisse:

1. Der *terminus post quem* für den Beginn der ersten Aufzeichnung – nicht der überlieferten (!) - liegt im Jahre 1522, da in diesem fol. 21r geschrieben wurde, vgl. den Abschn. über die Datierung der Handschrift.
2. Sie entstand nicht in einem Zuge, vielmehr lassen sich darin wenigstens zwei Textschichten R1 und R2 nachweisen, wobei letztere durch Nachfragen bei Rechtskundigen bzw. Nachlesen in Rechtsbüchern und schließliche Überarbeitung bis 1548 oder 1556 (Tod Normanns) entstanden ist.
3. Das Rügische Landrecht enthält nach eigenen Angaben Bestimmungen sowohl wendischen, dänischen als auch Schweriner (Land-)Rechts. Letzteres ist insofern von überregionalem Interesse, als dass es zu den materiellen Bestimmungen des Schweriner Landrechts keinerlei abgesicherte Erkenntnisse gibt.[49]
4. Die Auffassung Frommholds[50], dass die kürzeren Handschriften[51] die ältere Klasse darstellen, hat sich als falsch erwiesen. Damit sind alle Bestimmungen, die in der längeren Handschrift, nicht aber in den kürzerem – insbesondere in dem Druck von Frommhold – enthalten sind, wesentlich älter als bisher angenommen. So

---

47 So z.B. von Bohlen (1850), S. 10.
48 Von Interesse wäre die Frage, ob Normann sein Rechtsbuch 1553/54 aus gegebenem Anlass – und wenn, in welche Richtung – überarbeitete. Hier müssen computergestützte Forschungen zur Textschicht R2 einsetzen.
49 So auch die Auskunft der letzten Bearbeiterin des Mecklenburgischen Urkundenbuches, Frau Dr. Christa Cordshagen. Vermutungen findet man bei Fabricius (1894), S. 3–45; Homeyer (1821), S. 30ff.; Kosegarten (1834), S. 276ff. und bei dem pommerschen Historiker Albert Georg von Schwarz in seiner Dissertation, von Schwarz (1721).
50 Frommhold (1896).
51 Die kürzere Fassung wurde erstmals gedruckt bei Dreyer (1760), S. 229–460, und bei Frommhold (1896).

z.B. die Artikel (Zählung nach Gadebusch[52]): 5, 6, 12, 13, 15, 16, 31, 38, 54, 92, 102, 110 usw. Sie spiegeln somit einen älteren Rechtszustand wider, als Frommhold glaubte beweisen zu können.

5. Am Ende der Vorrede II berichtet Norman von Bauern, die in seiner Jugend zu Gericht gesessen haben: Heinrick van Lesten, Dubbbeschlaff und Hausse die Hardere, Berndt Lubben, Marten Irkt, Clawes Stanike, Hinrick Champen, Mathias Gottschalk, Mathias Bedichte, Peter und Marten die Bullen. In der kürzeren Fassung der Handschriften fehlt die Erwähnung der Bauern. Das könnte ein Hinweis darauf sein, dass die kürzeren Handschriften für den Adel gedacht waren.

Schweriner Recht, Wendisches Landrecht und die Vogteiverfassung auf Rügen

Aus der Vielzahl der sich aus der Originalhandschrift ergebenden rechtshistorischen Fragestellungen sei hier die folgende herausgegriffen. Seit dem 13. bzw. dem 14. Jahrhundert begegnet uns in pommerschen und mecklenburgischen Urkunden der Begriff des *ius Zwerinense*, des Schwerinischen Rechts.

Zwar hatte bereits Albert Georg von Schwarz 1755 festgestellt, dass etwa das Land Gützkow im 14. Jahrhundert sein eigenes Landrecht (*quod proprie dicitur Bur-Recht*[53]) besaß, aber diese Erkenntnis wurde später nicht mehr beachtet. Kein geringerer als der in Wolgast geborene Carl Gustav Homeyer widmete in seiner 1821 erschienenen Dissertation der Geschichte des Schwerinschen Rechts in Pommern eine eigene Abhandlung[54] und vertrat er dabei die Auffassung, dass es sich hierbei um das Schwerinsche Stadtrecht handele. Aber bereits Kosegarten vermutete in seinen Pommerschen Geschichtsdenkmälern[55], dass der Ausdruck *ius Swerinense* in Mecklenburg für ein Landrecht üblich gewesen sei. Erst durch Wigger[56] und die Bearbeitung der mecklenburgischen Urkunden konnte die Existenz eines Schwerinischen Landrechts für Mecklenburg nachgewiesen werden. Fabricius[57], der Herausgeber der rügenschen Urkunden[58], war dann der erste, der die Erwähnungen des Schwerinischen Rechts in pommerschen Urkunden auf das aus Mecklenburg stammende Schweriner Landrecht – statt wie Homeyer auf das gleichnamige Stadtrecht – bezog.

Über den Inhalt dieses mittelalterlichen Landrechts wurden zwar im Verlaufe der letzten hundert Jahre verschiedene Vermutungen ausgesprochen, die allerdings bis heute jeglicher Belege entbehren. Erst aus dem 18. Jahrhundert sind uns

---

52 Gadebusch (1777) hat eine Edition nach den längeren Handschriften veranstaltet.
53 Nach einer Urkunde aus dem Jahre 1356, abgedruckt bei von Schwarz (1755), S. 817ff.
54 Homeyer (1821).
55 Kosegarten (1834), S. 276ff.
56 Wigger (1882), S. 27ff.
57 Fabricius (1894).
58 Fabricius (1841).

Kodifikationen des Schweriner Landrechts bekannt, von denen man schwerlich auf die Rechtszustände etwa im 14. oder 15. Jahrhundert schließen kann. Es ist also möglich, dass wir mit dem Original des Rügenschen Landrechts von 1522 die älteste erhaltene Aufzeichnung – wenigstens von Teilen – des Schweriner Landrechts wieder aufgefunden haben. Denn an drei Stellen schreibt Normann, dass auf Rügen neben dem »Rügianischen Gebrauche« sowohl dänisches als auch wendisches und Schweriner Recht gilt.[59] Insofern geht die rechtshistorische Bedeutung über Rügen und Rügen-Festland hinaus, da das Schweriner Landrecht auch in Mecklenburg und Pommern verbreitet war. Wenn sich tatsächlich Elemente des Schweriner Landrechtes darin nachweisen ließen, könnte man dieses bisher ungelöste Problem der Rechtsgeschichte Mecklenburgs, Rügens und Pommerns erneut angehen.

Darüberhinaus sprechen eine Reihe von Indizien dafür, dass dies nicht die erste Kodifikation des Schweriner Landrechts war, sondern dass bereits im 14. Jahrhundert eine – wohl verloren gegangene – schriftliche Aufzeichnung dieses Landrechts existiert haben muss. Diese Indizien sind folgende:

1. Auf ein aufgezeichnetes Landrecht deuten die *iura et statuta terre Zwerinensis*[60], durch die die Grafschaft Schwerin den übrigen mecklenburgischen Territorien im 13. und 14. Jahrhundert rechtlich ein Vorbild wurde. Das war aber nicht nur dankbare Erinnerung an die damaligen Verhältnisse, wie Wigger[61] meinte, indem man das Mecklenburgische Land- und Lehnrecht Schweriner Recht nannte, sondern diese Bezeichnung hatte einen viel realeren Hintergrund, indem die Autorität des Schweriner Grafschaftsgerichtes die übrigen Gerichte der Herren von Mecklenburg, Rostock und Werle bestimmen musste, sich bei jenem Rat und Rechte zu holen.[62] Nach den noch im 16. Jahrhundert gültigen Festlegungen über den Rechtszug, sollte auch Pommern sein Recht in dem in Mecklenburg gelegenen Siebeneichen holen.[63]
2. 1386 jedenfalls war das Buch des Hof- und Landgerichts Schwerin noch vorhanden. Denn in diesem Jahr erteilten Vasallen und Ratmannen von Schwerin nach Rostock eine Weisung daraus: Kind ist näher denn Kindeskind.[64]
3. Die 1421 erlassene pommersche Burg- und Hofgerichtsordnung[65] legte fest: »also dat se schoelen med Uns richten aver alle Oevervaringhe unde Gebrecken, de unse Lande schueren, tho richtende un rechtfardig tho mackende, na dem beschrevenen Swerinschen Rechte.« Hier wird also vom beschriebenen Schweriner Recht gesprochen – dies ist, wie der weitere Wortlaut der Hofgerichtsordnung zeigt, nicht mit *vorschreven* (d.h. oben erwähnt) zu verwechseln.

---

59 Vgl. z.B. Frommhold (1896), S. 1.
60 MUB 4, Nr. 2610.
61 Wigger (1882), S. 30.
62 Fabricius (1894), S. 20.
63 Ebd., S. 16.
64 Wigger (1882), S. 42.
65 Lückenhaft abgedruckt bei Dähnert/von Klinckowström (1765) Bd. III, Nr. 50, S. 91.

4. Der letzte Hinweis auf die Existenz eines Schweriner Rechtsbuches ergibt sich schließlich aus den Akten des Prozesses v. Osten gegen Stralsund von 1547, die schon von dem pommerschen Historiker Albert Georg Schwarz in seiner Dissertation *de serie processus et provocationum forensium in causis ad jus Sverinense dirimendis* ausgewertet wurden. Darin ist eine von dem bekannten Stralsunder Syndikus Nicolaus Gentzkow – mit Zusätzen und Verbesserungen von einer anderen Hand – verfasste Gegenerklärung enthalten. Danach hat eine Appellation über das Kirchspiel Pütte, Loitz, von dem vor den Stapel oder das *buch zu schwerin* und von dort an die Siebeneichen in Mecklenburg zu erfolgen. Auf diesen Satz greift ein fürstlicher Kanzleibescheid aus dem Jahre 1573 in dem späteren Prozess Rotermund wider Völschow zurück, indem er diese Appellation auf Sachen des Schwerinschen Rechts bezieht.[66]

Wo ist nun das Rechtsbuch von 1386 geblieben? Nach den Ordnungen von 1513 und 1558 ist das Schweriner Hofgericht ein ambulantes, das auf den Landtagen, später zweimal in Güstrow, zweimal in Schwerin abgehalten wurde. Entweder ist es beim Transport zwischen den Gerichtsorten verloren gegangen oder 1531[67] bei dem Schweriner Rathausbrand vernichtet worden.

Auf Rügen sind urkundlich seit 1300 neun Vogteibezirke[68] (Gardvogteien) mit jeweils einem Gardvogt an der Spitze nachweisbar. Bei Normann werden folgende 7 Gardvogteien erwähnt: Wittow, Jasmund, Gartz, Rambin, Gingst, Trent und Patzke. Bergen und Patzke werden bereits 1300 als Vogteien genannt. Schaprode und Streu werden als solche ebenfalls Anfang des 14. Jahrhunderts genannt, müssen aber spätestens ab Mitte des 16. Jahrhunderts diesen Charakter verloren haben, sonst würde sie Normann in seinem Wendischen Landrecht erwähnen.

Die sieben im Landrecht genannten Gardvogteien stellen Gerichtsbezirke dar: *In dussen VII Garden edder gerichtwerlden…* (Art. 2). Gardvogt oder Richter durfte nur *eyn Edelman, und neyn Bure* sein (Art. 2). Gericht wurde wöchentlich vormittags gehalten oder – mit Zustimmung des Landvogtes – auch sonst bei der am nächsten gelegenen Kirche oder der Kirche, von der die Gardvogtei den Namen hatte.

Schweriner Landrecht gleich Landrecht des Sachsenspiegels?

Es ist mehrfach die Auffassung vertreten worden, dass es sich bei dem Schweriner Landrecht um das Landrecht des Sachsenspiegels gehandelt habe, das nur anders bezeichnet wurde. Zuerst wurde dies von dem Schweriner Archivar Wigger im

---

66 Fabricius (1894), S. 15.
67 Der große Stadtbrand vernichtete am 25. Juli 1531, nicht 1558 wie Fabricius (1894) schrieb, die südliche und östliche Altstadt Schwerins, damit auch das Rathaus und mit ihm den größten Teil der städtischen Urkunden und Register. Ein erneuter Rathausbrand am 21. August 1550 vernichtete abermals die Rathausregistratur, vgl. Krieck (1985), S. 53.
68 So Fritze (1989), S. 149ff. – Ruchöft stimmt dem aufgrund der urkundlichen Überlieferung zu, vgl. Reimann et al. (2011), S. 115.

19. Jahrhundert behauptet, ihm folgte Hugo Böhlau in seiner dreibändigen Geschichte des mecklenburgischen Landrechts.[69] Auch Krause[70] schloss sich ihnen an, und dieser Meinung folgte Lieberwirth in seinem Vortrag »Mecklenburg und der Sachsenspiegel« in Güstrow 1987.[71] Diese These entbehrt m.E. aber bisher nicht nur jeglicher Belege, sondern es gibt im Erbrecht wenigstens ein Gegenargument, nämlich die oben unter 2. genannte Rechtsbelehrung der Vasallen und Ratmannen von Schwerin nach Rostock im Jahre 1386. Denn nach dem Landrecht des Sachsenspiegel I, 5 §1 wären die Kinder eines verstorbenen Mannes mit seinen Brüdern beim Beerben des Großvaters gleichberechtigt, wenngleich alle Kinder zusammen nur den Anteil eines Mannes nehmen. Nach der erteilten Rechtsbelehrung sind aber die Kinder vorberechtigt.

Auch ein 1362 erteiltes Rechtsgutachten von Hildesheim an Lüneburg[72] wegen der Beschlagnahme von lüneburgischem Hering durch Vicke Moltke, dem Amtmann zu Boizenburg, in dem Auszüge aus dem Ssp Landrecht III 47, II 24(?) und II 27 mitgeteilt werden, kann nicht als Beweis dafür herangezogen werden, dass in Mecklenburg Sachsenspiegelrecht gelten würde. Denn Sachsenspiegel-Recht war auch in Niedersachsen weit verbreitet, wie die veröffentlichten Schöffensprüche des Magdeburger Schöffenstuhles für Niedersachsen beweisen.[73] Somit wurde von Lüneburg nur die Auskunft erteilt, wie es sich nach dem dort bekannten Sachsenspiegel verhalten würde.

Zu denken gibt auch die Bezeichnung »Schweriner Recht«, die bisher keine befriedigende Erkärung fand. Gegen eine Gleichheit – jedenfalls gegen eine völlige Übereinstimmung des Schweriner Landrechts mit dem des Sachsenspiegels – spricht auch der Hinweis auf die eigene Gewohnheit jedes mecklenburgischen Fürstentums, der noch 1523 bei einem Landesteilungsstreit durch einen mecklenburgischen Herzog gegeben wurde: »so hab wendisch recht auch sein ubung, und was uber der Elbe, das sy abgescheiden von sechsischem Recht.«[74] Der Geltungsbereich eines Schweriner Landrechts war urkundlich bisher nur für das mecklenburgische, rügensch-festländische und pommersche Gebiet fassbar.[75]

---

69 Böhlau (1871), darin I, S. 1–268 Abriss der mittelalterlichen Rechtsgeschichte Mecklenburgs mit urkundlichen Belegen.
70 Krause (1979), hier Sp. 407.
71 Lieberwirth (1987).
72 MUB Bd. 25A, Nr. 14534, S. 469.
73 Zur bisher wenig beachteten Ausstrahlung des Magdeburger Rechts auch in den nord- und westdeutschen Raum vgl. Ebel (1983). – Auch im Stadtarchiv Kalkar liegt eine bisher nicht edierte Handschrift des Sachsenspiegel-Landrechtes, das zwar erst im 15. Jahrhundert aufgezeichnet wurde, aber der älteren Rezension des niederländischen Sachsenspiegels nahesteht, Oppitz No. 740. Wolfgang Peters hat sich u.a. mit dem Lautstand der Handschrift ausführlich befasst, vgl. Peters (1999).
74 Zitiert nach Krause (1979), der sich auf die Festschrift Reincke-Bloch (1927), S. 150, bezieht.
75 Z.B. 1294 als *jus swerinense*, PUB III, S. 199. Auf die Nachweise in den entsprechenden Urkundenbüchern müssen wir an anderer Stelle eingehen, s. vorläufig Fabricius (1894).

Bei der textkritischen Untersuchung des nun mehr wieder im Original zugänglichen Rügischen Landrechts ist bei der Zuordnung von Elementen des materiellen Rechts zu einem »Schweriner Landrecht« auch zu berücksichtigen, dass es sich durchaus auch um kirchliche Rechtsgewohnheiten handeln könnte, auch wenn dies unwahrscheinlich ist. Seit dem 12./13. Jahrhundert gab es in Mecklenburg, Pommern, aber auch in Brandenburg oft Streit um den Kirchenzehnten. Zu den Naturalabgaben kam oft noch der Kirchenzehnt hinzu, der im Laufe der Jahrhunderte an einen Grundherrn veräußert oder verpfändet worden werden konnte.[76] Der Zehnt wurde in der Regel aufgeteilt. So ehielt in Triglaff/Hinterpommern 1308 das Domkapitel den halben Zehnten.[77] Anlässlich des Vergleiches zum zu erhebenden Zehnt zwischen den askanischen Markgrafen von Brandenburg und dem Bischof von Brandenburg im Jahre 1237 wird am 28. Oktober Symeon, Pfarrer von Cölln (*Symeon plebanus de Colonia*), in der entsprechenden Urkunde genannt. Dies ist zugleich die erste urkundliche Erwähnung von Berlin/Cölln.[78]

In Mecklenburg erhielt um 1170 das Domkapitel Schwerin einen Teil des Zehnten vom Bischof. Für alle drei Wendenbistümer Oldenburg, Ratzeburg und Schwerin legte der Herzog den Wendenzehnt nach Maßgabe des in Pommern und Polen üblichen fest, d.h. auf drei Himten Korn (ein Himpten ist ein Hohlraummaß für Getreide, entsprach einem halben Scheffel, also ca. 30 Liter) und einen Schilling von jedem Pfluge.[79]

Einflüsse Dänemarks auf Recht, Verfassung und Verwaltung Rügens im Mittelalter

Wie bereits oben erwähnt, wurde 1169 die kirchliche Zuordnung Rügens durch Papst Alexander III. dahin gehend geregelt, dass die Insel dem dänischen Bischof in Roskilde unterstellt wurde[80], nachdem der dänische König Waldemar Rügen erobert hatte.[81]

---

76 Zum Kirchenzehnten auf Rügen VON BOHLEN (1850), in Pommern HEYDEN (1957), S. 26, 45, 82, und zum Brandenburger Zehntstreit Wolfgang Schössler: Regesten der Urkunden und Aufzeichnungen im Domstiftsarchiv Brandenburg, Teil 1: 948–1487. Berlin 1998, und Dietrich Kurze: Auf schriftliche Überlieferung basierende Kirchengeschichte und ihr diskussionsbedürftiger Beitrag zur Beantwortung der Frage nach den Anfängen von Berlin-Cöln, in: Alte Mitte – Neue Mitte? Positionen zum historischen Zentrum von Berlin 2012, S. 103–118.
77 HEYDEN (1957), Bd. 2, S. 25. – Zum Kirchenzehnten im Bistum Schwerin vgl. SCHMALTZ (1935), hier Bd. 1, S. I, S. 67ff.
78 Ausführlich zum Zehntstreit im historischen Umfeld der Bistumswiedergründung vgl. ASSING (2000), insbesondere S. 26ff.
79 HELMOLD (2008) I, S. 87. – MUB I, Nr. 65.
80 PUB I² 2, Nr. 52.
81 Auf das Svoldr-Problem, das sich aus der Knýtlinga Saga (ursprünglich *Ævi Danakonunga* oder *Sögur Danakonunga*) und der Erwähnung bei Saxo Grammaticus ergibt und die entsprechende Lokalisierung des dänischen Raubzuges vor den Darss durch Baetke kann ich hier nicht näher eingehen, vgl. BAETKE (1951), S. 132ff. und Jomsvikingasaga ok Knytlinga. Kaupmannahofn 1828. Dies gehört aber zum Themenkomplex der Eroberung und Herrschaft der Dänen von

Durch den Einfluss Heinrichs des Löwens wurde 1178 durch Papst Alexander die Hälfte der Insel Rügen der Diözese des Bischofs von Schwerin, zu dem auch Rügen-Festland (d.h. der festländische Teil des Fürstentums Rügen mit den späteren Städten Barth, Stralsund usw.) gehörte und der sich im Einflussbereich Heinrichs des Löwen[82] befand, zwar evtl. zugeordnet.[83] »In der Praxis ist die Teilung aber nie deutlich und wirksam geworden. Man kann annehmen, dass die Absetzung Heinrichs des Löwen 1181 und die Machtverschiebung zugunsten der Dänen wieder zu einer kirchlichen Unterstellung der *gesamten Insel* (Hervorhebung D.P.) unter den Roskilder Bischof geführt hat«, schreibt Joachim Wächter.[84] 1325 starb der letzte Rügenfürst Witzlaw III. in Barth. »Obwohl die Insel später unter die pommerschen Fürsten kam, blieb die geistliche Jurisdiktion der Insel unter diesem Bischof (von Roskilde)«.[85] Die großen Güter, die der Bischof zu Roskilde auf Rügen erwarb, wurden von einem Offizial auf Ralswiek verwaltet, aber um 1500 wurden sie dem Geschlecht v. Barnekow zum Lehen gegeben.[86] Sie erhielten außerdem den Bischofszehnten der gesamten Insel zum Lehen, den sog. »Bischofsroggen«.[87]

Während der Reformation im 16. Jahrhundert belegten die pommerschen Herzöge die Besitzungen des Roskildebischofs mit Beschlag. Erst mit der Vereinbarung von Hamburg von 1542 erfolgte eine vorläufige Einigung zugunsten der pommerschen Herzöge. Im Vertrag von Kiel vom 4. September 1543 wurden aber die Güter Dänemark zurückgegeben und Hans Barnekow erhielt sie als Lehen.

Die historischen, rechtlichen und kulturellen Beziehungen Dänemarks zur südlichen Ostseeküste – insbesondere zu Rügen – im Mittelalter, die ja auch einen wesentlichen Hintergrund für den Inhalt des Rügischen Landrechts bilden, sind bisher nicht umfassend aufgearbeitet worden.[88] Dagegen sind einzelne Kapitel recht gut aufgearbeitet. Hier sind z.B. der dänische Kulteinfluss auf den obodritischen Sakralraum[89] auf das Fürstentum Rügen und das Herzogtum Pommern[90] aus kirchenhistorischer Sicht zu nennen.

---

und über Rügen-Festland, da es nicht nur um den Ort der Seeschlacht, sondern auch um die Eroberungen zu Lande geht.

82 Zur Gesamtproblematik Heinrich der Löwe mit vielen detaillierten Forschungsergebnissen vgl. LUCKHARDT/NIEHOFF (1995).
83 Vgl. die Erörterung der Echtheit der Urkunde eingangs.
84 WÄCHTER (1987), S. 94.
85 So zuletzt LAUSTEN (1987A), hier S. 139. – Ausführlicher zum Ende der Zeit des Bischofs von Roskilde auf Rügen LAUSTEN (1987B) auf der Grundlage von ungedruckten Quellen aus dem Landesarchiv Greifswald, dem Stadtarchiv Stralsund und dem Reichsarchiv Kopenhagen und aus Det *Kongelige* Bibliotek Kopenhagen.
86 Olde Raven und Midell Raven die Barnekowen waren Land- bzw. Klostervogt zu Bergen gewesen, vgl. FROMMHOLD (1896), S. 2.
87 VON BOHLEN (1850).
88 Bisher immer noch am besten zu lesen HAMANN (1933) und natürlich der auf den Quellen basierende PETERSOHN (1979), die leider beide nur bis in das 14. Jahrhundert reichen.
89 PETERSOHN (1979), S. 189–201.
90 PETERSOHN (1979), S. 437–456.

Überhaupt befand sich Rügen über Jahrhunderte im Spannungsfeld dänischer, slawischer und deutscher Interessen.[91] Aus dieser Sicht ist es durchaus natürlich, dass sich diese Interessen im Sinne einer Machtfestigung auch auf die rechtlichen Verhältnisse niedergeschlagen haben. Auf Rügen soll nach Normann dänisches, Schweriner und wendisches Recht gegolten haben. In kultureller Hinsicht lassen sich klar Einflüsse Dänemarks auf Rügen und das festländische Gebiet des ehemaligen Fürstentums Rügen im Mittelalter bis in das 18. Jahrhundert nachweisen.[92]

Dänisches Recht auf Rügen?

Im Wendischen Landrecht des Fürstentums Rügen wird zunächst betont, dass früher oft nach dänischem und wendischem Recht geurteilt wurde. So heißt es bereits in der Einleitung:

> Und kann sin, dat tho Tiden na denischen und schwerinischen Rechte, darna offden georddelet, dat in velen Hendeln, wann sie in der Güde und Fründtschop sindt bylegget und verdragen, oder na Wolgefallen der Richter uth Gunst edder Ungunst, uth andern mi unbewusten Orsaken is geordelt und erkannt, anders möge gespracken sin;…

Die Zeit, in der gemäß wendischem Recht nach altem Gebrauch geurteilt wurde, scheint für Normann noch nicht so lange her zu sein, denn er schreibt in seiner Einleitung:

> Sturingk Bohle, E. F. G. etwan Vaget up Wittow, und efft he wol by miner gantzen jungen Jogendt, gestorven, und ick sines Regiments und Gerichtsbruckes nicht gedenke; so hebbe ick doch in miner Jogendt mehr als einen Punct, dat he vor wendisch Recht na oldem Gebrucke schöle erachtet und betüget hebben, gehöret, und is van den Olden nach ehm vor wendisch Recht angetagen worden.

Offensichtlich war Normann der Auffassung, dass Sture Bohle, Vogt von Wittow, der bereits in der frühen Jugend von Normann – also in der Zeit um 1500 – verstorben ist, noch in einigen Punkten nach wendisch Recht geurteilt hat.

Unter dänische Rechte fällt der Zehnt für den Bischof von Roeskilde, der später sogenannte Bischoffsroggen, aber auch verschiedene Güter und Zinseinkünfte.[93] So heißt es in Gadebusch Art. 15:

> Dat sint alle Hofe, vtherhalve de Adel, ock alle Kathen dem Kerckhern eder synem Predicanten alle Jahr vp Michaelis **Roek=Gelt**, alß von der Hove I Witten, in etliken Orden ringer edder mehr, luth der **Register** schuldig.

---

91 So auch der Titel der Abhandlung von BUSKE (1987).
92 Vgl. BAIER (1987). – Mit dem Katzen-Tonnenabschlagen ist ein ursprünglich dänischer Brauch *(slå katten af tønden)* nach Südschweden und direkt von den dänischen Inseln oder über Südschweden im 18. Jahrhundert oder früher nach Pommern übertragen worden. Es handelt sich um einen dänischen/niederländischen Brauch, vgl. PÖTSCHKE (1982).
93 VON BOHLEN (1850), S. 3ff.

Demzufolge gab es ein »Register«, in dem die Abgabepflichtigen verzeichnet waren. Die ersten derartigen Register des Bischofszehnten sind aus dem Anfang des 14. Jahrhunderts überliefert. Sie wurden in die Zeit von 1306 bis in die 1320er Jahre datiert.[94] Interessanterweise sind die Register nach den Gardvogteien geordnet, so das hier ein Zusammenhang zwischen den weltlichen Gerichtsbezirken und den kirchenrechtlichen (dänischen) Abgaben zu erkennen sind. Nach Ruchhöft folgen die Grenzen der Gardvogteien offensichtich denen der Kirchspiele.[95] Auf die Wurzel der Gerichtsbezirke oder Gardvogteien in den Pfarrbezirken weist auch Art. 2 aus der Originalhandschrift Normanns hin, der in den kürzeren Handschriften nach FROMMHOLD (1896) nicht mehr enthalten ist:

> [Art. 2]
> **Tome ersten, sovele dar belanghet die [Ge]richts[ge]walt**
> Dat hebben E. F. G.[96] diese nafolgenden Gardt voghedien, alse: Wyttow, Jasmundt, Gartze, Rambyn, Gingste, Trente, und patzke[97]. In dussen VII Garden edder gerichtwerlden plach, auer eynen j[e]dern garden eyn besunderlich gardt vaghet edder richter, eyn Edelman, und neyn Bure, richter syn, und die plach[98] alle weke einen gewissen gerichts dach, de vand older her geholden, edder immefalle der nottrufft, midt willen des Lantfaghedes vorordenen, und by de gelegenste Kerke edder dar de Garde den /fol. 21v/ namen van hadde, tho ffurmidt-dage tho der stede kamen und gerichte hegen und holden [ER: 28. Feb:]
> E: Nu tortidt[99] sitmen[100] nicht up der gardt richte, dat deit F. G. oberichheit schaden und is deme gantzen gemeine boschwerlich.

Die genannten Gardvogteien hatten also ihre Namen von den entsprechenden Kirchen. Diesem Zusammenhang ist künftig weiter nachzugehen – siehe die Diskussion unten um die Bezeichnung Gardvogteien.

Zur Datierung und zur Sprache der Handschrift Normanns

Auf fol.21r des Originals hat Normann eigenhändig oben vermerkt: *anno 1522 angefangen*. Dies ist aber ein Widerspruch, denn in Art. 1 heißt es, dass Jürgen und Barnim Fürsten von Pommern und Rügen wären.

Nun regierte aber Bogislaw X. bis zu seinem Tode am 5. 10.1523[101] als Pommernherzog. Nach seinem Tode übernahmen seine beiden Söhne Georg I. (* 11. April

---

94 VON BOHLEN (1850), S. 3ff. datierte es noch in die Zeit von 1316–1326, neue Datierung nach BÜTTNER (2007), S. 116. Abgedruckt ist das frühe Register bei DÄHNERT (1755) Bd. 4, S. 45ff. und kritische Edition bei ROSKILDER MATRIKEL (1956).
95 Ruchhöft in REIMANN (2009), S. 70.
96 Euer Fürstlichen Gnaden.
97 Nun folgt: »scriv...«, später durchgestrichen.
98 pflegen.
99 zur Zeit.
100 zieht man.
101 WEHRMANN (1919), Bd. 2, S. 16.

Das Wendische Landrecht des Fürstentums Rügen und das Schweriner Landrecht

1493) und Barnim IX. (*2. Dezember 1501) die Regierung. Demnach kann der Text von Art. 1 erst nach dem 5. Oktober 1523 verfasst worden sein, als Georg und Barnim bereits im Amte waren.

Wenn also Norman schreibt, er hätte 1522 angefangen, so ist diese Aussage falsch oder er hat bereits vorher einen Text begonnen – sozusagen einen Entwurf – der nicht überliefert ist. Ich neige dazu, letzteres anzunehmen, da ein derartig langer Text, der auf vielen Einzelaussagen von Zeugen beruht, sicher nicht in einem Zuge enstanden ist. Genauer wird die Datierung des Beginns der Aufzeichnung durch die Angabe auf fol. 21v. oben am Rande /28. Feb., d.h. Art. II *Tome ersten bouche, dar belanghet die (ge)richt(sge)walt* ff. wurde am 28. Februar aufgezeichnet. Aber in welchem Jahr? Wenn man die – sicher richtige Angabe – »28. Februar« in Betracht zieht, so würde dies bedeuten, dass der Artikel erst am 28. Feb. 1524 aufgezeichnet sein kann, als Barnim und Georg bereits regieren. Da der 28.2. sicher richtig ist – warum sollte Normann hier ein falsches Datum schreiben? – können wir schließen, dass

- Normann den 1. Entwurf tatsächlich 1522 begonnen hat
- der Artikel 1 erst nach dem 5. Oktober 1523 entstanden ist (da Bogislaw X. nicht mehr genannt wird) und
- Art. 2 erst am 28. Februar 1524 aufgezeichnet wurde.

Da die Artikel 1, 2 und folgende mit der gleichen Feder geschrieben wurden, ist also der Beginn der erhaltenen Handschrift nach dem 28.2.1524 anzusetzen. Somit müssen wir davon ausgehen, dass Normann seine erste Niederschrift tatsächlich 1522 begonnen hat. Das war ein Entwurf, der verloren ist. Von der überlieferten Handschrift ist dagegen der Artikel 1 erst nach dem 5. Oktober 1523 und Art. 2 erst am 28. Februar 1524 aufgezeichnet worden. Er beendete die Niederschrift zwischen 1525 und 1531. Bl. 97r findet sich ein Nachtrag mit der Jahreszahl 1548. Danach sind wenigstens dieser Nachtrag, eventuell aber auch alle zur Textschicht R2 gehörigen Änderungen nach 1548 in die Originalschrift eingetragen worden.

Das Wendische Recht des Fürstentums Rügen ist in Niederdeutsch, im Rügischen Platt, abgefasst. Es wurden – allerdings nur die kürzeren Handschriften nach Frommhold – von Matuszewski[102] einer sprachlichen Analyse unterzogen. Diese Studie ist nun zu aktualisieren, da das Original nicht unwesentliche sprachliche Abweichungen aufweist und sich die längere Handschrift als die ursprüngliche erwiesen hat.

Wie verschieden in sprachlicher Hinsicht das Original und die bei Gadebusch abgedruckte Fassung nach Vertretern der Klasse der längeren Handschriften sind, möge das folgende Beispiel zeigen:

---

102 Matuszewski (1947).

Originalhandschrift Normann 1523
[Art. 7.] Befraghen vorme lantrichte
…
Der de befraghe vorbringhet, gifft viii Schillinge Idwere denne die bofraghe treffe F. G. edder dene adel [ER: undersick] so is der befrage frig. Wat denne dar entdrechtigen entschlaten, dar moth id by bliven und dar plegen di olden grote acht up hebben, dat nicht niges edder oldes ingefuert edder affgedan wirdt.

Gadebusch Druck 1777
Art. 7: Befrage vorme Landtrichte
…
Die die Befrage vorbringet, gifft VIII Schillinge, idt wiere denne, die Befrage trüffe F. G. edder deme Adell vnder sick, so is die Befrage frig. Wat denne dar entdrechtigen entschlaten, dar moth idt by bliuen, vnd dar plegen die Olden grodt Acht vp hebben, dat nichts nieges edder oldes ingeführet edder afgethan wardt.

Bei dieser Gelegenheit sei auch auf verschiedene Lesfehler hingewiesen, die sich bei Gadebusch eingeschlichen haben. Hier nur einige Beispiele.

Gadebusch liest in Art. 6 *vertagen*, das ist aber falsch, im Original steht eindeutig *vordragen*. Ein Vertagen von Sachen vor dem Gardgericht macht hier auch keinen Sinn. Entweder der Kläger darf es vor dem Gardgericht vortragen oder nicht, dann muss er vor den Stapel bei Bergen ziehen.

Im Art. 8 *Von der Folge,* liest Gadebusch falsch *schlichte* Wörter. Aus der Orginalhandschrift und aus dem Zusammenhang geht aber klar hervor, dass ein Bauer einen Edelmann wegen *schlechter* und nicht mit *schlichten* Wörtern oder Scheltworten vor dem Landrichter nicht belangen konnte:

> By tiden der olden muchte nyn buere edder burger einen Edelmann boschuldigen vorme lantrichte mit edes hant umme slechte[103] wordt edder scheltwordt, ock umme nyner sleghe, dar wiren denne Wunden…

Gadebusch hat manchmal auch nicht verstanden, was dort geschrieben stand: *dicimieret* statt *dirimiret*.

Im Artikel 3,4 geht es nach Gadebusch um Dienstgelde. Bei Normann steht aber *delegelde*, also Teilungsgeld; ebenso in Art. 3, 7 – dort liest wieder G: *Deelgelde*. Es geht eindeutig um eine Abfindung, ein Teilungsgeld. In Art. 11 liest Gadebusch *steit* statt das sachlich richtige *stadt*.

Von besonderem Interesse mag sein, dass das Original des rügischen Landrecht eine ausführliche, immerhin die älteste pommersche »Straßenverkehrsordnung« enthält.[104] Dabei geht es nicht nur um die großen Landwege und Zuständigkeiten bei Streitigkeiten oder gar Tätlichkeiten. Vielmehr wird im Art. 100 auch die Verantwortlichkeit für *Demme, Stege* geregelt: »§1 Des Landesvogtes und Gardvogtes Amtes ist es, dass sie gute Aufsicht haben, damit die Dämme in den Flecken und Dörfern in Ordnung gehalten werden.« Die Vorfahrtsregeln hängen interessanterweise von

---

103 G falsch *schlichte*, N richtig *schlechte*.
104 Auszüge hatte ich abgedruckt, PÖTSCHKE (1996).

Das Wendische Landrecht des Fürstentums Rügen und das Schweriner Landrecht

der Jahreszeit ab, je nachdem ob ein Wagen ein Erntewagen ist oder nicht. So muss in der Erntezeit (August) ein beladener Wagen nicht zwingend Edelleuten, Frauen und Jungfrauen ausweichen.

Methodologische Probleme der Erkennung und Datierung von Textschichten in Normanns Rechtsbuch

Nach den erwähnten Hinweisen sowohl in der Originalhandschrift Normanns, aber auch in den kürzeren und längeren Abschriften, galt auf Rügen sowohl dänisches als auch Schweriner, aber auch wendisches Recht. In der Masse scheint es sich aber um Rügisches Gewohnheitsrecht zu handeln. Wir haben daher wohl inhaltliche Textschichten zu unterscheiden, die aber von den paläographischen (syntaktischen) Textschichten R1 und R2 unterschieden werden müssen. Es ist möglich, dass R2 in weitere Schichten zerfällt. Eine paläographische oder computergestützte Analyse[105] steht noch aus. Das Problem der Wiedergabe und Trennung der Textschichten R1 und R2 wäre durch eine künftige Edition der Originalhandschrift zu lösen, da sie im Original in fast allen Fällen lesbar sind. Schwieriger wird es, gegebenfalls dänische Rechtselemente von wendischem und Rügischem Gewohnheitsrecht zu unterscheiden. Daher sollen abschließend einige Überlegungen zu Textschichten in Rechtsbüchern allgemein und neuen, computergestützten Methoden ihrer Erkennung gewidmet werden.

Derartige Textschichtungen kommen auch bei umfangreicheren mittelalterlichen Rechtsbüchern vor. So konnte Hans Patze in dem ältesten Mühlhäuser Rechtsbuch (MRB) ebenfalls eine Textschichtung nachweisen[106]: »Landfriedensrecht, Recht der Landgemeinde und Recht der Kaufmannsbürger stehen nahezu unverbunden neben einander. So darf es als wichtige Quelle zum Problem der ›Stadtgemeinde‹ und ›Landgemeinde‹ gelten«. Seit Herbert Meyers verdienstvoller Ausgabe wird das MRB als »Mühlhäuser Reichsrechtsbuch« bezeichnet.[107] Es handelt sich aber um ein altes Stadtrechtsbuch (Eckhardt, Patze). Insofern ist das Rubrum *In cipit liber iuris secundum ius imperii* der bald nach 1270 geschriebenen, aber dem Inhalt nach früher zu datierenden Nordhäuser Handschrift treffender als »Das Rechtsbuch beginnt gemäß dem Recht des Reiches« zu übersetzen.

Die an der Glosse zum Sachsenspiegel entwickelte Methode, aus nachweisbaren Textschichtungen zu einer Kritik an dem bisherigen Datierungszeitraum, insbesondere des *terminus post quem* zu kommen[108], ist auch auf das MRB anwendbar. Wenn

---

105 Zur computergestützten Erkennung von Textschichten, vgl. PÖTSCHKE (1996A).
106 Vgl. PATZE (1961), hier S. 93ff.
107 So auch KOEHLER/BECKER (1979). – MEYER (1923).
108 PÖTSCHKE (1995A). – Lieberwirth in seiner Einleitung zu KAUFMANN (2002) und KANNOWSKI (2008) halten an der bisherigen Datierung der Glosse des Landrechtes »nach 1325« fest, obwohl Claudius Freiherr von Schwerin in zwei bisher unveröffentlichten Arbeiten – heute im Archiv der Glossenforschungstelle der MGH in Leipzig – eindeutig Textschichten nachgewiesen hat. Auf diese nehme ich Bezug, vgl. PÖTSCHKE (1995A).

ein Rechtsbuch nachweislich aus verschiedenen Textschichten besteht, so kann ein einzelnes historisches Ereignis in einem Jahr x nur zur Datierung der Textschicht genutzt werden, die dieses Ereignis enthält. Wer behauptet, dass das ganze Rechtsbuch nach dem Jahr x entstanden ist (als *terminus post quem*), muss beweisen, dass alle Textschichten nach dem Jahr x entstanden sind.[109]

Berücksichtigt man die Textschichtungen, so ist der von Eckhardt gegebene *terminus post quem* 1224 für das MRB nicht mehr aufrecht zu erhalten.[110] Dafür sprechen wenigstens zwei Gründe. Zunächst ist der von Eckhardt angeführte Reichsspruch (bekannt seit 1224) kein sicherer Anhaltspunkt angesichts der offenbar weiten Verbreitung des Rechtssatzes vor dem Erlass des Spruches (Patze). Der Satz scheint aus dem Hofrecht zu stammen und ist hier und in Mühlhausen nur auf ein besonderes Fluchtziel des Eigenmannes, die Stadt, angewandt worden. Geht man aber im Gegensatz zu Eckhardt von keiner homogenen Textmasse aus, so kann aus methodischen Gründen die Erwähnung eines einzelnen Rechtssatzes nicht zur Datierung aller drei Textschichten verwendet werden. Wegen der Sprachform muss auch die ohne Begründung von Patze (S. 94) angegebene Datierung in das 3. Jahrzehnt oder durch Johanek (der sich im wesentlichen auf Eckhardt stützt) in das 2. Jahrzehnt des 13. Jahrhunderts kritisch überprüft werden.[111] Insofern ist der Prioritätsstreit mit dem Sachsenspiegel m.E. wieder offen.

Da ein Vergleich von Rechtstexten auf ihre Ähnlichkeit »per Hand« nicht nur sehr aufwendig, sondern bei der Masse der überlieferten deutschen Rechtsbücher schlechthin unmöglich ist, wurde die Forderung aufgestellt, eine computergestützte Methode zu entwickeln.[112] Verschiedene Sachsenspiegeltexte stehen bereits in elektronischer Form zur Verfügung, die dänisch/seeländischen Texte müssten noch digitalisiert werden.

Nach Bestimmung der Textschichten könnte auch der Versuch einer Datierung der Schichten nach dem obigen Vorbild unternommen werden, denn 1522 ist nur das Jahr des Beginns der Aufzeichnung. Schon die lange namentliche Liste von Normanns Zeugen und Gewährsleuten belegt, dass sein Landrecht zum Teil noch mittelalterliches Recht widerspiegelt und daher in die Reihe der mittelalterlichen deutschen Rechtsbücher aufzunehmen wäre. Unter *Rechtbüchern i.e.S.* (im engeren Sinne) wurden bisher »die in der Zeit zwischen 1200 und 1500 entstandenen Aufzeichnungen deutschen Rechts zusammengefasst, die sich selber entweder als *spiegel* (z.B. Sachsenspiegel, Deutschenspiegel), als *lant- oder lehenrechtbuch* (z.B. Schwabenspiegel) oder als *keyserrecht* (z.B. Frankenspiegel)« bezeichnen, verstanden.[113] Nach neueren Erkenntnissen wäre also der Zeitraum der deutschsprachigen Rechtsbücher zeitlich

---

109 Vgl. dazu ausführlicher meine Besprechung von KAUFMANN (2002) im Jahrbuch für die Geschichte Mittel- und Ostdeutschlands 2004.
110 ECKHARDT (1959), S. 443ff.
111 Vgl. JOHANEK (1987), S. 401.
112 Zuerst im Jahre 1990 bei PÖTSCHKE (1990), S. 101.
113 MUNZEL (1986).

weiter zu fassen in »Ende des 12. Jahrhunderts bis Anfang des 16. Jahrhunderts«.[114] Denn einerseits könnte der von Eckhardt ermittelte *terminus post quem* des Mühlhäuser Rechtsbuches nach des Reiches Recht früher liegen – eine sprachwissenschaftliche Untersuchung steht noch aus – und andererseits enthält das Wendische Landrecht des Fürstentums Rügen noch Elemente mittelalterlichen Landrechts. Insofern wäre das Rügische Landrecht in eine Neuauflage des Oppitz[115] mit aufzunehmen.

Schlussbetrachtung

Zusammenfassend möchte ich folgende offene Probleme nennen:
1. Eine textkritische Edition der ursprünglichen Form des Wendischen Landrechts des Fürstentums Rügen, die klar die beiden bisher nachweisbaren Textschichten unterscheidet, ist in Arbeit. Das Problem der Wiedergabe und Trennung der Textschichten R1 und R2 ist durch die künftige Edition der Originalhandschrift[116] zu lösen, da sie im Original in fast allen Fällen lesbar sind. Darauf können dann weitere rechtshistorische Analysen aufbauen[117].
2. Es ist dann das Verhältnis des Wendischen Landrechts im Fürstentum Rügen zum Landrecht des Sachsenspiegels – über computergestützten und inhaltlichen Textvergleich – vor allem in den Erbrechten – zu klären.
3. Es ist zu prüfen, inwieweit das wendisch-Rügische Recht anteilig materielle Bestimmungen eines der dänischen Landrechte, des Schweriner Landrechts, des wendischen Rechts (soweit überhaupt vorhanden) und des Rügischen Gewohnheitsrechts (etwa beim Prozessverlauf) enthält.[118] Dabei ist insbesondere ein möglicher Einfluss älterer seeländischer Rechte zu prüfen, da Rügen zum Bistum Roskilde, dessen Sitz sich auf Seeland befand, gehörte. Ob es sich allerdings um Erichs seeländisches Recht, das wohl zwischen 1216 und 1241 entstand, oder um Waldemars seeländisches Recht, bekannt als Erbebuch und unbüßbare Sachen nach der Bezeichnung in einer Handschrift, handelt, muss die anschließende textkritische Analyse zeigen. Einige Bemerkungen Normanns[119] deuten auf eine

---

114 Wenigstens bis 1523.
115 Oppitz (1990).
116 Beschreibung der Handschrift bei Steudtner (1977).
117 Aus methodologischen Gründen empfiehlt es sich, die Edition neben der Buchedition zugleich als digitale dynamische Edition vorzubereiten, vgl. Pötschke (1995b) und Feuerstake/Munzel/Pötschke (1995).
118 Homeyer hatte 1821 Bedenken, dass größere Teile wendischer und germanischen Rechte im Rügischen Landrecht enthalten sind, Homeyer (1821). – Aber zum einen hat er sich in seiner Dissertation mit dem Inhalt des wendisch-rügianischen Landrechtes so gut wie nicht auseinandergesetzt, zweitens kannte er die neuere Auffassung von einem eigenen Schweriner Landrecht noch nicht, das Wigger (1882), S. 27ff. nachgewiesen hatte, und zum Dritten kannte er das Rügische Landrecht nur aus dem an etlichen Stellen unzuverlässigen Druck von Gadebusch (1777) und nicht die Originalhandschrift.
119 Z.B. Frommhold (1896), S. 3. – Sie findet sich auch im Original, fol. 22r.

beabsichtige Auseinandersetzung bzgl. des Rügischen Gewohnheitsrechts mit den fremden (dänischen und Schweriner Recht) hin. Dies wären wichtige Hinweise auch auf ein mögliches Motiv der Abfassung, aber auch auf die Intention der Darstellung in Normanns Rechtsbuch.– Derartige Gegenüberstellungen kennen wir auch aus den Glossen zum Sachsenspiegel und dem Liegnitzer Rechtsbuch.[120] Entgegen dem Standpunkt der älteren Forschung scheint auch Johann von Buch mit seiner Glosse zum Sachsenspiegel eher eine Auseinandersetzung/Gegenüberstellung mit den fremden Rechten (insbesondere römisches und kanonisches Recht) denn eine Übereinstimmung des Sachsenspiegelrechts mit den fremden Rechten gesucht zu haben.[121]

4. Ein dänischer Einfluss auf die Rechtsverfassung Rügens ist auch bei der Entwicklung der Vogteiverfassung zu prüfen, etwa auch bei der Bezeichnung der Vogteien als Gardvogteien oder Gardbezirke. Diese Bezeichnung begegnet uns auf Rügen urkundlich erstmals 1300 bzw. in dem Verzeichnis der bischöflichen Hebungen von 1318.

Selbst wenn man Fritze und Ruchöft folgt[122] und die Entstehung der Vogteien auf Rügen erst um 1300 annimmt – mehr gibt die urkundliche Überlieferung nicht her – so fällt doch die Entstehung der Vogteien in eine Zeit, zu der Rügen politisch und kirchlich z.T. dem dänischen Reich[123] untertan war. Somit ist die Entwicklung der Vogteiverfassung – nicht nur aus urkundlicher Sicht – einer erneuten Analyse zu unterziehen, wobei hier eine Datierung älterer – etwa dänischer – Rechtssätze und die durch die historisch, aus dänischer Zeit stammende Einteilung gemäß Bischofszehntregister behilflich sein kann.

Eine Edition der im Wendischen Landrecht des Fürstentums Rügen überlieferten beiden Texte R1 und R2 wird einiges mehr an Klarheit bei den angesprochenen rechtshistorischen Fragestellungen bringen und eine wichtige Quelle für die auf Rügen im 16. Jahrhundert vorherrschende niederdeutsche Sprache sein.

---

120 LEUCHTE (1990).
121 PÖTSCHKE (1995A), insbesondere Abschn.3: Intentionen der Glossen. – Vgl. auch KANNOWSKI (2008).
122 FRITZE (1981). – Ruchöft in REIMANN et al. (2011).
123 Vgl. HAMANN (1933).

Literatur

Nachschlagewerke

HRG: Handwörterbuch zur dt. Rechtsgeschichte, hg. von Adalbert Erler, Ekkehard Kaufmann, Bd. 1(1971): 5(1998), Berlin.

HRG²: Handwörterbuch zur deutschen Rechtsgeschichte, 2. völlig überarbeitete und erweiterte Auflage, hg. v. Albrecht Cordes, Heiner Lück, Dieter Werkmüller, Christa Bertelsmeier-Kierst, Berlin 2004ff.

LdMA: Lexikon des Mittelalters. Bd.1–9, Stuttgart/Weimar 1999.

OPPITZ 1992: Ulrich-Dieter Oppitz: Deutsche Rechtsbücher des Mittelalters, Bd. 1: Beschreibung der Rechtsbücher, Köln/Wien 1990, Bd. 2: Beschreibung der Handschriften. Köln/Wien 1990. Bd. 3: Abbildungen der Fragmente, Köln/Wien 1992.

Quellen

DÄHNERT/VON KLINCKOWSTRÖM (1765): Johann Christoph Dähnert, Gustav von Klinckowström: Sammlung gemeiner und besonderer Pommerscher und Rügischer Landes-Urkunden, Gesetze, Privilegien, Verträge, Constitutionen und Ordnungen. Hauptwerk (4 Bde. u. Repertorium) u. Supplemente (5 Bde. inkl. Repertorium über Bd. 1–3), Stralsund 1765–1802.

MUB: Mecklenburgisches Urkundenbuch, hg. v. Verein f. Mecklenburgische Geschichte u. Altertumskunde, 25 Bde. in 26, Schwerin/Leipzig 1863–1977.

PUB: Pommersches Urkundenbuch, Bd. 1–9, Stettin 1868ff., Köln/Graz 1958ff., 2., neubearb. Auflage von Bd. I (Tl. 1 u. 2) von Klaus Conrad, Köln/Wien 1970.

Literatur

ASSING (2000): Helmut Assing: Das Bistum Brandenburg wurde wahrscheinlich doch erst 965 gegründet, in: Jahrbuch für brandenburgische Landesgeschichte 51(2000), S. 7–29.

BAETKE (1951): Walter Baetke: Christliches Lehngut in der Sagareligion. Das Svoldr-Problem (= Berichte über die Verhandlungen der Sächsischen Akademie der Wissenschaften zu Leipzig, Philologisch-hist. Klasse, Bd. 98, Heft 6), Leipzig 1951.

BAIER (1987): Gerd Baier: Die dänischen Einflüsse auf den frühen Kirchenbau Rügens und ihre Beziehungen zum niedersächsischen Kulturkreis, in: WIBERG (1987), S. 113–138.

BÖHLAU (1871): Hugo Heinrich Albert Böhlau: Mecklenburgisches Landrecht, I–III/1, Weimar 1871/80.

BORCHLING (1905): Conrad Borchling: Zu den Hss. des alten Ostfriesischen Landrechtes (Reisebericht), in: Jb. d. Gesell. f. bildende Kunst u. vaterländische Altertümer zu Emden 15(1905), S. 481–489.

BÜHLER (2013): Theodor Bühler: Rechtsschöpfung und Rechtswahrung an der Schnittstelle zwischen Mündlichkeit und Schriftlichkeit aufgrund von mittelalterlichen Rechtsquellen insbesondere aus Mitteleuropa (= Europäische Rechts- und Regionalgeschichte, Bd. 18), Zürich/St. Gallen 2013.

BÜTTNER (2007): Bengt Büttner: Die Pfarreien der Insel Rügen von der Christianisierung bis zur Reformation (= Veröffentlichungen der Historischen Kommission für Pommern. Reihe V: Forschungen zur pommerschen Geschichte 42), Köln/Weimar/Wien 2007.

BUSKE (1987): Norbert Buske: Rügen im Spannungsfeld dänischer slawischer und deutscher Interessen, in: WIBERG (1987), S. 35–70.

COLORNI (1969): Vittore Colorni: Die drei verschollenen Gesetze des Reichstages bei Roncaglia, übers. v. Gero Dolezalek, Untersuchungen zur deutschen Staats- und Rechtsgeschichte NF 12(1969) (ital. 1967).

DÄHNERT (1755): Johann Gerog Dähnerts Pommersche Bibliothek, 4(1755), Greifswald 1955.

DILCHER (1978): Gerhard Dilcher: Art. Libri Feudorum, in: HRG 16. Lieferung 1978, Sp. 995–2001.

DOLEZALEK (1988): Gero Dolezalek: Art. Ronkalische Gesetze, in: HRG 29. Lieferung 1988, Sp. 1137–1138.

DOLEZALEK (1995): Gero Dolezalek: Repertorium manuscriptorum veterum Codices Iustiniani unter Mitarbeit von Laurent Mayali (= Repertorien zur Frühzeit der gelehrten Rechte, Ius Commune, Sonderheft 23), Frankfurt a.M. 1985.

DREYER (1760): Johann Carl Heinrich Dreyer: Monumenta anecdota. Tomus I. Lubecae, Altonae 1760, S. 229–460.

EBEL (1971): Wilhelm Ebel: Lübisches Recht, Bd.I, Lübeck 1971.

EBEL (1978): Wilhelm Ebel: Artikel Lübisches Recht, in: HRG 17. Lief. (1978), Sp. 78–83.

EBEL (1983): Friedrich Ebel: Magdeburger Recht, Bd. I: Sprüche für Niedersachsen, Köln/Wien 1983.

EBEL (1988): Friedrich Ebel: Art. Sachsenspiegel, in: HRG 29. Lief. (1988), Sp. 1231.

ECKHARDT (1959): Karl August Eckhardt: Die Entstehung des Mühlhäuser Reichsrechtsbuches, in: Deutsches Archiv 15(1959), S. 443ff.

ECKHARDT (1973): Sachsenspiegel Landrecht, hg. von Karl August Eckhardt, Göttingen/Frankfurt ³1973 (= Monumenta Germaniae Historica, Fontes Iuris Germanici Antiquii Nov. Ser. Tomi I Parsi I).

FABRICIUS (1841): Carl Gustav Fabricius: Urkunden zur Geschichte des Fürstenthums Rügen unter den eingeborenen Fürsten, Bd. 1–4, Stralsund 1841–69.

FABRICIUS (1894): Ferdinand Fabricius: Über das Schwerinische Recht in Pommern, in: Hansische Geschichtsblätter 22(1894), S. 3–45.

FEUERSTAKE/MUNZEL/PÖTSCHKE (1995): Jürgen Feuerstake, Dietlinde Munzel-Everling, Dieter Pötschke: Überlegungen zu künftigen Standards der digitalen dynamischen Edition von mittelalterlichen deutschen Rechtsbüchern, in: Computer und Geschichte II (1995), Potsdam S. 107–117.

FRITZE (1981): Wolfgang H. Fritze: Die Agrar- und Verwaltungsreform auf der Insel Rügen um 1300, in: Germania Slavica II, hg. von Wolfgang H. Fritze, Berlin 1981, S. 143–186.

FROMMHOLD (1896): Georg Frommhold: Das Rügische Landrecht des Matthaeus Normann nach den kürzeren Handschriften (= Quellen zur Pommerschen Geschichte, Bd. III), Stettin 1896.

FROMMHOLD (1906): Georg Frommhold: Eine Aufzeichnung des Rügischen Landrechts von Lorenz Kleist, in: Pommersche Jahrbücher 7(1906), S. 254–262.

GADEBUSCH (1777): Thomas Heinrich Gadebusch: Matthaeus von Normanns vormals Fürstlichen Landvogts auf Rügen Wendisch=Ruegianischer Landgebrauch. Aus verschiedenen Handschriften berichtigt und herausgegeben, Stralsund/Leipzig 1777.

FROHNE (1994): Günter Frohne: Ein computergestütztes Verfahren zur Auflösung lateinischer Abbreviaturen in historischen Texten, in: Computer und Geschichte I (= *Neue Anwendungen der Informations- und Kommunikationstechnologien*: Workshop C), hg. vom Ministerium für Wirtschaft, Mittelstand und Technologie durch Dieter Pötschke. Potsdam 1994, S. 43–62.

HAMANN (1933): Carl Hamann: Die Beziehungen Rügens zu Dänemark von 1160 bis zum Aussterben der einheimischen rügischen Dynastie im Jahre 1325, Greifswald 1933.

HEINEMANN (1904): Otto Heinemann: Matthäus Normanns Denkschrift über die Aufzeichnung des Rügischen Landrechtes, in: Pommersche Jahrbücher 5(1904), S. 85–106.

Helmold (2008): Helmold: Chronica Slavorum. Neu übertragen und erläutert von Heinz Stoob, in: Ausgewählte Quellen zur deutschen Geschichte des Mittelalters (= FSGA 19), Darmstadt ⁷2008.

Heyden (1957): Hellmuth Heyden: Kirchengeschichte Pommerns, 2., umgearbeitete Auflage, Köln/Braunsfeld 1957, 2 Bde.

Homeyer (1821): Carl Gustav Homeyer: Historiae juris Pomeranici capita quaedam, Diss. iur. Berol. 1821.

Johanek (1987): Peter Johanek: Rechtsschrifttum, in: Die deutsche Literatur im späten Mittelalter. 1250–1370, 3. Bd., 2. Teil, München 1987, S. 401.

Kannowski (2008): Bernd Kannowski: Die Umgestaltung des Sachsenspiegels durch die Buch'sche Glosse (= Monumenta Germaniae Historica. Schriften 56), Hannover 2008.

Kantzow (1929): Des Thomas Kantzow Chronik von Pommern in niederdeutscher Mundart, hg. v. Georg Gaebel (= Veröffentlichungen der Hist. Komm. für Pommern I, 4), Stettin 1929.

Kaufmann (2002): Glossen zum Sachsenspiegel-Landrecht. Buch'sche Glosse, hg. v. Frank-Michael Kaufmann, Teil 1–3 (= Monumenta Germaniae Historica, Fontes Iuris Germanici Antiqui, Nova Series VII), Hannover 2002.

Koehler/Becker (1979): B. Koehler, H.-J. Becker: Art. Mühlhäuser Reichsrechtsbuch, in: HRG, 19. Lief. (1979), Sp. 722/723.

Kosegarten (1834): Johannes G. L. Kosegarten: Pommersche und Rügische Geschichtsdenkmäler 1(1834), Greifswald, S. 276ff.

Krause (1979): H. Krause: Art. Mecklenburg, in: HRG 18. Lief. (1979), Sp. 405–412.

Krieck (1985): Schwerin, hg. v. Manfred Krieck, Berlin 1985.

Kroppenberg (2012): Inge Kroppenberg: Art. Kodifikation, in: HRG² (2012), Sp. 1919–1930.

Lausten (1987a): Martin Schwarz Lausten: Der Streit zwischen Dänemark und Pommern um die Superintendentur Rügen in der Reformationszeit, in: Wiberg (1987), S. 139–154.

Lausten (1987b): Martin Schwarz Lausten: Peder Palladius og kirken (1537–1560), Studier i den danske reformationskirke, Bd. 2, mit einer Zusammenfassung in deutscher Sprache, København 1987.

Leuchte (1990): Hans-Jörg Leuchte: Das Liegnitzer Stadtrechtsbuch des Nikolaus Wurm. Hintergrund, Überlieferung und Edition eines schlesischen Rechtsdenkmals (= Quellen und Darstellungen zur schlesischen Geschichte, Bd. 25), Sigmaringen 1990.

Lieberwirth (1987): Rolf Lieberwirth: Mecklenburg und der Sachsenspiegel, Vortrag auf der Tagung für Kirchenrechtsgeschichte, September 1987, Güstrow.

Lück/Puhle/Ranft (2009): Heiner Lück, Mathias Puhle, Andreas Ranft: Grundlagen für ein neues Europa. Das Magdeburger und Lübecker Recht in Spätmittelalter und Früher Neuzeit, Köln/Weimar/Wien 2009.

Luckhardt/Niehoff (1995): Heinrich der Löwe und seine Zeit, Ausst.-Kat., hg. v. Jochen Luckhardt und Franz Niehoff, Bd. 1, Braunschweig 1995.

Matuszewski (1947): Jozef Matuszewski: Studia nad prawem rugijskim (= Studia nad historia prawa polskiego 18,1), Poznan 1947.

Meyer (1923): Herbert Meyer: Das Mühlhäuser Reichsrechtsbuch, Weimar 1923, Neudruck der 3. Aufl. Leipzig 1969.

Meyer (1893): Wilhelm Meyer: Die Handschriften in Göttingen. Bd. 1: Universitätsbibliothek, Berlin 1893.

Munzel (1986): Dietlinde Munzel: Art. »Rechtsbücher«, in: HRG 26. Lieferung (1986), Sp. 277–282.

Nawrocki (2010): Der frühe dänische Backsteinbau. Ein Beitrag zur Architekturgeschichte der Waldemarzeit, Berlin 2010.

Nussberger (2008): Angelika Nußberger: Die slawischen Länder und das europäische Recht. in: Gerhard Ressel, Henrieke Stahl (Hg.): Die Slaven und Europa (= Trierer Abhandlungen zur Slavistik, Bd. 8), Trier 2008, S. 211–227.

Ott (1993): Norbert H. Ott: Rechtsikonographie zwischen Mündlichkeit und Schriftlichkeit. Der Sachsenspiegel im Kontext deutschsprachiger illustrierter Handschriften, in: Die Wolfenbütteler Bilderhandschrift des Sachsenspiegels. Aufsätze und Untersuchungen. Kommentarband zur Faksimile-Ausgabe, hg. von Ruth Schmidt-Wiegand, Berlin 1993, S. 119–141.

Patze (1961): Hans Patze: Zum ältesten Rechtsbuch der Reichsstadt Mühlhausen/Th. aus dem Anfang des 13. Jahrhunderts, in: Jb. f. d. Gesch. Mittel- und Ostdeutschlands 10/11(1961/62), S. 59–126.

Peters (1999): Werner Peters: Die Edition des ›Kalkarer Sachsenspiegels‹ als Aufgabe niederdeutscher Rechtsgeschichte, in: Rolande, Kaiser und Recht. Zur Rechtsgeschichte des Harzraumes und seiner Umgebung, hg. durch Dieter Pötschke (= Harzforschungen, Bd. 11), Berlin 1999, S. 242–250.

Petersohn (1979): Jürgen Petersohn: Der südliche Ostseeraum im kirchlich-politischen Kräftespiel des Reichs, Polens und Dänemarks vom 10.–13. Jahrhundert, Köln/Wien 1979.

Pötschke (1982): Dieter Pötschke: Das Tonnenabschlagen und verwandte Reiterspiele, in: Greifswald-Stralsunder Jahrbuch 13/14(1982), S. 242–264.

Pötschke (1990): Dieter Pötschke: Sachsenspiegel und Glosse als Quellen des brandenburg-berlinischen Schöffenrechts, in: Jb. f. brandenburgische Landesgeschichte 41(1990), S. 76–107.

Pötschke (1991): Dieter Pötschke: Rezeption des Sachsenspiegels in der Mark Brandenburg. Das Beispiel des Berliner Schöffenrechts, in: Der Sachsenspiegel als Buch, hg. v. Ruth Schmidt-Wiegand, Dagmar Hüpper, Frankfurt a.M./New York 1991, S. 359–389.

Pötschke (1995a): Dieter Pötschke: Die Glossen zum Sachsenspiegel, in: Alles was Recht war. Rechtsliteratur und literarisches Recht. FS für Ruth Schmidt-Wiegand, hg. v. Hans Höfinghoff, Werner Peters, Wolfgang Schild, Timothy Sodmann, Essen 1995, S. 161–178.

Pötschke (1995b): Dieter Pötschke: Warum computergestützte Methoden für die digitale dynamische Edition historischer Texte? in: Computer und Geschichte II (= Neue Märkte für Kommunikationstechnologien, Workshop B = *Neue Anwendungen der Informations- und Kommunikationstechnologien* Bd. 5, 1995), hg. durch Dieter Pötschke vom Ministerium für Wirtschaft, Mittelstand und Technologie, Potsdam 1995, S. 68–72.

Pötschke (1996a): Dieter Pötschke: Textschichtungen in Rechtsbüchern und ihre computergestützte Auffindung, in: Computer und Geschichte 3 (1996) (= Sonderdruck aus: Anwendungen für Kommunikations-Highways), hg. von Dieter Pötschke, Mathias Weber, Heidelberg 1996, S. 444–461.

Pötschke (1996b): Dieter Pötschke: Neue rechtshistorische Erkenntnisse zum Rügischen Landrecht aufgrund der wiederaufgefundenen Originalhandschrift des Matthäus Normann aus dem Jahre 1522, in: Baltische Studien – Pommersche Jahrbücher für Landesgeschichte NF 82(1996), S. 63–78.

Pötschke (1997): Dieter Pötschke: Zisterzienserklöster und Rechtsbücher im Bereich des sächsischen Rechts. Das Beispiel des Schlüssels zum Landrecht aus dem Kloster Lehnin, in: Geschichte und Recht der Zisterzienser, hg. von Dieter Pötschke (= Studien zur Geschichte, Kunst und Kultur der Zisterzienser, Bd. 2), Berlin 1997, S. 140–153.

Pötschke (2002): Dieter Pötschke: *Utgetogen recht steit hir*. Brandenburgische Stadt- und Landrechte im Mittelalter, in: Dieter Pötschke (Hg.): Stadtrecht, Roland und Pranger. Beiträge zur Rechtsgeschichte von Halberstadt, Goslar, Bremen und Berlin (= Harzforschungen, Bd. 14), Berlin 2002, S. 109–165.

PÖTSCHKE (2014): Dieter Pötschke: Zum Problem der Textschichtungen in Rechtsbüchern des Mittelalters und der frühen Neuzeit (Sachsenspiegel, Glossen zum Sachsenspiegel, Mühlhäuser Reichsrechtsbuch, Rügensches Landrecht): Auswirkungen auf die bisherigen Datierungen und die Klassifizierungen der Handschriften (bisher unveröffentlicht).

PÖTSCHKE/SCHROLL (1988): Dieter Pötschke, Heike Schroll: Fragment einer Glosse zum Sachsenspiegel Landrecht aufgefunden, in: Archivmitt. 38(1988), 4, S. 122–127.

REIMANN et al. (2011): Heike Reimann, Fred Ruchhöft, Cornelia Willich: Rügen im Mittelalter, Stuttgart 2011.

REINCKE-BLOCH (1927): Festschrift für Hermann Reincke-Bloch. Zu seinem sechzigsten Geburtstage überreicht von seinen Schülern, Breslau 1927.

REPGOW (1996): Eike von Repgow: Der Sachsenspiegel, hg. v. Clausdieter Schott, Zürich 1984, ³1996.

ROSKILDER MATRIKEL (1956): Roskildekirkens Jordebøger (= Dansk Middelalderlige Regnskaber 3/1), hg. v. C. A. Christensen, København 1956.

RUCHHÖFT (2008): Fred Ruchhöft: Vom slawischen Stammesgebiet zur deutschen Vogtei. Die Entwicklung der Territorien in Ostholstein, Lauenburg, Mecklenburg und Vorpommern im Mittelalter (= Archäologie und Geschichte im Ostseeraum 4), Rahden/Westf. 2008.

SCHMALTZ (1935): Karl Schmaltz: Kirchengeschichte Mecklenburgs, 3 Bde., Schwerin 1935, 1936, 1952.

SCHLESINGER (2006): Walter Schlesinger: Die Verfassung der Sorben, in: Mitteldeutsche Beiträge zur deutschen Verfassungsgeschichte des Mittelalters, Göttingen 1961, S. 7–23.

SCHULZE (2006A): Hans K. Schulze: Slavica lingua penitus intermissa – Zum Verbot des Wendischen als Gerichtssprache, in: Hans K. Schulze: Siedlung, Wirtschaft und Verfassung im Mittelalter, Köln 2006, S. 39–52.

SCHULZE (2006B): Hans K. Schulze: Der Anteil der Slawen an der Mittelalterlichen Siedlung nach deutschem Recht in Ostmitteldeutschland, in: Hans K. Schulze: Siedlung, Wirtschaft und Verfassung im Mittelalter, Köln 2006, S. 21–35.

VON SCHWERIN (1938): Dänische Rechte, übersetzt von Claudius Freiherr von Schwerin, Weimar 1938.

SINAUER (1928): Erika Sinauer: Der Schlüssel des sächsischen Landrechts (= Untersuchungen zur deutschen Rechtsgeschichte AF Heft 139), Breslau 1928, Neudruck Aalen 1970.

STEFFEN (1963): Wilhelm Steffen: Eine Kulturgeschichte Rügens bis 1815, Köln 1963.

STEFFENHAGEN (1922): Emil J.H. Steffenhagen: Die Entwicklung der Landrechtsglosse des Ssp. Teil XI: Johann von Buch und die Accursische Glosse. Sitzungsber. der Akad. Wien, Phil.-hist. Kl. 194(1922), Wiederabdruck bei STEFFENHAGEN (1977).

STEFFENHAGEN (1977): Emil Steffenhagen: Die Entwicklung der Landrechtsglosse des Ssp. (= Bibliotheca Rerum Historicarum, Neudrucke 9), Aalen 1977, S. 583–717.

STEUDTNER (1977): Kurt Steudtner: Matthäus Normann und sein Werk, in: Greifswald-Stralsunder Jahrbücher 11(1977), S. 42–48.

TAMM/JORGENSEN (1973): Ditlev Tamm und Jens Ulf Jorgensen: Dansk retshistorie i hovedpunkter fra Landskabslovene til Orsted. Bd. 1: Kilder til Dansk Retshistorie, Bd. 2: Oversigt over retsudviklingen, Kobenhavn 1973.

VON BOHLEN (1850): Julius von Bohlen-Bohlendorf: Der Bischofs-Roggen und die Güter des Bisthums Roeskild auf Rügen in erblichem Besitz der Barnekow und Umriß der Geschichte dieses adlichen, freiherrlichen und gräflichen Geschlechts, Stralsund 1850.

VON BOHLEN (1853): Julius von Bohlen: Geschichte des adlichen, freiherrlichen und gräflichen Geschlechts von Krassow. 2. Theil: Urkundenbuch, Berlin 1853.

VON SCHWARZ (1721): Albert Georg von Schwarz: De serie processus et provocationum forensium in causis ad jus Sverinense dirimendis, Diss. Greifswald 1721.

VON SCHWARZ (1755): Albert Georg von Schwarz: Diplomatische Geschichte der pommersch-rügischen Städte, Greifswald 1755

VON SCHWERIN (1938): Dänische Rechte, übersetzt von Claudius Freiherr von Schwerin, Weimar 1938.

VON WICHT (1746): Matthias v. Wicht: Das ostfriesische Landrecht, Aurich 1746.

WÄCHTER (1987): Joachim Wächter: Die Entwicklung des Kirchenwesens auf Rügen im 13. Jahrhundert und in der ersten Hälfte des 14. Jahrhunderts, in: WIBERG (1987), S. 93–107.

WEHRMANN (1919): Martin Wehrmann: Geschichte von Pommern, Bd. 1(1904), 2(1906), Gotha.

WEINERT (2013): Jörn Weinert: Eike von Repchow – Autor des Lehnrechts zum Sachsenspiegels? Vortrag auf der Internationalen Tagung der Fachkommission Rechtsgeschichte des Harzvereins »Von Jagdrechten und Rechtsbüchern« am 27./28.9.2013 in Ilsenburg.

WIBERG (1987): Bertil Wiberg (Hg.): Bistum Roskilde und Rügen. Med danske resumé, Roskilde 1987.

WIGGER (1882): Friedrich Wigger: Jahrbuch des Vereins für Mecklenburgische Geschichte und Altertumskunde (Mecklenburgische Jahrbücher), Bd. 47(1882), S. 27ff.

SYMBOLIK DER RECHTLICHEN VERHÄLTNISSE AUF DEM LANDE

Darstellungen des Landrechtes in illustrierten Rechtshandschriften

Gernot Kocher

Adolf Laufs und Klaus-Peter Schroeder haben in ihrem Artikel »Landrecht«[1] in der ersten Auflage des Handwörterbuches zur Deutschen Rechtsgeschichte die komplizierten Aspekte der inhaltlichen Bestimmung dieses Rechtswortes vom Frühmittelalter bis ins 18. Jahrhundert dargelegt, dem ist also kaum etwas hinzuzufügen. Eine andere Frage ist allerdings die Visualisierung des Begriffes »Landrecht« – konkreter Anlass diese Seite des Landrechtes versuchsweise und beispielhaft zu beleuchten, war die von der Kommission Rechtsgeschichte des Harzvereines für Geschichte veranstaltete Tagung zum Burger Landrecht des 14. Jahrhunderts im Herbst 2012 in Burg bei Magdeburg. Da das Burger Landrecht in das Umfeld des Sachsenspiegels einzuordnen ist, lag es nahe, vor allem dessen Bilderhandschriften als Grundlage heranzuziehen. Die rechtssprachliche Ausgangsposition bilden zwei Bedeutungen[2], nämlich die territorialrechtliche sowie die daraus resultierende subjektiv-rechtliche Seite.

Als Ausgangslage steht am Anfang jedoch die Frage, inwieweit Recht, gleichgültig in welchem Kontext, überhaupt visualisiert werden kann.[3] Das Alte Testament bietet hier einen Lösungsansatz in seinen Darstellungen der Erlassung der Zehn Gebote an, der in der Bildsprache bis ins 19. Jahrhundert erhalten blieb: Die Sichtbarmachung der Masse der objektiven Rechtsvorschriften sozusagen in einem Schriftstück oder Buch (je nach Umfang). Für die göttlichen Zehn Gebote reichen zwei Tafeln. Die »Standard«-Darstellung ist die einfache Übergabe der Doppeltafel durch Gott an Moses, wie dies beispielsweise in der Bible moralisée[4] etwa zur Zeit der schriftlichen Abfassung des Sachsenspiegels praktiziert wird. Tiefergehende Darstellungen der Szene finden sich im 14. und 15. Jahrhundert, so in der Wenzelsbibel[5] oder im Druck von Günter Zainer[6] (Abb. 1), in denen der »Transfer« von Recht in Schriftform wiedergegeben wird: Gott überreicht die Tafel an Moses, der dann seinerseits den Text den Rechtsunterworfenen vorträgt. Die Wenzelsbibel[7] geht allerdings noch einen Schritt weiter, denn sie setzt auch den Ursprung des Rechts bei Gott noch besser in Szene,

---

1 HRG I, Bd. 2, Berlin 1978, Sp. 1527–1535.
2 Vgl. dazu auch das Stichwort »Land(es)recht« im Deutschen Rechtswörterbuch (*drw-www.adw.uni-heidelberg.de*).
3 Dazu KOCHER (2012).
4 Frankreich, 1. Hälfte 13. Jahrhundert, Codex Vindobonensis 2554 der Österreichischen Nationalbibliothek fol. 23v (Faksimile Werner J. Röhrig Verlag, St. Ingbert 1988).
5 Altes Testament, Exodus 34, 27–30: Wenzelsbibel, Prag, um 1400 Codex Vindobonensis 2759 der Österreichischen Nationalbibliothek, fol. 92r (Faksimileausgabe Codices selecti phototypici impressi 70, Akademische Druck- und Verlagsanstalt Graz, 1981–91).
6 ZAINER (1980), S. 54.
7 Wie Anm. 5, fol. 92r.

1   Wenzelsbibel, Prag, um 1400 Codex Vindobonensis 2759 der Österreichischen Nationalbibliothek, aus: Zainer (1980)

denn einmal werden die Zehn Gebote Moses in die Feder diktiert, ein anderes Mal schreibt Gott selbst mit seinem Zeigefinger[8] – eine besonders anschauliche Variante des Ursprunges aus dem göttlichen Kopf.[9]

8   Wie Anm. 5, fol. 186v.
9   ZAINER (1980) hingegen begnügt sich mit einer bloßen Übergabe der Tafel, bei der man den Ursprung des Rechts aus göttlichem Hirn nur vermuten kann.

2 Wolfenbütteler Bilderhandschrift, aus: Von Repgow (1993)

Diese Lösung der Entstehung von »Recht« und dessen Sichtbarmachung in Tafel- oder Buchform führt unmittelbar zur Illustration im Prolog der Dresdener beziehungsweise Wolfenbütteler Bilderhandschrift[10] (Abb. 2), die den Verfasser und sein Produkt, die Rechtsaufzeichnung, im Spannungsfeld zwischen dem Heiligen Geist (an den er ja selbst appelliert, siehe den daneben stehenden Text) und den Repräsentanten der weltlichen Gewalt, die das Recht auf Erden repräsentieren[11], zeigt. Man kann das Bild ohne weiteres so lesen, dass beide Einflüsse im Kopf des Verfassers das Recht formieren, das dann über die Transformation in Textform zutage tritt. Damit kommt der Verfasser in die Rolle jener Personen, die das Recht seit dem frühen Mittelalter aus dem Kopf wiesen.[12]

Geht man von der Ebene der Aufzeichnung von Recht auf dessen Umsetzung im täglichen Leben über, dann sind der Graf, der Schultheiß und die Schöffen diejenigen, die das Landrecht unter Königsbann repräsentieren. Im Streitfall haben die Schöffen das Urteil zu finden, d.h. sie stellen das subjektive Recht für den Einzelfall fest und der Graf macht es durch die Verkündung öffentlich. Bildlich wird dies zu Landrecht III, 69 § 1 durch das entsprechend besetzte Gericht mit den formellen Bekleidungsvorschriften umgesetzt[13] (Abb. 3), wobei im Gegensatz zur Darstellung in der Heidelberger Bilderhandschrift die Königskrone als Hinweis auf das Sitzen

---

10 Von Repgow (1993), fol. 9v/1. Der Kommentar zum Bild enthält keine Interpretation zu dieser eigenartigen Mittelstellung des Verfassers, vgl. ebd., Textband, S. 93. Etwas eingehender setzt sich Amira damit auseinander (die Darstellung in der Dresdener Bilderhandschrift ist praktisch identisch), so konstatiert er eine gebärdentechnische Verbindung zwischen dem Verfasser und den beiden christlichen Königen, ohne weitere Schlussfolgerungen daraus zu ziehen: Von Amira (1925), S. 131f.
11 Das Folgebild (Repgow, Faksimile, fol. 9v/2) zeigt ja auch die Übertragung der weltlichen Herrschaftsgewalt durch Schwertübergabe an den König.
12 Merzbacher/Köbler (2009). – Vgl. auch Werkmüller (1998).
13 Von Amira (1925), fol. 50a/1. – Weitere Bildverweise auf Gerichtsszenen unter Königsbann bei Von Amira (1925), Bd. II, S. 91.

Darstellungen des Landrechtes in illustrierten Rechtshandschriften

3   Landrecht III, 69 § 1, aus: Von Amira (1925), fol. 50a/1

unter Königsbann eingebaut wurde.¹⁴ Zugleich ist das auch ein Hinweis auf den König als die letzte Instanz in landrechtlicher Hinsicht, wie etwa wenn ein Sachse das Urteil eines Schwaben oder umgekehrt schilt.¹⁵ Die Illustration repräsentiert also einen hierarchischen Aspekt des Landrechtes.

Zur Zeit der Aufzeichnung des Sachsenspiegels vollzieht sich die »Territorialisierung«¹⁶ des Rechts, gerade im Bereich des Sachsenspiegels (bedingt durch die unterschiedlichen Nationalitäten) ein kontinuierlicher Vorgang, der sich schon aus der Vorrede »Von der Herren Geburt«¹⁷ ergibt, wo einerseits vom »Lande Sachsen« die Rede ist, anderseits aber klargelegt wird, dass es nicht nur von geborenen Sachsen, sondern auch von geborenen Schwaben und Franken bewohnt wird. Das im Text öfter verwendete Wort »geboren« deutet auf Reste des Personalitätsprinzips hin, also Ausnahmen vom Landrecht, die sich nicht nur im Text, sondern auch im Bild niederschlagen, wie etwa in der Illustration zu Landrecht I,17 § 2 (Abb. 4)¹⁸, wo der Schwabe deutlich sichtbar Halme¹⁹ als Zeichen seiner Erbfähigkeit an Grund und Boden ergreift, hingegen die Frauen (verheiratet beziehungsweise unverheiratet) mit der rechten Hand aus der Szene weist. Die Frauen vollziehen resignierende Gebärden. Der Graf – als Repräsentant des Landrechtes aufzufassen – unterstreicht mit der Geste seiner rechten Hand sowohl das landrechtskonforme Erbrecht des Mannes

---

14   Von Repgow (2010), fol. 24r/1.
15   Landrecht II,12 § 12, Illustration Repgow, Wolfenbüttel Faksimile fol. 28v/5.
16   Zu diesem Ausdruck Zimmer (2003), S. 38ff.
17   Von Repgow (1993), Wolfenbüttel Textband, S. 57.
18   Von Repgow (1993), Wolfenbüttel Faksimile, fol. 14v/5.
19   Die Münzen daneben bedeuten wohl »bewegliches Gut«, womit eine generelle Erbfähigkeit des Mannes und ein generelle Ausschluss der Frauen angesprochen ist.

4   Von Repgow (1993), Wolfenbüttel Faksimile, fol. 14v/5

5   Von Amira (1925), Bd. I, fol. 11b/5r

wie auch die stammesmäßige Ausnahme im Hinblick auf die Frauen. Das Landrecht und eine Ausnahme davon sind also deutlich sichtbar gemacht.

Ein letztes, besonders sprechendes Beispiel betrifft den Statuswechsel im Zusammenhang mit dem Klostereintritt- oder -austritt eines Mannes. Die rechtliche Ausgangslage (Landrecht I, 25 § 4) betrifft einen Ehemann, der ohne Genehmigung der Ehefrau in das Kloster eingetreten ist. Er hat damit jedenfalls seinen weltlichen Status, sowohl nach Landrecht, als auch nach Lehnrecht verloren. Im Bild (Abb. 5, rechter Teil) wird dieser Verlust durch ein liegend dargestelltes Kettenhemd[20] für das Landrecht und einen liegenden Schild für das Lehnrecht realisiert.[21]

Die Frau kann ihren Mann aus dem Klosterverband zurückfordern (Abb.5, linker Teil[22]). Sie zieht ihn mit beiden Händen an sich heran, sein Austritt ist bereits vollzogen, erkennbar an weltlicher Kleidung und vollem Haarwuchs. Allerdings ist die

---

20 Das Kettenhemd steht für das sogenannte Heergewäte, das Gut des Mannes, das einer Sondererbfolge im Mannesstamm unterliegt (im Gegensatz zur Gerade, dem Frauengut).
21 Von Amira (1925), Bd. I, fol. 11b/5r.
22 Von Amira (1925), Bd. I, fol. 11b/5l.

Darstellungen des Landrechtes in illustrierten Rechtshandschriften

Position in der Lehnshierarchie verloren. Die Bildsprache zu dieser Textstelle ist besonders bedeutsam, weil sie mit zwei einfachen Siglen das Landrecht sowie die Ausnahme aus dem Landrecht, das Lehnrecht visualisiert.

Die Reihe der Beispiele ließe sich, v.a. im Bereich des subjektiven Landrechtes, durchaus fortführen. Der Versuch hat gezeigt, dass die Bilderhandschriften zum Sachsenspiegel bei der Visualisierung der abstrakten Rechtsbegriffe »Recht« und »Landrecht« genauso leistungsfähig sind, wie bei konkreteren rechtlichen Bezugspunkten. Eingestanden sei, dass sich der Zugang meist nicht auf den ersten Blick, sondern nur im Zusammenhang mit dem Text und einem gewissen Einfühlungsvermögen erschließen lässt.

Literatur

HRG I: Handwörterbuch zur deutschen Rechtsgeschichte, hg. v. Adalbert Erler, Ekkehard Kaufmann, Berlin, Bd. 1(1971)–5(1998).

HRG II: Handwörterbuch zur deutschen Rechtsgeschichte, 2. völlig überarbeitete und erweiterte Auflage, hg. v. Albrecht Cordes, Heiner Lück, Dieter Werkmüller, Christa Bertelsmeier-Kierst, Berlin 2004ff.

KOCHER (2012): Gernot Kocher: Recht und Unrecht. Die Realisierung des Abstrakten, in: Heino Speer (Hg.): Wort – Bild – Zeichen. Beiträge zur Semiotik im Recht (= Akademiekonferenzen 13), Heidelberg 2012, S. 151–161.

MERZBACHER/KÖBLER (2009): Friedrich Merzbacher, Gerhard Köbler: Artikel Gesetzessprecher, HRG II, Bd. 2 (10. Lieferung), Berlin 2009, Sp. 299–301.

VON AMIRA (1925): Karl von Amira (Hg.): Die Dresdener Bilderhandschrift des Sachsenspiegels, Zweiter Band: Erläuterungen, Teil 1, Leipzig 1925.

VON REPGOW (1993): Eike von Repgow: Sachsenspiegel. Die Wolfenbütteler Bilderhandschrift Cod. Guelf. 3.1. Aug. 2⁰, hg. v. Ruth Schmidt-Wiegand, Faksimileband, Berlin 1993.

VON REPGOW (2010): Eike von Repgow: Sachsenspiegel. Die Heidelberger Bilderhandschrift Cod. Pal. germ. 164. Vollständige Faksimile-Ausgabe im Originalformat der Handschrift aus der Universitätsbibliothek Heidelberg, hg. v. Gernot Kocher und Dietlinde Munzel-Everling, mit einem Beitrag von Karin Zimmermann. Faksimile Graz 2010.

WERKMÜLLER (1998): Dieter Werkmüller: Artikel Weistümer, in: HRG I, Bd. V (1998), Sp. 1232–1252.

ZAINER (1980): Günter Zainer: Deutsche Bibel. Augsburg 1477, Katalog zur Ausstellung der Badischen und Württembergischen Landesbibliothek über Bibelhandschriften und Bibeldrucke, Offenburg 1980.

ZIMMER (2003): Keno Zimmer: Das Burger Landrecht. Ein spätmittelalterliches Rechtsbuch aus dem Kernland des Sachsenspiegelrechts, Halle 2003.

Pranger in dörflichen Siedlungen in dem touristischen Raum Niederschlesien

Andrzej Gulczyński

Seit Jahrhunderten erwägt man, wie man auf gewiss unerwünschtes Verhalten zu reagieren haben sollte. Denken wir an die vielen Arten von Strafen. Viele von ihnen sind in Vergessenheit geraten. Zu diesen gehören körperliche und öffentlich vollstreckte Strafen. Manchmal brachten schon einige Taten selbst eine Schande mit rechtlichen Folgen, manchmal haben aber das Urteil oder sogar erst die Ausführung der Strafe solche Folgen ausgeübt. Die Aufstellung am Pranger brachte grundsätzlich eine Schande.[1] Das betrifft aber vor allem städtische Verhältnisse. Man trifft aber oft auch in Dörfern solche Gegenstände.

In Polen sind mehrere Pranger erhalten. Vor einigen Jahren habe ich Stand und Forschungsperspektive dazu dargestellt.[2] Die meisten sind in Schlesien erhalten. In anderen Gebieten Polens treten weniger Pranger auf. Warum? Dieses Gebiet ist 1945 aufgrund der Beschlüsse der Potsdamer Konferenz wieder zu Polen gekommen. Waren auf diesen Gebiet die neueren Ideen des Aufklärung und Humanismus nicht sichtbar? Hier, aber auch z.B. in Großpolen oder Pommern hat das Allgemeine Landrecht für die Preußischen Staaten von 1794 gegolten. Eine Erklärung ist darin zu sehen, dass Pranger in Schlesien als »Staupsäule« öfter und länger benutzt wurden. Körperliche Strafen fanden immerhin die Verwendung vor allem in dörflichen Gemeinschaften. Eine andere Erklärung: es wurden mehrere Pranger aufgrund romantischer Ideen und Anfang des 20. Jahrhunderts neu aufgestellt.[3]

In den Städten und auf dem Lande wurden diese unterschiedlich benannt. Die Herkunft des Wortes Pranger ist nicht eindeutig. Man weist auf got. »praggan«, nhd. »pfrengen«, also drängen, bedrängen.[4] Die erste Erwähnung des Schandpfahls unter diesem Name – der Pranger – finden wir im einer Urkunde Königs Przemislaus Otokar II. von Böhmen von 1270, der das alte Privilegium, welches seine Vorfahren der Stadt Leobschütz (heute Głubczyce in polnischen Teil Schlesiens) gegeben haben, erneuert. Das ist aber erst seit einer Abschrift aus dem 14. Jahrhundert bekannt.[5] Ende des 14. Jahrhunderts war diese Einrichtung schon in Polen bekannt, weil sie in einem der ältesten Werke der polnischen Sprache auftritt: »Kazania Gnieźnieńskie« [Gnesener Predigten]. Dort finden wir die Beschreibung des Märtyrertums vom heiligen Bartholomäus: »Świętego Bartłomieja kazał jest był na *prongę* zawiesić a

---

1 BADER (1935). – SCHMIDT-WIEGAND (1984).
2 GULCZYŃSKI (2002).
3 BADER (1935), S. 60.
4 BADER (1935), S. 5.
5 TZSCHOPPE (1832), S. 380. – IRGANG (2006), S. 153. – DRW 10, Sp. 1206.

miotłami ji bić« [er hatte den hl. Bartholomeus auf dem Pranger einhängen und ihn mit Besen schlagen lassen].⁶ Auch im 14. Jahrhundert latinisiertes *prangarium* tritt in Quellen in Olmütz und Brunn auf, und im 15. Jahrhundert ist das Wort weit verbreitet.⁷ Das alles kann auch bedeuten, dass dieses Wort Pranger eine slawische Herkunft hat. In Schlesien wurden die Pranger später »Staupsäulen« genannt.⁸

Mit der Verbreitung des Deutschen Rechtes wurde der Pranger auch in schlesischen Städten verwendet. Man kann annehmen, dass jede niederschlesische Stadt einen Pranger besaß. Als offensichtliche Notwendigkeit für die damalige Gesellschaft ist das nicht immer urkundlich bestätigt. Sicherlich standen Pranger in schlesischen Städten auf dem Gebiet heutigen Województwo Opolskie (Woiwodschaft Oppeln) in Brzeg (Brieg), Głuchołazy (Ziegenhals)⁹, Kędzierzyn-Koźle (Koźle, Kosel), Namysłów (Namslau), Nysa (Neisse), Otmuchów (Ottmachau), Paczków (Patschkau), in Województwo Dolnośląskie (Woiwodschaft Niederschlesien) in Bierutów (Bernstadt an der Weide), Bolesławiec (Bunzlau), Chojnów (Haynau), Głubczyce (Leobschütz), Jelenia Góra (Hirschberg), Kłodzko (Glatz), Kamienna Góra (Landeshut in Schlesien), Lądek Zdrój (Bad Landeck), Lewin Kłodzki (Lewin), Nowa Ruda (Neurode)¹⁰, Oleśnica (Oels), Polkowice (Polkwitz), Strzegom (Striegau), Środa Śląska (Neumarkt in Schlesien), Świdnica (Schweidnitz), Wałbrzych (Waldenburg), Żmigród (Trachenberg), in Województwo Lubuskie (Woiwodschaft Lebus) in Szprotawa (Sprottau), Nowogród Bobrzański (Naumburg am Bober).¹¹

Es sind noch bis heute einige Pranger erhalten – und zwar in der Woiwodschaft Niederschlesien in Lubomierz (Liebenthal), Oława (Ohlau), Bystrzyca Kłodzka (Habelschwerdt), Lubomierz (Liebenthal), Sobótka (Zobten). Einige Teile des Prangers aus Lwówek Śląski (Löwenberg in Schlesien) befinden sich im dortigen Museum. In Wrocław (Breslau) wurde 1985 nach altem Muster ein ganz neuer Pranger aufgestellt, einige Fragmente befinden sich im Museum für Architektur in Breslau. Ein neuer Pranger steht seit 2011 in Kłodzko (Glatz). Auch in Woiwodschaft Oppeln in Olesno (Rosenberg O.S.) befindet sich ein Pranger.¹²

In neusten Forschungen hat Paweł Wiązek festgestellt, dass die Prangerstrafe im Gegensatz zur herrschenden Meinung in Schlesien kaum bekannt war. Er hat alle schlesischen Landesordnungen aus dem 16. und 17. Jahrhundert erforscht. Nicht

---

6 Taszycki (1951), S. 132.
7 Schmidt-Wiegand (1984), S. 1878.
8 Bader (1935), S. 60.
9 Einige vermutliche Teile wurden in Pflaster der Markt verwandt (BK 1985, Nr. 26, S. 18)
10 Vermutlich, ein Teil wurde in ein Haus bei dem Weg nach Annaberg eingemauert (BK 1999, Nr. 42, S. 27, 37).
11 Maisel (1982), S. 125, 127–129. – Scheer (1987), S. 43. – Scheer (1999a) S. 27, 35. – Milka (1991), S. 11–13, 32, 34–35. – Milka (1992), S. 46 u. 49. – Bader (1935), S. 181. – Hellmich (1931), S. 96. – Lutsch (1889), S. 296, Lutsch (1894), S. 37.
12 Milka (1991), S. 11, 13, 33, 37. – Milka (1992), S. 47. – Scheer (1999a) S. 27. – Milka (1987), S. 2.

alle galten aber in den Städten und Dörfern. Nur in einem Fall wurde die Prangerstrafe vorgesehen. Das ist die Landesordnung des Herzogtums Liegnitz von 1628. Dort wurde die Prangerstrafe und Relegation (aber ohne Prügel) an ledigen Personen für Geschlechtsverkehr vorgesehen (OL, 1628, V, 5).[13] Manche Landesordnungen fanden noch im 19. Jahrhundert Anwendung.

Ende des 18. Jahrhunderts wurde auch in Schlesien das preußische Allgemeine Landrecht eingeführt, es hat die sogenannte niedere Gerichtsbarkeit bekräftigt. Im ALR wurde nämlich das Züchtigungsrecht und sonstige Strafrecht des Grundherrn, seiner Pächter und Wirtschaftsbeamten (II, 7, §§ 227–239) bestätigt. So lesen wir u.a.: »Faules, unordentliches, und widerspenstiges Gesinde, kann die Herrschaft durch mäßige Züchtigungen zu seiner Pflicht anhalten; auch dieses Recht ihren Pächtern und Wirtschaftsbeamten übertragen« (II, 7, § 227).

Eine sehr wichtige Rolle hat die Dorfpolizeiordnung und Instruktion für die Dorfschulzen für das Herzogtum Schlesien und die Grafschaft Glatz vom 1. May 1804 gespielt.[14] In dieser Akte wurden Lebens-, Leibes- und Geldstrafen vorgesehen. Hier wurde auch die Halseisenstrafe erwähnt. Man kann annehmen, dass die Dauer der Strafe von vier Stunden, die in der Instruktion vorgesehen war, nur die Kompetenzen der Dorfschulzen betraf, nicht die Strafe in Allgemeinen. Vermutlich konnte diese Strafe kürzer oder auch länger sein. Die Dauer der Strafe war festgelegt. So war z.B. »bei Tabakrauchen außer den Wohnstuben, besonders bei dem Getreidebinden, Laden und Einführen, auch Holz und Reisig hacken (DPO X, § 4)« dreistündiges Halseisen vorgesehen. Ohne Verweis auf die Dauer wurde das Verbot des Spielens um Geld oder Geldeswert für Gesinde (§ 22) eingeführt: Wer den Anordnungen bei Feuer nicht folgte – man musste sich in zwei Reihen stellen, um die leeren und gefüllten Eimer richtig zu überreichen –, konnte mit Halseisen bestraft werden (DPO X, § 15).[15]

Man kann vermuten, dass das Peitschen auch öffentlich ausgeübt wurde (z.B. 15 Peitschenhiebe – V, § 7, 14 und 19). Nur in einem Fall ist diese Strafe mit Aufstellung im Halseisen verbunden, wenn mehrfache Ermahnungen nicht geholfen haben: Bei Verbot für Gesindeherumtreiben v.a. in die Kretschams und Brandweinhäuser und Ausbleiben über Nacht, ohne Wissen des Brotherrn oder dessen Stellvertreter – »so wird mit Halseisen und Peitschenhieben gezüchtigt« (DPO V § 23).[16]

Als örtliche Strafvollzugsinstanz wurde der Schulze ernannt. Einstimmend mit Instruktionen für die Dorfschulzen stand ihm der Vollzug der vom Grundherrn zuerkannten Strafe des Stockarrestes zu, des Halseisens und der Züchtigung durch Strafarbeiten (III, § 4). Selbst konnte er im notwendigen Fall eine vier Stunden Halseisenstrafe verurteilen (III, § 5).[17] Man kann annehmen, dass in anderen Fällen die Dauer des Aufstellens kürzer oder länger sein konnte.

---

13 Wiązek (2002), S. 35–36, 178.
14 Diese Quelle wurde von Wacke (1971) herausgegeben.
15 Wacke (1971), S. 180–181.
16 Wacke (1971), S. 175
17 Wacke (1971), S. 205.

1   Pranger in Gościszów (Gießmannsdorf). Foto: A. Gulczyński 2008

Um diese Strafe zu erledigen, brauchte man ein Halseisen. In Krępa (Krampe), in der Nähe von Zielona Góra (Grünberg), war das Halseisen an einer Scheune nahe dem Ortsausgang angebracht.[18] Sicherlich wurde zu diesem Zweck öfter ein Pranger angewandt.

Rechtlich gesehen sollte man entscheiden, ob man um einen städtischen oder dörflichen Pranger sich handelt. Viele Städte haben ihre Rechte verloren, dagegen haben frühere Dörfer Stadtrechte erhalten. Das war auch nach dem Zweiten Weltkriege der Fall. Maciej Trzciński unterscheidet in einem umfassenden Buch über Pranger, Galgen und Schwertet keine dörflichen und städtischen Pranger und bespricht alle Gegenstände zusammen.[19]

Und so standen auch Pranger in damaligen Städten Dobromierz (Hohenfriedeberg) im Powiat Świdnicki (Kreis Schweidnitz) und in Chełmsko Śląskie

2 Pranger mit Halseisen in Gościszów (Gießmannsdorf). Foto: A. Gulczyński 2008

(Schömberg) in Powiat Kamiennogórski (Kreis Landeshut in Schlesien). Beide Dörfer sind in der Woiwodschaft Niederschlesien gelegen. Auch ein Gemeindedorf Kostomłoty (Kostenblut) im Kreis Środa Śląska (Neumarkt in Schlesien) war bis 1945 eine Stadt.[20] Es geht also in diesen Fall um einen städtischen Pranger aus dem 16. Jahrhundert. Der steht auf dem alten Markt neben der katholischen Pfarrkirche. Auf einem runden zweistufigen Unterbau (erste Stufe Durchmesser 240 cm, zweite 177 cm) steht eine Säule mit Kapitell und Kugel (3,5 m).[21] Diese Kugel als auch eine eiserne Einzäunung wurde erst in 1970er Jahren dazugegeben. Auf der Höhe von 190 cm befinden sich zwei Fesseln.

Im weiteren Teil werden aber nur dörfliche Pranger besprochen. Manche sind sogar mit Aufnahmen belegt, andere mit Zeichnungen, viele mit mündlicher Tradition. Die dörflichen Pranger befanden sich auf dem Gebiet der heutigen Woiwodschaft Niederschlesien in Powiat Wrocławski (Kreis Breslau) in Gniechowice (Gnichwitz),

---

18 BADER (1935), S. 58.
19 TRZCIŃSKI (2001), S. 119–173. Ähnlich aber auch: BADER (1935), MILKA (1991), MILKA (1992), GULCZYŃSKI (2002), WOJTUCKI (2006).
20 MILKA (1987), S. 2. – SCHEER (1999A) S. 27. – MILKA (1991), S. 16, 36–37. – MILKA (1992), S. 48. Nach MAISEL (1982), S. 126 – fehlerhaft – nicht existent.
21 LUTSCH (1889), S. 471.

3 Pranger in Kostomłoty (Kostenblut). Foto: A. Gulczynski, 2004

in Powiat Kłodzki (Kreis Glatz) in Jaszkowa Dolna (Niederhannsdorf), Jaszkowa Górna (Oberhannsdorf), Ołdrzychowice Kłodzkie (Ullersdorf), Radków (Wünschelburg), Szalejów Górny (Oberschwedeldorf), Wambierzyce (Albendorf), in Powiat Milicki (Kreis Militsch) in Sułów (Sulau), in Powiat Polkowicki (Kreis Polkwitz) in Jędrzychów (Gross Heinzendorf), in Powiat Średzki in Ilnica (Illnisch, heute Teil des Dorfes Ramułtowice), in Powiat Świdnicki (Kreis Schweidnitz) in Krzyżowa (Kreisau), Piotrowice Świdnickie (Peterwitz), in Powiat Ząbkowicki (Frankenstein) in Ziębice (Münsterberg in Schlesien), in Złoty Stok (Reichenstein in Schlesien).[22]

Mindestens zwei Pranger standen bei Schlössern und zwar am Gröditzburg (Zamek Grodziec)[23] auf dem Gebiet der Gemeinde Zagrodno in Powiat Złotoryjski

---

22 LUTSCH (1891), S. 187. – HELLMICH (1931A), S. 104–207. – BADER (1935), S. 182. – MAISEL (1982), S. 125–126. – MILKA (1991), S. 11–13, 32, 34 s. 47. – SCHEER (1999A) S. 27, 35. Nach TRZCIŃSKI (2001), S. 161) eine Staupsäule stand nicht in Szalejów Górny, sondern Szalejów Dolny (Niederschwedeldorf).

23 HELLMICH (1933), S. 194. – BADER (1935), S. 179. – MILKA (1991), S. 11. – SCHEER (1999A), S. 27. – TRZCIŃSKI (2001), S. 140–141.

(Goldberg in Schlesien) und am Schloss Fürstenstein (Książ)²⁴, heute auf dem Gebiet der Stadt Wałbrzych (Waldenburg).

Zwischen allen diesen Rechtsdenkmälern war ein ganz interessanter Pranger und zwar in Piotrowice (Peterwitz), weil das ein hölzernes Denkmal war. Er hat in der Mitte einen Schlitz vermutlich zum Austrecken der Leinen zum Befestigung des zu Bestrafenden.²⁵ Leider hat diese Staupsäule hat den Zweiten Weltkrieg nicht überstanden.

Neben schon erwähnten städtischen Prangern sind noch weitere, nichtstädtische, also dörfliche oder ländliche erhalten. Der bekannteste Pranger befindet sich im Hof des Schlosses Chojnik (Kynast), bei Sobieszów (Hermsdorf). Im Schlosshof, neben vermutlicher Gerichtsstube, steht auf einem runden Granitsockel eine achteckige Säule aus sieben Teilen, vor allem aus dem roten Sandstein (390 cm).²⁶ Noch vor 1891 befanden sich hier Eisenringe zur Befestigung des Missetäters.²⁷ Das Schloss ist stark zerstört, die Ruine sind aber gut touristisch bewirtschaftet und seit Jahren als wichtiger Zielort im Riesengebirge anerkannt.

Gościszów (Gießmannsdorf) in der Gemeinde Nowogrodziec (Naumburg am Queis)²⁸, im Kreis Bolesławiec (Bunzlau) gehört zu den stark zerstörten Ortschaften. Im Dorf befinden sich eine Kirche aus dem 13. Jahrhundert (später vielmals umgebaut), aber auch Ruinen eines Schlosses aus dem 16. Jahrhundert und ein Kornhaus aus dem 17. Jahrhundert. An einer Böschung an der Kreuzung (Dreikreuz) der Wege nach Bolesławiec, Lubań, Niwnice und Nowogrodziec steht auf einer Platte ein Sockel und ein Monolith aus Sandstein mit einer haub- oder birnenförmigen Endung (alles 265 cm hoch). In der Höhe von 140 cm befindet sich eine eiserne Fessel und auf der Höhe von 180 cm drei eiserne Ringe. In einem Nachtrag zu dem Verzeichnis von Steinkreuzen, Bildstöcken, Staupsäulen, Galgen und Gerichtstischen in Schlesien bemerkt Max Hellmich im Jahre 1923: »Staupsäule hinterm Kretscham«.²⁹ Er hat also ein altes Wort verwendet mit dem slawischen Ursprung (böhm. krčma, poln. karczma), was Schenke oder Wirtshaus bedeutet, weist aber auf ältere Bedeutung als Gerichtsschenke hin.³⁰

1912 wurde eine Aufnahme des Prangers in Korytów (Koritau) in der Gemeinde und Kreis Kłodzko (Glatz) veröffentlicht³¹, »welche Oberleutnant Ernst

---

24 SCHEER (1999A), S. 27.
25 FUNK (1940), S. 116. – GULCZYŃSKI (2002), S. 369–370.
26 LUTSCH (1891), S. 454. – LUSTIG (1909), S. 597. – BADER (1935), S. 74, 181. – SCHEER (1987), S. 59. – MAISEL (1982), S. 125–126. – MILKA (1987), S. 2. – MILKA (1991), S. 24, 38. – MILKA (1992), S. 49). – TRZCIŃSKI (2001), S. 159.
27 LUTSCH (1891), S. 454.
28 MILKA (1991), S. 36 (S. 15 – Zeichnung). – MILKA (1992), S. 48, Abb. 30). – MILKA (1987), S. 2.
29 HELLMICH (1923), S. 205.
30 GRIMM (1873), Sp. 2174.
31 BADER (1935), S. 178. – MILKA (1991), S. 12–13. – MILKA (1992), S. 47, Abb. 13 u. 14). – SCHEER (1999A) S. 27.

von Woikowsky aus Ober-Glogau anlässlich eines Besuches beim Grafen Pilati entdeckte«.[32] Auf einem Treppenabsatz stand eine steinerne Säule mit Kapitell und einer Endung in Form eines Eies oder Zapfens mit Metallfahne. Auf dieser Fahne wurde die Jahreszahl 1712 ausgeschnitten. In einer Beschreibung von Fritz Wiedermann aus dem Jahre 1937 wurde aber 1772 angegeben.[33] Die ältere Aufnahme bestätigt aber Jahr 1712.[34] Heute ist in Koritau nur die Grundmauer sichtbar, ein Teil der ursprünglich 5 m höheren Säule und zwar die zapfenförmige Endung befindet sich in Architekturmuseum in Breslau.

In einem Gemeindedorf Krzeszów (Grüssau)[35] im Kreis Kamienna Góra (Landeshut in Schlesien), befindet sich eine bekannte ehemalige Zisterzienserabtei mit Barockkirche und Kloster. Neben der südlichen Mauer, gegen alten Gerichtskretscham, auf dem viereckigen Sockel (66 × 66 cm) steht eine Sandsteinsäule mit viereckigen Kapitell und Kugel (362 cm). Auf der Höhe 175 cm befindet sich eine Fessel.

In Miłków (Arnsdorf) in der Gemeinde Podgórzyn (Giersdorf) im Kreis Jelenia Góra (Hirschberg)[36], wurde als Teil des Prangers der Kirchenzaun verwendet. Das ist ein achteckiger Sandstein, 135 cm hoch, in oberem Teil befindet sich ein Loch zum Einstecken.

In Ponikwa (Verlorenwasser) in Gemeinde Bystrzyca Kłodzka (Habelschwerdt), am Feldweg steht eine sicherlich aus dem 17. Jahrhundert stammende, achteckige Granitsäule mit viereckigem Sockel und einer breiteren, viereckigen Endung (270 cm hoch). Die Schaft enthält mehrere Inschriften und zwar: 1645, 1673, 1836, in dem oberen Teil befindet sich auch eine Vertiefung mit Buchstaben IHS. Das ganze sieht also aus wie ein Bildstock und wird heute als religiöser Gegenstand verwendet.[37]

Der Pranger in Rogów Sobócki (Rogau-Rosenau), in der Gemeinde Sobótka (Zobten) im Kreis Breslau steht auf achteckigem Unterbau von 2 m Durchmesser, früher etwa 0,5 m hoch. Jetzt ist aber nur obere Teil der Unterbau sichtbar, diese bilden acht Sandsteintafeln. Die Prangersäule (417 cm, hoch, Sandstein) besteht aus zwei Teile. Der untere Teil, achteckig im Grundriss, ist mit parallelen Streifen verziert, der obere Teil, kreisförmig und glatt, ist durch dachgiebelartigen Aufsatz in den Formen der Frührenaissance bekrönt. Diese beginnt mit einem Ring, endet mit einem Konus und die Mitte enthält ein Teil in Form einer Bedachung mit vier kleinen spitzwinkligen Giebeln.[38] Auf der Säule, auf der Höhe 13 cm sind zwei Metallringe

---

32 Kutzer (1912), S. 118.
33 Wiedermann (1937), S. 16.
34 Abgebildet bei Gulczyński (2002), S. 368.
35 Milka (1991), S. 17 (Abb.). – Milka (1992), S. 48, Abb. 32. – Milka (1987), S. 2.
36 Milka (1991), S. 20 (Abb.), 37. – Milka (1992), S. 49, Abb. 35. – Scheer (1999a) S. 27. – Milka (1987), S. 2.
37 Milka (1991), S. 22 (Abb.), 38. – Milka (1992), S. 49, Abb. 37–38. – Milka (1987), S. 2.
38 Lutsch (1889), S. 193. – Lustig (1909), S. 597. – Bader (1935), S. 184. – Milka (1991), S. 23, 38. – Milka (1992), S. 49. – Milka (1987), S. 2. – Scheer (1987), S. 20–21. – Scheer (1999a) S. 27. – Mielewczyk (1997), S. 28. Nach Maisel (1982), S. 126 – fehlerhaft – nicht existiert.

4 Pranger und Sühnekreuz in Rogów Sobocki (Rogau-Rosenau). Foto: A. Gulczyński 2004

zur Fesselung der Füße, zwei weitern auf der Höhe 195 cm zur Fesselung der Hände oder Hals. In den Schaft des Prangers wurden Schwertchen gehauen.

Im Jahre 1988 hat Tomasz Dudziak ein Teil des Prangers in Ruszkowice (Lohenstein), Gemeinde Niemcza (Nimptsch), Kreis Dzierżoniów (Reichenbach im Eulengebirge) gefunden. Er hat dieses Denkmal gleich beschrieben und eine Zeichnung veröffentlicht. Auf der Sandsteinsäule befand sich damals ein Haken mit dem Ring und eine Spur nach der anderen. An der Bruchstelle waren auch Spuren – vermutlich nach Halseisen – sichtbar. An zwei Sockelseiten des verlorenen Prangers war die Jahreszahl 1713 eingraviert.[39]

In der Stadt Lądek Zdrój (Bad Landeck) steht heute ein Pranger aus Skrzynka (Heinzendorf).[40] Früher besaß diese Stadt eine eigene Staupsäule, die noch auf einem

---

39 Dudziak (1988), S. 152–156. – Gulczyński (2002), S. 385. In Verzeichnisse von Milka (1991, 1992) und Trzciński (2001), nicht erwähnt.
40 Bader (1935), S. 180–181. – Milka (1991), S. 37. – Scheer (1999a) S. 27. – Milka (1987), S. 2. – Trzciński (2001), S. 157–158. – BK 2000, Nr. 51, S. 16, 42.

5   Dörflicher Pranger aus Skrzynka (Heinzendorf) in Lądek Zdrój (Bad Landeck). Foto: A. Gulczyński 2004

6   Vermutlicher Pranger in Szczytna (Rückers). Foto: A. Gulczyński 2009

Stadtplan aus dem 18. Jahrhunderts sichtbar ist. In den 1960er Jahren wurde vor dem Rathaus ein über 3 m großer (327 cm) Sandsteinpranger aus dem nicht weit gelegenen Dorf (auch im Kreis Kłodzko – Glatz) aufgestellt. Diese Staupsäule lag lange Jahre im Erdboden verborgen und wurde 1913 auf dem Platz in Heinzendorf, auf dem früher das Gemeindewachthaus stand, wieder aufgestellt. Das Postament und der Aufsatz der Säule wurden aber damals neu gefertigt. Auf dem achteckigen Unterbau stehen ein sechseckiger Sockel (82 × 82 cm, 30 cm hoch), eine Säule mit Kapitell und Deckplatte und eine leicht beschädigte Kugel. Auf der Höhe von immerhin 220 cm sind die Spuren von Fesseln noch sichtbar.

Szczytna (Rückers) war bis 1973 ein Dorf, seitdem ist es aber eine Stadt, heute auf dem Gebiet des Kreises Kłodzko (Glatz). Der hier stehende Pranger ist also ein dörflicher Pranger.[41] Die Staupsäule wurde nach dem Ersten Weltkrieg unterhalb der Kirche wieder ausgegraben und nach dem Muster der ehemaligen Säule neu errichtet. Die aufgefundenen Stücke trugen die Jahreszahl 1501. Auf einer Platte (zirka 2 m

---

41   BADER (1935), S. 184. – SCHEER (1999A) S. 27. – MILKA (1991), S. 26 (Abb.), 33. – MILKA (1992), S. 47, Aufn. 16–19. – MILKA (1987), S. 2.

7   Tyniec nad Ślężą (Gross Tinz).
Foto: A. Gulczyński 2004

Durchmesser) ruhte ein achteckiger Steinblock (etwa 90 cm Durchmesser), darauf war eine Platte (80 cm Durchmesser). Auf einem Wulste aufsitzend die 1,82 m hohe Säule, welche einen Aufsatz mit Steinkuppel trug, aus welcher Flammen schlugen: Die Gesamthöhe betrug 3,60 m.[42] Diese Kopie wurde aber in der Volksrepublik entfernt. Ein Original – wie man heute glaubt – stand aber in einem Viehstall (dort wurde es als Stützsäule genutzt), wo, wurde im Jahr 1985 herausgefunden, und wurde 1993 am alten Ort aufgestellt. Es handelt sich um eine sandsteinerne Renaissancesäule aus dem 16. Jahrhundert mit tiefen Reifen, sieht also vielmehr aus wie eine Palastsäule, weniger wie ein Dorfpranger.[43] Ob das wirklich ein Pranger ist, bleibt fraglich.

In Śmiałowice (Schmellwitz), in der Gemeinde Marcinowice (Groß Merzdorf), Kreis Świdnica (Schweidnitz)[44], steht ein Pranger am Eingang zum Kirchenhof. Auf dem Granitsockel befindet sich ein sandsteiniger, gebrochener Schaft mit Basis (alles ist 194 cm hoch). Auf dem Schaft ist die Jahreszahl 1764 eingehauen. Das Schicksal des oberen Teils des Prangers ist nicht bekannt.

---

42 BADER (1935), S. 180–181.
43 ERKA (1985), S. 42–47. – BK 1985 Nr. 28, S. 3.
44 MILKA (1991), S. 27 (Abb.), 38. – MILKA (1992), S. 49, Abb. 44. – SCHEER (1999A) S. 27. – MILKA (1987), S. 2. – SCHEER (1987), S. 40, 60.

8   Śmiałowice (Schmellwitz).
Foto: A. Gulczyński, 2006

In Tyniec nad Ślężą (Gross Tinz), in der Gemeinde Kobierzyce (Koberwitz) im Kreis Wrocław (Breslau) bei der Kreuzung auf dem Dorfplatz, wo auch die Kirche steht, befindet sich ein aus der roten Backstein errichtete Pranger. Im Grundriss ein Quadrat, doch 340 cm hoch, hat ein Dach aus Biberschwanzziegeln. Auf der Höhe von 230 cm befinden sich vier Eisenringe.[45] Er ist aber vermutlich nicht original, aber nach altem Stich aus der Carolina gebaut.

Nicht sichere Herkunft hat ein Pranger in Wierzbna (Würben) in der Gemeinde Żarów (Saarau) im Kreis Świdnica (Schweidnitz).[46] Früher waren noch zwei Teile eines achteckigen Prangers am Eingang zur Klosterbrauerei erhalten. Später wurden diese Teile an die Friedhofmauer und bei den Gebäuden an der Pankowicka-Straße Nr. 8 versetzt. Der Grund ist nicht bekannt. Die Teile lagen mehrere Jahre im Vergessenheit. Bei einem Besuch in Wierzbna 2006 habe ich einen Teil gefunden, der neue Hausbesitzer hat vorher den Pranger nicht gesehen. Unter einem Baum

---

45   SCHEER (1999A) S. 27. – MILKA (1991), S. 28 (Abb.), 38. – MILKA (1992), S. 49, Abb. 45).
46   MILKA (1991), S. 34. – SCHEER (1987), S. 43. – SCHEER (1999A), S. 27.

8 Grundbesitzer mit dem neugefundenen Pranger in Wierzbna (Würben).
Foto: A. Gulczyński, 2006

haben wir eine Granitsäule gefunden. Diese war viel kleiner als der beschriebene Pranger, aber mit sichtbaren eisernen Teilen. Vielleicht das ist wirklich die in der Überlieferung bestätigte Schandsäule. Es ist aber auch möglich, dass wir es hier mit einer einfachen Zaunsäule zu tun haben.

Leider steht in Wojbórz (Gabersdorf) in der Gemeinde, Kreis Kłodzko (Glatz), kein Pranger mehr. Erhaltene steinerne Teile – er stand ursprünglich am Hauptplatz, nach 1945 in der Nähe der Pfarrkirche –, sind im Muzeum Ziemi Kłodzkiej (Museum des Glatzer Landes) w Kłodzko bewahrt. Diese Teile haben 1987 Mitglieder der »Bractwo Krzyżowców« [Kreuzritterverein] dem Museum übergeben.[47] Der untere Teil ist 70 cm lang, Auf dem im Fragment erhaltenen mittleren Teil (80 cm) befindet sich ein eiserner Halter und ein modern gehauenes Menschengesicht, so war die Säule beschädigt.[48] Noch vor dem Zweiten Weltkrieg wurde die Staupsäule

---

47 Milka (1991), S. 29 (Abb.), 34. – Milka (1992), S. 47–48, Aufn. 20–24. – Milka (1987), S. 2. – Scheer (1999a), S. 27. Genauere Geschichte nach dem Zweiten Weltkrieg: Scheer (1999) S. 38–39.
48 Für diese Information danke ich Frau Renata Kuźmińska aus dem Museum des Glatzer Landes.

9　Pranger in Żórawina (Rothsürben).
Foto: A. Gulczyński 2003

als Ständer zur Ortstafel verwandt. Die Säule war mit preußischen Landesfarben gestrichen. Nach älteren Überlieferungen soll die Säule die Figur einer knienden Büßerin getragen haben.[49]

Im Gemeindedorf Żórawina (Rothsürben) im Kreis Breslau befindet sich auf einem achteckigen und achtteiligen Fundament ein achteckiger Pfeiler mit einer Kopf und profilierten Prick (252 cm). Nach dem zweiten Weltkriege wurde auf dieser Säule eine Christusstatue aufgestellt. Ursprünglich stand der Pranger auf dem Marktplatz (bis 1917). Heute steht auf dem Kirchhof. Die Inschriften 1234, 1077 oder 1076, 1876 knüpften vermutlich an der früheren Aufstellung des Pranger oder Restaurierungsarbeiten. Nach der Tradition wurde die Staupsäule 1517 aufgestellt. Auf der Höhe von 122 cm befindet sich ein Halseisen und eine Fessel, auf der Höhe 180 cm sind noch drei Fesseln und eine Spur nach dem Fesseln sichtbar.[50]

Für den Tourismus Polens spielt Niederschlesien eine besondere Rolle.[51] Dies ergibt sich aus der Vielfalt der touristischen Attraktionen und seiner attraktive Lage. Pranger –

49　Bader (1935), S. 179.
50　Milka (1987), S. 2. – Scheer (1987), S. 59. – Milka (1991), S. 31 (Abb.), 39. – Milka (1992), S. 50, Aufn. 59–60. – Milka (1987), S. 2.
51　Siehe z.B. Widawski (2009) und Widawski (2011) als auch dort angegebene Literatur.

in Schlesien oft als Staupsäulen benannt – haben vor über hundert Jahren großes Interesse erweckt. Mehrere davon – neben Gerichtstischen, Galgen und Sühnekreuzen – wurden damals gefunden, in Verzeichnisse einbezogen und unter Schutz gestellt.

Nach dem Zweiten Weltkrieg bleiben sie fast unbemerkt in der Landschaft. Große Verdienste um die Pranger hat sich der »Bractwo Krzyżowców« [Kreuzritterverein] gemacht, eine Gesellschaft, die sich neben Sühnekreuzen auch für andere Rechtsdenkmäler einsetzt. Es gibt außerdem eine Gesellschaft zum Schutz und Erforschung von Rechtsdenkmälern (Stowarzyszenie Ochrony i Badań Zabytków Prawa). Von großer Bedeutung sind auch regionale Nachrichten und Bulletins: seit 1985 »Bractwo Krzyżowców« [Kreuzritterverein], seit 1986 »Przydrożne Pomniki Przeszłości« [Am Wege liegende Denkmäler der Vergangenheit], seit 2008 »Pomniki Dawnego Prawa« [Denkmäler des alten Rechtes].

Es sind aber immer nur geschlossene Gesellschaften für Heimatforscher und Interessenten. Diese Denkmäler, Pranger und auch andere, könnten als Verknüpfungsmarke dienen und sollten vom Marschallamt und der regionalen touristischen Gesellschaft von Niederschlesien (Dolnośląska Organizacja Turystyczna) unterstützt werden. Das Marschallamt der Woiwodschaft Niederschlesien hat letztens für Touristen Kulturwege in Niederschlesien vorgeschlagen. Das sind folgende Routen: Burgen und Schlösser der Piasten, Touristenweg »Geschichte und Tradition Breslaus«, Touristenweg »Industrie- und Technikdenkmäler Niederschlesiens«, Zisterzienserroute, Burgen und Schlösser Niederschlesiens, Sudetenhauptwanderweg zu Ehren Dr. Mieczysław Orłowicz, Touristenweg »Tal der Schlösser und Gärten – das Hirschberger Tal«, auf den Spuren von Marianne von Oranien-Nassau, Sanktuarien und Wallfahrtsorte, Niederschlesischer Jakobsweg (Trasse 1 Niederschlesien, Trasse 2 Via Regia, Trasse 3 Sudetenroute, Trasse 4 Route am Zobtenberge), Touristenweg »Parks und Gärten in der Niederschlesischen Heide«.[52]

In Niederschlesien waren alte Rechtsdenkmäler schon früh bekannt, aber sie wurden als touristische Ziele vergessen. Anders in der Woiwodschaft Lebus (Lubuskie), wo unlängst von der Lubuska Regionalna Organizacja Turystyczna [Regionale Touristenorganisation für Lubuskie] »LOTUR« zusammen mit dem Tourismusverband Spreewald e.V. ein Reiseführer unter dem Titel »Auf der Spur der Steinkreuze beiderseits der Oder. Steindenkmale früheren Rechtes« vorbereitet wurde.

Man sollte diese besonderen Denkmäler im touristischen Raum Niederschlesiens besser ausnutzen. Fast alle Dörfer liegen nicht an wichtigen touristischen Wegen. Eine Verbindung dieser Denkmäler könnte eine touristische Chance für diese Dörfer und dort gelegene andere Denkmäler bedeuten. Ein gutes Beispiel gibt hier das »Netzwerk der Rolandorte«[53] und die Straße der Rolande. Ein gemeinsames Ziel lässt sich viel effektiver unterstützen als jedes einzelnes (fast vergessenes) Dorf.

---

52 Die Beschreibungen sind nicht nur in gedruckten Broschüre sondern auch auf: *http://www.szlakikulturowe.dolnyslask.pl/de/die-routen/* zugänglich.
53 NETZWERK DER ROLANDORTE (2010).

Literatur

Quellen

Allgemeines Landrecht für die Preußischen Staaten von 1794. Textausgabe, mit einer Einf. von Hans Hattenhauer und einer Bibliogr. von Günther Bernert, Frankfurt a.M. 1994.

IRGANG (2006): Winfried Irgang (Hg.), Gunhild Roth (Bearb. u. eingeleitet): Das Leobschützer Rechtsbuch (= Quellen zur Geschichte und Landeskunde Ostmitteleuropas, Bd. 5), Marburg 2006.

WACKE (1971): Gerhard Wacke (Hg.): Dorf-Policey-Ordnung und Instruction für die Dorf-Scholzen für das Herzogthum Schlesien und die Grafschaft Glatz vom 1. May 1804 (= Quellen und Darstellungen zur schlesischen Geschichte, hg. v. der Historischen Kommission für Schlesien, Bd. 15), Würzburg 1971.

TZSCHOPPE (1832): Gustav Adolf Tzschoppe, Gustav Adolf Stenzel, Urkundensammlung zur Geschichte des Ursprungs der Städte und der Einführung und Verbreitung Deutscher Kolonisten und Rechte in Schlesien und der Ober-Lausitz, Hamburg/Breslau 1832.

Literatur

BADER (1935): Grete Bader-Weiss, Karl Siegfried Bader: Der Pranger. Ein Strafwerkzeug und Rechtswahrzeichen des Mittelalters, Freiburg im Breisgau 1935.

BK: Bractwo Krzyżowców [Kreuzritterverein], Bulletin, 1985–2000.

DRW: Deutsches Rechtswörterbuch. Wörterbuch der älteren deutschen Rechtsprache, Bd. 10, Weimar 1997–2001, Sp. 1205–1210 (Stichwort: Pranger).

DUDZIAK (1988): Tomasz Dudziak: Pręgierz w Ruszkowicach [Pranger in Rückers], in: Karkonosz. Sudeckie materiały krajoznawcze [Rübezahl. Sudetische Heimatblätter] Nr. 4, (1988 [1990]), S. 152–156.

ERKA: ERKA: Renesansowy pręgierz w Szczytnej [Ein Renaissancepranger in Rückers], in: Informator Kulturalny i Turystyczny województwa wałbrzyskiego [Kultur- und Touristisches Vademecum der Woiwodschaft Wałbrzych], Nr. 9, 1985, S. 42–47.

FUNK (1940): Wilhelm Funk: Alte deutsche Rechtsmale, Sinnbilder und Zeugen deutscher Geschichte, Bremen/Berlin 1940.

GRIMM (1873): Deutsches Wörterbuch von Jacob und Wilhelm Grimm. Leipzig 1854–1961, Bd. 11 1873, Sp. 2174 (Stichwort: Kretscham).

GULCZYŃSKI (2002): Andrzej Gulczyński: Pranger in Polen. Stand und Forschungsperspektiven, in: Dieter Pötschke (Hg.): Stadtrecht, Roland und Pranger, Berlin 2002, S. 352–377, 384–385.

HELLMICH (1923): Max Hellmich: Steinerne Zeugen mittelalterlichen Rechtes in Schlesien. Steinkreuze, Bildstöcke, Staupsäulen, Galgen, Gerichtstische, Liegnitz 1923.

HELLMICH (1931): Max Hellmich: Gerichtstische, Staupsäulen und Galgen in Schlesien, in: Volk und Rasse. Illustrierte Vierteljahrschrift für deutsches Volkstum, Bd. 6 (1931), Heft 2, S. 90–97.

HELLMICH (1931A): Max Hellmich: Steinerne Zeugen mittelalterlichen Rechtes, in: Mitteilungen der Schlesischen Gesellschaft für Volkskunde, Bd. 31/32 (1931), S. 196–207.

HELLMICH (1933): Max Hellmich: Wenn Steine reden…!, in: Schlesische Monatshefte 10 (1933), Nr. 6, S. 186–195.

KUTZER (1912): Paul Kutzer: Die Staupsäule in Koritau, in: Schlesien 5 (1912), Nr. 5, S. 118–119.

LUSTIG (1909): Dr. Lustig: Schlesische Staupsäulen, in: Schlesien 3 (1909), S. 597.

Lutsch (1889): Hans Lutsch: Verzeichnis der Kunstdenkmäler der Provinz Schlesien, Bd. 2: Die Landkreise des Reg. Bezirks Breslau, Breslau 1889.

Lutsch (1891): Hans Lutsch: Verzeichnis der Kunstdenkmäler der Provinz Schlesien, Bd. 3: Der Reg.-Bezirks Liegnitz, Berlin 1891.

Lutsch (1894): Hans Lutsch: Verzeichnis der Kunstdenkmäler der Provinz Schlesien, Bd. 4: Der Reg.-Bezirks Oppeln, Breslau 1894.

Maisel (1982): Witold Maisel: Archeologia prawna Polski [Rechtsarchäologie Polens], Warszawa/Poznań 1982.

Mielewczyk (1997): Wojciech Mielewczyk: Kamienne pomniki prawa [Steinerne Rechtsdenkmälern], in: Spotkania z Zabytkami [Treffen mit den Denkmälern], Nr. 11 (1997), S. 28.

Milka (1987): Józef Milka: W 1985 roku obrodziły pręgierze [1985 sind die Pranger gut gedeihen], PPP 1987, Nr. 4, S. 2–3.

Milka (1991): Józef Milka, Witold Milka: Pręgierze – kamienne pomniki dawnego prawa na Dolnym Śląsku [Steinerne Denkmäler älteren Rechts in Nieder-Schlesien], Świdnica 1991, Bd. 1.

Milka (1992): Józef Milka, Witold Milka: Pręgierze – kamienne pomniki dawnego prawa na Dolnym Śląsku [Steinerne Denkmäler älteren Rechts in Nieder-Schlesien], Świdnica 1992, Bd. 2.

Netzwerk der Rolandorte (2010): Erlebte Stadtgeschichte. Netzwerk der Rolandorte, hg. v. Netzwerk der deutschen Rolandorte durch Dieter Pötschke, Haldensleben 2010.

PPP: Przydrożne Pomniki Przeszłości [Am Wege liegende Denkmäler der Vergangenheit], 1986–2000.

Scheer (1987): Andrzej Scheer: Krzyże pokutne Ziemi Świdnickiej [Sühnekreuze im Schweidnitzer Land], Świdnica 1987.

Scheer (1999): Andrzej Scheer: Krzyże pokutne byłego powiatu Nowa Ruda [Sühnekreuze des ehemaligen Kreis Neurode], BK 1999, Nr. 42, S. 38–39.

Scheer (1999a): Andrzej Scheer: Uwagi na marginesie »Archeologii prawnej« W. Maisela [Bemerkungen zur »Rechtsarchäologie« von W. Maisel], PPP 1989, Nr. 10, S. 25–39.

Schmidt-Wiegand (1984): Ruth Schmidt-Wiegand: Pranger, in: HRG Bd. 3 (1984), Sp. 1879–1880.

Taszycki (1951): Witold Taszycki: Najdawniejsze zabytki języka polskiego [Die ältesten Denkmäler der polnischen Sprache], Wrocław 1951.

Trzciński (2001): Maciej Trzciński: Miecz katowski, pręgierz, szubienica. Zabytki jurysdykcji karnej na Dolnym Śląsku (XIII–XVIII w.) [Henkerschwert, Pranger, Galgen. Denkmäler der Strafjurisdiktion in Schlesien im 13.–18. Jh.], Wrocław 2001.

Wiązek (2002): Paweł Wiązek: Prawo karne w śląskich ordynacjach ziemskich [Das Strafrecht in den schlesischen Landesordnungen], Wrocław 2002.

Widawski (2009): Krzysztof Widawski: Turystyka kulturowa na Dolnym Śląsku. Wybrane aspekty [Kulturtourismus in Niederschlesien. Ausgewählte Probleme], Wrocław 2009.

Widawski (2011): Krzysztof Widawski: Turystyka kulturowa na Dolnym Śląsku. Wybrane aspekty [Kulturtourismus in Niederschlesien. Ausgewählte Probleme], Wrocław 2011.

Wiedermann (1937): Fritz Wiedermann, Fritz Leistert: Die letzte Staupsäulen in Schlesien, in: Niederschlesische Heimatblätter, Nr. 4 (1937), S. 16.

Wojtucki (2006): Daniel Wojtucki: *Deus impios punit* – Schlesische Pranger vom 15. bis zum 18. Jahrhundert, in: Forschungen zur Rechtsarchäologie und rechtlichen Volkskunde, Bd. 23 (2006), S. 133–149.

DAS SPANNUNGSFELD STADTRECHT – LANDRECHT

Magdeburger Recht und Sachsenspiegel – Stadtrecht und Landrecht

Clausdieter Schott

Magdeburg: Metropole des Rechts

Die literarische Gattung der mittelalterlichen Weltchroniken erreichte mit dem 1493 jeweils in einer lateinischen und deutschen Version erschienenen »Liber Chronicarum« bzw. »Buch der Croniken und Geschichten« nochmals einen Höhepunkt. Das großformatige, reich illustrierte Buch, ein Gemeinschaftsunternehmen von Nürnberger Patriziern, wird inzwischen meist nach seinem Kompilator Hartmann Schedel (1440–1514) als Schedelsche Weltchronik bezeichnet. Die Chronik versteht sich als universalhistorisches Geschichtswerk, das mit der Erschaffung der Welt beginnt und bis an die Gegenwart seiner Abfassung heranreicht. Entsprechend der Vorgabe Isidors von Sevilla († 636) ist die Weltchronik in sechs Perioden unterteilt und lässt als siebtes Zeitalter das Erscheinen des Antichrists und das Jüngste Gericht folgen. Mit dieser Einteilung trifft sich die Chronik mit dem Zeitverständnis des Sachsenspiegels, wonach »ses werlde scolen wesen, de werlt bi dusent jaren op genomen, unde in'me sevenden scolde siu togan«.[1] Das sechste Zeitalter beginnt in beiden Quellen mit Christi Geburt und dauert beim Humanisten Schedel im Jahre 1493 immer noch an, während Eike von Repgow sich bereits in der ungewissen siebten Endzeit sah: »An der sevenden sin we nu sunder gewisse tal.« Es dürfte bezeichnend sein für die anbrechende Neuzeit, dass das Jüngste Gericht seine drohende Gegenwärtigkeit eingebüßt hatte.

In der umfangreichen chronikalischen Darstellung des sechsten Zeitalters ist Magdeburg eine aufwendige Doppelseite mit einer breiten authentischen Stadtansicht gewidmet. Dabei erscheint es dem Chronisten unerlässlich, das Magdeburger Recht und den Sachsenspiegel als weltgeschichtlich relevant zu erwähnen.[2] Es heißt dort: »Die burger daselbst haben und halten ein rechtbůch, der Sachsenspiegel genant, inen von dem großen kaiser Karls bestettigt. Daselbst hin auch die nahend gelegnen völcker zu entschidung irer sachen ir zuflucht haben.«[3] Von dieser Formulierung weicht die lateinische Version in bemerkenswerter Weise ab: »Magistratus urbis ius civile romanorum abbreviatum et saxonica lingua conscriptum non sine reverentia custodit, quod magni Caroli auctoritate firmatum tradunt. Eoque in decisione causarum vicine gentes recurrunt, magna et venerabilis earum legum auctoritas habetur« (Der Rat der Stadt hütet nicht ohne Verehrung ein kurz gefasstes und in sächsischer Sprache verfasstes römisches Zivilrecht, welches ihnen von Kaiser Karl dem Großen bestätigt

---

1 Sachsenspiegel I, 3, 1. Zitiert nach der Ausgabe Eckhardt (1973), S. 72.
2 Vgl. Schott (2007b), Graz 2007, S. 423–434, 429f.
3 Blatt 180r.

wurde. Dahin nehmen auch die benachbarten Völker bei der Entscheidung ihrer Rechtsstreitigkeiten ihren Zug. Groß und hochgeachtet gilt das Ansehen ihrer Gesetze).

Der Erwähnung von Magdeburgs Rechtsquellen und seiner entsprechenden Vorrangstellung schließt sich unmittelbar die Schilderung seiner diesbezüglich zur Schau gestellten Symbolik an:

> Daselbst ist ein schöns pild Rolandi kaiser Karls gesyppten freunds, der ein überstarcker man was und nach großer mechtiger niderlag der feind, als er sein heer auß Hyspania in Galliam herwiderfüeret, von dem vasconischen volck in eym streit erschlagen wardt. Und dieser ist der Rolandus der (als man sagt) zu seinen zeitten an stercke des leibs und größe des gemüets andere man weit übertroffen hat, also das seine starcke werck und übung in aller werlt gepreyset, gelobt und hohberümbt werden.[4]

Europäischer Mittelpunkt

Mag zwar das Etikett »Europa« inzwischen stark strapaziert sein, so drängt sich jedenfalls hier die europäische Dimension der zitierten Texte geradezu auf.[5] Der Letztere weist zunächst einmal weit nach Westen, wo Karls Paladin Roland nach heldenhaften Taten im Kampf gegen die Heiden gefallen ist. Zur Zeit der Schedelschen Weltchronik war Rolands Grab in der Abtei Saint Romain in Blaye noch ein vielbesuchter Wallfahrtsort. Das nördlich von Bordeaux an der Garonne-Mündung gelegene Blaye war eine Zwischenstation auf dem Pilgerweg nach Santiago de Compostela. Im 17. Jahrhundert wurde die Abtei jedoch unter Ludwig XIV. geschleift und durch eine Fortifikationsanlage ersetzt. Im Städtchen Blaye ist die Erinnerung an Roland heute kaum noch präsent und man pflegt dort lieber das Andenken an den liebeskranken Troubadour Jaufré Rudel. In nord- und ostdeutschen Landen und darüber hinaus ist dieser Roland dagegen zum steinernen Rechtsmal geworden, dessen Bedeutung 1589 der sächsische Chronist Johannes Pomarius (Baumgart) in seiner »Chronica« wiederum für Magdeburg folgendermaßen beschreibt:

> da ist solch bild eine anzeigung, das daselbst der stadt alle keyserliche privilegien, freyheiten und gerechtigkeiten, damit die stadt begnadet worden, noch frey und ungeschwecht bisher erhalten sein.[6]

Die Schedelsche Weltchronik hat dem in der Vedute Magdeburgs durch eine überdimensionale Darstellung einer Rolandsäule Rechnung getragen.

Die Aussage des ersten Textteils der Chronik weist nach Osten, wo sich ein äußerster Punkt mit Kiew markieren lässt. Dort befindet sich am Ufer des Dnjepr ein

---

4 Die lateinische Fassung weicht nur insoweit ab, als sie das Verwandtschaftsverhältnis Karls zu Roland mit »ex sorore nepos« präzisiert.
5 Vgl. KANNOWSKI (2008).
6 POMARIUS (1589). – Vgl. MUNZEL-EVERLING (2005), S. 101ff.

1802 errichtetes Denkmal, dessen Inschrift an die Wiedereinsetzung des Magdeburger Rechts erinnert. Mit dem Denkmal dankt die Kiewer Bürgerschaft Zar Alexander I., der ihr die alten Selbstverwaltungsrechte wieder eingeräumt hatte, die unter dem absolutistischen Regime Katharinas II. aufgehoben worden waren.[7] Der Raum zwischen Blaye und Kiew, d.h. zwischen Atlantik und Dnjepr, bildet gleichsam das gesamte kulturelle Europa ab und ziemlich genau in dessen Zentrum liegt die Rechtsmetropole Magdeburg. Der europäische Bezug wird im lateinischen Text der Weltchronik nochmals damit herausgestellt, dass das von der Stadt gehütete Rechtsbuch als eine Form des universalen römischen Rechts verstanden wird.

Für den Mittelpunkt Magdeburg gilt: Von Westen nimmt man, nach Osten gibt man. Das Geben wird im Magdeburger Weichbild, dem Rechtsbuch aus dem 13. Jahrhundert[8], folgendermaßen dargestellt:

> Darum sollen all die von Polen und Behem und aus der Marck von Meissen und Lausitz und die aus der Marck zu Brandenburg und aus dem Hertzogthumb zu Sachsen und von der Graffschafft zu Aschersleben und alle die aus den Stedten, so darin begriffen sind, ir Recht zu Magdeburg holen.[9]

Hermann Conring, der Begründer einer eigenständigen deutschen Rechtsgeschichte, hat diese Aussage 1647 in den Zusammenhang mit dem norddeutschen Oberhofwesen gebracht, dessen Entstehung im 14. Jahrhundert er aus Schiedsverträgen freier Städte herleitete: »Eoque factum, ut Venedici soli praestantissimae quaeque urbes Lybecam hodieque provocent a sententiis suorum magistratuum. Accessisse tamen et illud crediderim, quod illae urbes leges et statuta Lubeca, tanquam a matrice sua, acceperint : ut proinde in dubio hinc jus petere aequum sit creditum. Et vero hac potissimum ratione inductae olim Polonicae, Bohemicae, Marchiae Misnensis et Lusacenses urbes complures provocarunt ad Magdeburgi et Hallarum Saxonicarum amplissima quondam in id instituta tribunalia« (So kam es, dass allein einige der hervorragendsten Wendischen Städte auch heute noch ihren Rechtszug von Urteilen ihrer Räte nach Lübeck nehmen. Meines Erachtens kam freilich hinzu, dass jene Städte ihre Gesetze und Statuten von Lübeck als gleichsam ihrer Mutterstadt übernommen hatten, infolgedessen man darauf vertraute, dass man von dort ein billiges Recht erlangen könne. Und hauptsächlich aus diesem Grund nahmen einst mehrere polnische und böhmische Städte und solche aus der Markgrafschaft

---

7 Lück (1990), S. 109–119.
8 Zur den Magdeburger Rechtsbüchern Oppitz (1990), S. 47f.
9 Art. 10. Der Text fährt fort: »Und ist es, das die vorgenanten gegneten ir selbs urteil denn nicht wissen (und sonders die Marcken), so mügen sie es zu Halle holen.« Zitiert wird hier und im Folgenden nach der Druckausgabe: Sechsisch Weichbild, Lehenrecht und Remissorium, Bautzen (Wolrab) 1557, Blatt 18v. Abweichend im Wortlaut die Edition Daniels/Gruber (1858), Sp. 79: »darum sollen alle dy von Polen…ir recht czu Halle holen. Konnen aber dy von Halle dazu urteil nicht vinden… zo muszen sy is zcu Meideborg holen.« Zur Rolle von Halle vgl. Lück (2012), insbes. auch Dusil (2012).

Meißen und aus der Lausitz ihren Rechtszug an die einst bedeutenden Gerichte in Magdeburg und Halle).¹⁰

Conrings These ist viel beachtet und zitiert worden. So hat eine spätere Schrift dessen Äußerung in der folgenden Weise phantasievoll, aber nicht ohne Missverständnis ausgemalt:

> und weil die Venezianer aus Lübeck, die Polen und Böhmen aus Magdeburg, die Markgrafen von Meißen, Lausitz, Thüringen usw. ihre Gesetze aus Halle in Sachsen geholt gleichwie die Römer ihre Zwölftafelgesetze von den Griechen bezogen haben, so wurden in wichtigen Sachen auch Weisungen von diesen Orten erbeten, woher die Gesetze ihren Ursprung hatten.¹¹

Durch den Übersetzungsfehler sind die Maßstäbe ein wenig außer Verhältnis geraten. Der Serenissima Venedig wäre es gewiss kaum eingefallen, von der Adria an die Ostsee zu pilgern, um sich dort über das Recht informieren zu lassen. Der Irrtum bestätigt aber immerhin die Vorstellungen, die man sich von der Bedeutung Magdeburgs machte.

Immer noch schmeichelhaft hoch gegriffen, wenn auch weniger absurd ist der Vergleich mit Rom: Nach einem Bericht des römischen Geschichtsschreibers Livius († um 17 n. Chr.) soll es um 450 v. Chr. zwischen Patriziern und Plebejern zu Auseinandersetzungen gekommen sein, die man durch eine Gesetzgebung beizulegen gedachte. Man habe daher drei Gesandte nach Athen geschickt, um die »weltbekannten Solonischen Gesetze abzuschreiben und sich über Verfassung, Sitten und Rechte der anderen griechischen Städte zu informieren«. So sei es dann zu den berühmten römischen Gesetzen der Zwölf Tafeln gekommen. Mag in dem oben erwähnten Bericht auch bei diesem Vergleich mit großer Kelle angerichtet werden, so bleibt doch das Tertium comparationis plausibel. Gemeint ist damit, dass die reale Vergleichsebene im Rechtstransfer zu sehen ist, der konkret als Übernahme von bereits vorhandenem Recht oder als Bewidmung mit solchem sowie als Einholen von Entscheidungshilfen in Erscheinung tritt.¹² Greift man nämlich zu einem historischen Kartenwerk über Stadtrechte im Osten, so zeigt sich, dass der Raum zwischen Magdeburg und Kiew dicht übersät ist mit an die tausend Punkten, die den Transfer deutschen Rechts, und zwar eindeutig dominiert vom Magdeburger Recht, markieren.¹³

Sachsenspiegel und Weichbild

Beim Thema »Magdeburger Recht und Sachsenspiegel« hat man es immer wieder mit einem Bündel von Legenden und historischen Tatsachen zu tun. Dabei kommt es

---

10 Conring (1730), Bd. II, Braunschweig 1730, S. 895, Nr. 96.
11 Schott (2007a), S. 359–367, 362.
12 Vgl. dazu Lück (2012b), S. 10f.; ferner Dusil (2012), S. 46ff.
13 Überblick bei Carls (2010).

weniger darauf an, dieses zu entwirren, vielmehr zeigt gerade diese Durchmischung die zeitgenössische Sicht und Befindlichkeit, und diese ist als solche wiederum als historisches Faktum hinzunehmen. In diesem Zusammenhang sei nochmals an den Text der Schedelschen Weltchronik erinnert, wo es heißt, dass die Bürger von Magdeburg ein Rechtsbuch haben, Sachsenspiegel genannt, das Karl der Große mit seiner Autorität versehen habe. Der Passus korrespondiert abermals mit dem Prolog des Sachsenspiegels, nach dem die christlichen Könige Konstantin und Karl das Recht gesetzt haben, von denen das Land Sachsen noch immer sein Recht herleitet (»unde ok kerstene koninge gesat hebben: Constantin und Karl, an den Sassen lant noch sines rechten tut«).[14] Damit treffen das Rolandstandbild und der Sachsenspiegel in der europäischen Integrationsfigur Karls des Großen in schier sagenhaft entrückter ferner Zeit zusammen.

Nach diesem Konzept erscheint der Sachsenspiegel identisch mit dem Magdeburger Recht. Das soll indessen nur für das Landrecht des Rechtsbuchs gelten. Das Lehnrecht wird als späterer gesetzgeberischer Akt, nämlich Friedrich Barbarossas gedacht, wobei fälschlicherweise das Roncalische Lehengesetz von 1154 mit dem Lehnrecht des Sachsenspiegels identifiziert wird. So heißt es in der Buch'schen Glosse: »Dy edelle koning Karl dy grote gaff dat landtrecht und keyser Frederick gaff dat lenrecht.«[15] Auch dabei handelt es sich um legendäre Überlieferung beziehungsweise Selbstwahrnehmung der mittelalterlichen Zeitgenossen, die in Eike von Repgow lediglich einen Übersetzer sahen, der den Sachsenspiegel vom Lateinischen ins Deutsche übertragen hätte. Es erübrigt sich, hier auszuführen, dass die heutige Optik des Rechtshistorikers eine andere ist und dass die Ursprünge des Sachsenspiegels nicht bei einem mythischen Gesetzgeber zu suchen sind, sondern dass Eike als Verfasser einer zunächst lateinischen und sodann deutschen Version des gesamten Rechtsbuchs zu gelten hat.

Mag also der Text der Weltchronik suggerieren, dass das Landrecht des Sachsenspiegels und das Magdeburger Recht identisch sind, so sah man das freilich im Umkreis des Magdeburger Rechts differenzierter. Danach war der Sachsenspiegel das allgemeine Recht, aus dem das Magdeburger Recht als spezielleres hervorgegangen sein soll. Das ist für das damalige historische Verständnis durchaus folgerichtig, demzufolge das Landrecht des Sachsenspiegels Karl dem Großen zugeschrieben wird, während das spätere Magdeburger Stadtrecht auf ein Privileg Kaiser Ottos des Zweiten zurückgehen soll. In der Weichbildchronik aus der ersten Hälfte des 13. Jahrhunderts heißt es dazu von Otto II.: »Er gab auch den Herrn der Stadt Weichbildrecht nach dem ersten König Carolo.«[16] Die Glosse zu Art. 10 des Weichbildrechts führt dazu näher aus:

---

14 Textus Prologi (wie Anm. 1), S. 52. Übersetzung nach Ruth Schmidt-Wiegand, in REPGOW (2006), S. 30.
15 Glossen zum Sachsenspiegel-Landrecht: BUCH (2002), S. 204, zu I, 14 § 1. Weitere Nachweise bei STOBBE (1860), S. 357ff.
16 Sechsisch Weichbild (wie Anm. 9): Chronica de tempore creationis mundi.

> Der Rote König Otto, der bestetiget aber da zu Magdeburg das Weichbildrecht mit der Weisesten Rath nach irer selbs Wilkür und hies dasselb Recht aus dem Sachsenspiegel nemen und ausziehen, und satzte darzu, das in dem Sachsenspiegel so lauterlich nicht gesetzt was…[17]

Wie schon erwähnt, bestimmt die Wissenschaft das Verhältnis von Magdeburger Recht und Sachsenspiegel inzwischen anders: Zwar ist die Weichbildvulgata erst im letzten Drittel des 13. Jahrhunderts entstanden, jedoch reicht das Weichbild im Sinne des Magdeburger Stadtrechts weiter zurück und ist damit älter als Eikes Sachsenspiegel. Dies ist schon daraus einsichtig, dass mit Magdeburger Recht andere Städte bereits lange vor der Entstehung des Sachsenspiegels bewidmet wurden.[18] Stadtrecht und Landrecht gehen auf eine frühere, schriftlich nicht überlieferte Landrechtsordnung zurück, wie immer diese geartet sein mochte. Beide sind also jüngere Zweige eines älteren Stammes. Landrecht wie Stadtrecht haben sich weiter entwickelt: Beim Stadtrecht mag dies ohne weiteres einleuchten, jedoch hat sich auch das Landrecht des Sachsenspiegels gerade im Neusiedelland weiter entfaltet.

Beispiel: Prozessuale Formstrenge

Der unterschiedliche Entwicklungsverlauf lässt sich anschaulich etwa beim Verfahrensrecht beobachten. Der alte landgerichtliche Prozess spielte sich nicht in freier Rede und Gegenrede ab, sondern war an den Austausch starrer Sprechformeln gebunden. Verfehlte eine Partei ihre Formel oder versprach sie sich nur im Geringsten, so war für sie der Rechtsstreit schon verloren. Dieser Formalismus ist ein Charakteristikum früher Prozesse, wie solches auch aus dem römischen Legisaktionenverfahren bekannt ist. Man kann sich dieses Phänomen damit erklären, dass es noch lange schwierig war, verfeindete Parteien in ein gerichtliches Verfahren einzubinden. Gelang dies, so nur unter der strengen Voraussetzung, dass keine der Parteien unberechenbare Vorteile hatte, oder positiv und bildlich ausgedrückt, dass beide mit gleich langen Spießen antraten.

Dieser Prozess ist eigentlich eine Spielform, in der die Regeln und Schritte festgelegt sind. Wer etwa beim Brettspiel die Figuren falsch bewegt – z.B. beim Schachspiel Turm und Läufer verwechselt – stört den Ablauf und zerstört das Spiel. Aus heutiger Sicht mag dies befremden, da es inzwischen eine Selbstverständlichkeit ist, dass das gerichtliche Verfahren dazu dienen soll, gerechtfertigte Ansprüche durchzusetzen. Im »archaischen« Verfahren steht dieser Zweck aber nicht im Vordergrund, vielmehr gilt es zunächst, einen Konflikt zu lösen, das heißt Frieden zu schaffen, wobei sich die Parteien auf das Gewinn- und Verlustspiel einlassen. Das Ganze liegt noch sehr nah beim gerichtlichen Zweikampf, den man irgendwann einmal mit der Vorstellung eines Gottesurteils verbunden hat.

---

17 Sechsisch Weichbild (wie Anm. 9), B. 19v. Zur Weichbildglosse vgl. Oppitz (1990), S. 75f.
18 Dazu Weitzel (1980), S. 62–93, 65ff.; Lieberwirth (1993), S. 71ff.

Betrachtet man im Rahmen dieser Thematik den Sachsenspiegel, so zeigt sich rasch, dass sich dieser prinzipiell konservativ gibt, freilich mit gewissen relativierenden Zugeständnissen. Geradezu hingebungsvoll behandelt etwa Eike den ebenfalls stark regulierten, gerichtlichen Zweikampf, der sich neben einer minuziösen Beschreibung des Ablaufs durch das ganze Landrecht hindurch zieht. Obwohl der Zweikampf inzwischen längst kirchliche Missbilligung auf sich gezogen hat und man Eike bestimmt keinen kirchlichen Ungehorsam vorwerfen kann, ist bei ihm von Vorbehalten gegenüber dieser Art von Konfliktbereinigung nichts zu spüren. Für sein ritterliches Selbstverständnis handelt es sich hier eben um eine Art Streitbeilegung, bei welcher keiner sein Gesicht und seine Ehre verliert. Zweikampf ist sportliches Siegen und Verlieren.

Was den Prozess der Rede und Gegenrede angeht, so wurden die Konsequenzen eines strengen Formalismus nicht mehr durchweg als zeitgemäß empfunden. Nach dem Sachsenspiegel löste man das Problem dadurch, dass man den Parteien formelkundige Vorsprecher gab, deren mögliche Fehlleistungen die Parteien nachbessern konnten. Sachsenspiegel Landrecht I, 60 lautet:

> Ohne Vorsprecher kann ein Mann wohl klagen und verklagt werden, wenn er den Schaden auf sich nehmen will, der ihm dadurch entstehen kann, dass er sich verspricht. Dies kann er dann nicht wieder gut machen, wie dies nämlich bei einem Vorsprecher möglich ist, wenn er dessen Wort nicht gutheißt.

Eine weitere – geringfügige – Konzession macht der Sachsenspiegel beim Stotterer:

> Wenn sich ein Stotterer verspricht, so kann er sich verbessern. Schädigt er als Vorsprecher einen andern, so kann der Schaden mit einem andern Vorsprecher wieder gut gemacht werden« (I, 61, 3).

Durch die Einschaltung eines Vorsprechers wird im Prozess zwar das Risiko vermindert, jedoch wird das Verfahren insgesamt nochmals schwerfälliger, d.h. um einen Prozessschritt länger. Denn in Landrecht I, 62, 7 wird bestimmt:

> Der Richter soll immer den vor Gericht Stehenden fragen, ob er seines Vorsprechers Wort gutheiße, und er soll zwischen der Rede der beiden Parteien das Urteil [der Schöffen] erfragen.

Eine davon verschiedene prozessuale Optik zeigt demgegenüber das Magdeburger Stadtrecht. Die Konfliktmentalität der Kaufleute und Bürger war eine gänzlich andere. Für Sippenfehden und institutionelle Prestigewahrung konnten sie wenig Verständnis aufbringen. Ihnen ging es vorrangig um Forderung, Leistung und Zahlung. Die Formstrenge und deren Prozessgefahr, die so genannte »vare«, mussten ihnen als Beschwernis und altmodisches, nicht mehr sachgerechtes Brimborium erscheinen. Vor allem auswärtige Kaufleute, die mit den lokalen Rechtsförmlichkeiten nicht vertraut waren, konnten sich benachteiligt und abgeschreckt fühlen. Sollte der Magdeburger Umschlagplatz attraktiv bleiben, musste hier Abhilfe geschaffen werden. Schon die allererste normative Bestimmung, die wir zum Magdeburger Recht kennen, beseitigt daher den diesbezüglichen Formalismus. Durch Privileg vom Jahre 1188 bestimmte

Erzbischof Wichmann, »dass die Beschränkung, die *vara* genannt wird, für alle Zeiten aufgehoben sein soll, ausgenommen nur bei Eiden, die bei einem Erwerb oder Verzicht zu leisten sind.«[19]

Dies bedeutete einen Einbruch in das herkömmliche Verfahren. Der Unterschied zum landrechtlichen Prozess des Sachsenspiegels ist offensichtlich. Wieweit sich durch die Öffnung im Magdeburger Verfahren der stadtrechtliche Prozess überhaupt umgestaltete und weiter entwickelte, muss hier dahingestellt bleiben. Zu vermuten ist aber, dass die Abschaffung des traditionellen Prozessformalismus eine neue Phase des Verfahrensrechts einleitete, indem nunmehr sachlichem Argumentieren Raum gegeben wurde. Typischerweise sollte es aber für die Eidesformeln auch nach dem Privileg bei der hergebrachten Formstrenge bleiben. Im Übrigen dürfte das Kaufleuten gewährte Privileg einer Befreiung von der *vare* im Zuge der Zeit gelegen haben: Heinrich der Löwe hat ein solches schon 1163 Lübeck, Kaiser Friedrich Barbarossa 1173 flämischen Kaufleuten und Wichmann 1174 den Bürgern von Jüterbog gewährt.[20] Offensichtlich sollten hier die rechtlichen Voraussetzungen für eine Ausdehnung des Handelsraums geschaffen werden.

Stadtrecht

Zurück zur unterschiedlichen Rechtsentwicklung. Das Beispiel aus dem Prozessrecht zeigt, dass Landrecht und Stadtrecht zwar die gleiche Ausgangslage haben, sich jedoch in verschiedener Richtung weiterentwickeln. Landrecht und Stadtrecht stehen für die beiden bedeutendsten Rechtskreise des Hoch- und Spätmittelalters. Umso erstaunlicher ist es, dass sich im Sachsenspiegel keinerlei Erwähnung oder Bezugnahme auf das Stadtrecht findet. Zwar erwähnt Eike eine Reihe sächsischer Städte, darunter auch Magdeburg, jedoch sind dies alles Pfalzen sowie Erzbischofs- und Bischofssitze (III, 62). Immerhin ist gelegentlich und am Rande von Burg, Stadt und Dorf die Rede, wobei aber unklar bleibt, ob mit dem Allerweltsbegriff »stat« tatsächlich eine Stadt im Rechtssinne bezeichnet wird (II, 71, 2 und 5; III, 66, 2). Einmal erscheint zwar auch der Begriff »wichbelde« (III, 87, 2), jedoch ist dieser Textteil ein später, nicht mehr von Eike verfasster Zusatz.

»Landrecht« ist bei Eike kein Komplementärbegriff zum Stadtrecht, sondern zum ritterlich-adeligen Sonderbegriff des »Lehnrechts«, gelegentlich noch zum geistlichen Recht und zum Dorfrecht. Ausdrücklich ausgeschieden hat er auch das Recht der »Dienstleute« unter Bischöfen, Äbten und Äbtissinnen (III, 42, 2). Im Sachsenspiegel gibt es nur Adlige, Dienstleute und Bauern. Man fragt sich also, wo die Bürger bleiben,

---

19 »Ut districtio, quae vara appellatur, solis juramentis, que rebus obtinendis vel abdicandis fieri debent, exceptis perpetualiter postposita sit.« Abgedruckt bei Diestelkamp (1967), S. 154, Nr. 94.
20 Beispiele bei Ebel (1975), S. 30; siehe auch Diestelkamp (1967), S. 141, 142. Kritisch, ohne allerdings den Quellenbefund bezweifelnd, Oestmann (2009), S. 29f.

zumal Eikes Familie nachgewiesenermaßen in Magdeburg Grundbesitz hatte.[21] Es bleibt der Eindruck, dass in Eikes konservativer Vorstellungswelt das Bürgertum als eigene Lebens- und Sozialform gar nicht existiert. Aus seinem Blickwinkel sind Städte herrschaftliche Burgen, in denen die »Bürger« eben Burgbewohner sind, eine Art Versorgungsmannschaft und als solche allenfalls Adressaten herrschaftlicher Privilegien. Für Eike sind die Bürger kein beachtlicher gesellschaftlicher Faktor, jedenfalls lassen sie sich keiner der von ihm angesprochenen Kategorien ernsthaft zurechnen. In seiner feudalen Denkweise ist der Verfasser des Sachsenspiegels entweder realitätsblind und auf eine alte Gesellschaftsordnung fixiert oder er ignoriert eine solche bewusst. Die Frage, in welchem Verhältnis Landrecht und Stadtrecht zueinander stehen, stellt sich für ihn gar nicht erst.

Sie stellte sich aber offensichtlich für Magdeburg und darüber geben die dort oder in deren Umkreis im 13. Jahrhundert entstandenen Rechtsbücher Auskunft, deutlicher noch die im letzten Drittel des 14. Jahrhunderts entstandene Weichbildglosse. Zum Magdeburger Weichbildrecht besteht nach wie vor Forschungsbedarf.[22] Tatsächlich ist die Quellenlage schwierig. Die Glosse nennt als Verfasser des Weichbilds einen *Burgardus Mangefelt professor theologiae und doctor decretorum unde legum*[23], der freilich bis anhin nicht identifiziert werden konnte. Eine Verbindung zum römischen und kanonischen Recht war ausdrücklich angestrebt, was bei der – freilich anachronistischen – Titulierung des rätselhaften Autors nicht erstaunt. So heißt es, dass dem Verfasser vom Kaiser aufgegeben war, »den Sachsenspiegel (zu) commentisieren und seine Satzung (zu) beweisen mit Legibus und mit Canonibus«.

Die Weichbildglosse dürfte im Gefolge der Buch'schen Sachsenspiegelglosse entstanden sein. Sie lehnt sich auch an deren römisch-rechtlich gelehrten Stil an. Erinnert man sich, dass der Sachsenspiegel überhaupt erst mit der Glossierung durch Johann von Buch die Bedeutung eines europäischen Rechtstextes erlangte[24], so wird auch der Stellenwert der Weichbildglosse einsichtig.

Die Erörterung des Verhältnisses von Sachsenspiegel-Landrecht und Weichbild wird in der Glosse eingeleitet mit der Feststellung, dass grundsätzlich neueres Recht älteres aufhebt, konkret:

Nachdem das denn den Sachsen ir Recht zuvor gesatzt was un auch den Landen bestettigt und nu dis Recht hernach sonderlich gesetzt ist und so denn ein ander Rechte gegeben wird, das eltest weichen muss.[25]

---

21 URKUNDENBUCH DER STADT MAGDEBURG (1892), Nr. 88.
22 Grundlegend bisher KROESCHELL (1960), S. 125. Im Stichwort »Magdeburger Recht« (Buchda, Weichbild nur beiläufig erwähnt); Stichwort »Weichbild« (Schmidt-Wiegand, nur philologisch behandelt), Stichwort »Weichbildglosse« (Munzel, ausführlicher). Vgl. OPPITZ (1990), S. 47f., 75f.; zusammenfassend auch LIEBERWIRTH (1993), S. 75.
23 Glosse zu Art. 10.
24 KROESCHELL (1977), S. 349–380, 375.
25 Glosse zu Art. 1., Blatt 1v.

Daraus ergibt sich konkret die Frage:

> Nu fragen wir, ob der Sachsenspiegel damit abgelegt sey, seit diß Privilegium [sc. das Stadtrecht] über jenes [sc. das Sachsenrecht] gegeben ist.

Die Glosse bezieht sich hier auf die dem römischen Recht entstammende Regel »Lex posterior derogat legi priori«.[26] Als einschlägige Quelle wird dazu gewöhnlich ein Modestinus-Fragment aus den Digesten angeführt.[27] Da es sich bei diesem jedoch um einen griechischen Text handelt und dieser folglich in den älteren Drucken und Handschriften nicht erscheint, kommt das Modestinus-Zitat als Referenz nicht in Frage. Vielmehr gelangte die Regel über das kanonische Recht in die mittelalterliche Gesetzgebungslehre. Dies zeigt eine Distinktion der Buch'schen Glosse zu Sachsenspiegel-Landrecht I, 14, 1, welches bestimmt, dass bei mehreren Söhnen der Lehnsherr nach Lehnrecht nur einen Sohn mit des Vaters Lehen belehnen kann, dass dieses aber nach Landrecht allen Söhnen zusteht. Johann von Buch nimmt dies zum Anlass, sich über die Konkurrenz von Gesetzestexten auszulassen. Unter Berufung auf eine Dekretale Papst Bonifaz' VIII. von 1301[28] führt er zur Derogationsregel aus:

> War dy pawes oder dy keyser setten ein recht, dat wedder en ander recht were, so were dat oldeste affgeleget, allene dat he van afflegunge nicht ensprke [...] Na dem so scholde hi dat landtrecht wiken, wen id dis elder wen id lenrecht.[29]

Die Frage, ob der Sachsenspiegel durch das Weichbildrecht abgelöst worden sei, wird nun in der Glosse folgendermaßen beantwortet:

> Hierzu sagen wir: Als die Stadt zu Magdeburg mit dem gegenwertigen Privilegium begnadet und bestetigt ist worden, da haben wir dis Privilegium mit Volwort der Fürsten und Keiser des Lands aus dem Landrecht gezogen, das wir den Spiegel heißen. Damit wir uns aber des Landrechten und Lehenrechtens noch des Sachsenspiegels nicht verziehen haben…

Die Beziehung zwischen den beiden Rechtsquellen wird zunächst so gesehen, dass das Weichbild die allgemeineren Bestimmungen des Landrechts auf die lokalen Verhältnisse anpasst. Das Weichbild ist demnach Lex specialis gegenüber dem Sachsenspiegel: »das diß Privilegium etwas sonderlichs hab in im selbs.« Als Beispiel wird die Urteilsschelte genannt, die nach Landrecht letztlich an den König (II, 12), nach Magdeburger Recht aber an die Pfalz geht. Die Urteilsschelte wird also grundsätzlich beibehalten, nur der Zugort wird entsprechend dem Magdeburger Usus modifiziert.

---

26 Die Regel findet sich bereits bei Livius, Ab urbe condita 9, 34, 7. Zur Thematik, wieweit neues Recht altes Recht ersetzen kann, vgl. Wolf (1973), S. 550ff.
27 Liebs (2007), L 43; Köbler (2009), S. 577.
28 c. 1 in VI de constitutionibus 1, 2. Das Summarium lautet: »Nova constitutio Principis tollit primam contrariam, quamvis id non exprimat.«
29 Buch (2002), S. 204.

Ferner enthalte das Weichbildrecht eine ausführlichere Darstellung zu solcher Materie, die im Landrecht nur kurz abgehandelt sei. Somit diene das Weichbildrecht der Komplettierung des Landrechts:

> So ist das Privilegium gesatzt zu einer Erfüllung des Sachsenrechts, also ob in dem Landrecht ichts mit kurtzen Worten begrieffen wär, das man das in diesem gegenwertigen Buch deste volkömlicher vernemen möcht.

Im dazu herangezogenen Beispiel wird der Landrechtsartikel II, 55 dem Weichbildrecht gegenüber gestellt. Die Bestimmung des Sachsenspiegels lautet: »Was der Bauermeister mit der Zustimmung der Mehrheit der Bauern zum Nutzen des Dorfes beschließt, dem darf die Minderheit nicht widersprechen.« Die Weichbildglosse äußert sich dazu folgendermaßen:

> Denn er hat in dem Landrecht kurtz gesatzt lib. 2, art. 60 [55] »was der Bauermeister etc«. Wiewol das er da hat berürt von dem, der der Gemeine vorstehen sol, so ists doch eigentlich nicht genug gethan mit den Worten, ob es gleich wol begrieffen ist volkömlich mit dem Sinne.

Hier kommt noch deutlicher zum Ausdruck, wie sehr gelehrte Hermeneutik am Werk ist. In der knappen Regelung zur Verfassung des Dorfes vermag sich die Stadt Magdeburg nicht mehr zu erkennen und man füllt daher diese Lücke im Sinne der Ratio des Landrechts durch eine umfassendere Regelung aus.

Umgekehrt ergehe sich das Landrecht gelegentlich in allzu wortreichen und überflüssigen Formulierungen, die das Stadtrecht begrifflich dann schärfer fasse. Die Glosse dazu lautet: »So ists darumb, das der Sinn, der in dem Landrecht über eine Sache an manchem End weitleufftig gesetzt ist, der ist mit kurtzen Worten begrieffen allhie an einer Stadt.« Gemeint ist damit auch, dass der Sachsenspiegel Bestimmungen enthält, für die man in der Stadt keine oder nur eine eingeschränkte Verwendung hat und die man daher kurz abtun kann. Ein Beispiel wird dazu nicht geliefert.

Schließlich resümiert die Weichbildglosse:

> Durch dieser Ursach willen und anderer viel mehr, so ist dieses Privilegium bestetiget und ist aber nicht wider den Sachsenspiegel, sondern es ist mehr ein Ausweisung des Sechsischen Rechts.

Die Gesetze bedürften der Kommentare, welche

> dieselben erleuchten und auslegeten. [Daher] ist auch diß Buch ein Commentarium des Sachsenspiegels. Und wenn man denn dis erkent und weis, so hat man jenes deste ringer zu vernemen [verstehen]. Und dies ist die Ursach dieses Buches.

Nach diesem Verständnis ist das Weichbildrecht also lediglich eine Konkretisierung und Veranschaulichung des Sachsenspiegel-Landrechts, dessen grundsätzliche Geltung selbst in keiner Weise in Frage gestellt wird.

Spruchrecht

Bei aller Diskussion um Landrecht und Stadtrecht darf man nicht vergessen, dass die mittelalterliche praktische Rechtskultur schwerpunktmäßig eine Spruchkultur, d.h. primär Fallrecht – »case law« – war. Landrecht war, was die Landgerichte als Recht erkannten, Stadtrecht war, wenn die Stadtgerichte Recht sprachen. Es ist aber eine romantische, wenn vielleicht auch nicht ganz falsche Vorstellung, dass die Schöffen aus einem reinen Rechtswissen heraus Recht sprachen. Das mochte in einfacheren Verhältnissen und vor allem dort, wo es lediglich um Verfahrensschritte ging, noch hingehen. Sobald jedoch das Recht an Komplexität zunahm, was für städtische wie für ländliche Verhältnisse gilt, musste auf informative Auskunftsmittel zurückgegriffen werden. Dies konnte geschehen durch Anfrage an rechtskundigen Stellen (Schöffenstühlen, Oberhöfen) oder durch Rückgriff auf schriftlich fixiertes Informationsmaterial. Letzteres umfasste ein breites Spektrum von Rechtsbüchern verschiedenster Art, Spruch- und Präjudiziensammlungen usw., wobei sich die Unterscheidung etwa in Stadt- und Landrechte, aber auch Gesetze oft relativiert.

Ein wichtiges, jedoch wenig erforschtes Gebiet ist die Frage, auf welchem intellektuellen und medialen Hintergrund die Schöffen urteilten, zumal jene die als Oberhof fungierten. Welche Vorbildung hatten sie? Wie arbeiteten sie sich in ihre Tätigkeit ein? Wie groß war der Arbeitsaufwand? Auf welche Rechtsprechungshilfen in Form von Entscheidungssammlungen – etwa in der Art der englischen und französischen »records« – oder in Form von Rechtsbüchern, Remissorien, Abecedarien und sonstigen Sammlungen konnte zurückgegriffen werden. Gerade Magdeburg hätte dafür die besten Informationen liefern können. Leider ist jedoch das Schöffenarchiv im großen Brand von 1631 untergegangen, so dass uns dieser Erkenntnisweg ein für allemal verschlossen bleibt. Wieweit die erhaltenen Hallischen Schöffenbücher[30] diesbezüglich ergiebig sind, wäre zu untersuchen.

Einen Eindruck mag die Vorrede des Breslauer Schöffen Kaspar Popplau († 1499)[31] zu seinem Remissorium von 1490 geben.[32] Ein Remissorium ist ein alphabetisch angeordnetes Findbuch, das den Zugang zu vorhandenen Rechtsquellen erschließen soll. Popplau leitete das Tuchhandelsunternehmen seiner Familie und gehörte der städtischen Oberschicht an. Er bekleidete verschiedene öffentliche Ämter, die auch eine Rechtsprechungstätigkeit umfassten. So war er Schöffe beim Stadtgericht und Beisitzer des Breslauer Hof- und Mannengerichts (Landgericht). Ferner war er auch Mitglied des Rats. Die Bescheidenheitsformel der Vorrede darf nicht darüber hinwegtäuschen, dass er über einen Bildungshintergrund verfügte. 1454 ist er als Student der Universität Krakau nachgewiesen und er scheint auch entgegen seiner Beteuerung

---

30 Dazu LÜCK (2012), S. 24.
31 Zur Person: SCHELLING-SCHIEWER (1989), Sp. 785ff.
32 OPPITZ (1990), S. 79. Dietlinde Munzel, HRG Stichwort »Remissorien«.

Lateinkenntnisse gehabt zu haben. Die lange Vorrede[33] lautet in heutige Sprachform übertragen folgendermaßen:

> Da ich Unwürdiger zum Schöffen im Stadtgericht gewählt und auch ins Landgericht bestellt worden bin und somit Urteile finden und sprechen muss, jedoch so dass meine Unwissenheit den Leuten und Gerichtsbeisitzern nicht zum Schaden gereiche und dass ich nicht nur aufs Geratewohl oder nach Belieben Urteil finde und, obwohl ich ungelehrt bin und das lateinische Kaiserrecht nicht lesen und verstehen kann, so habe ich mir doch den deutschen Sachsenspiegel vorgenommen und durchgelesen mitsamt der auf kaiserlichem und geistlichem Recht beruhenden Glosse, ferner das Weichbildrecht mit der Glosse, das Lehnrecht und dessen Glosse, dann das Landrecht, das die ehrbaren sechs Männer, drei vom Land und drei von der Stadt Breslau, nach des Königs Johann Anordnung auf der Grundlage des Sachsenspiegels verfasst, in kleinere Kapitel umgesetzt und durch einige besondere Kapitel ergänzt im Jahre 1356 diesem Land als Recht gesetzt haben. Desgleichen habe ich gelesen das Breslauer Stadtrecht, das der gute Herzog Heinrich (von Schlesien) von den Bürgern von Magdeburg erhalten und 1251 seiner Stadt Breslau bestätigt hat. Auch habe ich aufs Genaueste gesichtet die Stadtprivilegien und etliche Satzungen. Dazu habe ich mehr als 1600 Urteile gesammelt und in Buchform gebracht, nämlich Urteile der hochweisen Schöffen von Magdeburg und der ehrbaren Mannen zu Dohna sowie etliche Breslauer Urteile nebst etlichen Privilegien und Satzungen, dazu ferner 300 Regeln des Kaiserrechts.

Popplau bietet hier einen ganzen Thesaurus an Rechtserkenntnisquellen. Wie in der Vorrede angesprochen, hat er darüber hinaus selbst ein Rechtsbuch verfasst, genannt »Der Rechte Weg«[34], in welchem unter anderem zahlreiche Schöffensprüche aus Magdeburg, Breslau, Leipzig, Halle, Liegnitz, Oels und Dohna erfasst sind. Popplaus Vorrede wie überhaupt seine Werke sind bedeutende Dokumente für das spätmittelalterliche Schöffenprofil und den Rechtsstil der Land- und Stadtgerichte.

»Stadtrecht und Landrecht«

Zum Schluss soll nochmals in Kürze auf die Begriffe Stadtrecht[35] und Landrecht[36] eingegangen werden. Grundsätzlich bedeutet Landrecht das Recht, das im Lande gilt, und es grenzt sich ab von Sonderrechten. Wo sich ein Sonderrecht ausbreitet, wird es als solches nicht mehr wahrgenommen, sondern steht neben dem Landrecht. Das gilt vor allem für das Stadtrecht. So heißt es in Art. 1 des Weichbilds:

> Das Recht ist dreierley: Gottes Recht ist das erst, Marck(t)recht das ander, Landrecht das dritte.[37]

---

33 Text nach GAUPP (1828), S. 211f.; vgl. auch SCHOTT (2001), S. 134ff.
34 EBEL (2000).
35 Überblick in HRG Stichwort »Stadtrecht« (Gerhard Dilcher).
36 Überblick in HRG Stichwort »Landrecht« (Adolf Laufs und Klaus-Peter Schroeder).
37 Im Druck steht »Marckrecht«, in der Edition DANIELS/GRUBER (1858), Sp. 63, richtiger »Marktrecht«.

Zum Marktrecht wird näher ausgeführt:

> Marktrecht ist dieses, das die Marktleut hievor bey den alten Gezeiten untereinander gesetzt haben von ir selbs Wilkür (von alter Gewohnheit) nach Karolus Recht als die von Cöln über Rhein, die von Magdeburg und ander guten Stedt.«

In einem lateinischen Paralleltext des 15. Jahrhunderts wird das Marktrecht mit »ius civile et municipale« wiedergegeben.[38] Nach der Weichbildglosse ist Marktrecht »Stadtrecht« und »diß ist ius civile genant und heist darumb Stadtrecht, das es ein jegliche Stadt selbs wilkört von göttlicher Anweisung nach irem Gutdüncken«. »Willkürrecht« bedeutet, »das die Stedt einen Teil halten nach dem gemeinen Recht und ein Teil nach irer selbst Wilkör.« Mit »gemeinem Recht« dürfte hier wohl – auch – das Landrecht gemeint sein. Nach Art. 6 des Weichbilds sei das Weichbildrecht in Babylon, der ersten Weltstadt entstanden und war gemäß der Glosse »genant Jus municipale und heist auch Jus civile«.[39]

Die dritte Art von Recht ist »Landrecht«, das hier allerdings nicht eigentlich auf den Sachsenspiegel bezogen wird: »Landrecht ist dis, das die Landleut unter in selbst gesetzt haben.« Die lateinische Fassung spricht von »ius provinciale«.[40] Nach der Glosse handelt es sich dabei freilich um das »ius gentium, und ist des Volcks gemein Recht, das Recht ist auch gemein allen Leuten.«[41] Es »heist darumb des Volcks Recht, weil es alle Völcker halten«. Es hat »seinen Ursprung von dem natürlichen Rechten« und das Naturrecht ist wieder »Gottes Recht«.

Diesem »dreierlei Recht« werden in der Weichbildglosse nochmals drei weitere Unterscheidungen angefügt, nämlich »Ritterrecht, das wir auch Lehenrecht heißen«, »offenberlich Recht (ius publicum)« und »Römisch Recht (ius quiritum)«. Bemerkenswert ist dabei, dass das Lehnrecht hier nicht mehr als Gegenstück zum Landrecht verstanden wird, sondern in eine marginale, nahezu erratische Position geraten ist.

Die hier vorgenommene Unterteilung liegt offenkundig auf einer ganz anderen Diskursebene als der Text des Weichbilds. Der Glossator demonstriert damit theologische und juristische Gelehrsamkeit, indem er verkürzt die christliche Lehre von der Normtrias wiedergibt und sich gleichzeitig an der Rechtsquellenlehre der römischen Institutionen orientiert.[42] Das Ganze hinterlässt einen gekünstelten Eindruck und wirkt durch die Vermengung der Textsorten eher verwirrend als klärend. Im Übrigen sind die belehrenden Ausführungen des Verfassers keineswegs originell, sondern sind weitgehend eine Anlehnung an den Buch'schen Glossentext zum Sachsenspiegel.[43] Dieser erweist sich seinerseits größtenteils wiederum als eine Übernahme des Titels »De iure naturale et gentium et civile« der Justinianischen Institutionen[44], angereichert um bib-

---

38 DANIELS/GRUBER (1858), Sp. 64. Vgl. OPPITZ (1990), S. 48.
39 Blatt 10r.
40 DANIELS/GRUBER (1858), Sp. 64.
41 Blatt 2v.
42 Institutionen I, 2.
43 Wie Anm. 15, S. 111ff.

lisches und kanonistisches Textgut. Die Weichbildglosse unternimmt darüber hinaus den Versuch, eine Verbindung zum »bodenständigen« Sprachverständnis herzustellen, indem sie nochmals den Unterschied zwischen Weichbildrecht und Landrecht erklärt: »Nach Weichbildrecht beruffet man sich von einer Stadt zu der andern, nachdem dass die stedt ausgesetzt sind und kompt zuletzt bis gen Magdeburg auf die Pfaltz oder für den König.«[45] Es handelt sich hier um eine Wiederholung des oben bereits geschilderten Verhältnisses der beiden Rechtskreise.

Der Verfasser der Weichbildglosse sieht sich immer wieder mit verschiedenen Begriffen des »Landrechts« konfrontiert und wechselt dann die Perspektive. Ein Beispiel ist die Bestimmung in Sachsenspiegel-Landrecht I, 30, wonach jeder eingewanderte Mann Erbe empfängt »in deme lande to Sassen na des landes rechte und nicht na des mannes rechte«. Die Buch'sche Glosse gibt dazu folgenden Kommentar: »dat dis privilegium is gegeven deme lande und nicht den luden«.[46] Dies übernimmt die Weichbildglosse und doppelt begrifflich im Sinne des kanonischen Rechts nach:

> Und darnach, als dis Recht ausweiset, wie diß Privilegium und der Sachsenspiegel gegeben ward dem Land zu Sachsen, demnach heist es auch Jus privatum und der Sachsen Privilegium, ut Landrecht lib. I, art 1. Denn es ward dem Land zu Sachsen gegeben, ut Landrecht lib. I, art 30. Und bedeutet ein sonderlich Recht, das man Leuten oder Landen gibt, ut 3. distin. c. Privilegia [= c. 3 D. 3]: leges sunt privatorum.[47]

Die Weichbildglosse zeigt, dass der Begriff des Stadtrechts eher mehr Konturen aufzuweisen hat als der Begriff des Landrechts. Wie sehr Letzterer variieren kann, sei schließlich an einem Beispiel illustriert, das allerdings geografisch, nicht aber sachlich weitab vom sächsischen Rechtsraum genommen ist. Nach dem Landrecht des Sachsenspiegels hat der Fronbote, der als Henker amtiert, das Recht, jeden zehnten Hinrichtungskandidaten zu begnadigen und ihm gegen Lösegeld die Freiheit zu geben (III, 56, 3).[48] Der bedeutendste Ableger des Sachsenspiegels ist der so genannte Schwabenspiegel, der erst seit dem 17. Jahrhundert in Abgrenzung zum norddeutschen Sachsenspiegel so genannt wird. Das süddeutsche Rechtsbuch bezeichnet sich selbst meist als »Kaiserrecht«[49] und führt seinen Ursprung wie der Sachsenspiegel auf Kaiser Karl den Großen zurück. Der Schwabenspiegel besteht wie sein Vorbild aus einem Landrecht und einem Lehnrecht. Vom Elsass bis Schlesien und insbesondere in der Schweiz repräsentierte er das »Landrecht« schlechthin und trat sogar zum Sachsenspiegel in Konkurrenz. Das oben erwähnte Zehntrecht des Fronboten wird nun vom Schwabenspiegel übernommen und es heißt von den Henkern: »unde ist ir reht, alse einer nun mannen oder wiben den lip genimet, so

---

44 Inst. 1, 2.
45 Blatt 20r.
46 BUCH (2002), S. 294.
47 Blatt 10r.
48 Vgl. NEIDERT (1982).
49 Dazu grundlegend KRAUSE (1952), insbes. S. 87ff.

ist der zehnde sin, den loese man von im, als er statte an im vinde«.[50] Soweit die Vorgeschichte.

1444 führte Zürich zusammen mit Österreich gegen Schwyz und die mit diesem verbündeten übrigen Eidgenossen Krieg. In dessen Verlauf belagerten die Eidgenossen die zürcherische Burg Greifensee, deren Besatzung sich schließlich ergeben musste. Der Kriegsrat verurteilte die gesamte Besatzung zum Tode und der Henker musste sogleich mit seiner blutigen Tätigkeit beginnen. Nach dem Bericht des Chronisten Gerold Edlibach (1485/86)[51] hatte jedoch der Scharfrichter großes Erbarmen mit den Gefangenen. Als er nun an den zehnten Mann kam, hielt er inne und meinte, »den nach *kaiserlichem rechten* [also nach Schwabenspiegel] zu zehnten zu nemmen«. Da aber erklärte der Schwyzer Hauptmann Reding: »Wir han *landrecht,* darum richt für dich und schwig'.« Bei jedem zehnten Mann wiederholte sich der Vorgang. Schließlich wurden außer einem alten Mann und einem Knaben alle 62 Leute enthauptet. Darf auch das Beispiel nicht überbewertet werden, so zeigt es doch, wie selektiv der Begriff »Landrecht« gehandhabt werden konnte.[52] Dieser Exkurs führt insofern wieder auf das Ausgangsthema zurück, als die Augsburger Minoriten, in deren Kreis der Verfasser des Schwabenspiegels zu suchen ist, enge Beziehungen zu den rechtskundigen Magdeburger Minoriten pflegten, was die Vermutung nahe legt, dass der Transfer des Sachsenspiegels nach Süddeutschland auch diesen Weg genommen hat.[53]

---

50 Art . 126, zitiert nach der Ausgabe Frhr. v. Lassberg, 1840 (Neudruck Aalen 1961), S. 62.
51 GAMPER (2004), S. 56.
52 SCHOTT (1983), S. 17–45, 30f. Abwegig ist die These NEIDERT (1982), S. 65f., wonach sich die Äußerung Redings gegen Habsburg, Kaiser und Reich gerichtet habe.
53 KROESCHELL (1986), S. 7.

Literatur

Buch (2002): Glossen zum Sachsenspiegel-Landrecht: Buch'sche Glosse Teil 1, hg. von Frank-Michael Kaufmann, Hannover 2002.

Carls (2010): Wieland Carls: »Hy hebit sich an magdburgisch recht«. Wege eines europäischen Rechts und seiner Erforschung, in: Denkströme. Journal der Sächsischen Akademie der Wissenschaften 5, Leipzig 2010, S. 139–155.

Conring (1730): Hermann Conring: Dissertatio de Judiciis Reipublicae Germanicae habita X. Aprilis Anni 1647 respondente Christophoro Ulrico von Burgstorff Equite Marchico, in: Hermann Conring Opera, hg. von Johann Wilhelm Goebel, Bd. II, Braunschweig 1730.

Daniels/Gruber (1858): Das Sächsische Weichbildrecht. Ius Municipale Saxonicum, hg. v. Alexander v. Daniels und Franz v. Gruber, Berlin 1858.

Diestelkamp (1967): Bernd Diestelkamp: Elenchus Fontium Historiae Urbanae I, Leiden 1967.

Dusil (2012): Stephan Dusil: Das hallische Stadtrecht und seine Verbreitung im Mittelalter: Forschungsstand, Fragen, Perspektiven, in: Lück (2012), S. 37–60.

Ebel (1975): Wilhelm Ebel: Recht und Form. Vom Stilwandel im deutschen Recht, Tübingen 1975.

Ebel (2000): Friedrich Ebel (Hg.): Der Rechte Weg. Ein Breslauer Rechtsbuch des 15. Jahrhunderts, Köln 2000.

Eckhardt (1973): Karl August Eckhardt: Sachsenspiegel Landrecht (= Monumenta Germaniae Historica, Fontes Iuris Germanici Antiqui, Nova Series I, 1), 3. Ausgabe, Göttingen/Frankfurt 1973, S. 72.

Gamper (2004): Gertraud und Rudolf Gamper: Gerold Edlibach, in: Historisches Lexikon der Schweiz 4, Basel 2004.

Gaupp (1828): Ernst Theodor Gaupp: Das schlesische Landrecht oder eigentlich Landrecht des Fürstentums Breslau von 1356, an sich und seinem Verhältnisse zum Sachsenspiegel dargestellt, Leipzig 1828.

HRG: Handwörterbuch zu Deutschen Rechtsgeschichte, Berlin 1971–98.

Kannowski (2008): Bernd Kannowski: Europäisches Rechtsdenken bei Johann von Buch, in: Heiner Lück (Hg.): Tangermünde, die Altmark und das Reichsrecht. Impulse aus dem Norden des Reiches für eine europäische Rechtskultur (= Abhandlungen der Sächsischen Akademie der Wissenschaften, Phil.-Hist. Klasse 81/1), Stuttgart/Leipzig 2008, S. 77–91.

Köbler (2009): Gerhard Köbler: Zielwörterbuch europäischer Rechtsgeschichte, Gießen ^{5}2009.

Krause (1952): Hermann Krause: Kaiserrecht und Rezeption (= Abhandlungen der Heidelberger Akademie der Wissenschaften, Phil.-hist. Klasse 1952/1), Heidelberg 1952, insbes. S. 87ff.

Kroeschell (1960): Karl Kroeschell: Weichbild. Untersuchungen zur Struktur und Entstehung der mittelalterlichen Stadtgemeinde in Westfalen, Köln/Graz 1960.

Kroeschell (1977): Karl Kroeschell: Rechtsaufzeichnung und Rechtswirklichkeit. Das Beispiel des Sachsenspiegels, in: Recht und Schrift im Mittelalter, hg. von Peter Classen (= Vorträge und Forschungen 23), Sigmaringen 1977, S. 349–380.

Kroeschell (1986): Karl Kroeschell: Rechtswirklichkeit und Rechtsüberlieferung. Überlegungen zur Wirkungsgeschichte des Sachsenspiegels, in: Text-Bild-Interpretation. Untersuchungen zu den Bilderhandschriften des Sachsenspiegels, hg. von Ruth Schmidt-Wiegand, I, Textband, München 1986, S. 1–10.

Lieberwirth (1993): Rolf Lieberwirth: Die Wirkungsgeschichte des Sachsenspiegels, in: Kommentarband zur Faksimile-Ausgabe der Wolfenbütteler Bilderhandschrift des Sachsenspiegels, Berlin 1993.

Liebs (2007): Detlef Liebs: Lateinische Rechtsregeln und Rechtssprichwörter, München ^{7}2007, L 43.

Lück (1990): Heiner Lück: Das Denkmal des Magdeburger Rechts in Kiew, in: Forschungen zur Rechtsarchäologie und Rechtlichen Volkskunde 12, Zürich 1990, S. 109–119.

Lück (2012a): Heiner Lück (Hg.): Halle im Licht und Schatten Magdeburgs. Eine Rechtsmetropole im Mittelalter (= Forschungen zur Hallischen Stadtgeschichte 19), Halle (Saale) 2012.

Lück (2012b): Heiner Lück: »sollen alle dy von Polen unde die von Behemen…ir recht zu Halle holen«. Zeugnisse und Erwägungen für Halles Standort in der Magdeburger Rechtsfamilie, in: Lück (2012a).

Munzel-Everling (2005): Dietlinde Munzel-Everling: Rolande. Die europäischen Rolanddarstellungen und Rolandfiguren, Dößel 2005.

Neidert (1982): Manfred Neidert: Das Recht des Fronboten auf den Henkerszehnt: eine Untersuchung des Lösungsrechts nach Sachsenspiegel 3.56.3 und verwandten Rechtsquellen, Frankfurt a.M. 1982.

Oestmann (2009): Peter Oestmann: Die Zwillingsschwester der Freiheit. Die Form im Recht als Problem der Rechtsgeschichte, in: Peter Oestmann (Hg.): Zwischen Formstrenge und Billigkeit. Forschungen zum vormodernen Zivilprozess, Köln/Weimar/Wien 2009, S. 1–54.

Oppitz (1990): Ulrich-Dieter Oppitz: Deutsche Rechtsbücher des Mittelalters, Bd. I: Beschreibung der Rechtsbücher, Köln/Wien 1990.

Pomarius (1589): Johannes Pomarius: Chronica der Sachsen und Nidersachsen, Wittenberg 1589.

Repgow (2006): Eike von Repgow: Der Sachsenspiegel, hg. von Clausdieter Schott, Zürich ^{4}2006.

Schelling-Schiewer (1989): Renate Schelling-Schiewer: Popplau, Kaspar, in: Die deutsche Literatur des Mittelalters, Verfasserlexikon 7, ^{2}1989.

Schott (1983): Clausdieter Schott: Wir Eidgenossen fragen nicht nach Bartele und Baldele, in: Gerichtslauben-Vorträge. Freiburger Festkolloquium zum 75. Geburtstag von Hans Thieme, hg. von Karl Kroeschell, Sigmaringen 1983, S. 17–45.

Schott (2001): Clausdieter Schott: Rechtsgeschichte. Texte und Lösungen, Zürich ^{8}2001.

Schott (2007a): Clausdieter Schott: Weistum und Oberhof. Der Rechtszug von Weiler nach Hilsbach, in: Worte des Recht. Wörter zur Rechtsgeschichte. Festschrift für Dieter Werkmüller, Berlin 2007, S. 359–367.

Schott (2007b): Clausdieter Schott: Weltgeschichte des Rechts – Das Recht in der Schedelschen Weltchronik, in: Markus Stepan; Helmut Gebhardt (Hg.): Zur Geschichte des Rechts. Festschrift für Gernot Kocher zum 65. Geburtstag, Graz 2007, S. 423–434.

Stobbe (1860): Otto Stobbe: Geschichte der deutschen Rechtsquellen I, Braunschweig 1860.

Urkundenbuch der Stadt Magdeburg (1892): Urkundenbuch der Stadt Magdeburg I, hg. von G. Hertel, Halle 1892 (Nachdruck Aalen 1975), Nr. 88.

Weitzel (1980): Jürgen Weitzel: Zum Rechtsbegriff der Magdeburger Schöffen, in: Dietmar Willoweit; Winfried Schich (Hg.):Studien zur Geschichte des sächsisch-magdeburgischen Rechts in Deutschland und Polen, Frankfurt a.M. u.a. 1980.

Wolf (1973): Armin Wolf: Die Gesetzgebung der entstehenden Territorialstaaten, in: Helmut Coing (Hg.): Handbuch der Quellen und Literatur der neueren europäischen Privatrechtsgeschichte I: Mittelalter. München 1973, S. 550–800.

Schöffenbuch, Stadtrecht und Landrecht in Burg

Adrian Schmidt-Recla, Leipzig

Einleitung

Normative mittelalterliche Quellen (Stadtrechte, Landrechte) geben Auskunft über die Stadt-, Land- und Gerichtsverfassung. Jedoch müssen Normativtexte – das zeigen auch die Beiträge in diesem Band für die im Jahre 948 in der ottonischen Stiftungsurkunde für das Bistum Brandenburg erstmals erwähnte Stadt Burg exemplarisch – nicht unbedingt das tatsächlich geübte Recht widerspiegeln und sie lassen den Historiker dann fragend zurück, wenn er Lücken entdeckt, die mit den Normativtexten nicht geschlossen werden können. Für Burg betrifft das schon die grundsätzliche Frage, ob das »Burger Landrecht« als Recht für eine autonome Selbstverwaltungskörperschaft (die Stadt) oder als Recht für das in eine Grundherrschaft eingebundene Land um Burg verstanden werden soll. Dass das bei Burg eng mit der Siedlungsgeschichte[1] verknüpft ist, soll hier nicht weiter ausgeführt werden. Für die Beantwortung solcher Grundfragen wird in der rechtshistorischen Forschung bislang nur selten versucht, den in einem konkreten, eng umrissenen Territorium tatsächlich geübten Rechtsverkehr mit dem Normativbestand zu vergleichen. In Burg bietet sich diese Möglichkeit – freilich nur ansatzweise anhand eines Fragments eines »Schöffenbuches«, das dem Leser in insgesamt 81 Einträgen Beurkundungstätigkeiten (wahrscheinlich) eines Gerichts aus der Zeit von Ende 1394 bis Anfang 1396 widerspiegelt. Der moderne Jurist würde das, was hier niedergeschrieben ist, als Beurkundung von Rechtsgeschäften bezeichnen, die aus irgendeinem Grund für beurkundungswürdig oder -pflichtig gehalten worden sind und diese Tätigkeit der heute sogenannten freiwilligen Gerichtsbarkeit zuordnen.

Voraussetzung für den Vergleich wäre, dass die Einträge des Schöffenbuchfragments und auch das Burger Landrecht (oder weitere Normativordnungen wie das Magdeburger Stadtrecht oder das Sachsenspiegelrecht) sich auf dasselbe Gebiet beziehen. Für das Burger Landrecht kann das fraglich sein, möglicherweise bietet aber das Schöffenbuchfragment einen Ansatz, hier ein kleines Stück voranzukommen.

Stadt- und Schöffenbücher

Der erste Blick in diesem Beitrag soll den Quellen gelten, zu denen das Burger Fragment gerechnet werden kann. Die schriftliche Überlieferung von Zeugnissen Recht sprechender und Recht anwendender Institutionen im Erzbistum Magdeburg[2]

---

1   Die Ansiedlung flämischer Siedler in Burg und seinem Umland durch die Magdeburger Erzbischöfe ist ein auch populärwissenschaftlich bekannter Umstand.
2   Überblick bei SCHMIDT-RECLA (2011), S. 470–484.

beginnt um das Jahr 1255 mit der Stadt Neuhaldensleben. Wann in Burg erstmals damit begonnen wurde, die Tätigkeit eines Schöffen- oder eines Stadtgerichts aufzuzeichnen, ist heute unbekannt. Parallelen aus dem Erzbistum Magdeburg sprechen dafür, diesen Zeitpunkt auch für Burg in die Mitte des 13. Jahrhunderts zu legen.

Allgemeines

Die Probleme beginnen bei den Parametern, nach denen schriftliche Zeugnisse des tatsächlichen Rechtsverkehrs geordnet werden sollen. Die rechtshistorische Literatur unterscheidet für das späte Mittelalter Statutenbücher, Justizbücher, Verwaltungsgeschäftsbücher und Hypotheken- und Testamentsbücher[3] oder nach anderer Systematik Bücher, die sich auf die Verfassung der Stadt und ihr Recht, auf das Ämterwesen und die Bürgergemeinde beziehen, Stadtverwaltungsbücher, Rechtsprechungsbücher in Zivil- und Strafsachen, Bücher der freiwilligen Gerichtsbarkeit und Stadtfinanzbücher.[4] Die mittelalterlichen Bücher wurden jedoch uneinheitlich als »Stadtbuch«, »Ratsbuch«, »Schöffenbuch« oder »Dingbuch« bezeichnet. Manchmal trugen sie sprechende Namen wie die aus Breslau bekannten Bücher »struppige Hilde« und »nackter Lorenz«.[5] Für die Gerichtsverfassung einer konkreten Gemeinde wichtiger als die Zuordnung eines Buches zu einer dieser Gruppen ist die Frage, ob und wie Stadt- bzw. Ratsbücher von Schöffen-, Ding- bzw. Gerichtsbüchern unterschieden werden können. Diese Frage kann beantwortet werden, wenn zwei Zwischenfragen geklärt sind: Welche Körperschaft der mittelalterlichen Stadt hat das fragliche Buch geführt?[6] Und welchen Charakter hatten die Einträge, die von dieser Körperschaft vorgenommen worden sind? Beide hängen miteinander zusammen. Auch für die Beurteilung des Burger Fragments und für seine Aussagekraft ist das entscheidend.

Ein Gerichtsbuch kann einerseits von dem unter Königsbann abgehaltenen grundherrlichen Gericht, von der Schöffenbank mit dem Gerichtsherrn selbst oder seinem Vertreter als Richter geführt worden sein. Die grundherrliche Gerichtsbarkeit bestand aus der mit schwerem Unrecht befassten Hochgerichtsbarkeit, die der Gerichtsherr selbst oder sein direkter Vertreter (in Magdeburg der Burggraf, in vielen Städten des Magdeburger Rechtskreises ein landesherrlicher Vogt, ein *advocatus*) abhielt und der mit dem streitigen und dem nichtstreitigen Privatrecht und leichterem Unrecht befassten Niedergerichtsbarkeit, die häufig der Schultheiß (der *sculte* oder *scultete*) als Lehnsmann des Grundherrn abhielt. Beide, Vogt und Schultheiß, entschieden in streitigen Angelegenheiten nicht selbst als kompetente Richter (römisch-kanonischen Zuschnitts); sie leiteten die Entscheidungsfindung durch die Schöffen, die *scabini* (*schepfen*) des grundherrlichen Gerichts. Städtische Schöffenbänke unterschied sich

---

3   So KLÖTZER (1990), Sp. 1849f.
4   So BEYERLE (1910), S. 145, 192–198.
5   Solche Titel können sich auf die Bindung der Bücher zurückführen lassen (blankes Leder oder Leder mit Tierhaaren).
6   So schon REHME (1916), S. 32.

dabei in gerichtsverfassungsrechtlicher Sicht nicht von Dorfschöffenbänken[7], solange die Schöffen nicht mit *iurati*, den Geschworenen, vermischt wurden.

Als buchführende Körperschaft in Betracht kommt andererseits das kommunale Korporativorgan der Stadt – der von den Bürgern gewählte Rat, der über die von den Bürgern aufgrund der grundherrlichen Privilegierung selbst gesetzten Statuten und Willküren ohne Königsbann entschied. Die Funktion dieser beiden Gremien und ihre jeweilige Rechtsprechungskompetenz zieht den Charakter der Einträge in den meisten Fällen nach sich. Für Burg ist hierzu für das späte Mittelalter wenig bekannt: Ein Rat als Selbstverwaltungskörperschaft führt jedenfalls erst seit etwa 1400 ein eigenes Siegel.

Es darf davon ausgegangen werden, dass Schöffenbücher immer von dem mit Richter und Schöffen besetzten herrschaftlichen (dem grundherrlichen) Gericht geführt wurden. Wurde ein Buch bereits von der buchführenden Körperschaft selbst als Schöffenbuch bezeichnet, liegen nach der Erfahrung des Autors nur selten Falschbezeichnungen vor. Anders ist es, wenn für das Buch eine andere Bezeichnung gewählt wurde. Dann kommt es auf die Körperschaft an, die das Buch führte und die den (evt. falschen) Titel gewählt hat. Auch Bücher, die sich Stadtbücher nennen, die aber von den Schöffen geführt worden sind, sind demnach (unechte) Schöffenbücher. Echte Stadtbücher dagegen wurden nicht von den Schöffen, sondern vom aus Bürgermeister und Ratmännern gebildeten Rat der betreffenden Stadt geführt. Allerdings können hierbei zwei Probleme auftreten. Es handelt sich erstens um die Auswirkungen von praktischen Kompetenzüberlagerungen zwischen Rat und Schöffen (Personalunion) und zweitens um die Auswirkungen der Exemtion einer Gemeinde von der grundherrlichen Hoch- und/oder Niedergerichtsbarkeit.

Personalunion als Problem
Überschneidungen konnten auftreten, wenn das (historisch meist ältere) Schöffenkollegium und das (historisch meist jüngere) Ratskollegium nicht voneinander getrennt gefasst werden können, sondern Personalunion bestand. Nachgewiesen ist die stadt- und gerichtsverfassungsrechtliche Trennung beider Kollegien zwar für viele Städte.[8] Tatsächlich ist es jedoch nicht nur in kleineren, sondern mitunter auch in den größeren Städten so gewesen, dass Rats- und Schöffenkollegium sich temporär personell überschnitten. Das dürfte schon daran liegen, dass nicht selten das Schöffenkollegium auch die Keimzelle für das Ratskollegium gewesen sein dürfte. So erscheinen in Magdeburg die Ratsherren neben den Schöffen 1244, in Halle 1258 und in Leipzig 1270.[9] Größere Gemeinden waren aber in der Lage, die Kollegien zu trennen. Diese Trennung wird als das markanteste Beispiel magdeburgischen Stadtverfassungsrechts bezeichnet, das sich in den Tochterstädten regelmäßig wiederfinde.[10] In Magdeburg

---

7 WEITZEL (1990), Sp. 438–442.
8 Für die Oberlausitz nun eingehend VON SALZA UND LICHTENAU (2011), S. 105–185.
9 URKUNDENBUCH LEIPZIG, S. XXIX.
10 LÜCK (1998), S. 32.

wurde sie nach schweren Auseinandersetzungen 1294 vollzogen.[11] In Leipzig löste der grundherrliche Schultheiß 1263 den Vogt als Richter ab und stand auch dem 1270 erstmals erwähnten Rat aus zwölf *consules* vor. In diesem Rat unter dem Vorsitz des Schultheißen tauchte 1292 ein *magister civium* auf und seit 1301 urkundete der Rat ohne den Schultheißen.[12] Zumindest in der Person des Schultheißen überschnitten sich die Kollegien also temporär personell. Auch dürften Ratsherren und Schöffen sich von 1263 bis 1270 personell kaum unterschieden haben. Dem darf entnommen werden, dass die Schöffen, die zeitweilig einen nur noch für sie und nicht mehr für ein größeres Territorium zuständigen grundherrlichen Richter hatten, die personelle Keimzelle für den Rat bildeten, für einen Übergangszeitraum parallele Aufgaben wahrnahmen und, sobald sich die Ratsverfassung gefestigt und der Rat die auf die eigenen Angelegenheiten (Willküren) bezogene Rechtsprechungskompetenz erworben hatte, auf ihre rechtsprechende Tätigkeit zurückverwiesen wurden.

In kleineren Städten ist die Personalunion in größerem Umfang und für längere Zeiträume zu unterstellen.[13a] In Burg anerkannten 1299 sechzehn namentlich genannte *scabini et consules* auch gemeinsam ein Privileg Erzbischof Burchards II. v. Magdeburg zugunsten der Burger Tuchmacherinnung.[13b] Hier könnten sich die Kompetenzen von Schöffenkollegium und Rat überschnitten haben. Schöffen werden in solchen Gemeinden auch über die korporativen Statuten entschieden haben, wie umgekehrt Räte über nichtkorporatives Recht entschieden haben dürften. Im Einzelfall konnte die Ratssitzung durch Hegung zum grundherrlichen Ding werden.[14] Es könnte auch sein, dass die organisatorische Wandelung (vom grundherrlichen zum privilegierten Gericht) an geeigneten Orten durch einen Umzug der Korporation an einen anderen Ort – etwa von außerhalb der Stadtmauern in die Stadt hinein, verdeutlicht wurde. Innerhalb einer Stadt boten sich für die Verdeutlichung der Unterschiede verschiedene Gebäude an – etwa der Vogtshof (wie in Görlitz) einerseits und das Rathaus andererseits.

Personalunion konnte dazu führen, dass die stadt- und gerichtsverfassungsrechtliche Trennung der beiden Körperschaften auch in den Büchern nicht beachtet und die vor das gehegte Ding gehörigen Gegenstände der streitigen und der freiwilligen Gerichtsbarkeit in die Stadtbücher aufgenommen und nicht gesondert in Schöffenbücher eingetragen wurden. In vielen kleineren Städten, wo die Personaldecke kürzer war als in großen Stadtgemeinden, ist tatsächlich zu beobachten, dass die Bücher Mischcharakter haben und dass in sogenannten Stadtbüchern auch Schöffenangelegenheiten beurkundet wurden. Möglicherweise ist das ein Ansatz, der erklären könnte, dass kommunale Räte Aufgaben des Schöffengerichts und umgekehrt wahrgenommen haben.

---

11 EBEL (2004), S. 217, 223.
12 STEINFÜHRER (2003), S. XVIII.
13a Vgl. für Neuhaldensleben HÜLSSE (1879), S. 369ff. und ERMISCH (1889), S. 83, 119, 121 u.ö.
13b Vgl. den Abdruck der erzbischöflichen Urkunde nach einer Handschrift aus dem 17. Jh. bei
   v. MÜLVERSTEDT (1871), S. 520–522; Inhaltsangabe auch in: REGESTA ARCHIEPISCOPATUS MAGDEBURGENSIS, Nr. 1024, S. 387.
14 LÜCK (1998), S. 260.

Bücher mit Mischcharakter konnten auch entstehen, wenn das vom Rat geführte Buch aus Gründen der besseren Nachweisbarkeit Eintragungen aufgenommen hat, die vor dem Schöffengericht einer zum städtischen Weichbild gehörenden Landgemeinde formgültig, aber nicht schriftlich vorgenommen worden sind. Der Bürger einer Stadt konnte ein Interesse daran haben, ein Rechtsgeschäft, das er wegen der Belegenheit der Sache vor einem Weichbildgericht vorgenommen hat, auch im Stadtbuch seiner Heimatstadt verzeichnen zu lassen. Überregional tätige Kaufleute konnten hieran in Grundstücksangelegenheiten interessiert gewesen sein. In solchen Situationen liegen Doppelvornahmen vor: Das vollgültig vor dem grundherrlichen Schöffengericht vorgenommene Geschäft war vom Eintrag in das Stadtbuch nicht abhängig, dieser diente nur der leichteren Beweisführung. Schwierig wie in Burg wird es dann, wenn von dem Buch nur ein Fragment überliefert ist und unklar bleibt, wer die eigentlich buchführende Körperschaft gewesen ist. Nur in Städten, in denen die stadt- und gerichtsverfassungsrechtliche Trennung beobachtet wurde, lassen sich sauber voneinander getrennte Schöffen- und Stadtbücher finden. Sind sie teilweise nicht vorhanden, findet sich beispielsweise nur ein reines Stadtbuch ohne die Eintragung von Vorgängen, die vor gehegtem Ding vorgenommen werden mussten, so liegt die Vermutung zwingend nahe, dass Schöffenbücher vorhanden gewesen sein müssen, aber verloren sind.

Die konkrete buchführende Person konnte die Personalunion zwischen Schöffen und Räten vertiefen. Da häufig nur ein Stadtschreiber vorhanden war, musste er mit der Entstehung des Rates doppelte Bücher (das Stadtbuch und das Schöffenbuch) führen. Da er nicht selten Ratsherr war, vereinigten sich sämtliche Personalunionsprobleme mitunter in seiner Person.[15] Wird er immer gewusst haben, welches Buch er gerade führte und wird er die Papierstapel immer korrekt auseinander gehalten haben? Das Burger Fragment hilft hier leider nicht weiter. Wir können ihm nicht direkt ablesen, ob es ein Rats- oder ein Schöffenbuch war.

Exemtion als Problem

Solange die Gemeinde nicht wenigstens teilweise von der grundherrlichen Gerichtsbarkeit ausgenommen war, konnte ein Rat keine eigenen Gerichtsbücher führen, sondern lediglich eigene Verwaltungsangelegenheiten (Geschosslisten, Bürgerlisten etc.) beurkunden. Keine echte kompetenzrechtlich begründete Überschneidung, sondern eine nicht weniger missliche *falsa demonstratio* in der Bezeichnung der Bücher konnte eintreten, wenn der Rat durch grundherrlichen Entscheid die Gerichtsbarkeit der Stadt übertragen bekam (so 1294 in Magdeburg und 1423/34 in Leipzig). Wurde das grundherrliche Gericht auf die Stadt übertragen, so war diese fortan in

---

15 Nachweise bei ERMISCH (1889), S. 83, 88–94, 95–97; LÜCK (1998), S. 261. Plastisch die Begründung für die Trennung der beiden Schreiberstellen in Leipzig: »so ein stadschreiber des rats vnd ouch der schepen warten solle, es muste vorgeß oder vorsewmlichkeit in den dingen gescheen«; URKUNDENBUCH LEIPZIG, S. 386.

Gestalt des Rates ihr eigener Grundherr[16] und hielt das Gericht der Hoch- und der Niedergerichtsbarkeit ab. Typischerweise spiegelt sich das in den Gerichtsbüchern durch die Wiedergabe von Ratslisten. Ob und wann vergleichbares in Burg stattgefunden hat, ist schwierig zu beantworten.

Die Übertragung auch der Hochgerichtsbarkeit auf eine Stadt mag zwar – in den Dimensionen des Reiches gedacht – selten gewesen sein. Gleichwohl ist sie vorgekommen. Sächsische Städte werden bis etwa 1400 hinsichtlich des Grades der Einflussnahme des Stadtherren auf die Gerichtsbarkeit danach unterschieden, ob in ihnen ein stadt- (also grund-) herrlicher Vogt oder ein von der Stadt gewählter und vom Stadtherrn bestätigter Richter oder auch ein vom Stadtherrn willkürlich eingesetzter Richter die Gerichtsbarkeit ausübte.[17] Dabei ist einschränkend wieder zu berücksichtigen, dass auch die Städte unter der Gerichtsgewalt des Vogtes (später so genannte amtssässige Städte) die Niedergerichtsbarkeit innehatten; die Exemtion vom Vogt (später sogenannte schriftsässige Städte) bedeutete in der Regel die Zuerkennung auch der Hochgerichtsbarkeit.[18] Hierüber wissen wir für Burg praktisch nichts. Auf dem Gebiet der freiwilligen Zivilgerichtsbarkeit bedeutete jedoch oft schon der grundherrliche Rückzug aus der Niedergerichtsbarkeit (insbesondere in den Fällen der Aufteilung der Hoch- und der Niedergerichtsbarkeit), dass der Rat in Person des Bürgermeisters zum dem Schöffenkollegium vorstehenden Richter werden konnte.[19] Wenn sich dagegen ein Schultheiß hielt, spricht das entweder gegen die vollständige Übertragung der Niedergerichtsbarkeit vom Grundherrn auf die Kommune oder aber für eine andauernde Unsicherheit in der Abgrenzung der Korporationen.[20]

Verfügungen über liegende oder fahrende Vermögensgegenstände – gleich ob lebzeitig oder erlebensbedingt – wurden in den meisten Magdeburger Städten als Gegenstand der freiwilligen Gerichtsbarkeit vor dem grundherrlichen Gericht, und damit vor den Schöffen vorgenommen. Es spricht also vieles dafür, dass wir das Schöffengericht vor uns haben, wenn wir wie im Burger Fragment hauptsächlich Grundstücksverkehrsgeschäfte und Verfügungen von Todes wegen beurkundet finden.

Zum Inhalt des Burger Schöffenbuchfragments

Aus diesem Grunde soll nun eine Skizze des Inhalts des Schöffenbuchfragments gegeben werden.[21] Die im Fragment (einem einzelnen Pergamentfolium) überlieferten einundachtzig Einträge, die im Folgenden der Reihe nach nummeriert zitiert werden, sind unterbrochen durch elf Datumsangaben, die vom Januar 1395 bis zum April

---

16 LÜCK (1998), S. 258.
17 LÜCK (1998), S. 257.
18 LÜCK (1998), S. 257.
19 Ein Beispiel aus Lauban in der Oberlausitz etwa bei VON SALZA UND LICHTENAU (2011), S. 371.
20 Auch dafür bieten etwa oberlausitzische Städte zahlreiche Beispiele; etwa zu Löbau VON SALZA UND LICHTENAU (2011), S. 366f.
21 Zum Folgenden NEUBAUER (1920), S. 82–88.

1396 reichen. Diese Datumsangaben sind alle in lateinischer Sprache wiedergegeben. Das bedeutet, dass wir im wesentlichen die vor einem Burger Gericht vorgenommen, beurkundungswürdigen oder -pflichtigen Rechtsgeschäfte des Jahres 1395 vor uns haben. Das Folium hat als Einbanddeckenüberzug überlebt; alle anderen Teile des Buches, zu dem das Folium gehört haben wird, sind verloren. Wir erkennen mehrere Gerichtstage: Januar 1395, Mai 1395, Juni 1395, Oktober 1395, November 1395, Januar 1396 und April 1396. Wenn das Fragment insofern vollständig ist, wurden demnach zu regelmäßig in größeren Abständen stattfindenden Gerichtstagen Beurkundungen vorgenommen.

Die einundachtzig Einträge sind überwiegend lateinisch verfasst, nur dreizehn Einträge sind in mittelniederdeutscher Sprache verfasst. Über den Schreiber der Einträge ist aus dem Fragment selbst nichts zu erfahren; auch findet sich keine Liste von *consules* oder *scabini* oder *schepfen* oder dergleichen.

Inhaltlich geht es in den Einträgen vornehmlich um Verfügungen von Todes wegen und um Zuwendungen von Vermögensbestandteilen. Es kommen quotal und gegenständlich beschriebene Zuwendungen vor – dabei geht es v.a. um Geldsummen, die in »marc« bemessen wurden; wir erkennen Zuwendungen unter Ehegatten und sonstigen Familienangehörigen.

Die Personen, deren Rechtsgeschäfte wiedergegeben werden, hießen mit Vornamen Klaus, Hein, Hans, Peter, Jutta, Otto, Ilse, Steffen, Kunz, Rike, Gerek, Arnd, Katharina, Albrecht, Ava, Martin, Anne, Kopp, Mateus, Kurt, Grete, Lenz, Agneta, Tile, Werner, Gesche und Tideke. Als Nachnamen erscheinen Snelle, Swin, Hase, Krokeborn, Kriskal, Kern, Pennig, Gerken, Gruttemeker, Woldenhagen, Bolden, Salomon, Diderd, Doring, Wittebolle, Hille, Mildert, Schonehusen, Sepernik, Lemmeke, Distelvinken, Teschener, Pasepul (oder Puczeval), Cise, Wagner, Schlosser, Stechgow, Rosenberg, Weber, Rulfs, Ruprecht, Löwenstein, Kord, Betke, Michel, Henning, Huhn, Busgow, Palnitz. Erkennbar handelten vor dem Gericht sowohl Träger deutscher als auch jüdischer Familiennamen (Salomon, Rosenberg, Löwenstein). Die beurkundende Körperschaft machte also diesbezüglich offenbar keine Unterschiede. Ob sich darin eine multiethnische Bürgergemeinschaft spiegelt, bleibt jedoch spekulativ. Es traten auch ein Klaus von Grabow, ein Kurt von Peyne, ein Klaus von Halle und einer von Resen, ein Hans von Gladow und schließlich ein »Tietje mit dem Huhn« auf. Dass es sich bei diesen Personen um Adelige gehandelt hat, ist nicht anzunehmen; es dürfte sich um Herkunftsbezeichnungen gehandelt haben. Die einzige Person, bei der eine öffentliche Funktion genannt ist, war ein Hans Lemmeke, der in Nrn. 25 und 26 als »di sculte«, also als »der Schultheiß« geführt wird.

Die einzelnen Einträge stehen nicht selten in einem offensichtlichen inhaltlichen Zusammenhang. Klassisch dürfte der folgende sein – es handelt sich um drei unmittelbar aufeinander folgende Einträge (Nrn. 7–9): »(7) Ilse, Heyne Diderdes husfrouwe, dedit Heyne Diderde viro suo legitimo totum bonorum, que habet et unquam acquirit, debitis prius persolutis. (8) Heyne Didert dedit Ilsen uxori sue legitime dimidium bonorum, que habet ac unquam acquirit, debitis persolutis. (9)

Schöffenbuch, Stadtrecht und Landrecht in Burg

Heyne Didert et Ilse dederunt filie eius Ilsen V marcas Yerchowscher werunge de eorum amborum promcioribus bonis; inde pax est.«

Der Zusammenhang ist unschwer zu erkennen. Es handelt sich um drei aus Anlass der Heirat von Hein und Ilse vorgenommene Geschäfte. Ilse brachte eine Tochter mit in die Ehe. Aus diesem Anlass übertrug zunächst Ilse ihrem Mann ihr gesamtes Gut. Hein übertrug Ilse im Gegenzug die Hälfte seines Gutes. Beide Übertragungen sollten wirksam werden, wenn entweder Ilse oder Hein starben (anderenfalls macht die Formulierung von dem Gut, das Ilse bzw. Hein hat und noch erwerben wird, keinen Sinn). Das Vermögen wurde abzüglich der (beim Versterben) bestehenden Schulden übertragen. Anschließend verfügten beide Ehegatten über eine Geldsumme zugunsten von Ilses Tochter, die aus dem gemeinsamen Barvermögen beider Ehegatten gezahlt werden sollte. Unklar bleibt, wann diese Verfügung wirksam werden sollte. Der Kontext spricht dafür, dass diese 5 Mark in Jerichower Währung beim Versterben beider (dh. also des überlebenden) Ehegatten zu zahlen sein sollten. Damit wurde Ilses Tochter letztlich ein Anspruch gegen Heins und Ilses Erben (beide rechneten wohl damit, dass sie zusammen noch Abkömmlinge zeugen würden) eingeräumt.

Einträge solcher Art[22] machen die Mehrzahl der im Fragment noch erhaltenen Beurkundungen aus. Es mutet aus moderner Sicht etwas umständlich an, die Zuwendungen unter den Ehegatten so klar in jeweils verschiedene Geschäfte zu trennen. Das ist aber nur eine technische, keine inhaltlich problematische Frage. Wirtschaftlich ging es dabei darum, der Ehefrau, falls sie den Tod des Ehemannes erlebte, die Hälfte des hinterlassenen Vermögens des Mannes nach Abzug der Verbindlichkeiten zuzuwenden. Dass es auch anders (und einfacher) ging, zeigen Einträge, bei denen beurkundet wurde, dass die Parteien sich gegenseitig mit einer *integra donatio* beschenkt hätten, wobei derjenige, der länger lebte, alles erhalten sollte.[23] Solche Geschäfte statteten den überlebenden Ehegatten nicht nur mit der Hälfte des Vermögens des zuerst versterbenden Ehegatten aus, sondern übertrugen es ihm ganz. Es dürfte dies die Regel gewesen sein, wenn die Ehegatten bei der Eingehung der Ehe nicht (mehr) mit gemeinsamen Abkömmlingen rechneten oder wenn sie keine Abkömmlinge aus anderen Verbindungen mit in die (neue) Ehe einbrachten.[24]

---

22 Mitunter, wie in Nr. 68, ist noch zu erfahren, woher das Vermögen stammt, mit dem sich die Ehegatten gemeinsam ausstatten. Hier wurde zuerst Hans Gruttemeker von seiner Mutter Katherine mit deren jetzigem und künftigen Vermögen bedacht, bevor er in Nr. 69 Mette, seiner Frau, die Hälfte seines Vermögens von Todes wegen (weiter-) übertrug und in Nr. 70 seiner Mutter 11 1/2 Mark aus dem Vermögen beider Ehegatten wohl als Gegenleistung oder Abfindung (für den Fall der Beendigung der Ehe durch Tod) versprach. Es ist sehr schön zu erkennen, wie Katherine einerseits für künftige Enkel sorgt, indem sie ihrem Sohn wirtschaftlich bei der Familiengründung unter die Arme greift, und andererseits vorsorgt, falls es mit den Enkeln nichts wird.

23 Dass das auch auf deutsch funktionierte, beweist ein weiterer Eintrag (Nr. 67), in dem die *integra donatio* als *ganzce gifft* bezeichnet wurde. Das *condonaverunt* der lateinischen Entsprechung (Nrn. 31, 34, 55) lautet deutsch *hebben sik vorgifftiget*.

24 Für die letztere Situation könnte dann das Rechtssprichwort »Kinderzeugen bricht Ehestiftung« die Lösung beschreiben.

Einige (wenige) Einträge berichten (charakteristischerweise auf deutsch)[25] davon, dass etwa Albrecht Wittebolle zum Vormund für die Kinder seines Bruders Hein Wittebolle bestellt worden ist und dass er (als solcher) das väterliche Erbe dieser Kinder an Hein Salomon zu Nutz »verzog« (Nrn. 21, 22). In gleicher Rolle agierte auch der schon erwähnte Schultheiß Hans Lemmeke, als es darum ging, das auf Bastian Löwensteins Kinder entfallende Erbe an Klaus Osterburg zu Nutz »zu vortegen« (Nrn. 25, 26, 27). Das Verbum *vortegen* oder *vortien*, das hier verwendet wurde, soll wahrscheinlich andeuten, dass es sich nicht um eine endgültige Übertragung, sondern um eine zeitlich befristete Nutzungsmöglichkeit handelte. Ein Verzicht auf eine bestimmte Rechtsposition kann hierin nicht ohne weiteres erkannt werden.

Ein Eintrag (Nr. 19) berichtet über eine Zuwendung an die Kirche und ein weiterer Eintrag (Nr. 37) berichtet darüber, dass Hans Betke seinem Sohn Gherek 30 Mark aus dem Barvermögen *intra civitatem* übertrug. Es darf angenommen werden, dass Hans Betke (vielleicht war er ein regional oder überregional tätiger Kaufmann)[26] auch über (Bar-) Vermögen *extra civitatem* verfügte, andernfalls machte die nähere Spezifizierung keinen Sinn. Im Gegenzug verzichtete der begünstigte Gherek seinem Vater gegenüber auf das Erbe seiner Mutter.

Damit ist der Inhalt des Fragments erschöpfend beschrieben. Nehmen wir an, dass die Einträge aus dem Jahr 1395 weitgehend vollständig sind, dann bietet sich das Bild eines klassischen Schöffenbuches, wie es etwa auch aus Halle/Saale[27], aus Neuhaldensleben[28], Aken[29], Zerbst[30] oder Calbe[31] bekannt ist. Es fehlen Beurkundungen von Ratsangelegenheiten, es fehlen Geschoßlisten, es fehlt die Wiedergabe von Statuten und Willküren. Es ist anzunehmen, dass die verlorenen Teile aus Burg in ihrem Inhalt vergleichbar sind mit den eben genannten Büchern.

Gerichtsverfassungsrechtliche Ableitungen

Mit diesen Angaben darf davon ausgegangen werden, dass die im Fragment überlieferten Einträge die Tätigkeit eines (grundherrlichen) Schöffengerichts auf der Ebene der (freiwilligen) Niedergerichtsbarkeit spiegeln. Wer auch immer das Buch,

---

25 Eine Erklärung dafür, warum die Eheberedungen auf Latein und die Erklärungen der Vormünder für hinterlassene Kinder auf deutsch wiedergegeben wurden, könnte darin gesucht werden, dass die Eheberedungen für den Schreiber wahrscheinlich ein standardisiertes Geschäft waren, das sich mit Textbausteinen abhandeln ließ.
26 Burger Kaufleute besaßen schon seit 1179 in Magdeburg Handelsrechte (Tuchniederlage); vgl. CODEX DIPLOMATICUS BRANDENBURGENSIS, Erster Haupttheil, Bd. 10, 1856, XXV, Nr. I, S. 447. Hieraus hatte sich bis 1224 das »Kauff-Haus de Burch« entwickelt; vgl. CODEX DIPLOMATICUS BRANDENBURGENSIS, Erster Haupttheil, Bd. 10, 1856, XXV, Nr. III, S. 448.
27 Ediert von HERTEL (1882).
28 Beschrieben bei HÜLSSE (1879), S. 369–403 und ediert von SORGENFREY/PAHNCKE (1923).
29 Ediert von in mehreren Teilen von NEUBAUER (1895–1900).
30 Ediert von NEUBAUER (1894) und von SIEBERT (1898).
31 Ediert in mehreren Teilen von HERTEL (1885/86).

aus dem das Fragment stammt, geführt hat, er hat es in diesem Jahr für das Burger Schöffengericht geführt. Ob dieses Schöffengericht korporativ von einem Ratsgericht getrennt worden ist, lässt sich nicht eindeutig beantworten. Detaillierte und aussagekräftige Nachrichten über ein Burger Ratsgericht und seine Zuständigkeiten gibt es für das 13. und 14. Jahrhundert nur wenige. Immerhin hatte Burg, dessen in Magdeburg tätigen Tuchhändler schon 1179 als *cives* bezeichnet wurden[32], als *civitas* 1263 einerseits *consules* und andererseits einen *iudex*.[33] Jedoch nennen die Urkunden keinen *magister civium*. Auch das Burger Landrecht erwähnt den Richter – dessen Tätigkeit ein Gericht voraussetzt – mehrfach. Dass das Bewusstsein für eine Kommune der Bürger auch bei der Abfassung des Schöffenbuches vorhanden gewesen ist, spricht aus der Verwendung des Rechtsbegriffs *civitas* in Eintrag Nr. 37. Ein Burger Stadtrecht (*stadrecht*) wird 1301 erwähnt.[34] Burg war demnach im 13./14. Jh. eine Stadt mit einem aus *consules*[35] bestehenden städtischen Rat – an dessen Entscheidungsfindung in Grundstückserwerbsangelegenheiten ein *civilis iudex* mitwirkte. Welche Kompetenzen dieser Richter außerdem im Rat hatte, bleibt unklar, es darf nur vermutet werden, dass dieser *civilis iudex* ein herrschaftlich (also erzbischöflich) bestellter Richter gewesen ist. Ob er Vogt, Schultheiß oder Bürgermeister war, bleibt dunkel.

Dass das Jahr 1395 von Beurkundungen städtischer (Rats-) Angelegenheiten frei ist, spricht ferner dafür, dass Tätigkeiten des Rates, wenn sie vorgekommen sind, anderswo als im Schöffenbuch festgehalten worden sind.[36] Das Fragment beweist, dass Burg 1395 einen Schultheißen (Hans Lemmeke) hatte. Vermutlich hat er damals im Schöffengericht Richtertätigkeiten versehen, obwohl aus dem Fragment hierzu letzte Gewissheit nicht zu erlangen ist, ebenso wenig darüber, ob und wie seine Kompetenzen von einem eventuell ebenfalls vorhandenen grundherrlichen Vogt oder dem *civilis iudex* abgegrenzt worden sind (oder ob er vielleicht dieser *civilis iudex* war). Es zeigt ihn aber in einer für die freiwillige Gerichtsbarkeit typischen Funktion, als er als Vormund der Kinder von Bastian Löwenstein für diese mit einer Verzichtserklärung einen Nießbrauch am Erbgut dieser Kinder ermöglichte.

---

32 CODEX DIPLOMATICUS BRANDENBURGENSIS, Erster Hauptheil, Bd. 10, 1856, XXV, Nr. I, S. 447.
33 Für das Jahr 1263 sind Richter und Ratsleute für Burg nachgewiesen; vgl. CODEX DIPLOMATICUS BRANDENBURGENSIS, Erster Hauptteil, Bd. 10, 1856, XXV, Nr. VI und VII, S. 451. Mit diesen Urkunden genehmigten ein Heinrich, Ciuilis Judex in Borch und Consules totaque vniuersitas Ciuitatis, dass der Probst des Burger Hospitals vom Konvent der büßenden Schwestern in Magdeburg Besitzungen in Droxelo (Troxel) erwarb. Troxel liegt 2 km westlich von der Stadt und im Mittelalter außerhalb des Stadtkerns.
34 CODEX DIPLOMATICUS BRANDENBURGENSIS, Erster Hauptheil, Bd. 10, 1856, XXV, Nr. XII, S. 454. Dieses »stadrecht« stellt sich in der erzbischöflichen Urkunde als die Befugnis dar, Adligen und Geistlichen, die in der Stadt wohnen, den Erwerb des Burger Bürgerrechts abzuverlangen.
35 CODEX DIPLOMATICUS BRANDENBURGENSIS, Erster Hauptheil, Bd. 10, 1856, XXV, Nr. XVI, S. 458 nennt 1311 Jacobus de cimitero und Nicolaus alberonis als Burger »consules«. Auch 1350 werden »Ratmanne« genannt; CODEX DIPLOMATICUS BRANDENBURGENSIS, Erster Hauptheil, Bd. 10, 1856, XXV, Nr. XXXII und XXXIII, S. 473f.
36 Freilich ist erst seit 1495 ein als Urkunden- und Briefkopialbuch und als Steuererhebungsregister benutztes Stadtbuch erhalten; vgl. NEUBAUER (1920), S. 82.

Das (Schöffen-) Gericht, dessen Tätigkeit von 1395 hier wiedergegeben ist, hielt sich ferner ausweislich des schon angesprochenen Eintrages Nr. 37 für zuständig, eine Verfügung über in der *civitas* Burg vorhandenes Barvermögen zu beurkunden. Daraus dürfte geschlussfolgert werden, dass das Schöffengericht Rechtsgeschäfte von *cives* beurkundete. Wir dürfen wohl unterstellen, dass die Personen, deren Rechtsgeschäfte in den einundachtzig Einträgen wiedergegeben werden, in der Stadt Burg ansässig gewesen sind. Wenn das zutrifft, dann wäre Burg hinsichtlich der Niedergerichtsbarkeit nicht von der grundherrlichen Gerichtsbarkeit exemt gewesen und das Schöffengericht wäre ein Stadtschöffengericht gewesen. In die gleiche Richtung deutet die erwähnte Existenz eines Schultheißen. Untermauert wird diese Beobachtung noch durch eine aus dem Jahr 1350 stammende Urkunde[37], mit der Burger *Rathmanne* einen Bauplatz zu Gunsten der Errichtung einer Kapelle der Kirche »gefreit« haben. Diese Urkunde berichtet darüber, dass die dafür benötigten (innerhalb und außerhalb der Stadtmauern belegenen) Grundstücke *vpgegeuen* worden seien *vor Richter vnd vor Scheppen*. Demnach wurde 1350 eine (klassische) Tätigkeit der Niedergerichtsbarkeit, die in und vor der Stadt Burg gelegene Grundstücke betraf, vom Schöffengericht, dem aller Wahrscheinlichkeit nach ein herrschaftlicher Richter vorsaß, und nicht von einem Ratsgericht ausgeübt. Anders als in Magdeburg, Halle und/oder Leipzig hätte in Burg demnach im 14. Jahrhundert (noch) keine Kompetenzverlagerung vom Schöffen- auf ein Ratsgericht stattgefunden. Unterstellen wir ferner Personalunion zwischen Schöffen und Ratleuten[38a], hätten wir bei der bei Fn. 33 genannten Urkunde des Jahres 1263 auch schon das im Stadtgebiet selbst und im Umland kompetent agierende Schöffengericht vor uns.

Den Datierungen können wir entnehmen, dass das (Schöffen-)Gericht nicht ständig, sondern zu festen Gerichtstagen zusammentrat und die bis dahin abgeschlossenen Geschäfte in Sammelterminen beurkundete. Wo das Gericht tagte, bleibt unerwähnt.

Ableitungen zum vor dem beurkundenden Gericht geltenden Recht

Die Einträge erlauben auch vorsichtige Rückschlüsse auf das vor dem Schöffengericht geltende (angewandte) Recht.[38b] Diese Rückschlüsse sind aber thematisch eingeengt: Angesichts des Inhalts der einundachtzig Einträge können nur das Ehegüterrecht und das gewillkürte Erbrecht betrachtet werden.

Die Beurkundungen zeigen dabei ebenso wie die von *Keno Zimmer* behandelten[39] einschlägigen Belegstellen des Burger Landrechts, dass das Ehegüterrecht anders als der Sachsenspiegel auch in der Praxis wohl keine Sondervermögen (nämlich Erbe, Gerade, Hergewete und Musteil) kannte. Jedenfalls sind 1395 keine Zuwendungen

---

37 Codex Diplomaticus Brandenburgensis, Erster Haupttheil, Bd. 10, 1856, XXV, Nr. XXXIII, S. 473f.
38a Dafür spricht auch die oben bei Fn. 13b erwähnte Urkunde.
38b Dazu heute und ausführlich Zimmer (2004).
39 Vgl. Zimmer (2004), S. 258f.

solcher Sondervermögen vorgenommen worden. Dem ließe sich entgegenhalten, dass das Verwandten- und das Ehegattenerbrecht diese Sondervermögen gleichwohl gekannt haben könnte. Andererseits ist die Übereinstimmung zwischen den von Gütergemeinschaft und Halbteilung beim Tod eines Ehegatten sprechenden normativen Quellen des Burger Landrechts und den empirischen Belegen aus dem Schöffenbuch für 1395 so augenfällig, dass schwer behauptet werden kann, die Einträge im Schöffenbuch widersprächen der normativen Lage. Das bedeutet nichts anderes, als dass im 14. Jahrhundert zumindest für den Bereich des Ehegattenerbrechts in Burg nicht das sächsische Landrecht des Sachsenspiegels, sondern ein eigenständiges Burger Recht gegolten hat.

Für die Frage, welches Recht hinsichtlich der Verfügungen von Todes wegen gegolten hat, fällt die Antwort differenzierter aus. Das (normative) Burger Landrecht enthielt zwei Vorschriften über Verfügungen auf dem Siechbett.[40] Sie verboten Verfügungen auf dem Krankenlager, ließen aber Ausnahmen zu.[41] Verfügungen auf dem Krankenlager waren dann erlaubt, wenn sie dem Willen der Erben des Verfügenden entsprachen und/oder wenn der kranke Verfügende den Verfügungsgegenstand mit eigener Hand vom Krankenlager weggeben konnte.[42] Dass diese beiden Vorschriften nicht alle vorstellbaren Sachverhalte erfassten, liegt auf der Hand – und das Schöffenbuch zeigt, dass jenseits dieser normativ erlaubten Verfügungen vor allem (erlebensbedingte, also erbrechtlich wirkende) Verfügungen unter Ehegatten und zugunsten von Abkömmlingen, sonst nahe stehenden Personen oder auch Dritten (wie der Kirche in Eintrag Nr. 19) vorgekommen sind.

Die dem Burger Landrecht entsprechenden Beurkundungen von Verfügungen zugunsten von Ehegatten könnten darüber hinaus den empirischen Nachweis für eine weitere normative Anordnung des Magdeburger Stadtrechts liefern, die prozessualen Inhalt hatte und die wahrscheinlich nicht durch eine abweichende Regel des Burger Landrechts modifiziert worden ist. Von ihr darf deswegen eventuell angenommen werden, dass sie in Burg in ähnlicher Weise gegolten haben könnte, wie in anderen Städten magdeburgischen Rechts:

Der (magdeburgisches Stadtrecht wiedergebende) Hallesche Schöffenbrief für Neumarkt (Środa Śląska) von 1235[43] sieht in § 26 vor, dass die Ehefrau beim Tod des Mannes nichts erhalten sollte, es sei denn, sie könne mit Zeugen beweisen, dass der Mann ihr vor Gericht etwas übertragen habe: *Item, si alicui domine maritus ejus moritur bona ipsorum non spectabunt ad dominam, sed tantum illa, que maritus tradidit uxori coram judicio et per hoc testes si poterit approbare.*[44] Davon wichen die normativen und

---

40 Abgedruckt bei ZIMMER (2004), S. 326.
41 SCHMIDT-RECLA (2011), S. 408.
42 ZIMMER (2004), S. 89; SCHMIDT-RECLA (2011), S. 408. Das Magdeburger Stadtrecht verbot Verfügungen im Siechbett, die ohne Einwilligung der Erben vorgenommen wurden, wenn sie einen Wert von mehr als drei Schillingen hatten; so § 18 des Magdeburg-Breslauer Rechts von 1261; LABAND (1869), S. 16 und EBEL (1989), S. 4; auch dazu SCHMIDT-RECLA (2011), S. 427.
43 Dazu KANNOWSKI/DUSIL (2003), S. 61–90.
44 LABAND (1869), S. 11; vgl. dazu SCHMIDT-RECLA (2011), S. 426.

die empirischen Burger Rechtsquellen ab, die vom (flämischen) Halbteilungsgrundsatz ausgingen. Rechtsgeschäfte waren demnach der Weg, mit denen das sächsische Land- und Stadtrecht abbedungen wurde und es liegt nahe anzunehmen, dass die Normativität (hier in Gestalt des Burger Landrechts) dem von den Rechtsgeschäften gebahnten Weg folgte und von der (älteren) Folie des magdeburgischen Rechts abwich. Ist es darüber hinaus berechtigt zu vermuten, dass das *judicium* des Schöffenbriefes für Neumarkt solche (grundherrlichen) Schöffengerichte meinte, wie wir eines auch im Burger Schöffenbuchfragment vor uns haben dürften? Jedenfalls tat dieses Schöffengericht genau das, was der Hallesche Brief für Neumarkt bei Zuwendungen unter Ehegatten verlangte – nämlich die Vornahme des Geschäfts zu beurkunden.

Zusammenfassung

Das behandelte Burger Schöffenbuchfragment belegt erstens in gerichtsverfassungsrechtlicher Hinsicht, dass im Jahre 1395 in Burg ein Gericht existierte, das in diesem Jahr ausschließlich Aufgaben der grundherrlichen Niedergerichtsbarkeit und nicht der kommunalen Selbstverwaltung erfüllte. Es belegt ferner, dass in diesem Jahr ein Schultheiß in Burg existierte. Ob das in größeren Abständen offenbar zu festen Gerichtstagen zusammentretende Gericht in der Stadt oder außerhalb derselben tagte, ist dem Fragment nicht zu entnehmen. Vieles spricht dafür, in diesem Gericht ein Stadtschöffengericht mit dem Schultheißen als Richter zu erblicken.

Das (grundherrliche Stadtschöffen-) Gericht beurkundete im Wesentlichen erlebensbedingte Zuwendungen unter Ehegatten aber auch zugunsten von Abkömmlingen, sonstigen nahestehenden Personen und zugunsten der Kirche. Es hielt sich – bezogen auf diesen erb- und familienrechtlichen Spezialfall – in den normativen Grenzen des materiellen Burger Landrechts einerseits und des prozessualen Magdeburger Stadtrechts andererseits. Spuren des Sachsenspiegels finden sich insoweit nicht.

Die eingangs gestellte Frage, ob das »Burger Landrecht« als Recht nur für eine autonome Selbstverwaltungskörperschaft (die Stadt) oder als Recht für das in eine Grundherrschaft eingebundene Land um Burg verstanden werden soll, wäre demnach in letzterem Sinne zu beantworten, wobei eine scharfe Trennung von Stadt und Land (Exemtion) nicht deutlich genug erkennbar ist.

Literatur

BEYERLE (1910): Konrad Beyerle: Die deutschen Stadtbücher, in: DtGeschBll 11 (1910), S. 145–200.

CODEX DIPLOMATICUS BRANDENBURGENSIS: Adolph Friedrich Riedel (Hg): Codex diplomaticus Brandenburgensis: Sammlung der Urkunden, Chroniken und sonstigen Geschichtsquellen für die Geschichte der Mark Brandenburg und ihrer Regenten, Erster Haupttheil 1: Geschichte der geistlichen Stiftungen, der adlichen Familien, so wie der Städte und Burgen der Mark Brandenburg, Bd. 10, Berlin 1856.

EBEL (1989): Friedrich Ebel: Magdeburger Recht, Bd. 2: Die Rechtsmitteilungen und Rechtssprüche für Breslau, Teil 1, Köln/Wien 1989.

EBEL (2004): Friedrich Ebel: Magdeburger Recht, in: Friedrich Ebel (Hg.): Unseren fruntlichen grus zuvor. Deutsches Recht des Mittelalters im mittel- und osteuropäischen Raum, Köln u.a. 2004.

ERMISCH (1889): Hubert Ermisch: Die sächsischen Stadtbücher des Mittelalters, in: NASG 10(1889), S. 83–143; 177–215.

HERTEL (1882): Gustav Hertel: Die Hallischen Schöffenbücher, 2 Bde., Halle 1882.

HERTEL (1885/86): Gustav Hertel: Das Wetebuch der Schöffen von Calbe a.S., in: GBllMagd 20(1885), S. 43–62, 125–148, 217–264, 349–380 und 21(1886), S. 72–102.

HÜLSSE (1879): Robert Hülße: Das älteste Stadtbuch der Stadt Neuhaldensleben, in: GBllMagd 14(1879), S. 369–403.

KANNOWSKI/DUSIL (2003): Bernd Kannowski, Stephan Dusil: Der Hallensische Schöffenbrief für Neumarkt von 1235 und der Sachsenspiegel, in: ZRG Germ. Abt. 120 (2003), S. 61–90.

KLÖTZER (1990): Wolfgang Klötzer: Art. Stadtbuch, in: Adalbert Erler/Ekkehard Kaufmann (Hg.): Handwörterbuch zur deutschen Rechtsgeschichte, Bd. 4, Köln/Wien 1990, Sp. 1849f.

LABAND (1869): Paul Laband: Magdeburger Rechtsquellen, Königsberg 1869.

LÜCK (1998): Heiner Lück: Sachsenspiegel und Magdeburger Recht, Hamburg 1998.

V. MÜLVERSTÄDT (1871): Georg Adalbert v. Mülverstedt: Das älteste Innungs-Privilegium der Tuchmacher zu Burg vom Jahre 1299. Nebst einigen Bemerkungen über den Zeitpunkt der Wahl Erzbischof Burchards II., in: GBllMagd 6 (1871), S. 516–523.

NEUBAUER (1894): Ernst Neubauer: Die Schöffenbücher der Stadt Zerbst, in: MittAnhaltGesch 7 (1894), S. 376–422.

NEUBAUER (1895–1900): Ernst Neubauer (Hg.): Die Schöffenbücher der Stadt Aken, in: GBllMagd 30 (1895), S. 251–328; 31 (1896), S. 148–211; 32 (1897), S. 33–77 und 35 (1900), S. 288–341.

NEUBAUER (1920): Ernst Neubauer (Hg.): Die Schöffenbücher von Burg, in: GBllMagd 55 (1920), S. 82–88.

REGESTA ARCHIEPISCOPATUS MAGDEBURGENSIS: Georg Adalbert v. Mülverstedt (Hg.): Regesta archiepiscopatus Magdeburgensis. Sammlung von Auszügen aus Urkunden und Annalisten zur Geschichte des Erzstifts und Herzogthums Magdeburg, Bd. 3, Magdeburg 1886.

REHME (1916): Paul Rehme: Stadtbuchstudien I, in: ZRG Germ. Abt. 37 (1916), S. 1–93.

VON SALZA UND LICHTENAU (2011): Hermann von Salza und Lichtenau: Die weltliche Gerichtsverfassung in der Oberlausitz bis 1834, Berlin 2011.

SCHMIDT-RECLA (2011): Adrian Schmidt-Recla: Kalte oder warme Hand? Verfügungen von Todes wegen in mittelalterlichen Referenzrechtsquellen, Köln/Weimar/Wien 2011.

SIEBERT (1898): Richard Siebert (Hg.): Die Schöffenbücher der Stadt Zerbst, in: MittAnhaltGesch 8 (1898), S. 243–308, 356–546 und 8 (1898), S. 547–573.

SORGENFREY/PAHNCKE (1923): Theodor Sorgenfrey, Max Pahncke (Hg.): Die Stadtbücher von Neuhaldensleben (ca. 1255–1463), Berlin 1923.

STEINFÜHRER (2003): Henning Steinführer: Die Leipziger Ratsbücher (1466–1500), Bd. 1, Leipzig 2003.

URKUNDENBUCH LEIPZIG: Karl Friedrich v. Posern-Klett (Hg.): Urkundenbuch der Stadt Leipzig, Codex Diplomaticus Saxoniae Regiae, Bd. 2, 8, Leipzig 1868.

WEITZEL (1998): Jürgen Weitzel: Art. Umstand, in: Adalbert Erler, Ekkehard Kaufmann (Hg.): Handbuch zur deutschen Rechtsgeschichte, Bd. 5, 1998, Sp. 438–442.

ZIMMER (2004): Keno Zimmer: Das Burger Landrecht, Halle a.d. Saale 2004.

Kombinierte Rechtsbücher zwischen Adria und Ostsee

Wilhelm Brauneder

Vorbemerkungen

In Regel treten uns Rechtsbücher in Editionen, Einzeldarstellungen oder Erwähnungen in der Sekundärliteratur als Einzelwerke entgegen wie etwa »Der Schwabenspiegel«[1], »Der Sachsenspiegel«[2], das »Österreichische Landrecht«[3], »Das Wiener Stadtrechts- oder Weichbildbuch« mit dem Hauptteil »Das Stadtrechtsbuch selbst«[4] und so weiter. Dies geht zurück auf die Suche bzw. Herstellung einer Urfassung, einer Stammfassung, wozu, meist als Beiwerk, ein Verzeichnis diverser Handschriften tritt. Dies ist philologisch verständlich, obwohl das Scheitern der Schwabenspiegel-Ausgabe der Österreichischen Akademie der Wissenschaften nach 1945 trotz erheblichen Vorarbeiten anderes zeigt.[5] An die Stelle dieser bereits gedruckten, aber dann nicht ausgelieferten Ausgabe traten einige Einzelausgaben.[6]

Die rechtshistorische Fragestellung sollte allerdings auch eine andere sein. Für das historische Recht stellt sich primär nicht die Frage nach einer Ur- oder Stammfassung, sondern nach jener mit besonders intensiver Verwendung und allgemein nach jenen mit spezifischen Wirkungen. Dies zu untersuchen ist angesichts entsprechender Quellenbelege schwierig und jedenfalls nur mit Indizien zu bewältigen. Zu diesen zählt als weitere Frage die, wie denn die Rechtsbücher den Benützern gegenübertraten: Es sind dies die konkreten einzelnen Handschriften, späterhin unter Umständen Drucke, nicht aber (re)konstruierte Ur- oder Stammfassungen.

Es ist bekannt, dass in Bezug auf diese Frage zwischen den einzelnen Rechtsbücher-Überlieferungen Unterschiede bestehen, insbesondere zwischen Sachsenspiegel[7] und dem (sogenannten) Schwabenspiegel.[8] Der Sachsenspiegel verfügt über eine ziemlich einheitliche Syntax und über seinen dialektisch nicht allzu differenzierten Text. Ganz anders der Schwabenspiegel. Das Stemma nach Hans Lentze[9] zeigt eine nahezu ungeheure Vielfalt. Aus dem Deutschenspiegel leitet sich der Urschwabenspiegel ab, von ihm zwei Handschriftengruppen: die eine umfasst diverse Handschriften, die andere gilt als Verkehrsfassung. Sie wieder zerfällt gleichfalls in zwei Gruppen, nämlich

---

1   Früh z.B. Lassberg (1840).
2   U.a. Schott (1984).
3   Hasenöhrl (1867).
4   Schuster (1873).
5   Dazu etwa Eckhardt (1974), S. 14ff.
6   Etwa Eckhardt (1972) S. 5. – Eckhardt (1974).
7   Zu ihm mit weiterer Literatur Ebel (HRG).
8   Zu ihm mit weiterer Literatur Trusen (HRG).
9   Eckhardt (1972), S. 29.

die Langformen und die wesentlich häufigeren Kurzformen. Diese gliedern sich in drei Ordnungen, wobei die dritte aus der zweiten abstammt. Allen drei Ordnungen sind unterschiedliche Unter- und diesen weitere Unterordnungen zuzuordnen. Sie unterscheiden sich durch inhaltliche Abweichungen, wovon nur eine besonders auffallende erwähnt werden soll: Zum Teil wird die vierte weltliche Kur dem Herzog von Bayern zuerkannt (L[10] 59, 97, 98, 100), manchmal auch dem Herzog von Kärnten (L 11, 37). Für die Rechtswirklichkeit erheblich ist der Umstand, dass zahlreiche Rechtsbücher nebeneinander entstanden, existierten und wohl auch Verwendung fanden wie etwa neben den beiden großen Spiegeln verschiedene Landrechtsbücher und Stadtrechtsbücher.

Eine besondere Verbindung stellen »Kombinierte Rechtsbücher« dar.[11] Hiermit sind nicht einfach Sammelhandschriften mit mehreren Rechtstexten gemeint (z.B. L 95, 96), sondern einheitliche Texte von einem Schreiber mit einer An- oder Ineinanderreihung von Rechtsbüchern bzw. erheblichen Teilen derselben.

Süddeutschland mit Österreich und Böhmen

In diesem Raum steht besonders häufig der Schwabenspiegel, in der Regel Kurzformen, in Kombinationen mit anderen Rechtsbüchern.

Für derartige Kombinationen mit Stadtrechten stehen beispielhaft die folgenden: Landrecht + Lehenrecht + Augsburger Stadtrechtsbuch (L 114), Straßburger Stadtrecht I + Lehenrecht + Straßburger Stadtrecht II (L 131), Landrecht + Lehenrecht + Magdeburger Stadtrecht + Iglauer Bergrecht + Iglauer Statuten (L 68).

Besonders hervorgehoben seien Kombinationen mit dem Wiener Stadtrechtsbuch. Eine einfache Kombination bilden Stadtrechtsbuch + Landrecht + Lehenrecht (L 133). Interessanter sind Kombinationen mit auch äußerer Verbindung. So ist etwa mit »Österreichische Landesordnung« die Kombination Landrecht + Lehenrecht + diverse städtische Verordnungen + Wiener Stadtrechtsbuch überschrieben (Sch[12] C'c). Der einheitliche Titel »Über kaiserliches Lehens-, Land- und auch Stadt- und Schrannenrecht« fasst zusammen Lehenrecht + Landrecht + Stadtrechtsbuch + Stadtrecht 1340 + 35 Wiener Verordnungen + Österreichisches Landrecht + 11 Verordnungen für Wiener Neustadt (H 6). Ebenso deutlich als Einheit präsentiert sich »In diesem Buch sind beschrieben Lehenrecht, Kaiserrecht, Stadt Wien Recht und etliche Handfesten und fürstliche Privilegien« (Sch Ea). Ohne Gesamttitel und in anderer Reihenfolge sind kombiniert Stadtrechtsbuch + diverse Verordnungen + Landrecht + Lehenrecht + weitere Verordnungen (Sch C'd, Db).

Kombinationen des Schwabenspiegels gibt es auch mit dem Österreichischen Landrecht wie etwa Landrecht + Lehenrecht + Österr. Landrecht (Land- und Lehenrecht)

---

10 L = Ausgabe Lassberg (1840).
11 Der Ausdruck verwendet von Bunge (1879), S. 4.
12 Sch = Ausgabe Schuster (1873).

(H¹³ 2). Interessanter ist die folgende Reihung: Schwabenspiegel/Landrechtsteil + Österr. Landrecht/Landrechtsteil + Schwabenspiegel/Lehenrechtsteil + Österr. Landrecht/Lehenrechtsteil, gefolgt von der Goldenen Bulle 1356 (H 5).

Auch regionale Rechtsbücher finden sich in Kombination wie etwa: diverse Wiener Verordnungen + Wiener Stadtrechtsbuch + Österr. Landrecht (H 3) oder Lehenrecht/Steiermark + Landrecht/Steiermark + »pergkbuch« (Weinbergrecht)/Steiermark (B¹⁴ 10).

Süd- und Norddeutschland

Nieder- und Oberdeutschland verbinden Kombinationen von Schwabenspiegel und Sachsenspiegel. Besonders auffallend ist das »kolonnenweise Nebeneinander« der beiden Texte (L 58) wie auch deren alphabetische Ordnung unter Einschluss von Sachsenspiegelglossen (L 134). Auffallend auch die Kombination beider Rechtsbücher mit Hildesheimer Dienstrecht und Magdeburger Dienstrecht (L 82).

Östliches Deutschland

Kombinationen des Sachsenspiegels mit insbesondere dem Magdeburger Weichbildrecht sind so bekannt, dass hier zwei Beispiele genügen.¹⁵ Eine Krakauer Handschrift schließt an den Sachsenspiegel das Magdeburger Weichbildrecht an und weist gegen Schluss auf einen advocatus summi iuris theutonici hin. Eine Handschrift aus Lemberg in Latein bietet die umgekehrte Reihenfolge: Auf einen Teil des Weichbildrechts folgen insbesondere Teile des Sachsenspiegels in der versio Vratislaviensis, anschließend Iglauer Stadtrecht (statuta Iclavie civitatis) und schließlich etwa einhundertzwanzig Magdeburger Schöffensprüche; gegen Schluss steht die Bezeichnung libri iuris Mendeburigensis et Saxonum.

Der »Spiegel Landrecht und Lehenrecht« für Livland (Livländischer Spiegel)¹⁶ aus dem 14. Jahrhundert kombiniert einen gekürzten und bearbeiteten Sachsenspiegel mit einheimischen Quellen. Hier steht am Beginn der Einleitung die Vorrede des Sachsenspiegels, gefolgt allerdings sogleich von einigen lehensrechtlichen Bestimmungen. Im anschließenden I. Buch entstammen von dessen 82 Artikeln 43 dem Landrecht des Sachsenspiegels. Das »Wiek-Oeselsche Lehenrecht« fügt an den Livländischen Spiegel noch an das Oeselsche Bauernrecht (Leiherechte) und das älteste Livländische Ritterrecht. Das Bauernrecht ist als das der einheimischen Bevölkerung als »undeutsch« bezeichnet, die übrigen Teile als »deutsch«. Auch hier begegnen also Kombinationen auf regionaler Ebene. Das »Mittlere livländische

---

13 H = Ausgabe Hasenöhrl (1867).
14 B = Ausgabe Bischoff (1875).
15 Bischoff (1865), S. 5ff., 11ff.
16 Bunge (1879), S. 18ff., 26ff.

Ritterrecht« etwa verbindet seinen eigenen Text mit dem lokaler Rechtsbücher in neuer Ordnung.

Folgerungen

Die große Verbreitung von Sachsenspiegel und Schwabenspiegel ist bekannt. Im Falle der kombinierten Rechtsbücher treffen wir im Prinzip auf dasselbe Phänomen, aber in Verbindung der großen Spiegeln mit lokalen Rechtsbüchern in einer Handschrift in ebenfalls diesen weiten Räumen von der Adria bis zur Ostsee. Dies unterstreicht auch der Ort der Produktion. Ein noch zu erwähnendes »Corpus legis« (L 101) entstand im Fürstentum Eichstätt, aber bereits aufgrund einer Vorlage, ein gleiches Exemplar findet sich in Konstanz. Die Kombination Schwabenspiegel mit Straßburger Stadtrecht wurde nachweislich in Nürnberg verfasst, aber eben nicht für diese Stadt, sondern das ferne Straßburg (L 131).

Von hohem Interesse ist natürlich die Art der jeweiligen Verbindungen. Es sind dies, wie vorgeführt, nicht nur bloße Aneinanderreihungen, sondern insbesondere auch Kombinationen, geleitet von einem systematisierenden Bedürfnis. Schon das bloße Aneinanderreihen erweist ein spezifisches Denken, nämlich von Zusammengehörigkeit, dies besonders die Verschachtelungen von Rechtsbüchern untereinander und eventuell mit anderen Quellen: auffallend etwa die Reihung Landrecht Schwabenspiegel + Landrecht Österreich gefolgt von Lehensrecht Schwabenspiegel + Lehenrecht Österreich (H 5) oder das Hinzufügen von Hildesheimer und Magdeburger Dienstrecht zur Kombination Schwabenspiegel + Sachsenspiegel als Ergänzung von deren Land- und Lehenrecht um einen weiteren Rechtskreis, nämlich das Dienstrecht (L 82). Die Kombination von Landrecht mit Stadtrechtsbüchern gemahnt an eine solche von allgemeinem mit speziellem Recht. Das Hinzufügen spezieller städtischer Verordnungen verstärkt diesen Eindruck. Anders ausgedrückt: ein Denken in Rechtskreisen: »Kaiserliches Recht« – Landrecht – Stadtrecht – Ergänzung durch diverse Einzelregelungen. Alle diese Zusammengehörigkeiten unterstreichen die erwähnten Titel für manche Kombinationen. Noch umfassender erschienen den mittelalterlichen Zeitgenossen beispielsweise die Kombination Sachsenspiegel und Magdeburger Stadtrecht als »ius teutonicum« und der frühneuzeitlichen Wissenschaft schließlich die heimischen Rechte insgesamt als »Deutsches Recht«.[17] Weiters lassen sich pseudo-wissenschaftliche Ambitionen nicht leugnen. Dies erhärten ähnliche Kombinationen, zwar auch von Rechtsbüchern, aber mit anderen Rechtstexten, nämlich mit den »Gelehrten Rechten«. Hiezu zählen Kombinationen des Schwabenspiegels mit Römischem Recht + Kanonischem Recht in Kompilationsform (L 74) oder sogar unter einem gemeinsamen Titel: »Corpus legis et iuris et canonis« bzw. »Gerichtbuch nach roh alphabetischer Ordnung der Materien zusammengetragen sowohl aus anderen älteren deutschen Rechten,

---

17 BRAUNEDER (2013), S. 80.

namentlich dem Sachsenspiegel und dessen Glossen, als auch aus Römischem und Kanonischem Recht« (L 101).

Weiters lässt sich auf eine Eignung, wohl auch Verwendung in der Praxis schließen wie insbesondere durch die Aufnahme zahlreicher städtischer Einzelverordnungen. Tatsächlich ist von manchen Kombinationen »lebhafter Gebrauch« überliefert (L 133). Der erwähnte Spiegel für Livland zielte wohl ebenfalls auf die Praxis ab, da jene Teile des Sachsenspiegels fortgelassen wurden, die Historisches enthalten, sich auf die Reichsverfassung beziehen, auf Sachsen, Schwaben und Juden sowie auf vor Ort unbekannte Standesverhältnisse.[18]

Damit aber nicht genug. Offenkundig gab es auch so etwas wie ein schöngeistiges Bedürfnis. Dies erweist die Schwabenspiegelhandschrift eines »Ottmar von Gossow« nächst St. Gallen aus 1462 (L 110): Sie fügt dem Rechtsbuch u.a. eine Chronik Zürichs von 1267 bis 1446 an, weiters Traktate über Fechtkunst, »Von Habicht und dessen Pflege«, über Aderlass und Diät etc. Was könnte der Zweck dieser Handschrift gewesen sein? Eventuell diente sie dem Unterricht und wenn dem so ist, dann auch unter Einschluss des Rechts.

Literatur

Bischoff (1865): Ferdinand Bischoff: Beiträge zur Geschichte des Magdeburger Rechts, Wien 1865.

bischoff (1875): Ferdinand Bischoff: Steiermärkisches Landrecht des Mittelalters, Graz 1875.

Brauneder (2013): Wilhelm Brauneder: Europäische Privatrechtsgeschichte, Wien/Köln/Weimar 2013.

Bunge (1879): Friedrich Georg von Bunge: Altlivlands Rechtsbücher, Leipzig 1879.

Ebel (HRG): Friedrich Ebel: Sachsenspiegel, in: HRG IV, Sp. 1229ff.

Eckhardt (1972): Karl August Eckhardt (Hg.): Schwabenspiegel Kurzform III: Fassung Kt, Aalen 1972.

Eckhardt (1974): Karl August Eckhardt (Hg.): Schwabenspiegel Kurzform, Hannover ²1974.

Hasenöhrl (1867): Viktor Hasenöhrl: Österreichisches Landesrecht im 13. und 14. Jahrhundert: ein Beitrag zur deutschen Rechtsgeschichte, Wien 1867.

Lassberg (1840): Leonhard Anton von Laßberg, Karl August Eckhardt (Hg.): Der Schwabenspiegel von 1287, Tübingen 1840.

Schott (1984): Clausdieter Schott: Der Sachsenspiegel, Zürich 1984.

Schuster (1873): Heinrich Maria Schuster: Das Wiener Stadtrechts- oder Weichbildbuch, Wien 1873.

Trusen (HRG): Winfried Trusen: Art. Schwabenspiegel, in: HRG IV, Sp. 1547ff.

---

18 Bunge (1879), S. 19f.

Ein Herzogtum im Kolonisationsland? Der *ducatus transalbinus* des Erzbischofs von Magdeburg von 1196

Michael Scholz

I.

Am 24. November 1196 traf im Dom zu Magdeburg eine illustre Gesellschaft zusammen. Anwesend waren nicht nur der Legat des apostolischen Stuhls, Kardinalpriester Friedrich von San Marcello, Erzbischof Ludolf, Dompropst Rogger, Dekan Heinrich von Glinde und ein Teil des Domkapitels, sondern auch die Markgrafen Otto und Albrecht von Brandenburg und andere weltliche Große: Walter von Arnstein, Friedrich von Hakeborn, Vogt Ludolf von Halberstadt, Egelolf von Schraplau, Dietrich und Werner von Ampfurth sowie andere Edelfreie. Von den Magdeburger Ministerialen waren u.a. Johannes von Plote, Richard von Alsleben, Heidenreich und Konrad von Burg, Dietrich von Parchen, Alverich von Grabow, Werner von Gardelegen und der Truchsess Heinrich erschienen. Vor dieser Versammlung übertrugen die genannten Markgrafen für ihr Seelenheil und um der im Dom verrichteten Gebete teilhaftig zu werden dem heiligen Mauritius und der Magdeburger Kirche eine Reihe von Gütern: nämlich alles, was sie besaßen im sogenannten *ducatus transalbinus*, in ihrer Mark, in den Grafschaften des Dietrich von Groitzsch und Otto von Falkenstein sowie in allen Grafschaften, die zu ihrer Mark gehörten, sei es verlehnt oder frei.

Am nächsten Tag zogen Erzbischof und Markgrafen, wiederum mit großem Gefolge, *ad bancos*, also zu den Gerichtsbänken, *in ducato transalbino*, wo der Erzbischof als *dux loci* den Edlen Walter von Arnstein zum Vorsitzenden des Gerichts bestimmte. Vor diesem wurden zur Bekräftigung der Magdeburger Schenkung noch einmal die Burg Möckern, Steckby und der markgräfliche Besitz in Ort und Burgward Zerbst sowie alle übrigen Güter, die die Brandenburger in jenem Dukat besaßen, der Magdeburger Kirche und dem Erzbischof über den Reliquien des heiligen Mauritius übertragen. Eine vergleichbare Übertragung folgte am 28. November in der Mark bei Gardelegen, wobei der Graf Heinrich von Dannenberg, dem diese Grafschaft gehörte, dem Gericht vorsaß. Unter den in der Mark übertragenen Orten werden neben einer Reihe altmärkischer Orte u.a. die Neustadt Brandenburg, die Zauche und das Land Schollene genannt.[1]

Die außergewöhnlich ausführliche Urkunde gibt uns einen seltenen Einblick in die symbolischen Handlungen anlässlich einer Besitzübertragung – eines Geschäfts, das sonst oft nur mit dürren Worten beschrieben wird. Deutlich wird die Rolle der

---

1   Riedel (1859), S. 2–4. Regest bei Mülverstedt (1881), Nr. 61. – Zum Kontext vgl. Ruhe (1914), S. 3–19; Schultze (1961), S. 104–108; Claude (1975), S. 284–286; Podehl (1975), S. 39–44; Menzel (2006), S. 59–63; Enders (2008), S. 35–37.

Landgerichte bei der Besitzübertragung: Eine Übergabe im Magdeburger Dom allein reichte nicht aus.[2] Doch sollen an dieser Stelle weder die genauen Modalitäten der Übergabe noch die politischen Voraussetzungen und Folgen der Übertragung näher interessieren – die Markgrafen erhielten den übertragenen Besitz kurz darauf wieder als Lehen zurück –, sondern das Augenmerk auf das Gebiet gerichtet werden, in dem ein Teil der übertragenen Güter lag – auf den *ducatus transalbinus*.

Die Urkunde benutzt den Begriff mit einer gewissen Selbstverständlichkeit einerseits als Ortsbezeichnung, andererseits als Bezeichnung eines Herrschaftsgebiets. Aus heutiger Sicht dagegen erscheint er keineswegs als selbstverständlich, denn ein solcher Dukat wird in dieser oder einer vergleichbaren Form nur äußerst selten erwähnt.[3] Als im Jahr 1164 Erzbischof Wichmann dem Werner von Paderborn und einem gewissen Gottfried die Mark Puppendorf bei Magdeburg zur Kolonisation übertrug, wurde für die künftigen Kolonisten eine Abgabe festgesetzt, die *more totius Transalbine provincie*, also nach Sitte der gesamten transelbischen Provinz, als *wozzop* bezeichnet wurde.[4] Wir werden nicht fehlgehen, wenn wir zwischen der *provincia* von 1164 und dem *ducatus* von 1196 eine Verbindung sehen. Vom *ducatus transalbinus* sprechen auch die beiden Urkunden Kaiser Heinrichs VI. von 1197, in denen dieser die Übertragung der Güter ebenso wie das Versprechen des Erzbischofs und seines Kapitels bestätigte, die übertragenen Besitzungen binnen eines Jahres und sechs Wochen den Brandenburgern als Lehen zurückzuerstatten.[5] Offenbar war der kaiserlichen Kanzlei die brandenburgische Urkunde bekannt gewesen.[6] Keine eigenständige Überlieferung ist auch der Passus der Magdeburger Schöppenchronik, der in Kenntnis der entsprechenden Urkunden auf die Ereignisse von 1196/97 Bezug nimmt. Immerhin bietet er eine deutsche Übersetzung des Begriffs, wenn von Besitz *over Elve in dem hertochdome* die Rede ist.[7] Eine ähnliche Formulierung findet sich auch in zwei Rechtstexten des 13. Jahrhunderts, auf die zuletzt Keno Zimmer hingewiesen hat. Die Glosse zum Sachsenspiegel spricht in der Erläuterung zu Ssp. III 70 von den Wenden, die die Sachsen vertrieben hatten, *wente in dat hertichdom over Elve*, und das Magdeburger Weichbildrecht erwähnt das *herzogedum ober Elbe* mit dem Vorort Schartau als Gründung Ottos I., der es Erzbischof Adalbert verliehen haben sollte.[8]

Damit enden die bisher ermittelten Erwähnungen des »Herzogtums jenseits der Elbe«. Weder im Spätmittelalter – etwa in den Auseinandersetzungen zwischen

---

2 Zum Landgericht vgl. allgemein MERZBACHER (1978); DRÜPPEL (1991); SCHÄFER (2002), S. 45f. – Vgl. auch die etwa gleichzeitig vorgenommenen Besitzübertragungen an das Zisterzienser Pforte vor dem langgräflich thüringischen Landgericht Gebstedt, dessen Vorsitz offenbar Graf Heinrich von Buch innehatte (WITTMANN [2008], S. 211).
3 Zum gesamten Komplex vgl. CLAUDE (1975), S. 286–288; ZIMMER (2003), S. 36–38.
4 UB ERZSTIFT MAGDEBURG, Nr. 310. – Vgl. ZIMMER (2003), S. 36.
5 RIEDEL (1859), S. 5–8; Regesta Imperii IV,3, Nr. 599, 602.
6 So ist der Passus *sicut litere ipsorum ad nostram presentiam directe manifestius expresserunt* in der Urkunde vom 9. Juli 1197 wohl zu verstehen (RIEDEL [1859], S. 5).
7 SCHÖPPENCHRONIK, S. 124.
8 ZIMMER (2003), S. 38.

Magdeburg und Brandenburg – noch in der Frühen Neuzeit wurde, soweit bekannt, dieser Titel aufgegriffen, um Ansprüche daraus zu begründen.

War der *ducatus transalbinus* also nur der Ausrutscher eines phantasievollen Urkundenkonzipisten, der nach einer geographischen Benennung des späteren Jerichower Landes suchte? Oder war mit dem Titel ein Anspruch verbunden, der in späterer Zeit nicht weiterverfolgt wurde? Was verstanden die Zeitgenossen an der Wende vom 12. zum 13. Jahrhundert überhaupt unter einem *ducatus* bzw. einem Herzogtum?

Bereits 1975 hat Dietrich Claude den Vergleich mit den jüngeren, in der Stauferzeit entstandenen Herzogtümern nahegelegt und insbesondere auf den 1168 anerkannten Dukat des Bischofs von Würzburg sowie das 1180 geschaffene Herzogtum Westfalen des Erzbischofs von Köln verwiesen.[9] Beide Herzogtümer geistlicher Fürsten hatten im Gegensatz zum Magdeburger Dukat eine lange Nachgeschichte bis zum Ende des Alten Reiches. Doch kann ihre Betrachtung dabei helfen, den 1196 zur Beschreibung eines Herrschaftsraums gebrauchten Begriff etwas näher zu beleuchten, zumal beide Fälle recht gut erforscht sind.[10]

II.

Blicken wir zunächst auf das Würzburger Beispiel. Um 1075 berichtete Adam von Bremen in seiner Hamburger Kirchengeschichte über den Bischof von Würzburg: Dieser nehme eine einzigartige Stellung ein und habe keinen Gleichrangigen in seinem Bistum. Da er selbst alle Grafschaften (*comitatus*) seines Sprengels (*parrochiae*) innehabe, verwalte er auch den Dukat der Provinz (*ducatum etiam provintiae gubernat*). Nach diesem Vorbild habe auch der Hamburger Bischof beschlossen, alle Grafschaften, die in seiner Diözese irgendwelche Gerichtsbarkeit zu haben schienen (*qui in sua dyocesi aliquam iurisdictionem habere videbantur*), in die Verfügungsgewalt der Kirche zu bringen.[11] In unserem Zusammenhang ist vor allem erheblich, was Adam unter einem *ducatus* verstand: Dieser beruhte für den Chronisten – so legt es der Text nahe – auf der geschlossenen Gerichtsbarkeit über seinen gesamten Bischofssprengel, und jene besaß der Bischof, weil er nach Adam alle Grafschaften innehatte.[12] Ob dies wirklich der Realität entsprach, kann hier offen bleiben, auch wenn Adam, der wohl selbst aus Franken stammte, über die

---

9 CLAUDE (1975), S. 287f.
10 Aus der reichhaltigen Literatur zum Herzogtum der Bischöfe von Würzburg seien hier genannt: ZALLINGER (1890), S. 528–573; SCHMIDT (1913); ZIMMERMANN (1963), S. 391–396; CRONE (1981); LUBICH (1996); SCHÄFER (2002), S. 10–36; MERZ (2004); PETERSOHN (2008), S. 167–186; MERZ (2010). – Zu Westfalen vgl. GRAUERT (1877); JANSEN (1895); KALLEN (1956/57); DROEGE (1980); JANSSEN (2009), S. 260–265.
11 ADAM VON BREMEN, Lib. III c. XLVI, S. 188. – Vgl. CRONE (1981), S. 6; LUBICH (1996), S. 112–125 (mit Forschungsüberblick); SCHÄFER (2002), S. 17; MERZ (2004), S. 47f.
12 MERZ (2004), S. 48, spricht im Zusammenhang mit dem Herzogtitel lediglich von einer »Führungsposition aufgrund der regionalen Herrschaftsverhältnisse«. Das erscheint angesichts der ausdrücklichen Betonung der Gerichtsbarkeit durch Adam im nächsten Satz als etwas unspezifisch.

Würzburger Verhältnisse gut unterrichtet gewesen sein dürfte.¹³ Der *ducatus* ist also für Adam von Bremen die Gerichtsbarkeit über einen geschlossenen Bezirk, der hier als *provintia* bezeichnet wird.¹⁴ Der Begriff »Provinz« scheint an dieser Stelle unspezifisch gebraucht zu sein, ist also wohl nicht mit einem bestimmten Stammes- oder Siedlungsgebiet gleichzusetzen.¹⁵

Auf ein solches Gebiet bezogen, erscheint der Dukat des Würzburger Bischofs dagegen etwa 40 Jahre später in der Chronik des Ekkehard von Aura. Der Kaiser (nämlich Heinrich V.), heißt es hier zu 1116, übertrug *ducatum orientalis Franciae*, der dem Würzburger Bischof in der Nachfolge der Könige (*regum successione*) von alters her zustand, dem Sohn seiner Schwester, dem späteren König Konrad.¹⁶ Offenbar verstand Ekkehard die Würde anders als Adam als historisch begründet und vielleicht an ein älteres »Herzogtum« anknüpfend.¹⁷ Die Übertragung, die in die Auseinandersetzungen zwischen Kaiser Heinrich und seinen Gegnern nach der Schlacht am Welfesholz gehört, hatte jedoch nicht lange Bestand. Bereits am 1. Mai 1120 erstattete Heinrich dem Bischof Erlung von Würzburg die *dignitas iudiciaria in tota orientali Francia*, also die richterliche Würde in ganz Ostfranken, die der Kirche zu seiner Zeit entfremdet worden sei, auf Bitten der Kaiserin Mathilde und zahlreicher Intervenienten zurück.¹⁸ In der Urkunde ist von einem Dukat nicht die Rede, doch es hat einiges für sich, dass mit der zurückerstatteten *dignitas iudiciaria* der

---

13 Zu den Grafschaften des Würzburger Bischofs vgl. SCHMIDT (1913), S. 6–9. Zur Biographie Adams vgl. SCHMALE (1978), Sp. 50.
14 Ähnlich schon SCHMIDT (1913), S. 10, der allerdings – mangels einer königlichen Verleihung der Würde – nur von einer »herzogsähnlichen Stellung« des Bischofs spricht. Auch für LUBICH (1996), S. 122, muss nach Adam »die Herrschaft über Grafschaften bzw. deren Gerichtsbarkeit das Wesen der von ihm ducatus genannten Stellung des Bistums ausgemacht haben.« – Vgl. auch GOETZ (1991), S. 260.
15 Dass letztlich das würzburgische Ostfranken gemeint ist, wie LUBICH (1996), S. 115–119, konstatiert, ergibt sich schon aus dem Textzusammenhang. Vgl. auch ZIMMERMANN (1963), S. 391.
16 EKKEHARD, ed. Waitz, a. 1116, S. 249; CHRONIKEN (1972), S. 316f. – Vgl. WERLE (1956), S. 287–292, CRONE (1981), S. 8f.; LUBICH (1996), S. 156–178; SCHÄFER (2002), S. 22.
17 Nach einer zum Jahr 1014 überlieferten chronikalischen Notiz (EKKEHARD, ed. Waitz, a. 1014, S. 193) hatte der Kaiser nach dem Tode Herzog Ernsts von Ostfranken (*Ernestus dux Franciae orientalis*) – gemeint ist Herzog Ernst von Schwaben – dessen Würde (*dignitas*) dem Würzburger Bistum übertragen. Die Nachricht findet sich als Nachtrag in der wohl 1114 entstandenen sogenannten »Anonymen Kaiserchronik«, die einerseits auf dem Werk von Ekkehard und seinem Vorgänger Frutolf aufbaut, andererseits aber auch von Ekkehard für seine späteren Abschnitte genutzt wurde (CHRONIKEN [1972], S. 41; LUBICH [1996], S. 157f.). Auffällig ist allerdings, dass Ekkehard die genannte Notiz nicht in die späteren Fassungen seiner Chronik übernahm (vgl. LUBICH [1996], S. 159–162). – Vgl. zum Realitätsgehalt ZIMMERMANN (1963), S. 392. Vgl. auch CRONE (1981), S. 7, die in *dignitas* nicht den herzoglichen Rang sieht. – Real steht allerdings hinter dem Hinweis auf die königliche Nachfolge die Erinnerung an eine Reihe von Schenkungen an das Bistum um 1000 (LUBICH [1996], S. 76f.). Lubich verweist zudem darauf, dass der Bischof zwar Rechte königlicher Herkunft besaß, die Verleihung eines Herzogsamtes durch den König aber nicht vorlag (ebd., S. 161).
18 MONUMENTA BOICA 29,1, Nr. 444. – ZIMMERMANN (1963), S. 392; CRONE (1981), S. 9f.; LUBICH (1996), S. 179–189; SCHÄFER (2002), S. 25f.

zu 1116 von Ekkehard erwähnte *ducatus* gemeint ist.[19] Auch hier zeigt sich dieser als die Gerichtsbarkeit über einen größeren Bezirk – was immer unter der *tota orientalis Francia* konkret verstanden wurde[20] –, auch wenn der Kaiser anlässlich der Rückerstattung den Begriff des Dukats sorgsam vermied. Dass er dies tat, könnte darauf hindeuten, dass mit dem Titel *dux* noch andere Assoziationen verbunden waren, die Heinrich hier zu vermeiden suchte.[21] Den Würzburger Bischof hielt diese Zurückhaltung jedoch nicht davon ab, in der Folge den Titel eines *dux* zu beanspruchen und dies auch auf Münzen zu demonstrieren.[22]

Was aber war der Inhalt der herzoglichen *dignitas iudicaria*? In einer Klage des vom Bischof von Bamberg mit der Grafschaft im Ranggau belehnten Rapoto von Abenberg gegen den Bischof von Würzburg aus dem Jahr 1157 werden einige beanspruchte Rechte deutlich: *occasione ducatus sui* habe der Würzburger unrechtmäßig Rechte beansprucht, nämlich die Lehnsgerichtsbarkeit (*allodiorum placita*), die Einsetzung der für die Blutgerichtsbarkeit zuständigen Zentrichter (*centuriones ponere*), die Landfriedensgerichtsbarkeit (*de pace fracta iudicare*) und anderes. Die strittigen Rechte wurden schließlich von Kaiser Friedrich I. als Grafschaftsrechte dem Grafen und dem Bamberger zugesprochen.[23] Ein qualitativer Unterschied zwischen Dukat und Grafschaft wurde offenbar nicht gesehen.

Endgültig bestätigt wurden die Gerichtsrechte schließlich durch die bekannte Urkunde Kaiser Friedrichs I. aus dem Jahr 1168, die als »güldene Freiheit« in die Landesgeschichtsschreibung eingegangen ist. Auf einem Hoftag in Würzburg bestätigte der Kaiser auf Bitten Bischof Herolds diesem alle Gerichtsbarkeit und die volle Gewalt, Gericht zu halten, im gesamten Bistum und Dukat Würzburg und in allen Grafschaften in diesem Bistum oder Dukat (*omnem iurisdictionem seu plenam potestam faciendi iusticiam per totum episcopatum et ducatum Wirzeburgensem et per omnes cometias in eodem episcopatu vel ducatu sitas*). Konkret erhielt der Bischof die Gerichtsbarkeit über Raub und Brände, über Eigengut und Lehen, über Leute und die Blutgerichtsbarkeit (*de rapinis et incendiis, de allodiis et beneficiis, de hominibus et de vindicta sanguinis*).[24] Der *ducatus* erscheint hier als der Bezirk, in dem die Gerichtsbarkeit ausgeübt wurde, und dieser entspricht dem *episcopatus*, also wohl dem geistlichen Sprengel des Bistums.[25] Von einem Dukat über Ostfranken ist nicht mehr die Rede;

---

19 LUBICH (1996), S. 181f., lehnt eine Gleichsetzung beider Begriffe ab, muss aber zugeben, dass »die Urkunde und Adams *Gesta* durchaus einen gleichen oder ähnlichen Sachverhalt ausdrücken könnten«.
20 Zum Begriff *Francia orientalis* vgl. LUBICH (1996), S. 12–14; PETERSOHN (2008), S. 73–84.
21 Vgl. LUBICH (1996), S. 185.
22 ZIMMERMANN (1963), S. 392; CRONE (1981), S. 13f.
23 D F I, Nr. 305 (1160). – Vgl. ZALLINGER (1890), S. 530; LUBICH (1996), S. 230; SCHÄFER (2002), S. 26f.
24 D F I, Nr. 546. – Vgl. ZALLINGER (1890), S. 531f., 550–564; SCHMIDT (1913), S. 29–32; ZIMMERMANN (1963), S. 393; SCHÄFER (2002), S. 31f.; MERZ (2004), S. 49f. – Vgl. zusammenfassend auch HERDE (1989), S. 344f.
25 Vgl. bereits SCHMIDT (1913), S. 36: »Nach dem Privileg von 1168 war die Gerichtshoheit nicht nur der wichtigste, sondern der alleinige Inhalt des Würzburger Herzogtums.«

wie schon zuvor hatte der Bamberger Bischof seinen Sprengel von herzoglichen Rechten seines Nachbarn freihalten können. Erst zu Beginn des 14. Jahrhunderts taucht der Begriff des »Herzogtums zu Franken« wieder in den Würzburger Urkunden auf.[26]

III.

Entstand das Herzogtum des Bischofs von Würzburg somit in einem langen Prozess, so lässt sich der Anfang des kurkölnischen Herzogtums Westfalen genau datieren. Nach dem Entzug der Reichslehen Heinrichs des Löwen auf einem Würzburger Hoftag teilte Kaiser Friedrich I. dessen Herzogtum Sachsen (in der Urkunde Westfalen und Engern genannt) in zwei Teile. Einen davon, der sich nämlich in das Bistum Köln und über das gesamte Bistum Paderborn erstreckte, übertrug er in der bekannten Gelnhäuser Urkunde vom 13. April 1180 mit allem Recht und Gerichtsbarkeit (*cum omni iure et iurisdictione*), nämlich mit Grafschaften, Vogteien, Geleiten, Hufen, Höfen, Lehen, Ministerialen, Unfreien und allem sonstigen zum Herzogtum gehörenden Zubehör, dem Erzbischof von Köln.[27] Die Urkunde lässt keine spezifische Vorstellung von dem Dukat erkennen. Übertragen wurden sämtliche Rechte, die Heinrich der Löwe als Reichslehen besessen hatte, in einem Gebiet, das durch zwei Diözesen umschrieben wird. Dass die Grafschaften und Vogteien an erster Stelle standen, erinnert allerdings an die Würzburger Verhältnisse und lässt vermuten, dass es auch in Westfalen übergreifende Gerichtsrechte waren, die den Dukat kennzeichneten.[28]

Die Vermutung wird durch einige urkundliche Nachrichten aus den folgenden Jahrzehnten bestätigt. Nachdem Adolf von Altena den erzbischöflichen Stuhl bestiegen hatte, zog er – so berichtet eine Urkunde aus dem Jahr 1194 – in seine Provinzen Westfalen und Engern (*nostre potestatis prouincias Westfaliam scilicet et Angariam*), um die Bedrängten zu befreien, und rief Fürsten, Edle und das ganze Volk des Landes *pro iudicio et iusticia facienda* in Paderborn zusammen.[29] Im Jahr 1217 versöhnte Erzbischof Engelbert von Köln die Bürger von Paderborn und die Familie eines Tymmo, deren Streit *in ducatu et iurisdictione nostra multa mala contigisset*. Die Versöhnung, an der auch der Bischof von Paderborn beteiligt war, wurde schließlich *per sentenciam forma iudicii coram nobis* bekräftigt.[30] Der Erzbischof erscheint hier in beiden Fällen als Richter in der Diözese Paderborn, was ohne Zweifel auf seine herzoglichen Rechte zurückzuführen ist, auch wenn sie in diesem Zusammenhang nicht ausdrücklich genannt werden. Gleichzeitig werden die Begriffe *ducatus* und *iurisdictio* nahezu als Synonyme verwendet.

---

26 Merz (2000), S. 40; Merz (2004), S. 52–55.
27 D F I, Nr. 795. – Zur Urkunde und ihrem historischen Kontext vgl. Weinfurter (1995). Vgl. auch Kallen (1956/57), S. 88f.; Droege (1980), S. 291–296.
28 Vgl. Kallen (1956/57), S. 91.
29 Westfälisches UB, Bd. 2, Urk. Nr. 536. Vgl. Jansen (1895), S. 25f., 37f. Anm. 5; Droege (1980), S. 298.
30 Westfälisches UB, Bd. 4, Nr. 69. Vgl. Jansen (1895), S. 68. Zur Sache auch Biermann (2005), S. 473.

In die Zeit Engelberts zurück führt auch eine Urkunde aus dem Jahr 1231, die von einer Geldbuße von 3000 Mark spricht, welche den Grafen von Ravensberg im Streit mit dem Grafen von Tecklenburg einst *coram duce domino Engelberto, quondam Coloniense archiepiscopo, ... per sententiam sunt adiudicate*.[31] Der Zusammenhang zwischen Herzogswürde und Gerichtsvorsitz ist hier nun offenkundig. Offenbar handelte es sich bei dem erwähnten Gericht um dasselbe »Botding«, in dem der Erzbischof in einem anderen Fall von 1231 den Vorsitz führte (*presedit iuditio quod vulgo dicitur botthinc*).[32] Dass das Botding als das herzogliche Gericht fungierte, zeigt auch eine Urkunde aus dem Jahr 1247. In dieser verpflichtete sich Bischof Simon von Paderborn, keine Befestigung *in ducatu domini Coloniensis archiepiscopi* ohne dessen Erlaubnis anzulegen, außer wenn er in *iudicio, quod bottinc appellatur*, mit dem Abt von Corvey und anderen Edlen im Herzogtum etwas anderes *per sententiam* erlangen könnte.[33]

Eine übergreifende Gerichtsbarkeit oder wenigstens ein Anspruch darauf zeigt sich auch in den Quellen des späten 13. Jahrhunderts. 1289 bestand Erzbischof Siegfried auf seine weltliche Gerichtsbarkeit in der Stadt Essen und Umgebung, die ihm wie diejenige über verschiedene Teile Westfalen *ratione ducatus Westfalie* gehöre und die nun von der Äbtissin bestritten wurde.[34] Im Jahr darauf entschied derselbe eine Streitfrage zwischen dem Grafen von Arnsberg und dem Bischof von Paderborn, mit der sie sich an ihn als Herzog von Westfalen gewandt hatten (*super qua ad nos tamquam ad ducem Westfalie recursum habuistis*).[35] 1299 ließ sich Erzbischof Wigbold von König Albrecht I. das Recht erneuern, die Vollstreckung eines Todesurteils innerhalb der Grenzen des Herzogtums Westfalen um sechs Wochen aufzuschieben – ein Recht, in dessen Besitz der Erzbischof ebenfalls *ratione ducatus sui Westphalie* war und das von »Rebellen« inzwischen nicht mehr beachtet wurde.[36] Es handelte sich also um ein inzwischen offenbar weitgehend gegenstandslos gewordenes Recht, das vielleicht in die Entstehungszeit des Herzogtums zurückreicht und bei günstiger Gelegenheit wieder reaktiviert werden sollte.

Ansprüche und nicht nur unbestrittene Rechte waren es sicherlich auch, die kurze Zeit später (1306/08) im Verzeichnis der *Iudicia et iura ducis Westphalie* innerhalb eines größeren Verzeichnisses der Einkünfte und Rechte des kölnischen Marschalls von Westfalen aufgelistet wurden – »der erste Versuch einer systematischen Zusammenstellung dessen, was den Inhalt des ›Herzogtums‹ oder der Herzogsgewalt ausmachte bzw. aus herzoglicher Sicht ausmachen sollte« (Wilhelm Janssen).[37] Alle

---

31 WESTFÄLISCHES UB, Bd. 3, Nr. 293. Vgl. GRAUERT (1877), S. 12. Zur Sache auch BIERMANN (2005), S. 475.
32 WESTFÄLISCHES UB, Bd. 3, Nr. 287. Vgl. GRAUERT (1877), S. 13.
33 WESTFÄLISCHES UB, Bd. 4,1, Nr. 390. Vgl. JANSEN (1895), S. 24, 75; DROEGE (1980), S. 298f.
34 WESTFÄLISCHES UB, Bd. 7, Nr. 2132.
35 WESTFÄLISCHES UB, Bd. 7, Nr. 2188. Vgl. JANSEN (1895), S. 69f.
36 WESTFÄLISCHES UB, Bd. 7, Nr. 2561. Vgl. JANSEN (1895), S. 40f., 50.
37 Druck: SEIBERTZ (1839), Nr. 484, S. 598–644 (*Iudicia et iura*: S. 643f.). Vgl. hierzu JANSSEN (2009) (Zitat: S. 261). – Vgl. auch JANSEN (1895), S. 50f.

Gografen in ganz Westfalen, heißt es dort, dürften nicht richten, wenn sie nicht ihre Autorität durch den Herzog mit dem Schwert erhalten hätten. Allerdings setze jeder Graf die Gografen ein und ab, und diese richteten ohne den Herzog und verletzten damit dessen Rechte.[38] Der Erzbischof-Herzog verstand sich also als oberster weltlicher Richter in seinem Herzogtum und somit als oberster weltlicher Herr, auch wenn die praktische Wirkung dieses Anspruchs beschränkt war.[39] In dieselbe Richtung weist es auch, wenn gleichzeitig beansprucht wurde, der Herzog könne an jedem Ort seines *ducatus* seinem Stuhl aufschlagen und Gericht halten.[40]

Eng mit der Gerichtsbarkeit verbunden war das Befestigungsrecht, das 1306/08 nur andeutungsweise angesprochen wurde[41], aber bereits im 12. Jahrhundert als herzogliches Recht auftaucht.[42] 1184 kaufte Erzbischof Philipp von Heinsberg das *allodium Udisdorp* (Oesdorf bei Pyrmont) und errichtete darauf zur Verteidigung und zum besseren Schutz des Herzogtums Westfalen (*ad defensionem et maiorem tuitionem ducatus nostri in Westfalia*) eine Befestigung und Burg (*municionem et castrum*). Weil diese in der Grafschaft und im Gerichtsbezirk (*infra comitatum et iurisdictionem*) des Widukind von Pyrmont gelegen war, gab er die Hälfte der Burg diesem und seinen Erben zu Lehn.[43] Baute in diesem Fall der Herzog zwar auf eigenem Grundbesitz, aber in fremdem Gerichtsbezirk, so achtete er darauf, dass andere Große nicht ohne seine Erlaubnis Burgen innerhalb des Herzogtums errichteten. Dies bekam etwa 1247 der Bischof von Paderborn zu spüren, der sich in der schon erwähnten Urkunde verpflichten musste, keine Befestigung *in ducatu* ohne Erlaubnis des Erzbischofs aufzurichten.[44] Dass der Befestigungsbau als Teil der herzoglichen Rechte gesehen wurde, zeigt auch noch ein Fall aus dem Jahr 1307, als Erzbischof Heinrich von Virneburg gegenüber dem Grafen von Waldeck aus gegebenem Anlass bekundete, er (der Erzbischof) dürfe die umstrittene Burg errichten *tamquam in ducatu nostro et fundo seu proprietate nostra seu nostrorum*, und kein Graf könne ihn mit Recht daran hindern.[45]

---

38 SEIBERTZ (1839), S. 644: *Et simili modo omnes Gograuii per totam Westphaliam cujuscunque fuerint non debent judicare nisi auctoritate per gladium a Duce recepta. Modo quilibet comes tales gograuios instituit et destituit, et judicant sine Duce, quod facere non possunt et infringunt jus judicis.* – Selbst besaß der Erzbischof zwölf Gografschaften.

39 JANSSEN (2009), S. 262f. – Vgl. auch KALLEN (1956/57), S. 91, der von einer »übergräflichen« *dignitas iudiciaria* des Erzbischofs spricht.

40 SEIBERTZ (1839), S. 644: *Item Dux in omni loco Ducatus sui potest ponere sedem suam et judicare.* – Vgl. JANSEN (1895), S. 50f.

41 SEIBERTZ (1839), S. 644: So mussten die zur Folge Verpflichteten u. a. *castrum edificare pro necessitate sua* [i.e. des Herzogs] *et defensione terre.*

42 Vgl. zum Befestigungsrecht insgesamt JANSEN (1895), S. 71–88, mit zahlreichen Quellenbeispielen; KALLEN (1956/57), S. 93; JANSSEN (2009), S. 263.

43 REGESTEN DER ERZBISCHÖFE VON KÖLN, Bd. 2, Nr. 1221. Auszugsweiser Druck bei GRAUERT (1877), S. 5f. – Vgl. auch JANSEN (1895), S. 83; BIERMANN (2005), S. 470.

44 Wie Anm. 33. – Zum weiteren Verlauf der Streitigkeiten vgl. JANSEN (1895), S. 75–77.

45 JANSEN (1895), S. 85f.; Teildruck der Urkunde: ebd., S. 86 Anm. 1.

Das Verzeichnis des Marschallamtes kennt weiterhin als Recht des Herzogs das Geleit, das bereits in der Gelnhäuser Urkunde erwähnt ist und das die Erzbischöfe im gesamten Gebiet zwischen Rhein und Weser, also über den ursprünglichen herzoglichen Sprengel hinaus, beanspruchten.[46] Dem umfassenden Anspruch, der hier formuliert wurde, scheinen aber zu keiner Zeit entsprechende reale Rechte gegenübergestanden zu haben. Dennoch wurde im gesamten 14. Jahrhundert und darüber hinaus daran festgehalten.[47]

Deutlicher als in Würzburg zeigt sich in Westfalen ein Gemisch an Rechten, wie es auch die spätere Landesherrschaft kennzeichnete – jedoch mit der obersten weltlichen Gerichtsbarkeit als Mittelpunkt. Als Ausgangspunkt der herzoglichen Rechte wurde bereits vor längerem ein »vielfältiges, auf die verschiedenste Art und Weise zusammengewürfeltes Konglomerat von Grafschaften und Vogteien« in den Diözesen Paderborn und Köln vermutet, das aus dem Besitz Heinrichs des Löwen stammte und 1180 an den Erzbischof überging.[48] Folgt man dieser Ansicht, so war das Herzogtum der Gelnhäuser Urkunde – ähnlich wie es die etwas älteren Quellen für Würzburg nahelegen – im Wesentlichen eine Ansammlung von Grafschaften und Gerichtsrechten, die in einer Hand vereinigt waren.

Allerdings suggerierte die auf eine größere Landschaft bezogene Titulatur einen umfassenden Anspruch. Von daher verwundert es nicht, dass in der Folge weiterreichende Rechte mit dem Herzogtum verbunden wurden – seien es die Geleitsrechte im gesamten Gebiet zwischen Rhein und Weser, sei es die Statthalterschaft über die Vemegerichte in ganz Westfalen, als deren Inhaber der Erzbischof seit der Mitte des 14. Jahrhunderts auch in königlichen Urkunden erscheint.[49] Letztlich weist der Herzogtitel, wie das Kölner Beispiel zeigt, auf eine flächenhafte Herrschaft, auch wenn diese in der Realität nicht erreicht werden konnte.[50] Auf der anderen Seite sollte man seine Wirkung auch nicht überschätzen: Schließlich gingen die Kölner Erzbischöfe erst gegen Ende des 14. Jahrhunderts dazu über, den Titel eines Herzogs von Westfalen regelmäßig in ihren Urkunden zu führen.[51]

Nur kurz soll in diesem Zusammenhang ein anderer Fall eines westfälischen Bischofs erwähnt werden, der im 13. Jahrhundert ebenfalls gelegentlich als *dux* tituliert wurde. 1271 nannte sich Bischof Gerhard von Münster *episcopus idemque dux per terminos nostre dyocesis*.[52] Im folgenden Jahr beurkundete derselbe Bischof

---

46 SEIBERTZ (1839), S. 644: *Item jus Ducis Westphalie est conductus a Wesera usque ad Renum …* – Zum Umfang des herzoglichen Sprengels vgl. noch immer GRAUERT (1877), S. 1–72.

47 KALISCH (1910) mit zahlreichen Quellenbeispielen. – Vgl. auch JANSEN (1895), S. 88–100; JANSSEN (2009), S. 263; KALLEN (1956/57), S. 92.

48 HILDEBRAND (1936), S. 102f. (Zitat: S. 103). Vgl. KALLEN (1956/57), S. 91, 94.

49 Vgl. hierzu bereits GRAUERT (1877), S. 120–157; LINDNER (1888), S. 349–357, 410–427; JANSEN (1895), S. 100–125. In neuerer Zeit WURM (1991); FRICKE (2009), S. 284–288.

50 Vgl. KALLEN (1956/57), S. 107.

51 JANSEN (1895), S. 13–15; BIERMANN (2005), S. 489.

52 WESTFÄLISCHES UB, Bd. 3, Nr. 907. – Zum Herzogstitel der Bischöfe von Münster vgl. auch GRAUERT (1877), S. 74f.; LINDNER (1888), S. 344–347; WURM (1991), S. 36.

eine Besitzübertragung an die Bürger von Beckum, die dort in seiner Kemenate *coram nobis summo comite libero utpote dyocesis nostre duce* und in Gegenwart der lokalen Schöffen getätigt worden war.[53] Wiederum acht Jahre später bestätigte Bischof Eberhard den Verkauf eines Hofes im Kirchspiel Nottuln an Dekan und Kapitel des Alten Doms in Münster mit fast derselben Formulierung: *actum coram nobis civitatis et dyocesis duce et supremo nichilominus libero comite*, dem alle öffentlichen und geheimen Gerichte der genannten Orte unterständen.[54] 1285 bezeichnete sich Eberhard als *tamquam dux et terre dominus*.[55] In der Landfriedensurkunde von 1319 wurde dem Bischof von Münster *in syme hertocriche* und im Stift Osnabrück dieselbe Befugnis zugesprochen, wie sie der Marschall von Westfalen im Herzogtum des Erzbischofs von Köln innehabe.[56] Ähnliche Formulierungen finden sich auch in späteren Landfriedensurkunden.[57] Die herzogliche Rolle des Bischofs von Münster erscheint hier als Aufsicht über die Freigerichte sowie als Funktion zur Bewahrung des Landfriedens. Es liegt nahe, diesen Anspruch als Reaktion auf die Rolle des Kölner Erzbischofs in Westfalen zu sehen – eine Reaktion, mit der der Münsteraner in Sachen weltlicher Gerichtsbarkeit in seiner Diözese seine Gleichberechtigung mit dem erzbischöflichen Nachbarn demonstrieren wollte.[58]

IV.

Der Dukat eines geistlichen Fürsten – so können wir aus den Beispielen aus Franken und Westfalen schließen – wurde an der Wende vom 12. zum 13. Jahrhundert vor allem in seinen Gerichtsrechten sichtbar. Diese gingen über einzelne Grafschaften oder lokale Gerichte hinaus und beanspruchten Gültigkeit in einem größeren Raum, der auch als *provincia* bezeichnet wurde und gelegentlich an ein altes Stammesgebiet oder einen Teil davon anknüpfte, in den Urkunden von 1168 und 1180 aber (wie auch im Bistum Münster im 13. Jahrhundert) durch Diözesangrenzen umschrieben wurde.

Lassen sich diese Erkenntnisse auch für das Verständnis des Dukats des Magdeburger Erzbischofs östlich der Elbe fruchtbar machen? Es fällt auf, dass auch das ostelbische Land einmal als *provincia*, einmal als *ducatus* bezeichnet wurde. Beide Male ist ganz offensichtlich dasselbe Kolonisationsland gemeint. Eine Anknüpfung an einen älteren Teilstamm wie in Ostfranken oder Westfalen war hier nicht möglich, daher die Benennung nach dem Fluss. Doch handelte es sich hierbei ebenfalls – jedenfalls dem Anspruch nach – um ein größeres Gebiet.

Kern der Rechte des *dux* scheint auch hier die Gerichtsherrschaft gewesen zu sein.

---

53 WESTFÄLISCHES UB, Bd. 3, Nr. 922. Vgl. GRAUERT (1877), S. 74f.
54 WESTFÄLISCHES UB, Bd. 3, Nr. 1103. Vgl. GRAUERT (1877), S. 75.
55 WESTFÄLISCHES UB, Bd. 3, Nr. 1273. Vgl. GRAUERT (1877), S. 75.
56 WESTFÄLISCHES UB, Bd. 8, Nr. 1374. Vgl. GRAUERT (1877), S. 22; KOHL (1999), S. 390.
57 GRAUERT (1877), S. 22, 75f.
58 Zu einer weiteren westfälischen Besonderheit, dem »freien Herzogtum« in seinem Stift, das dem Bischof von Minden in einem Privileg Ludwigs des Bayern 1332 verliehen wurde, vgl. WURM (1991), S. 35–37.

Wir sehen ihn einmalig in Aktion, indem er den hochadligen Richter einsetzt. Das Magdeburger Weichbildrecht spricht vom *herzogedum ober Elue,* das dem Erzbischof verliehen wurde, *das he da gerichte hatte,* und davon, dass dort *alles mit eynem rechte begriffen ist.*[59] Parallelen zum Botding des Herzogs von Westfalen und zum würzburgischen Landgericht, das sich unter bischöflicher Herrschaft herausbildete, können durchaus gezogen werden. Allerdings zeigt sich das Kolonisationsgebiet zunächst vergleichsweise fester gefügt als das Altsiedelland, da konkurrierende Gewalten, die in Westfalen und Franken schon früh dazu führten, dass der Bischof-Herzog nur auf einem Teil des Gerichtssprengels feste herrschaftliche Strukturen ausbilden konnte, hier noch fehlten. In unserem Raum war es schließlich die Konkurrenz zwischen Brandenburg und Magdeburg um das Land zwischen Elbe um Havel im 14. und über weite Strecken des 15. Jahrhunderts, die eine Entwicklung zum geschlossenen Herrschaftsraum abbrach. Die Bistümer Brandenburg und Havelberg waren dagegen zu schwach, um eine wirkliche Konkurrenz wie Bamberg oder Paderborn zu sein.

Warum aber verschwand der Begriff des Dukats im ostelbischen Raum nach so kurzer Zeit wieder? Es darf nicht übersehen werden, dass die Benennung eine Fremdbezeichnung war, die zunächst in einer Urkunde der Markgrafen von Brandenburg auftauchte und wahrscheinlich von dort aus in die kaiserlichen Urkunden und wohl auch in die Rechtsquellen gelangte. Der Konzipist der Urkunde von 1196 suchte offenbar ein Gegenstück zum Begriff der *marchia,* die den askanischen Herrschaftsbereich beschrieb und vom Titel der Brandenburger abgeleitet war. Vom erzbischöflichen Titel konnte man noch keine vergleichbare Bezeichnung ableiten – *episcopatus* beschrieb zu dieser Zeit den geistlichen Sprengel, nicht das spätere Hochstift. So ist es möglich, dass er in Kenntnis der westfälischen oder fränkischen Zustände auf den Begriff des *ducatus* für den ostelbischen Gerichtsbezirk »mit einem Recht« in geistlicher Hand zurückgriff – zumal es keinen eingeführten Namen für das Kolonisationsland gab.

Der Magdeburger Erzbischof selbst scheint dagegen – soweit bisher bekannt – den Titel des *dux* nicht geführt zu haben. Hierfür spricht auch, dass im Spätmittelalter, als die Bischöfe in Köln und Würzburg ihren Herzogstitel in der Konkurrenz mit anderen Landesherren gleichsam reaktivierten und nun konsequent führten, im Magdeburgischen von solchen Bestrebungen nichts zu hören ist – obwohl in der Auseinandersetzung mit Brandenburg jedes Argument angebracht gewesen wäre.

So gab es kein »Herzogtum jenseits der Elbe«, das – wie die Verfasser des Magdeburger Weichbildrechts glaubten – gar von Otto dem Großen verliehen worden war[60], sondern wahrscheinlich an der Wende vom 12. zum 13. Jahrhundert nur den Versuch, den Sprengel des ostelbischen Landgerichts adäquat zu beschreiben. Der *dux* war der Inhaber der Hochgerichtsbarkeit, und *ducatus* ist in unserem Zusammenhang wohl am treffendsten als »Hochgerichtsbezirk« zu übersetzen.

---

59 Zimmer (2003), S. 276, Anm. 67f.
60 Ebd.

Literatur

ADAM VON BREMEN: Magistri Adam Bremensis gesta Hammaburgensis ecclesiae – Adam von Bremen: Hamburgische Kirchengeschichte, 3. Aufl., hg. v. Bernhard Schmeidler (= MGH Scriptores rerum Germanicarum in usum scholarum separatim editi), Hannover/Leipzig 1917.

BIERMANN (2005): Friedhelm Biermann: Die Adelsherrschaften an Ober- und Mittelweser des 13. und 14. Jahrhunderts im Kräftespiel zwischen einer neu formierten welfischen Hausmacht und expandierenden geistlichen Territorien, Diss. phil. Münster 2005 (*http://miami.uni-muenster.de/servlets/DerivateServlet/Derivate-3113/diss_biermann.pdf*).

CHRONIKEN (1972): Frutolfs und Ekkehards Chroniken und die anonyme Kaiserchronik, übersetzt v. Franz-Josef Schmale u. Irene Schmale-Ott (= Ausgewählte Quellen zur deutschen Geschichte des Mittelalters. Freiherr-vom-Stein-Gedächtnisausgabe 15), Darmstadt 1972.

CLAUDE (1975): Dietrich Claude: Geschichte des Erzbistums Magdeburg bis in das 12. Jahrhundert (= Mitteldeutsche Forschungen, 67,1–2), Bd. 2, Köln/Wien 1975.

CRONE (1981): Marie-Luise Crone: Der Ducatus Orientalis Franciae, in: Jahrbuch für fränkische Landesforschung 41, 1981, S. 1–21.

D F I: Die Urkunden Friedrichs I., hg. v. Heinrich Appelt, Teil 1–5 (– MGH Diplomata: Die Urkunden der deutschen Könige und Kaiser 10), Hannover 1975–90.

DROEGE (1980): Georg Droege: Das kölnische Herzogtum Westfalen, in: Heinrich der Löwe, hg. v. Wolf-Dieter Mohrmann (= Veröffentlichungen der Niedersächsischen Archivverwaltung 39), Göttingen 1980, S. 275–304.

DRÜPPEL (1991): Hubert Drüppel: Art. Landgericht, in: Lexikon des Mittelalters 5, 1991, Sp. 1660f.

EKKEHARD, ed. Waitz: Ekkehardi Uraugiensis chronica, ed. Georg Waitz, in: MGH Scriptores VI, hg. v. Georg Heinrich Pertz, Hannover 1844, S. 1–267.

ENDERS (2008): Lieselott Enders: Die Altmark. Geschichte einer kurmärkischen Landschaft in der Frühneuzeit (= Ende des 15. bis Anfang des 19. Jahrhunderts) (Veröffentlichungen des Brandenburgischen Landeshauptarchivs 56), Berlin 2008.

FRICKE (2009): Eberhard Fricke: Die Vemegerichtsbarkeit im kurkölnischen Herzogtum Westfalen, in: Das Herzogtum Westfalen. Bd. 1: Das kurkölnische Herzogtum Westfalen von den Anfängen der kölnischen Herrschaft im südlichen Westfalen bis zur Säkularisation 1803, hg. v. Harm Klueting unter Mitarb. v. Jens Foken, Münster 2009, S. 269–296.

GOETZ (1991): Hans-Werner Goetz: Das Herzogtum im Spiegel der salierzeitlichen Geschichtsschreibung, in: Die Salier und das Reich, Bd. 1: Salier, Adel und Reichsverfassung, hg. v. Stefan Weinfurter, Sigmaringen 1991, S. 253–271.

GRAUERT (1877): Hermann Grauert: Die Herzogsgewalt in Westfalen seit dem Sturz Heinrich's des Löwen. I. Theil: Die Herzogsgewalt in den nordwestfälischen Bisthümern Münster, Osnabrück und Minden, Paderborn 1877.

HERDE (1989): Peter Herde: Das staufische Zeitalter, in: Unterfränkische Geschichte, hg. v. Peter Kolb u. Ernst-Günter Krenig, Bd. 1: Von der germanischen Landnahme bis zum hohen Mittelalter, Würzburg 1989, S. 333–366.

HILDEBRAND (1937): Ruth Hildebrand: Der sächsische »Staat« Heinrichs des Löwen (= Historische Studien 302), Berlin 1937.

JANSEN (1895): Max Jansen: Die Herzogsgewalt der Erzbischöfe von Köln in Westfalen seit dem Jahre 1180 bis zum Ausgange des 14. Jahrhunderts (= Historische Abhandlungen 7), München 1895.

JANSSEN (2009): Wilhelm Janssen: Marschallamt Westfalen – Amt Waldenburg – Grafschaft Arnsberg – Herrschaft Bilstein-Fredeburg: Die Entstehung des Territoriums »Herzogtum Westfalen«, in: Das Herzogtum Westfalen. Bd. 1: Das kurkölnische Herzogtum Westfalen von den Anfängen der kölnischen Herrschaft im südlichen Westfalen bis zur Säkularisation 1803, hg. v. Harm Klueting unter Mitarb. v. Jens Foken, Münster 2009, S. 235–267.

KALISCH (1910): Hans Conrad Kalisch: Das Geleitsregal im kurkölnischen Herzogtum Westfalen, in: Historische Aufsätze, Karl Zeumer zum sechzigsten Geburtstag als Festgabe dargebracht von Freunden und Schülern, Weimar 1910, S. 591–609.

KALLEN (1956/57): Gerhard Kallen: Das Kölner Erzstift und der »ducatus Westfalie et Angarie« (1180), in: Jahrbuch des kölnischen Geschichtsvereins 31/32, 1956/57, S. 78–107.

KOHL (1999): Wilhelm Kohl: Das Bistum Münster. 1. Die Diözese (= Germania Sacra N.F. 37: Die Bistümer der Kirchenprovinz Köln 7), Berlin/New York 1999.

LINDNER (1888): Theodor Lindner: Die Veme, Münster/Paderborn 1888.

LUBICH (1996): Gerhard Lubich: Auf dem Weg zur »güldenen Freiheit«. Herrschaft und Raum in der Francia orientalis von der Karolinger- zur Stauferzeit (= Historische Studien 449), Husum 1996.

MENZEL (2006): Michael Menzel: Die Stiftslehen der Mark (1196–1449), in: Jahrbuch für die Geschichte Mittel- und Ostdeutschlands 52, 2006, S. 55–88.

MERZ (2000): Johannes Merz: Fürst und Herrschaft. Der Herzog von Franken und seine Nachbarn 1470–1519, München 2000.

MERZ (2004): Johannes Merz: Das Herzogtum Franken. Wunschvorstellungen und Konkretionen, in: Franken im Mittelalter. Francia orientalis, Franconia, Land zu Franken: Raum und Geschichte, hg. v. Johannes Merz u. Robert Schuh (= Hefte zur bayerischen Landesgeschichte 3), München 2004, S. 43–58.

MERZ (2010): Johannes Merz: Herzogswürde, fränkische, in: Historisches Lexikon Bayerns, URL: *http://www.historisches-lexikon-bayerns.de/artikel/artikel_45374* (11.11.2010).

MERZBACHER (1978): Friedrich Merzbacher: Landgericht, in: Handwörterbuch zur deutschen Rechtsgeschichte 2, 1978, Sp. 1495–1501.

MONUMENTA BOICA 29,1: Monumenta Boica, edidit Academia scientarum Boica, Bd. 29,1, München 1831.

MÜLVERSTEDT (1881): Regesta Archiepiscopatus Magdeburgensis. Sammlung von Auszügen aus Urkunden und Annalisten zur Geschichte des Erzstifts und Herzogthums Magdeburg, hg. v. George Adalbert von Mülverstedt, Bd. 2, Magdeburg 1881.

PETERSOHN (2008): Jürgen Petersohn: Franken im Mittelalter. Identität und Profil im Spiegel von Bewußtsein und Vorstellung (= Vorträge und Forschungen. Sonderband 51), Ostfildern 2008.

PODEHL (1975): Wolfgang Podehl: Burg und Herrschaft in der Mark Brandenburg (= Mitteldeutsche Forschungen 76), Köln/Wien 1975.

REGESTA IMPERII IV,3: Johann Friedrich Böhmer: Regesta Imperii IV: Lothar III. und ältere Staufer 1125–1197. 3. Abt.: Die Regesten des Kaiserreichs unter Heinrich VI. 1165 (1190)–1197, bearb. v. Gerhard Baaken, Köln u.a. 1972.

REGESTEN DER ERZBISCHÖFE VON KÖLN, Bd. 2: Die Regesten der Erzbischöfe von Köln im Mittelalter. Bd. 2: 1100–1205, bearb. v. Richard Knipping, Düsseldorf 1901.

RIEDEL (1859): Adolph Friedrich Riedel (Hg.): Codex diplomaticus Brandenburgensis. Dritter Haupttei, Bd. 1, Berlin 1859.

RUHE (1914): Walther Ruhe: Die magdeburgisch-brandenburgischen Lehnsbeziehungen im Mittelalter, Halle 1914.

SCHÄFER (2002): Michael Schäfer: Das Würzburger Landgericht in der ersten Hälfte des 14. Jahrhunderts, Edition und Auswertung, Diss. phil. Würzburg 2002 (*http://opus.bibliothek.uni-wuerzburg.de/volltexte/2004/744/*).

SCHMALE (1978): Franz-Josef Schmale: Art. Adam von Bremen, in: Die deutsche Literatur des Mittelalters. Verfasserlexikon 1, 1978, Sp. 50–54.

Schmidt (1913): Günther Schmidt: Das Würzburgische Herzogtum und die Grafen und Herren von Ostfranken vom 11. bis zum 17. Jahrhundert (= Quellen und Studien zur Verfassungsgeschichte des deutschen Reiches in Mittelalter und Neuzeit 5,2), Weimar 1913.

Schöppenchronik: Die Magdeburger Schöppenchronik, hg. v. C. Hegel (= Die Chroniken der deutschen Städte vom 14. bis ins 16. Jahrhundert 7: Die Chroniken der niedersächsischen Städte: Magdeburg 1), Leipzig 1869.

Seibertz (1839): Seibertz, Joh. Suibert: Urkundenbuch zur Landes- und Rechtsgeschichte des Herzogthums Westfalen. Erster Band: 799–1300 (= Landes- und Rechtsgeschichte des Herzogthums Westfalen 2), Arnsberg 1839.

UB Erzstift Magdeburg: Urkundenbuch des Erzstifts Magdeburg, Teil 1 (937–1192) (mehr nicht erschienen), bearb. v. Friedrich Israel unter Mitwirkung v. Walter Möllenberg (= Geschichtsquellen der Provinz Sachsen und des Freistaates Anhalt NR 18), Magdeburg 1937.

Weinfurter (1995): Stefan Weinfurter: Die Entmachtung Heinrichs des Löwen, in: Heinrich der Löwe und seine Zeit. Herrschaft und Repräsentation der Welfen 1125–1235. Katalog der Ausstellung Braunschweig 1995, Bd. 2: Essays, hg. v. Jochen Luckhardt u. Franz Niehoff, München 1995, S. 180–189.

Werle (1956): Hans Werle: Titelherzogtum und Herzogsherrschaft, in: Zeitschrift der Savigny-Stiftung für Rechtsgeschichte. Germanistische Abteilung 73, 1956, S. 225–299.

Westfälisches UB, Bd. 1–2: Regesta historiae Westfaliae. Accedit Codex diplomaticus. Die Quellen der Geschichte Westfalens in chronologisch geordneten Nachweisen und Auszügen begleitet mit einem Urkundenbuche, bearb. u. hg. v. Heinrich August Erhard. Münster 1847–1851. Bd. 3–11: Westfälisches Urkundenbuch, begr. v. Verein für Geschichte und Altertumskunde Westfalens, Münster 1859–2005.

Wittmann (2008): Helge Wittmann: Im Schatten der Landgrafen. Studien zur adeligen Herrschaftsbildung im hochmittelalterlichen Thüringen (= Veröffentlichungen der Historischen Kommission für Thüringen, Kleine Reihe 17), Köln/Weimar/Wien 2008.

Wurm (1991): Johann Peter Wurm: Veme, Landfriede und westfälische Herzogswürde in der 2. Hälfte des 14. Jahrhunderts, in: Westfälische Zeitschrift 141, 1991, S. 25–92.

Zallinger (1890): Otto von Zallinger: Das Würzburgische Herzogthum, in: Mitteilungen des Instituts für Österreichische Geschichtsforschung 11, 1890, S. 528–573.

Zimmer (2003): Keno Zimmer: Das Burger Landrecht. Ein spätmittelalterliches Rechtsbuch aus dem Kernland des Sachsenspiegelrechts (= Studien zur Landesgeschichte 8), Halle (Saale) 2003.

Zimmermann (1963): Gerd Zimmermann: Vergebliche Ansätze zu Stammes- und Territorialherzogtum in Franken, in: Jahrbuch für fränkische Landesforschung 23, 1963, S. 379–408.

Textfragment eines Stadt- oder Schöffenrechtes von Burg

Dieter Pötschke

Vorbemerkung

Bei der gemeinsamen Vorbereitung der Tagung zum Burger Landrecht aus dem 14. Jahrhundert fiel uns auf, dass bisher Spuren von einem Burger Stadtrecht – bis auf das Burger Landrecht[1] und ein Burger Schöffenbuchfragment[2] – fehlten. Zwar könnte man die frühen bekannten Erwähnungen des *ius burgense* aus dem 12. Jahrhundert nicht wie bisher auf das spätere Burger Landrecht sondern auf ein Stadtrecht von Burg oder gar auf ein Burgrecht beziehen. Denn zu dieser Zeit erhielt auch Magdeburg von Erzbischof Wichmann sein großes Privileg. Aber die Urkunden mit den Verleihungen des Burger Rechts in der 2. Hälfte des 12. Jahrhunderts an Pechau und an Löbnitz sprechen eher dagegen. Dies anhand von Quellen zu überprüfen, ist nicht mehr möglich, da aus dem 12. Jahrhundert weitere Textzeugen fehlen, die Auskunft über den Inhalt des damaligen Burger Rechtes Auskunft geben könnten.

Das erwähnte Burger Fragment eines Schöffenbuches enthält nur Einträge des (grundherrlichen) Schöffengerichtes auf der Ebene der freiwilligen Niedergerichtsbarkeit, SCHMIDT-RECLA (2014), keine Beurkundungen von Ratsangelegenheiten, Willküren der Stadt oder Innungsstatuten, somit auch nicht das normative Schöffenrecht wie etwa das Berliner Schöffenrecht aus dem 2. Viertel des 14. Jahrhundert.[3]

Es gibt aber neben diesem Fragment des Burger Schöffenbuches eine weitere Spur eines Burger Schöffen- oder Stadtrechtes, die Keno Zimmer und ich aufspürten. Dieser soll im Folgenden nachgegangen werden. Die Handschrift des Burger Landrechts enthält am Ende einen Text, der offensichtlich nicht dazu gehört.[4] Denn in ihm ist von einem Rat und Bürgern die Rede, die im Burger Landrecht sonst nicht erwähnt werden.

Wo galt das Burger Landrecht?

Zwar ist im Burger Landrecht »vom Bischof meinem Herrn« die Rede (»min here dy biscop«, fol. 65v.), dennoch können wir das Burger Landrecht[5] nicht als ein erz-

---

* Den Herren Dr. Michael Scholz und Dr. Keno Zimmer danke ich für sachdienliche Hinweise und Frau Beate Blumhagel von Burger Stadtarchiv für die Möglichkeit, am Original des Burger Landrechtes zu arbeiten.
1 Faksimile des Originals, zitierfähiger Text und Übersetzung in diesem Band, zur Sprache WEINERT (2014), zum Inhalt ZIMMER (2014) und SCHMIDT-RECLA (2014).
2 Abdruck bei NEUBAUER (1920), zum Inhalt SCHMIDT-RECLA (2014).
3 Herausgegeben von CLAUSWITZ (1883). – Zum Inhalt vgl. PÖTSCHKE (1990).
4 So bereits ZIMMER (2009), S. 334. – Abb. s. Anhang, Faksimile des Burger Landrechts, letzte Seite.
5 Originalhandschrift Stadt- und Kreisarchiv Burg, Signatur Cod. A 177. – Verzeichnet bei Oppitz Band 2, Nr. 334, vgl. OPPITZ (1990). – ZIMMER (2003).

bischöfliches Privileg ansehen, wie es Erzbischof Wichmann etwa 1174 der Stadt Jüterbog oder 1188 der Stadt Magdeburg erteilt hat. Über die Einordnung des Burger Landrechtes in die Reihe der deutschsprachigen Rechtsbücher, die gemeinhin als »private Arbeit rechtskundiger Männer, die nicht im amtlichen Auftrag oder durch legislatorischen Akt zwischen 1200 und 1500 zustande kamen«[6] berichtet ZIMMER (2014) in diesem Band. Es handelt sich um eines der frühesten deutschsprachigen reinen Landrechtsbücher.

Das *ius provincie* »landreht« wird in einer Urkunde aus dem Jahre 1200 erstmals in einen klaren Gegensatz zu den *statuta civitatis* gestellt[7]. Das früheste Rechtsbuch, das landrechtliche Regelungen enthält ist – neben dem Landrecht des Sachsenspiegels, das aber nicht an die strengen Grenzen eines Herrschaftsbereiches gebunden war – ist die Kulmer Handfeste aus dem Jahre 1233 für das Land des Deutschen Ordens. In Österreich kam es bereits in babenbergischer Zeit (1237) zu einer Aufzeichnung des Rechts, das im Lande des Herzog Leopolds von Österreich galt.[8] Zudem wurde es etwa 1278 unter König Rudolf I. sowie 1298 unter Albrecht I. erneut aufgezeichnet. Das auf Gewohnheitsrecht beruhende Landrecht der Steiermark wurde wahrscheinlich in der 2. Hälfte des 14. Jahrhunderts abgefasst und galt auch in Kärnten. Ein Oberbayerisches Landrecht wurde unter Kaiser Ludwig dem Bayern 1346 herausgegeben.

Nach SCHMIDT-RECLA (2014) besteht eine der grundlegenden Fragen darin, ob das Burger Landrecht auch in der Stadt Burg galt oder als Recht für das in eine Grundherrschaft eingebundene Land um Burg.

Unwahrscheinlicher geworden ist, dass das Burger Landrecht in dem seit 1196 erwähnten *ducatus transalbinus* – in einem Herzogtum jenseits der Elbe[9] – galt. Denn dieses Herzogtum, auch in der Glosse zum Sachsenspiegel Landrecht III 70 erwähnt, gab es nach den Untersuchungen von SCHOLZ (2014) nicht, vielmehr nur den Versuch, einen Hochgerichtsbezirk zu errichten.

Immerhin werden Ratsmitglieder und ein Richter in Burg bereits 1263 erwähnt[10], was einen Rat und ein Gericht voraussetzt. Damit ist Burg spätestens zu diesem Zeitpunkt als Stadt anzusehen. Allerdings wird Burg 1335 mehrfach als *oppidum* (Städtchen) und nicht als *civitas* bezeichnet, erst 1339 wird wieder von der *civitas borch* geschrieben (s. Abschn. 3 mit Belegen). Das kann aber auch damit zusammenhängen, dass v.a. wegen der konkurrierenden Märkte in Magdeburg, des Stadtbrandes von 1268, dem auch das große Kaufhaus am Neuen Markt zum Opfer fiel, und wegen des Streites um Stapelrechte seit der Mitte des 13. Jahrhunderts die Siedlung Burg nicht die ursprünglich geplante Entwicklung als Stadt genommen hat.

---

6   MUNZEL (1971).
7   HRG Art. Landrecht, Sp. 1529. – Weitere Belege für den Begriff Landrecht im gesamten Mittelalter unter *http://drw-www.adw.uni-heidelberg.de/drw/,* Artikel Landrecht (aufgerufen am 16.6.2012).
8   HRG Art. Landrecht, Sp. 1530.
9   Bereits 1164 als *provincia transalbinus* erwähnt, s. SCHOLZ (2014).
10 RIEDEL (1856) A X, Nr.VI, S. 451.

Da weitere Nachrichten aus dem 13. Jahrhundert fehlen, müssen wir andere Städte zum Vergleich heranziehen, die im Machtbereich der Askanier und des Erzbistums Magdeburg entstanden sind. Nur so können wir Erkenntnisse gewinnen, wann es üblich wurde, Stadt- oder Schöffenrechte aufzuzeichnen. Durch Vergleich mit anderen Städten wollen wir auch erschließen, seit wann Burg ein eigenes Stadtrecht oder Schöffenrecht besessen haben müsste.

Erklärungsbedürftig ist die Bezeichnung »Burger Landrecht«. Wenn – wie im Burger Landrecht beschrieben – die Gerichtsverhandlungen vor den Mauern der Stadt Burg stattfanden und kein Gericht in der Stadt Burg erwähnt wird, so besaß Burg entweder keine hohe Gerichtsbarkeit, oder es gab zwei Rechte: ein Stadt- und ein Landrecht Burg. Ein vergleichbarer Fall liegt bei der Stadt Stralsund vor: Innerhalb der Mauern galt das Lübische Stadtrecht, außerhalb das Schweriner Landrecht.[11] Es ist aber auch denkbar, dass das Vogtgericht vor der Stadt Burg auch über städtische Fälle urteilte. Dieser Aufsatz kann zwar keine endgültigen Antworten auf diese Fragen geben, aber hier wird systematisch möglichen Quellen nachgegangen und es werden Aufgaben für die künftige Forschung formuliert.

Dafür, dass das Burger Landrecht nicht in Burg galt bzw. angewendet wurde, sprechen v.a. vier Gründe:

1. Es ist darin von Bauern und Dörfern die Rede, aber nicht von Bürgern oder einem Rat oder Ratsmitgliedern (*consules*). Es werden keine städtischen Angelegenheiten geregelt.
2. Im Burger Landrecht werden zwei Gerichte erwähnt, aber keines in der Stadt Burg. Zunächst hegt der bischöfliche Vogt vor der Stadt Burg ein Ding im Landrecht – also das Vogtding (»vor der stad tu Borch imme lantrechte«, fol. 67r). Er kann außer in den drei gebotenen Dingen vor Burg auch in Dörfern Gericht abhalten – ein sog. »Botding« (fol. 68r). Beide Gerichte fanden außerhalb der Stadt Burg statt.
3. Eine Analyse des eindeutig der Stadt Burg zuzuordnenden Fragment eines Schöffenbuches durch SCHMIDT-RECLA (2014) ergab, dass 1395 in Burg ein Gericht existierte, das ausschließlich Aufgaben der grundherrlichen Niedergerichtsbarkeit und nicht der kommunalen Selbstverwaltung erfüllte und ein Schultheiß in Burg existierte. Er schloss, dass »in diesem Gericht ein Stadtschöffengericht mit dem Schultheißen als Richter zu erblicken« ist.
4. SCHMIDT-RECLA (2014) kommt auch zu dem Ergebnis, dass aus der Sicht dieses Schöffenbuchfragmentes das Burger Landrecht als solches anzusehen ist: »Die eingangs gestellte Frage, ob das ›Burger Landrecht‹ als Recht nur für eine autonome Selbstverwaltungskörperschaft (die Stadt) oder als Recht für das in eine Grundherrschaft eingebundene Land um Burg verstanden werden soll, wäre

---

11 Zum Schweriner Landrecht sind bisher aus den Quellen keine Angaben zum Inhalt überliefert, obwohl es in pommerschen und mecklenburgischen Urkunden mehrfach erwähnt wird. – Spuren enthält das Rügische Landrecht, vgl. PÖTSCHKE (1996, 2014).

demnach in letzterem Sinne zu beantworten, wobei eine scharfe Trennung von Stadt und Land (Exemtion) nicht deutlich genug erkennbar ist.«

Vom Burger Stadtrecht wären also mehrere Spuren zu verfolgen:
- Am Ende des Burger Landrechtes ist ein Abschnitt von anderer Hand angehängt, der nicht zum Landrecht gehört. Darin ist vom Rat und von Bürgern die Rede, ob von Burg muss noch geprüft werden.
- Fragment eines Burger Schöffenbuches aus dem 14. Jahrhundert.[12] Zu Schlussfolgerungen auf die Rechtsverhältnisse in Burg siehe Schmidt-Recla (2014).
- 1263 wird neben den Ratsleuten auch der *iudex civiles* genannt, der Burger Richter.

Das Textfragment

Im Anschluss an die Handschrift des Burger Landrechtes heißt es fol. 70r.:

Schuldeghet iuk dy Rat-
manne so antwerdet alsus
dar to.[13]
Dy wort sprak ik in rades
wyse, dun ik tu deme rade
vorbodet was unde dede
dat der stad tho eren unde
den ghemeynen borgheren
thu ghemake unde dorch rechtes willen. Wan my recht
unde erlik duchte, dat man
neynen manne doden scholde,
man dede dat met rechte.
Hebbe ik hir an ghebroken,
so wil ik buten na rechte,
wu dy schepen thu Meyde-
burch dat erscheyden.

Oft andere borgere in schuldigen, so antwerdet alsus
dar to.[14]
Dy wort sprak ik in ra-
des wise, dun ik tu deme
rade vorbodet was, also
ok meyr beddernc lude
dar gheladen weren,
unde hope, ik hebbe iegen
neynen manne dar an ge-
broken, unde si en vorder
nicht plichtich dar umme
tu antwerdene. Unde be-
rope my des an dy sche-
pen tu Meydeborch, ofte
ik van rechte gyk ant-
werden schole oder nicht.

In der Übersetzung:

Beschuldigen euch die Ratmanne, so antwortet folgendermaßen darauf: Diese Worte sprach ich in der Weise des Rates, da ich zu dem Rate vorgeboten war und täte das der Stadt zu Ehren und den gemeinen Bürgern zu Nutzen und durch Rechtes willen. Wenn es mich recht und ehrlich deuchte, dass man keinen Mann töten soll, man täte es denn mit Recht. Habe ich hieran fehlgetan, so will ich büßen nach Recht, wie die Schöffen zu Magdeburg das entscheiden. /

---

12 Abdruck bei Neubauer (1920).
13 Von *Schuldeghet* bis *to* rote Schrift.
14 Von *oft* bis *dar to.* rote Schrift.

> Wenn andere Bürger ihn beschuldigen, so antwortet folgendermaßen darauf: Diese Worte sprach ich in der Weise des Rates, da ich zu dem Rat vorgeboten war, ebenso auch mehr biedere Leute dazu geladen wären, und ich hoffe, ich habe gegen keinen Mann dabei fehlgetan und sei fürder nicht pflichtig darum zu antworten, und berufe mich dessen auf die Schöffen zu Magdeburg, ob ich von Rechts wegen euch antworten soll oder nicht.

Im Text geht es um zwei verschiedene Sachverhalte. Im ersten Falle wird jemand beschuldigt, jemanden getötet zu haben, und die Ratmannen beschuldigen ihn dessen. Für diesen Fall wird eine Antwort vor dem Rat auf die Beschuldigung hin in einer Formel vorgeschrieben. In der Formel unterwirft sich der Beschuldigte dem Recht der Magdeburger Schöffen.

In dem zweiten Abschnitt geht es darum, welche Sprechformel anzuwenden ist, wenn Bürger, die keine Ratmannen sind, jemanden der Tat – der Tötung eines Mannes – beschuldigen. Dazu werden er und mehr biedere Bürger – die Beschuldigenden – vor den Rat geladen, und er muss die vorgegebene Formel sprechen. Allerdings müsse er nach der Formel auf die Beschuldigung nicht antworten, sondern es sollen die Schöffen von Magdeburg entscheiden, ob er (dem Rat) antworten soll oder nicht.

Dieser Textblock mit den beiden Sprechformeln ist der Handschrift des Burger Landrechtes auf der letzten Seite angehängt und zwar nicht auf einer neuen Seite wie bei den verschiedenen Texten zuvor, sondern auf der gleichen Seite, auf der das Landrecht endet, aber von anderer Hand.

Zunächst fällt auf, dass im Text vom Rat und von Bürgern die Rede ist. Damit unterscheidet sich der Text grundlegend vom vorherigen Landrechtstext, in dem weder ein Rat noch Bürger vorkommen – es ist eben ein Landrecht, das vor der Stadt gilt. Damit kann dieser Text nicht zum Burger Landrecht gehören.[15] Er bezieht sich auf rechtliche Regelungen in einer Stadt mit Rat und Bürgern.

Vare und Magdeburger Stadtrecht

Betrachten wir die zitierten Rechtsregeln unter formalen Geschichtspunkten. Da sie sogleich auf den Text des Burger Landrechtes folgen, werden sie sich auf die Bürger und den Rat von Burg bezogen haben. Aber man könnte wegen der geografischen Nähe Magdeburgs – Burg liegt etwa 30 km entfernt – und wegen des Bezuges auf die Magdeburger Schöffen auch an den Rat von Magdeburg denken. Dagegen spricht aber, dass der Magdeburger Erzbischof Wichmann schon 1188 die Formstrenge und deren Prozessgefahr abgeschafft hat, die sogenannte *vare*.[16] Schon 1174 erhielt Jüterbog dieses Privileg von Erzbischof Wichmann.[17]

---

15 So bereits ZIMMER (2003), S. 334.
16 Dazu ausführlich SCHOTT (2014). – Rechtliche Würdigung auch bei EBEL (2004c), hier S. 221ff. – Vgl. auch HOPPE (1965), hier S. 129. – Zu den rechtlichen Neuerungen in den Privilegien Wichmanns s. SCHLESINGER (1961), hier S. 276.
17 Abdruck bei RIEDEL (1847), A 8, S. 110. – SCHLESINGER (1961), S. 288.

Vom Verbot ausgenommen wurden nur Eide, die bei einem Erwerb oder Verzicht zu leisten sind. Da diese Befreiung von Wichmann selbst für flämische Siedler in Flemmingen bei Naumburg, Krakau bei Magdeburg 1158/66, aber auch anderenorts für Lübecker Bürger 1163, die flämischen Kaufleute 1173, der Hamburger 1186, Stade 1209 und Goslar 1249 galt[18], so müsste es eine sehr alte Vorschrift (also auf jeden Fall vor 1188) aus Magdeburg sein oder doch aus der Stadt Burg stammen. Letzteres wäre möglich, denn es ist kein Privileg Erzbischof Wichmanns für Burg bekannt, das diese Regelung aufgehoben hätte. Von der Sprache her gehört der Text aber eher dem 14. Jahrhundert an.

Das Vorschreiben derartiger Redeformeln ist dem mittelalterlichen Recht nicht unbekannt.[19] »Der alte landgerichtliche Prozess spielte sich nicht in freier Rede und Gegenrede ab, sondern war an den Austausch starrer Sprechformeln gebunden. Verfehlte eine Partei ihre Formel oder versprach sie sich nur im Geringsten, so war für sie der Rechtsstreit schon verloren. Dieser Formalismus ist ein Charakteristikum früher Prozesse, wie solches auch aus dem römischen Legisaktionenverfahren bekannt ist.« schreibt SCHOTT (2014). Nach ihm geht es eben beim gerichtlichen Verfahren nicht darum, gerechtfertigte Ansprüche durchzusetzen, sondern zunächst darum, einen Konflikt zu lösen.

Andererseits geht es offensichtlich um eine eventuelle Bestrafung – wenn überhaupt – eines Beschuldigten nach dem Recht der Magdeburger Schöffen. Geht es hier um die Exemtion (eigentlich Exemption von lat. Exemptio) eines Magdeburger Bürgers in Burg? Denn selbst wenn Bürger ihn beschuldigen, sollen die Schöffen von Magdeburg entscheiden, ob er antworten soll oder nicht. Oder geht es um die Rechte eines Magdeburger Ministerialen in Burg oder gar um den im Burger Landrecht vier Mal erwähnten (Land-)Vogt, der vor der Stadt Burg Gericht hält?

Auf jeden Fall soll das Magdeburger Schöffenrecht angewendet werden. Wenn diese Regelung in Burg gelten sollte, so galt also in Burg Magdeburger Schöffenrecht – jedenfalls in diesem Punkt.

Tötung eines Mannes zu Recht

Betrachten wir beide Sprechformeln unter inhaltlichen Gesichtspunkten. In dem in Frage stehenden Text heißt es: »Denn es mich recht und ehrlich deuchte, dass man keinen Mann töten soll, man täte es denn mit Recht.« Dies wäre ja z.B. bei Notwehr möglich.[20] »Aus dem Recht der Tötung des auf handhafter Tat betroffenen Angreifers entwickelt sich durch Begrenzung auf Verteidigungshandlungen der Begriff der Notwehr (notwere, notwer, not),« schrieb Hippel.[21]

---

18 Belege bei F. EBEL (2004A), S. 221ff.
19 Zuletzt MEYER (2009).
20 Im heutigen BGB heißt es im 1. Buch § 227: Notwehr (1) Eine durch Notwehr gebotene Handlung ist nicht widerrechtlich.
21 HIPPEL (1925), S. 146.

Den Begriff Notwere finden wir bereits im Sachsenspiegel und im Wiener Stadtrecht von 1221.[22] Nach Ssp. LdR III, Art. 78, § 6 werden Handlungen gegen Lehnsherren, Lehnsmannen und Verwandte aufgezählt, in denen kein Treubruch liegt:[23]

> Wundet ok en man sinen herren, oder sleit he ene dot an notwere,
> oder de herre den man, he ne dut weder sinen truwen nicht,
> of de not up ene mit rechte vulbracht wert.

> Wenn ferner ein Lehensmann seinen Herrn verwundet oder in Notwehr erschlägt, oder der Herr den Mann, so verstößt er nicht gegen seine Treupflicht, wenn die Notwehr gegenüber jenem vor Gericht bewiesen wird.[24]

Im Sachsenspiegel LdR II, 14 heißt es[25]:

> Schlägt ein Mann einen anderen in Notwehr tot […] und erbietet er sich, seine Rechtspflicht zu erfüllen, man soll ihm darum seinen Hals nicht verurteilen […]

Allerdings soll der Richter ein Strafgeld verhängen. Diese Erwägungen kennt der Schwabenspiegel nicht[26]: Wer die Notwehr beweist, ist ein »ledich man«.

Eine Zuweisung der oben zitierten Regelung zu einem Stadtrecht oder einem Schöffenrecht in Burg wirft aber wieder eine neue Frage auf. Denn Sprechformeln und *vare* hatte Erzbischof Wichmann schon in seinem Privileg von 1174 für Jüterbog und 1188 für Magdeburg ausdrücklich abgeschafft. Wieso hielt man dann eine so antiquierte, an strenge Form gebundene Sprechformel für Burg aufrecht?

Zu berücksichtigen ist auch, dass wir im Burger Landrecht um 1340 noch die Rolle des Vorsprechers finden und die Vorschrift, sich an eine Sprechformel zu halten:

> Jeder, der ein Urteil schelten will, der soll den Schöffen von der [Gerichtsbank] heischen durch seinen Vorsprecher. Er soll so sprechen: Herr Richter, wollt ihr Hinrichs Wort hören? Höre, Herr Richter, er bittet euch, dass ihr Korde von der Bank heischen lassen wollt. Höre, Herr Richter, wollt ihr hören, warum er von der Bank geheischt ist? Höre, Herr Richter, ein unrechtes Urteil hat er meinem Herren und dem Lande gefunden, das schilt Hinrik und ich seinetwegen, und er stehe auf der Stelle und finde ein gerechteres Urteil, und finde auch, dass dies ein gerechteres Urteil sei; und er rufe mich deswegen vor die Schöffen, die das Recht sprechen im Lande, und bitte um die Bote.

Es ist durchaus möglich, dass es sich in beiden Fällen um ältere Textschichten/Sprechformeln handelt, die nicht mehr der Rechtswirklichkeit entsprachen (s. Abschnitt 4).

---

22 Nach His (1920), S. 196ff. – Vgl. auch Posse (1937).
23 Eckardt (1973).
24 Repgow (1984).
25 Repgow (1984).
26 Grosse (1964), fol. 120r. und fol. 151r.

Stadt- und Marktrechte im 12./13. Jahrhundert

In diesem Abschnitt wollen wir versuchen, die rechtliche Entwicklung des Ortes Burg, die Entstehung der Stadt und ihre Rates bzw. des Burger Stadt- bzw. Schöffenrechtes nach den Quellen nachzuvollziehen. Da hierzu nur wenige urkundliche Nachrichten vorliegen und die Burganlage in Burg bisher nicht durch Ausgrabungen genau gesichert ist, werden wir uns zudem der rechtlich vergleichbaren Entwicklung anderer Orte der Region v.a. östlich der Elbe widmen.[27]

Die Entwicklung von Burg – östlich der Elbe gelegen – von einem Burgward im 10. Jahrhundert zur Stadt des 12./13. Jahrhunderts fällt in eine spannende Zeit großer Umwälzungen. Östlich der Elbe wohnten slawische Stämme.[28] Im 10. Jahrhundert hatten die Deutschen die Bistümer Brandenburg und Havelberg gegründet und versuchten die Herrschaft über die slawischen Stämme zu gewinnen. Im großen Slawenaufstand von 983 wurden die Deutschen für fast 150 Jahre hinter die Elbe zurückgeworfen. Ab Mitte des 12. Jahrhunderts versuchten Albrecht der Bär als Markgraf der Nordmark, Herzog Heinrich der Löwe und v.a. Wichmann, Erzbischof von Magdeburg, weite Gebiete Mitteldeutschlands zwischen Elbe/Saale und Oder zurückzuerobern bzw. durch Kolonisation wiederzugewinnen.

Etwa im Jahre 1160 erhielt Stendal von Albrecht dem Bären ein Marktprivileg nach Magdeburger Recht[29], dessen Echtheit zu Unrecht bezweifelt wird.[30] Albrecht sah damals seine Burgen in Brandenburg, Havelberg, Werben, Arneburg, Tangermünde, Osterburg und Salzwedel als seine wichtigsten an.

Mit umfangreichen Markt- und Zollprivilegien blühte die Stadt bald auf. Bereits 1188 wird ein Kaufhaus erwähnt. Im Jahre 1231 erhielten die Gewandschneider (Tuchhändler) ein markgräfliches Privileg und die Zünfte blühten auf. Ein markgräflicher Schultheiß übte die städtische Gerichtsbarkeit aus (*praefectura*). Neben ihn trat bald ein Schöffenkollegium, das aus dem Rat hervorging. Erstmals wird 1315 die Ratsverfassung erwähnt, als die Stadt von der Gerichtsbarkeit des Burggrafengerichts befreit wurde. Rat und Schöffengericht trennten sich im 13. Jahrhundert, ein Prozess, wie wir ihn auch aus Magdeburg in dieser Zeit kennen. Magdeburg bildete auch einen Oberhof für Stendal. Das leicht vom Magdeburger Recht verschiedene Stendaler Recht erhielten Orte wie Osterburg, Wittstock, Kyritz, Wusterhausen, Neuruppin und Friedland.[31]

Allerdings ist die Erwähnung von Stendal als *Steinedal* in einer Urkunde Kaiser Heinrichs II., in der die vom Bischof Bernward zu Hildesheim vorgenommene Stiftung des Michaelisklosters im Jahre 1022 genehmigt wird, ein gefälschter Einschub. In der

---

27 Vgl. auch den Aufsatz von Scholz (2014) in diesem Band
28 Immer noch im Großen und Ganzen aktuell Herrmann (1985). – Vgl. auch Brüske (1983). – Ludat (1960, 1971). – Dralle (1981).
29 Riedel (1858) A XV, Nr. III, S. 6.
30 Dazu Müller-Mertens (1955).
31 Wir folgen hier Schwineköper. Stendal (1975), hier S. 448.

echten Urkunde Kaiser Heinrichs II. vom 3. November 1022, in der er das Kloster Michaelis und dessen Besitzungen in Schutz nimmt, kommt Steinedal nicht vor.[32] In der gefälschten Bestätigungsurkunde[33] Heinrichs II. aus dem Jahre 1022, die er in Werla ausgestellt haben soll, kommt Steinedal jedoch vor. Noch Götze hat in seiner Geschichte der Stadt Stendal an die Erwähnung 1022 geglaubt.[34]

Der Askanier Albrecht der Bär eroberte 1157 die Brandenburg, die kurz zuvor von den Slawen gestürmt worden war.[35] In einer Urkunde vom 3. Oktober 1157 nannte er sich »Markgraf in Brandenburg«, daher wird er von Partenheimer zu Recht als Begründer der Mark Brandenburg genannt. Allerdings setzte Friedrich Barbarossa etwa 1158 dem Askanier einen Burggrafen von Brandenburg zur Sicherung der Reichsrechte an die Seite.[36]

1170 erhalten die Bürger Brandenburgs von Markgraf Otto, dem Sohn Albrechts des Bären, die Zollfreiheit.[37] Die von der Form her ungewöhnliche und daher zunächst in ihrer Echtheit umstrittene Urkunde ist letztlich von Georg Sello als echt erkannt, zumal das Siegel echt ist. Es handelt sich – wie schon Johannes Schultze erkannte und sie als Weistum bezeichnete – um keine normale Urkunde, sondern um die seltene Beschreibung eines Dinges unter Leitung des Markgrafen. Dass die Urkunde für die Bürger der Brandenburger Altstadt galt, kann man aus der Tatsache, dass sich immer im Archiv der Altstadt befand, solange man sich erinnern konnte, nicht schließen. Vielmehr gibt es gute Gründe dafür, dass die Urkunde für die Bürger der Neustadt galt, die zum Ende des 12. Jahrhunderts eine rasante Entwicklung erlebte.

Von Brandenburg breitete sich der Machtbereich der Askanier nach Osten über Berlin in den Barnim und Teltow aus.[38] Zwar wird Berlin erst 1244 und Cölln 1237 erstmals urkundlich erwähnt, aber archäologische Funde unter der Nicolaikirche brachten uns im Seminar zur Besiedlung der Mark Brandenburg von Prof. Eckhard Müller-Mertens 1982 – unter Berücksichtigung der darunter gefundenen Vorgängerbauten und eines Friedhofs und entsprechender Ruhezeiten – auf eine Zeit einer ersten Siedlung in Berlin und Cölln um 1170/80. Und tatsächlich stieß man bei archäologischen Untersuchungen 1997–99 in der Breiten Straße 28 (Alt-Cölln) auf einen um 1200 wiederverwendeten Balken, der dendrochronologisch »um/nach 1171« datiert werden konnte.[39] Einer im Seminar heftig diskutierten These des Historikers Rolf Barthel[40], dass Berlin eine Magdeburger Gründung sei, wird heute nicht mehr gefolgt.[41]

---

32 Text der echten Urkunde bei RI II,4 n. 2029, in: Regesta Imperii Online, *http://www.regesta-imperii.de/id/1022-11-03_1_0_2_4_1_950_2029* (aufgerufen am 16.10.2013).
33 Die Fälschung wurde von Janicke nachgewiesen: JANICKE (1896).
34 GÖTZE (1873), S. 27.
35 PARTENHEIMER (2001), S. 112ff.
36 PARTENHEIMER (2001), S. 119.
37 RIEDEL (1849) A IX, Nr. I., S. 2.
38 BOHM (1978).
39 HOFMANN/RÖMER (1999).
40 BARTHEL (1982), dazu vgl. ESCHER (1984).
41 WAACK (2005).

Brandenburg selbst besaß Magdeburger Recht.[42] Jedenfalls erhielten Berlin und Cölln ihr Stadtrecht zum Beginn des 13. Jahrhunderts über Brandenburg von Magdeburg.[43] Frankfurt an der Oder wiederum erhielt sein Recht von Berlin.[44] Die Beispiele Brandenburg, Berlin und Frankfurt an der Oder zeigen, dass oft keine Stadtrechtsprivilegien wie für Jüterbog 1174 überliefert sind – ja vielleicht auch nie erteilt worden sind.

Das Berliner Schöffenrecht aus dem zweiten Viertel des 14. Jahrhunderts ist uns im Berliner Stadtbuch[45] überliefert. Es wurde stark vom Sachsenspiegel, aber auch von seinen Glossen und dem Richtsteig Landrechts beeinflusst: etwa zwei Drittel der Artikel des Berliner Schöffenrechtes sind mehr oder weniger wörtlich dem Sachsenspiegel entnommen.[46]

Während die Askanier den Weg über die Mittelmark nach Osten suchten, versuchte Erzbischof Wichmann weiter südlich Richtung Jüterbog Kolonisten anzusiedeln, indem er 1157 den Ort eroberte und Kloster Zinna gründete. Jüterbog erteilte er 1174 ein Stadtrechtsprivileg, in dem er den Ort von der *vare* befreite und die Kaufleute dort privilegierte. Ob es sich bei dem Land Jüterbog nur um eine stiftsmagdeburgische Exklave zwischen der askanischen Mark und dem Herzogtum Sachsen-Wittenberg handelte, darauf geht Scholz (2014) näher ein.

Im 13. Jahrhundert entstanden in der Burg benachbarten Mark Brandenburg zahlreiche Städte[47] und Klöster.[48] Sie dienten vorwiegend dem Landesausbau und der Kolonisation.

Betrachtet man die Entwicklung M a g d e b u r g s als Stadt, so ist zu konstatieren, dass bereits Mitte des 12. Jahrhunderts Schöffen nachweisbar waren und etwa hundert Jahre später die Schöffenverfassung durch eine Ratsverfassung abgelöst wird.

Aus den patrizischen Schichten rekrutierten sich die Schöppen, die dem ursprünglich vom Burggrafen als Untervogt eingesetzten Schultheiß zur Seite gestellt wurden. Die Schöppen gewannen Einfluss auf die Gerichtsbarkeit in der Stadt. Erzbischof Wichmann, wohl der bedeutendste der Magdeburger Erzbischöfe[49], hatte bereits 1159 die Kaufleute von Großwusterwitz mit dem Magdeburger Recht bewidmet. 1174 erteilte er seiner Gründung Jüterbog das Magdeburger Stadtrecht. Zwischen 1161 und 1170 erteilte Markgraf Otto von Meißen Leipzig Magdeburger Stadtrecht. 1188 erteilte Wichmann Magdeburg ein neues Privileg[50], das nicht ohne Einfluss auf die weitere Entwicklung des Magdeburger Stadtrechts bleiben sollte.[51] Es ist zugleich

---

42 Sello (1884).
43 Sello (1880).
44 Sello (1893).
45 Clauswitz (1883).
46 Nachweis bei Pötschke (1990) auf der Grundlage der Edition von Clauswitz (1883).
47 Johanek/Schwickerath (2000).
48 Heimann et al. (2007).
49 Vgl. Puhle (1992).
50 UB Erzstift I, Nr. 421.
51 Ebel (2004a). – Lieberwirth (1990). – Springer (2000).

die älteste Urkunde, die sich inhaltlich mit dem Magdeburger Recht befasst, wenngleich es schon zuvor bestanden hat. Als älteste Innung tritt in Magdeburg die der Gewandschneider (Tuchhändler) auf, und zwar in einer evtl. verunechteten Urkunde Wichmanns aus dem Jahre 1183.[52]

Bevor sich in Magdeburg ein Rat herausbildete, lag die Leitung der städtischen Angelegenheiten der Stadt bei den Schöppen (Schöppenverfassung). In Magdeburg erfolgt die älteste Überlieferung von Schöppen zwischen 1147 und 1154.[53] Sie erscheinen also fast hundert Jahre früher als der Rat. Ein Magdeburger Rat wird urkundlich für Magdeburg zum Jahre 1244 erwähnt. Es gab aber schon vorher Ratsherren. Der Rat rekrutierte sich je zur Hälfte aus dem Schöppenkollegium und dem *conventus civium*.

Zum Ende des 13. Jahrhunderts wurde die Schöffenverfassung allmählich von der Ratsverfassung abgelöst. Die Magdeburger Schöffenchronik berichtet zum Jahre 1293 von handgreiflichen Streitigkeiten zwischen Rat und Schöffen wegen der Herausgabe von Büchern, in denen Grundstücksübertragungen verzeichnet waren (sog. Stadtverlassbücher). Seit der Wende zum 14. Jahrhundert (1293, 1336) setzte sich eine zunehmende Trennung zwischen den Aufgaben des Rates und der Schöffen durch.

Die Magdeburger Schöffen entscheiden aber grundsätzlich nur nach ihrem eigenen, dem magdeburgischen Stadtrecht. Allgemein gilt: »Den scheppen van Magdeborch geborit obir konigliche hantfesten, genade und willkoeren in rechte nicht czu irkennen.«[54]

Burg

Burg ist bereits im 10. Jahrhundert als Zentrum eines Burgwardes (Schwineköper) urkundlich nachweisbar. Die erste Erwähnung Burgs findet sich in der Gründungsurkunde des Bistums Brandenburg am 1. Oktober 948. (Abb. 1) Die Urkunde ist zwar mit dem 1. Oktober 949 datiert, aber in der Forschung ist ein reger Streit zur Datierung der Urkunde ausgebrochen. Kein Zweifel besteht darin, dass diese Urkunde DO I.105 echt ist. Schwineköper[55] setzt die Gründung des Bistums Brandenburg – und somit auch die Ersterwähnung von Burg – in das Jahr 949, wie es in der Urkunde steht. Das ist auf jeden Fall falsch. Assing dagegen setzt die Urkunde erst in das Jahr 965.[56] Im bisherigen Ergebnis gibt es gute Gründe, sie 948 anzusetzen.[57]

---

52 Dazu Springer (2000), S. 86.
53 Ebel (2004b, 2004c). – Görlitz (1947).
54 Remissorium. Ein Breslauer Rechtsbuch aus dem 15. Jahrhundert (im Druck).
55 Schwineköper. Burg (1975), hier S. 59.
56 Assing (1998, 2000).
57 Faksimile, Transkription und Übersetzung der Urkunde bei Tschirch (1941), Bd. 1, S. 11. – Schwineköper datiert sie in das Jahr 949, aber die Gründung der Bistümer Brandenburg und Havelberg wird man gleichzeitig ansetzen müssen, vgl. Ludwig (2002).

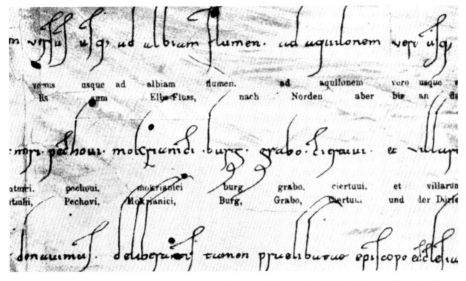

1   Die erste urkundliche Erwähnung Burgs in der Gründungsurkunde des Bistums Brandenburg am 1. Oktober 948. aus: Tschirch (1941), Bd. 1, S. 11

Aber eine erneute gründliche diplomatische Untersuchung dieser vermutlich ältesten erhaltenen Königsurkunde für einen geistlichen Empfänger östlich von Elbe und Saale steht noch aus.[58]

Dabei reichte das Bistum Brandenburg nach dieser wichtigen Urkunde im Westen bis zur Elbe, umfasst also auch das Gebiet um Burg. Es wird dem Bistum der Zehnt in verschiedenen Gebieten zugestanden. Ausgenommen werden sieben Orte (als *civitas*) u.a. Pechow und Burg, deren Zehnt dem Mauritiuskloster in Magdeburg wegen älterer Rechte zugestanden wird. Allerdings muss der Abt des Mauritiusklosters in Magdeburg jährlich dem Brandenburger Bischof an drei Orten in Bidrici (Biederitz), Burg und Mocrianici (Möckern) Abgaben leisten: nämlich drei Maß Meth und zwei Bier, sechs Scheffel Weizen, zwei Ferkel, zwei Gänse, zehn Hähne, auch sechs Frischlinge und acht Fuder Hafer zum Futter für die Pferde.

Nun wird Burg in der Urkunde von 948 als *civitas* erwähnt, aber im 10. Jahrhundert wird von den Schreibern darunter Verschiedenes verstanden. Das reicht von einer frühstädtischen Siedlung, die oft befestigt war, bis hin zu einer zentralen Burganlage, zu der dann auch eine Vorburgsiedlung gehören kann. Hier geht es eher um einen Burgward (Schwineköper) als eine Stadt im rechtlichen Sinne des 12./13. Jahrhunderts.

Zum Jahr 965 finden wir eine Erwähnung von Burg als *urbs*, dem lateinischen Begriff für Stadt. Dabei ist aber zu bedenken, dass östlich der Elbe noch ein Gebiet war, in dem slawische Stämme das Sagen hatten. Dies führte 983 zum großen

---

58 So Ludwig (2002), S. 28.

Slawenaufstand, bei dem die Deutschen für einundhalb Jahrhunderte hinter die Elbe zurückgedrängt wurden.[59]

Lange hören wir dann nichts von Burg, 1136 wird der Archipresbyter Walo genannt, der hier zur Durchführung der Heidenmission hier seinen Sitz hat. Dies setzt auch die Existenz einer Kirche voraus, aber Kirchen werden für Burg erst 1186 erwähnt.

1159 erhält Pechau das *ius burgense*.[60] Wenn dieses schon ein Stadtrecht gewesen wäre – wogegen der Wortlaut der Urkunden 1159 für Pechau und 1182 für Löbnitz spricht – so könnte Burg 1159 schon als städtische Siedlung angesehen werden.[61] Eine Urkunde Erzbischof Wichmanns von Magdeburg von 1179 führt unter den Zeugen jedenfalls mindestens vier *cives de borch* an, die flämische Herkunftsnamen tragen.[62] Unter *cives* versteht man im 12. Jahrhundert bereits Bürger nach dem Vorbild der römischen Bürger. 1176 können *mercatores in Burch* in Magdeburg einen Hof einrichten. Auf jeden Fall müssen wir davon ausgehen, dass Burg 1174 ein bedeutender erzstiftischer Handelsplatz östlich der Elbe war.

Und 1182 erbitten die Bauern von Löbnitz das Recht, wie es die ländlich-bäuerlichen Siedler Burgs besitzen.[63] Leider wissen wir nicht, ob dieses Burger Recht – ebenso wie das bereits 1159 für Wusterwitz bei Brandenburg erwähnte Schartauer Recht – identisch ist mit dem Burger Landrecht des 14. Jahrhunderts. Zimmer würde bereits 1159 Burg als städtische Siedlung und das *ius Burgense* als Marktortsrecht qualifizieren.[64]

Wir halten fest, dass die neu gegründeten Städte östlich der Elbe Privilegien und Rechte von den Landesherren erhielten, oft von der Burggrafen-/Vogteigerichtsbarkeit befreit wurden und bewährte Stadtrechte übernahmen. Burgs Umland gehörte zum Bistum Brandenburg, der Zehnt in Burg selbst stand aber dem Mauritiuskloster in Magdeburg seit dem 10. Jahrhundert zu. Zwar wird seit dem 12. Jahrhundert ein *ius burgense* erwähnt und weiter verbreitet, aber wir kennen seinen Inhalt nicht.

Zur Datierung der Sprechformeln

Oben wurde bereits darauf hingewiesen, dass das Textfragment der Sprache nach wohl – wie auch das Burger Landrecht – in das 14. Jahrhundert zu datieren ist. Das bedeutet aber nicht zwingend, dass die Sprechformeln auch in dieser Zeit verfasst wurden. Sie können durchaus älter sein, worauf die strenge Formgebundenheit, die seit 1174 für Jüterbog und 1188 für Magdeburg durch entsprechende Privilegien aufgehoben wurde, hinweist. Jörn Weinert teilte mir auf Anfrage dazu folgendes mit: Die Schrift gehört ins 14. Jahrhundert, und zwar eher in die Mitte als an den Anfang. Es scheint allerdings eine ältere Vorlage für die Formulierungen gegeben zu

---

59 Vgl. Fritze (1984).
60 Zimmer (2003), S. 28.
61 Zimmer (2003), S. 33.
62 Zimmer (2003), S. 32.
63 Zimmer (2003), S. 31.
64 Zimmer (2003), S. 33.

haben bzw. verschiedene Textschichten; so ist zum Beispiel der mittelniederdeutsche Einheitsplural auf *-et* (*Schuldeghet*) in der einen Kolumne zu finden, in der anderen steht *$chuldigen* schon mit *-en* (vergleiche jeweils in der Rubrizierung). Der Schreiber scheint also im ersten Fall älteres Sprachgut übernommen zu haben; dies würde ja auch zum formelhaften Text passen.

Ein schönes Beispiel dafür, dass ein Rechtstext wesentlich früher abgefasst worden sein kann als es die überlieferte Abschrift nahelegen möchte, bietet das Berliner Schöffenrecht, das Ende des 14. Jahrhunderts aufgezeichnet wurde. Bereits Georg Sello wies nach, dass die Bücher 1–4 bereits in der Zeit 1325–28 entstanden sein müssen.[65]

Für den in den Sprechformeln erwähnten Rat wird die Datierung für Burg schwierig, da Ratsmitglieder und ein Richter erst 1263 erwähnt werden.[66] Aber bereits in einer Urkunde vom 11. Dezember 1224 wird Burg als unsere Stadt (*nostre civitati de Borch*) vom Erzbischof von Magdeburg bezeichnet.[67] Eine Stadt setzt im beginnenden 13. Jahrhundert die Existenz eines Rates oder – wie in Magdeburg – eines Schöffenstuhles voraus. Neun Jahre später bezeichnet Burchard, Erzbischof von Magdeburg, die Bürger von Burg als *cives nostros de Borch*[68], als er einen Streit über einen Wald zugunsten der Stadt entscheidet. In der entsprechenden Urkunde spricht er von seinen Bürgern in Burg (*nostris burgensibus de Borch*). 1262 verkauft Erzbischof Rupert von Magdeburg der Stadt Burg die Zoll- und Handelsfreiheit in Magdeburg.[69] Seltsam erscheint, dass Bischof Ludwig von Brandenburg – wie oben erwähnt – Burg in einer Urkunde vom 1. April 1335 mehrfach als *oppidum* (Städtchen)[70] und nicht als *civitas* bezeichnet, während er 1339 wieder von der *civitas borch* spricht.[71] Später erst kommen neben dem Stadt- und Landrichter mit seinen sechs Schöppen auch der meist unter zwei Bürgermeistern stehende regierende alte und oberalte Stadtrat vor.[72]

Einen möglichen *terminus post quem* für unsere Sprechformeln erhalten wir durch die darin vorkommenden Magdeburger Schöffen und den Rat. Nach Lück[73] wurden Schöffen erstmals 1129 als *majores civitatis* erwähnt.[74] Da aber im Burger

---

65 SELLO (1880). – Zu den Textschichten im Berliner Schöffenrecht vgl. PÖTSCHKE (1990). Der *terminus post quem* hängt wesentlich von der Datierung der Glosse und den dort nachweisbaren Textschichten ab.
66 RIEDEL (1856) A X, Nr. VI, S. 451.
67 RIEDEL (1856) A X Nr. III, S. 448.
68 RIEDEL (1856) A X, Nr. IV, S. 449.
69 RIEDEL (1856) A X, Nr. V, S. 450.
70 RIEDEL (1856) A X, Nr. XXIIIb., S. 464.
71 RIEDEL (1856) A X, Nr. XXIV, S. 465.
72 SCHWINEKÖPER, S. 60.
73 LÜCK (1996), hier S. 141.
74 Dabei bezieht er sich auf SCHWINEKÖPER. MAGDEBURG (1978), Sp. 131. – Dieser erwähnt die *majores civitatis zum Jahre* 1129 zwar, schreibt aber: »Aus ihnen dürfte sich das Schöppenkollegium gebildet haben.«

Textfragment von *schepen* (Schöffen) die Rede ist, wollen bei diesem Begriff bleiben. Diese wurden zwischen 1147 und 1154 für Magdeburg erstmals erwähnt.[75]

Ein Rat ist für Burg seit 1263 nachweisbar. Aber die Niederschrift der Sprechformeln erfolgte erst um die Mitte des 14. Jahrhunderts.

Hohe und Niedere Gerichtsbarkeit

SCHMIDT-RECLA (2014) hat überzeugend aufgezeigt, dass die Stadt Burg Ende des 14. Jahrhunderts nicht die hohe Gerichtsbarkeit besaß. Damit wäre auch ein möglicher Widerspruch des überlieferten Textes der Sprechformeln zu einer möglichen Zuweisung zur Stadt Burg aufgelöst. Denn es wird im ersten Fall auf das Recht der Schöffen in Magdeburg verwiesen. Im zweiten Fall wird darauf verwiesen, dass (nur) die Schöffen in Magdeburg entscheiden, ob der Beschuldigte überhaupt dem Rat antworten soll.

Dies wirft aber ein neues Problem auf. Wenn es sich bei Burg also um eine erzbischöfliche Stadt handelte, bei der die Hochgerichtsbarkeit nicht bei der Stadt, sondern beim Stadtherrn lag, so wäre in einem solchen gedachten Fall eigentlich der Burggraf von Magdeburg, also der Vertreter des Erzbischof in weltlichen Dingen oder ein von ihm eingesetzter Schultheiß, dafür zuständig. Nach dem Magdeburger Weichbildrecht von 1369 hat der Burggraf den Bann vom König und das Gericht vom Landesherrn.[76] Dieser stand z.B. dem Burggrafengericht in Halle vor.[77] Warum lag die Entscheidung, ob der Beschuldigte dem Rat antworten soll, bei den Magdeburger Schöffen?

Es hat anscheinend auch eine enge Verknüpfung zwischen Magdeburg und Schartau bei Burg gegeben. Das Schartauer Recht *(iusticiam, que Scartoenisis appelatur)* wurde schon 1159 von Erzbischof Wichmann an Wusterwitz bei Brandenburg verliehen.[78] Somit wurde es gleichzeitig erstmals mit dem Magdeburger Recht erwähnt, das 1159 an Pechow und später an Leipzig verliehen wurde.

Nach der historischen, etwas sagenhaften Einleitung des Magdeburger Weichbildrechtes sollen die Magdeburger, wenn sie ein Urteil (des dortigen Schöffengerichtes) schelten wollen, über die Elbe ziehen und die vier ältesten Schöffen aus Schartau holen. Denn dieses habe länger bestanden als Magdeburg, Kaiser Otto hat dort das Herzogtum hingelegt in alter Zeit und alles mit einem Rechte versehen.[79] Mit diesen vier Schöffen sollen sie wieder nach Magdeburg vor die Pfalz auf den Hof Kaiser Ottos des Roten ziehen.

---

75 EBEL (2004B), hier S. 453 nach Theodor Görlitz.
76 MAGDEBURGER WEICHBILDRECHT (1853), Art. XII. §6.
77 Zur Rolle des Burggrafen in Magdeburg und Halle vgl. ausführlich SCHOLZ (2007).
78 UB MAGDEBURG No. 299, 412.
79 MAGDEBURGER WEICHBILDRECHT (1853), Art. XIII, §1. – Zum Herzogtum über die Elbe vgl. SCHOLZ (2014).

Für einen der Tötung Beschuldigten hätte es in Burg zwar auch die Möglichkeit gegeben, dass er vor das bischöfliche Vogteigericht vor der Stadt Burg geladen würde, das auch in Fragen der Hochgerichtsbarkeit zuständig war. Aber offensichtlich nicht für die *cives* von Burg, so auch SCHMIDT-RECLA (2014).

Zur Rolle der Magdeburger Schöffen in Burg und im Burger Landrecht

Bei der Datierung der beiden Sprechformeln wies ich bereits darauf hin, dass die Magdeburger Schöffen als solche zwischen 1147 und 1154 erstmals erwähnt werden.[80] Sie werden im Burger Textfragment als »schepen« bezeichnet und treten an zwei Stellen auf. Zunächst heißt es in der ersten Sprechformel:

> Hebbe ik hir an ghebroken,
> so wil ik buten na rechte,
> wu dy schepen thu Meyde-
> burch dat erscheyden.

Danach unterwirft sich der Beschuldigte dem Recht der Magdeburger Schöffen. Und in der zweiten Sprechformel dagegen heißt es:

> Unde berope my des an dy sche-
> pen tu Meydeborch, ofte
> ik van rechte gyk ant-
> werden schole oder nicht.

Hier muss der von einem Bürger (von Burg) Bezichtigte auf die Beschuldigung nicht antworten, sondern es sollen die Schöffen von Magdeburg entscheiden, ob er (dem Rat von Burg) überhaupt antworten soll oder nicht.

Wie sind diese bisher nicht beachteten Verweise auf das Recht der Magdeburger Schöffen, ja sogar auf ihre Entscheidungsgewalt (in Burg) rechtshistorisch einzuordnen? Dieser Quellenfund deutet auf eine erstaunliche Sonderstellung der Stadt Burg gegenüber dem Magdeburger Schöffenstuhl hin.

Schon Zimmer und Lück sind auf ein analoges Problem im Burger Landrecht gestoßen. Dabei ging es um folgende Stelle: »Worde den schepen eynes ordeiles gefraget, dy dat schulde, dy schepen scholden dat in unser heren kameren halen.« Dies muss in Anlehnung an Zimmer übersetzt werden als: »Wurden die Schöffen eines Urteils gefragt, und bleiben sie es schuldig, so sollen die Schöffen es aus unserer Herren Kammer holen.«[81] Diese Kammer ist nach dem Kontext in einer erzbischöflichen Kammer zu sehen. Da diese aber in Magdeburger Rechtsquellen bisher nicht aufgetaucht ist, fordert Zimmer eine eigenständige Untersuchung, ob damit der Magdeburger Schöffenstuhl gemeint sei. Denn einerseits hat der Magdeburger Erzbischof noch

---

80 Umfassend zu den Magdeburger Schöffen vgl. EBEL (2004B).
81 ZIMMER (2003), S. 123.

im 15. Jahrhundert die Schöffen auf Lebenszeit ernannt, was für die Kammer als den Schöffenstuhl spricht. Andererseits lehnten es die Magdeburger Schöffen bis in das 15. Jahrhundert ab, bestehende Land- und Ortsrechte bei ihren Sprüchen zu berücksichtigen: »Für die Rechtsprechung des Magdeburger Schöppenstuhls ist von den verfolgbaren Anfängen an festzustellen, dass eine Berücksichtigung von Ortsrecht nicht stattfand. Dabei war es unerheblich, in welcher Form die Rechtsfrage an ihn gelangte: ob in einer Urteilsüberprüfung im Wege eines der ordentlichen Rechtsmittel Schelte oder Läuterung oder bei reinen Rechtsmitteilungen. In den datierbaren Schöppensprüchen des 14. und frühen Jahrhunderts taucht das Problem überhaupt nicht auf«, schreibt Friedrich Ebel.[82]

Nach Zimmer würde bei der Gleichheit der »heren kameren« mit dem Schöppenstuhl das Burger Landrecht belegen, dass die Magdeburger Schöffen gleichwohl über bäuerlich-ländliches Sonderrecht zu Gericht zu sitzen sich bereit befanden.[83] Lück kommt bezüglich des Burger Landrechtes zu dem Ergebnis:

> Viele Regeln entsprechen weitgehend denen des Sachsenspiegels und des Magdeburger Rechts. Dennoch gibt es einen Unterschied: Offenbar bestehen in dem Vogtding vor der Stadt und in der Vorschrift über das Urteilholen in der heren kameren zu Magdeburg Abweichungen vom Sachsenspiegel. Der Grund und die Einordnung dieser Unterschiede sind weitgehend unklar.[84]

Für das Burger Landrecht ist also bisher noch nicht bewiesen, dass mit »der heren kameren« tatsächlich der Magdeburger Schöppenstuhl gemeint ist. Bei der Deutung des Ausdruckes »der heren kameren« hilft meines Erachtens ein Blick in das Herzogtum Geldern weiter. Bei der Beschreibung der Funktionen des Herzoghofes in der Stadt Venlo[85], die zum Herzogtum Geldern stammte, heißt es, dass der Herzoghof nicht nur der Unterkunft des Herzogs in der Stadt Venlo diente, sondern auch als eine Art Bürgerzentrum *(bestuurscentrum)* im Herzogtum. Es war ein Ort des Kommens und Gehens von verschiedenen Personen, die mit ihren Diensten des Herzogs Belange hatten. So musste der Rentmeister im Jahr 1410 zwei Zimmerleute kommen lassen, die zwei Spannbetten auf »den Kammern des Herrn« (»des heren kameren«) und zwei weitere auf dem Dachboden und noch zwei weitere einrichten. Es liegt nahe, dass höherstehende Personen, die im Dienste des Herzogs standen und etwas mit ihm in Venlo klären wollten, in »des heren kameren« kamen – nämlich dort in den Kammern des Herren, des Herzogs, untergebracht waren. Diese Bedeutung des Ausdrucks begegnet uns auch in Lübeck im 15. Jahrhundert. Im Verzeichnis der Geräte der Getrudenkapelle in Lübeck (um 1430) werden verschiedene Kammern aufgezählt[86],

---

82 EBEL (2004B), S. 48.
83 ZIMMER (2003), S. 292, Fußnote 40.
84 LÜCK (2010), S. 49ff.
85 FLOKSTAR (1998), S. 309.
86 Urkundenbuch der Stadt Lübeck, bearb. V. Johann Friedrich Böhmer, Friedrich Techen. Lübeck 1882–1185, Bd. 7, S. 409.

so die »camera Johannis Zassen, yn der anderen cameren to der startewort.« In dem Mannschlafhaus sind sechzehn Betten. ... In dem Frauenschlafhaus sind fünfzehn Betten. Auf der Herren Kammer (»uppe der heren kameren«) sind sechzehn große Betten. Es handelt sich also in Lübeck wie in Venlo bei »der heren kameren« einfach um ein Schlafhaus für Herren.

Es wäre möglich, dass die in Burg angesiedelten Flamen, von denen Spuren im Burger Landrecht nachweisbar sind, offensichtlich auch diesen Ausdruck des Urteilholens »in der heren kameren« aus ihrer Heimat mitgebracht haben. Diese Redensart bedeutet einfach, dass in diesem Falle die Schöppen das Recht aus Magdeburg holen müssen. Es könnte aber auch das im Weichbildrecht bereits zu ottonischer Zeit erwähnte königliche »Pfalzgericht« gemeint sein. Wenn die »koning die palenze makede«, so holte er ein 28-köpfiges Berufungsgericht zusammen, dessen Zusammensetzung im Art. XIV des Weichbildrechtes ausführlich beschrieben wird.

In unserem Stadtrechtsfragment liegt der Fall klarer: Hier sind es eindeutig das Recht der Magdeburger Schöffen bzw. sie selbst, auf die in beiden Sprechformen Bezug genommen wird. Bei den sich durch die Untersuchungen von Schmidt-Recla andeutenden Gemeinsamkeiten der Rechtsverhältnisse in Burg und im Burger Landrecht wäre dies ein weiterhin zu berücksichtigendes Argument bei dem Beweis, dass mit den »kameren« der Magdeburger Schöffenstuhl gemeint waren.

Auf jeden Fall zeigen beide Quellen eine bisher nicht erkannte Sonderstellung sowohl der Stadt Burg als auch des Burger Umlandes gegenüber dem Magdeburger Schöppenstuhl, deren Gründe nach Lück und Zimmer bisher im Dunkeln liegen. Sie könnten ihren Ursprung in der Ausnahmestellung der *civitas Burg* im 10. Jahrhundert bei der Gründung des Bistums Brandenburg haben, da der Kirchenzehnt von Burg und anderer Burgwarde im westlichen Bistum nicht dem Brandenburger Bischof, sondern dem Magdeburger Mauritiuskloster zugesprochen wurde. Dass der Zehnt im Bistum Brandenburg einer fremden kirchlichen Institution zugewiesen wurde, war höchst ungewöhnlich.[87] Dem Mauritiuskloster fiel bei dem Plan Ottos I. für die Gründung des Erzbistums Magdeburg eine bedeutende Rolle zu. Otto I. bestätigte 965 dem Kloster Markt, Münze und Zoll in Magdeburg.[88] Das Kloster erhielt im gleichen Jahr auch die Gerichtsbarkeit über in der Stadt ansässige und christliche Kaufleute – damit war es zum Stadtherrn in Magdeburg geworden. Somit konnte Otto II. 973 dem Erzbistum Magdeburg, das zum Rechtsnachfolger des Mauritius-klosters wurde, den Besitz der civitas und des Burgwardes Magdeburg bestätigen.[89] Somit stand das Erzbistum als Rechtsnachfolger in einem besonderen Verhältnis auch zur civitas Burg. Hier sollte die künftige Forschung ansetzen, um die Sonderstellung von Stadt und Land Burg gegenüber dem Magdeburger Schöffenstuhl trotz des weitgehenden Mangels an Quellen tiefer zu ergründen.

---

87 Claude(1972), I, S. 64 zu den Hintergründen.
88 Claude (1972), I, S. 46
89 Claude (1972), I, S. 45.

Zusammenfassung

1. Am Ende der Originalhandschrift des Burger Landrechtes ist uns ein kurzer Nachtrag überliefert, der bisher rechtshistorisch nicht gedeutet werden konnte. Es handelt sich um zwei Sprechformeln, die in einem gedachten Fall der Hochgerichtsbarkeit – Tötung eines Mannes – benutzt werden sollen. Der Schreiber scheint im Fall der ersten Sprechformel älteres Sprachgut übernommen zu haben; dies würde auch zum formelhaften Text passen. Einen möglichen *terminus post quem* für unsere Sprechformeln erhalten wir durch die darin vorkommenden Magdeburger Schöffen. Diese sind zwischen 1147 und 1154 erstmals erwähnt.[90] Ein Rat wird in Burg, aber auch in Magdeburg erst zur Mitte des 13. Jahrhunderts erwähnt. Aber die Niederschrift der Sprechformeln erfolgte erst um die Mitte des 14. Jahrhunderts.

2. Es könnte sich um einen bisher unbekannten Spruch der Magdeburger Schöffen für Burg handeln, in dem ausdrücklich auf die Nichtzuständigkeit des Burger Rates bzw. des dort nachgewiesenen Schöffengerichts hingewiesen wird. Dagegen spricht aber die Abschaffung der Formenstrenge und Prozessgefahr für Magdeburg bereits 1188. Zudem werden in den Sprechformeln die Schöffen »thu Meydeburch« genannt, das klingt nach einem auswärtigen Ort, sonst müsste es nicht betont werden.[91] Außerdem stellt sich die Frage, wie dieser singuläre Spruch in das Burger Kopialbuch gekommen ist und warum er allein für die Burger wichtig sein soll.

3. In der vorliegenden Arbeit wird daher untersucht, ob die Sprechformeln als Textfragment eines ansonsten nicht überlieferten Burger Stadt- oder Schöffenrechtes in Frage kommen. Es handelt sich wahrscheinlich um ein Fragment eines verlorenen Schöffenrechtes. Dem widerspricht auch nicht der Verweis auf die Magdeburger Schöffen in einem (gedachten) Fall, der der Hochgerichtsbarkeit zugerechnet werden muss. Denn Burg verfügte – wie Schmidt-Recla (2014) nachweisen konnte – im 14. Jahrhundert wohl nur über die Niedergerichtsbarkeit, von deren Ausübung das überlieferte Schöffenbuchfragment zeugt.

4. Interessant ist die Frage, warum auf die Magdeburger Schöffen und nicht auf den Magdeburger Burggrafen, dessen Amt in der erzstiftischen Stadt Magdeburg mit der Vogtei verbunden und der damit für die Ausübung der Hochgerichtsbarkeit zuständig war, verwiesen wird. Eine Ausübung der Hochgerichtsbarkeit des Magdeburger Burggrafen wie etwa in Calbe oder Halle ist bisher jedenfalls für Burg im 13. bis in das 15. Jahrhundert nicht nachgewiesen worden.[92] Es könnte sein, dass der Erzbischof im Zuge des Landesausbaus auch die burggräfliche Gerichtsbarkeit als fremden Einfluss zurückhalten wollte. Als die Askanier ihm 1196 ihre Besitzungen auftrugen, war vom Burggrafen auch keine Rede. Als Gerichtsherr östlich der Elbe erscheint der Erz-

---

90 Ebel (2004b), hier S. 453.
91 Hinweis von Dr. Michael Scholz.
92 Vgl. dazu ausführlich Scholz (2007).
93 Hinweis von Dr. Michael Scholz.

bischof.⁹³ Auf jeden Fall zeigen beide Quellen – das Burger Landrecht und noch stärker das Textfragment – eine bisher nicht erkannte Sonderstellung sowohl der Stadt Burg als auch des Burger Umlandes gegenüber dem Magdeburger Schöppenstuhl, deren Gründe trotz des Mangels an Quellen weiter untersucht werden sollte.

5. Schließlich tragen die hier vorgetragenen Überlegungen zu den beiden im Burger Kopialbuch überlieferten Sprechformeln insofern vorläufigen Charakter, dass eigentlich nur eine computerunterstützte Suche nach vergleichbaren Formeln in den Magdeburger Schöffenspruchsammlungen klären kann, ob diese Formeln neu sind oder nur Bekanntes wiederholen. Dies ist per Hand schwer möglich. Dazu müssten die Rechtsregeln der überlieferten Textmassen einerseits in eine abstraktere Ebene codiert werden, damit sie überhaupt vergleichbar sind. Dies hat sich z.B. der Klever Kompilator erfolgreich durchgeführt, indem er die ihm bekannten Rechtsregeln aus den konkreten Rechtsfällen extrahiert und aufgezeichnet hat.⁹⁴ Andererseits müssen die Textmassen der Schöffensprüche und -bücher erst einmal digital gespeichert werden.⁹⁵

---

94 SCHLEIDGEN (1990). – FLINK (1991).
95 Zur methodologischen Problematik vgl. PÖTSCHKE (1997). – Zum Einsatz von Methoden der Rechtsinformatik für die weitere Erforschung von Schöffenspruchsammlungen, Rechtsbüchern und Urkunden vgl. grundsätzlich PÖTSCHKE (2012).

Literatur

Quellen

UB ERZSTIFT: Urkundenbuch des Erzstifts Magdeburg, Teil 1, bearb. v. Friedrich Israel, Walter Möllenberg, Magdeburg 1937.
UB MAGDEBURG: Urkundenbuch der Stadt Magdeburg, Bd. 1, bearb. v. Gustav Hertel (= Geschichtsquellen der Provinz Sachsen 26), Halle 1892.

Literatur

ASSING (1998): Helmut Assing: Wurde das Bistum Brandenburg wirklich 948 gegründet?, in: Jahrbuch für brandenburgische Landesgeschichte 49(1998), S. 7–18.
ASSING (2000): Helmut Assing: Das Bistum Brandenburg wurde wahrscheinlich doch erst 965 gegründet, in: Jahrbuch für brandenburgische Landesgeschichte 51(2000), S. 7–29.
BARTHEL (1982): Rolf Barthel: Neue Gesichtspunkte zur Entstehung Berlins, in: Z. für Geschichtswissenschaft 30(1982), Heft 8, S. 691–710.
BOHM (1978): Eberhard Bohm: Teltow und Barnim, Köln 1978.
BRÜSKE (1983): W. Brüske: Untersuchungen zur Geschichte des Lutizenbundes. Deutsch-wendische Beziehungen des 10.–12. Jahrhunderts. 2., um ein Nachwort verm. A. Münster (= Mitteldeutsche Forschungen 3), Köln/Weimar 1983.
CLAUSWITZ (1883): Paul Clauswitz: Berlinisches Stadtbuch, Berlin 1883.
CLAUDE (1972): Dietrich Claude: Geschichte des Erzbistums Magdeburg bis in das 12. Jahrhundert- (= Mitteldeutsche Forschungen 67/I, 67/II). Köln/Wien 1972, 1975.
DRALLE (1981): Lothar Dralle: Slaven an Havel und Spree. Studien zur Geschichte des hevellisch-wilzischen Fürstentums. 6.–10. Jh., Berlin 1981.
EBEL (2004A): Friedrich Ebel: Magdeburger Recht, in: EBEL (2004D), S. 217–236.
EBEL (2004B): Friedrich Ebel: *Des spreke wy vor eyn recht...* Versuch über das Recht der Magdeburger Schöppen, in: EBEL 2004D, S. 423–512.
EBEL (2004C): Friedrich Ebel: Magdeburger Recht [erstmals 1992 erschienen]), in: EBEL (2004D), S. 217–236.
EBEL (2004D): Friedrich Ebel: *Unseren fruntlichen grus zuvor.* Deutsches Recht des Mittelalters im mittel- und osteuropäischen Raum, Köln/Weimar/Wien 2004.
ECKHARDT (1973): Karl August Eckhardt: Sachsenspiegel Landrecht (= Monumenta Germaniae Historica, Fontes Iuris Germanici Antiquii Nov. Ser. T. I. P. I.), hg. v. Karl August Eckhardt, Göttingen/Frankfurt ³1973.
ESCHER (1984): Felix Escher: Askanier und Magdeburger in der Mittelmark im 12. und frühen 13. Jh. Zugleich ein Beitrag zur Entstehung Berlins, in: Festschrift der Landesgeschichtlichen Vereinigung für die Mark Brandenburg zu ihrem hundertjährigen Bestehen. 1884–1994, hg. v. Eckart Henning und Werner Vogel, Berlin 1984, S. 56–77.
FLINK (1991): Das Stadtrecht von Kleve (= Klever Archiv 11), hg. von Klaus Flink, Kleve 1991.
FLOKSTAR (1998): M. Flokstar: Van Hertogenhof tot Prinsenhof te Venlo, Venlo 1998, S. 309, auf: *www.kastelenbeeldbank.nl.*
FRITZE (1984): Wolfgang Fritze: Der slawische Aufstand von 983 – eine Schicksalswende in der Geschichte Mitteleuropas, in: Eckart Henning, Werner Vogel (Hg.): Festschrift der landesgeschichtlichen Vereinigung für die Mark Brandenburg zu ihrem hundertjährigen Bestehen 1884–1984, Berlin 1984, S. 9–55.
GÖRLITZ (1947): Theodor Görlitz: Die Anfänge der Schöffen, Bürgermeister und Ratmannen in Magdeburg, in: ZRG GA 65 (1947), S. 71ff.

Götze (1873): Ludwig Götze: Urkundliche Geschichte der Stadt Stendal, Stendal 1873.

Grosse (1964): Rudolf Grosse (Hg.): Schwabenspiegel. Kurzform, Weimar 1964.

Heimann et al. (2007): Brandenburgisches Klosterbuch: Handbuch der Klöster, Stifte und Kommenden bis zur Mitte des 16. Jahrhunderts, 2 Bde., hg. von Heinz-Dieter Heimann, Klaus Neitmann, Winfried Schich et al., Berlin 2007.

Herrmann (1985): Die Slawen in Deutschland. Ein Handbuch. Neubearbeitung, hg. v. Joachim Herrmann, Berlin 1985.

Hippel (1925): Robert von Hippel: Deutsches Strafrecht. Erster Band Allgemeine Grundlagen, Berlin 1925, Neudruck Scientia Verlag, Aalen 1971.

His (1920): Rudolf His: Das Strafrecht des deutschen Mittelalters, Bd. 1, Köln 1920.

HRG: Handwörterbuch zur dt. Rechtsgeschichte, hg. von Adalbert Erler, Ekkehard Kaufmann, Bd. 1(1971)–5(1998), Berlin.

Hofmann/Römer (1999): Michael Hofmann, Frank Römer (Hg.): Vom Stabbohlenhaus zum Haus der Wirtschaft. Ausgrabungen in Alt-Cölln, Breite Str. 21–29 (= Beiträge zur Denkmalpflege in Berlin, H. 14), Berlin 1999.

Hoppe (1965): Willy Hoppe: Erzbischof Wichmann von Magdeburg, in: ders.: Die Mark Brandenburg, Wettin und Magdeburg. Ausgewählte Aufsätze, Köln/Graz 1965, S. 1–152.

Janicke (1896): Urkundenbuch des Hochstifts Hildesheim und seiner Bischöfe: 1. Th. bis 1221, hg. von K. Janicke, Neudr. der Ausg. 1896.

Johanek/Schwickerath (2000): Deutsches Städtebuch/Brandenburgisches Städtebuch (= Handbuch Städtischer Geschichte), hg. v. Peter Johanek, Klaus Meyer-Schwickerath, Stuttgart 2000.

Kroeschell (1977): Karl Kroeschell: Rechtsaufzeichnung und Rechtswirklichkeit. Das Beispiel des Sachsenspiegels, in: Recht und Schrift im Mittelalter (= Vorträge und Forschungen XXIII), Sigmaringen 1977, S. 349–382.

Kroeschell (1986): Karl Kroeschell: Rechtswirklichkeit und Rechtsbücherüberlieferung – Überlegungen zur Wirkungsgeschichte des Sachsenspiegels, in: Text–Bild–Interpretation. Untersuchungen zu den Bilderhandschriften des Sachsenspiegels (= Münstersche Mittelalter-Schriften, Bd. 55/I: Text), hg. von Ruth Schmidt-Wiegand, Bd. I, München 1986, S. 1–10.

Lieberwirth (1990): Rolf Lieberwirth: Das Privileg des Erzbischofs Wichmann und das magdeburgische Recht, in: SB Akad. Leipzig Phil.-Hist. Klasse 130/3, Leipzig 1990.

Ludat (1960): Herbert Ludat: Siedlung und Verfassung der Slawen zwischen Elbe, Saale und Oder, Gießen 1960.

Ludat (1971): Herbert Ludat: An Elbe und Oder um das Jahr 1000. Skizzen zur Politik des Ottonenreiches und der slavischen Mächte in Mitteleuropa, Köln/Wien 1971.

Lück (1996): Heiner Lück: Der Magdeburger Schöffenstuhl als Teil der Magdeburger Stadtverfassung, in: Hanse, Städte, Bünde. Die sächsischen Städte zwischen Elbe und Weser um 1500. Band 1–2, hg. von Mattias Puhle, Magdeburg 1996, Bd. 1, S. 138–151.

Lück (2010): Heiner Lück: »Flämisches Recht« in Mitteldeutschland, in: Tijdschrift voor Rechtsgeschiedenis 78(2010), S. 37–61.

Ludwig (2002): Thomas Ludwig: Die Gründungsurkunde für das Bistum Brandenburg. Zur Methode der Urkundenkritik, in: Jahrbuch für brandenburgische Landesgeschichte 53(2002), S. 9–28.

Magdeburger Weichbildrecht (1853): Dat buk wichbelde recht. Das Magdeburger Weichbildrecht von 1369, hg. v. A. v. Daniels, Berlin 1853.

Meyer (2009): Tim Meyer: Gefahr vor Gericht: Die Formstrenge im sächsisch-magdeburgischen Recht, Köln/Weimar 2009.

MÜLLER-MERTENS (1955): Eckhard Müller-Mertens: Untersuchungen zur Geschichte der brandenburgischen Städte im Mittelalter (I), in: Wiss. Z. der Humboldt-Universität zu Berlin. Gesellschafts- und sprachwiss. Reihe 5 (1955/53), Nr. 3, S. 191–221.

MUNZEL (1971): Dietlinde Munzel: Art. Rechtsbuch, in: HRG, 1. Aufl. Sp. 277/78.

NEUBAUER (1920): Ernst Neubauer: Die Schöffenbücher von Burg, in: Geschichtsblätter für Stadt und Land Magdeburg 55 (1920), S. 82–88.

OPPITZ (1990): Ulrich-Dieter Oppitz: Deutsche Rechtsbücher des Mittelalters, Bd. 1: Beschreibung der Rechtsbücher, Köln/Wien 1990, Bd. 2: Beschreibung der Handschriften, Köln/Wien 1990, Bd. 3, 1 und 2: Abbildungen der Fragmente, Köln/Wien 1992.

PARTENHEIMER (2001): Lutz Partenheimer: Albrecht der Bär. Gründer der Mark Brandenburg und des Fürstentums Anhalt, Köln/Weimar/Wien 2001.

PÖTSCHKE (1990): Dieter Pötschke: Sachsenspiegel und Glosse als Quellen des brandenburg-berlinischen Schöffenrechts, in: Jb. f. brandenburgische Landesgeschichte 41(1990) S. 76–107.

PÖTSCHKE (1997): Dieter Pötschke: Schöffensprüche und Rechtsbücher – ein computergestützter Ansatz zur Bestimmung des rechtshistorischen Eigenwertes von Schöffenspruchsammlungen, in: Gedächtnisschrift für Gerhard Buchda, hg. von Lothar Krahner und Gerhard Lingelbach, Jena 1997, S. 79–98.

PÖTSCHKE (2012): Dieter Pötschke: Zum Einsatz von Methoden der Rechtsinformatik in der deutschen Rechtsgeschichtsforschung, in: Jahrbuch für die Geschichte Mittel- und Ostdeutschlands 58(2012), S. 117–135.

PÖTSCHKE (2014): Dieter Pötschke: Das Wendische Landrecht des Fürstentums Rügen und das Schweriner Landrecht – eine neue Rechtsquelle von der Insel Rügen (in diesem Band).

POSSE (1937): Otto Posse: Die Notwehr im Sachsenspiegel. Coburg 1937. Jur. Diss. Halle-Wittenberg 1937.

PUHLE (1992): Erzbischof Wichmann (1152–1192) und Magdeburg im hohen Mittelalter. Stadt, Erzbistum, Reich. Ausstellung zum 800. Todestag Erzbischof Wichmanns, hg. v. Mathias Puhle, Magdeburg 1992.

REPGOW (1984): Eike von Repgow: Der Sachsenspiegel, hg. v. Clausdieter Schott, Zürich 1984 (^{3}1996).

RIEDEL (1847): Codex diplomaticus Brandenburgensis. Sammlung der Urkunden, Chroniken und sonstigen Quellenschriften für die Geschichte der Mark Brandenburg und ihrer Regenten, hg. von Adolph Friedrich Johann Riedel, fortgeführt vom Verein für Geschichte der Mark Brandenburg, Berlin 1838–69.

SCHLEIDGEN (1990): Wolf-Rüdiger Schleidgen: Die ältesten Klever Stadtrechtshandschriften (= Klever Archiv, Schriftenreihe des Stadtarchivs Kleve Bd. 10), Kleve 1990.

SCHLESINGER (1961): Walter Schlesinger: Forum, villa fori, ius fori. Einige Bemerkungen zu Marktgründungsurkunden des 12. Jahrhunderts aus Mitteldeutschland, in: ders.: Mitteldeutsche Beiträge zur deutschen Verfassungsgeschichte, Göttingen 1961, S. 275–305.

SCHMIDT-RECLA (2014): Adrian Schmidt-Recla: Schöffenbuch, Stadtrecht und Landrecht in Burg (in diesem Band).

SCHOLZ (2007): Michael Scholz: ... *und ist Ihr Churf. Gnaden umb den Roland geritten:* Die Burggrafen von Magdeburg als Richter in Magdeburg und Halle, in: *vryheit do ik ju openbar ...*: Rolande und Stadtgeschichte, hg. v. Dieter Pötschke, Berlin 2007, S. 172–202.

SCHOLZ (2014): Ein Herzogtum im Kolonisationsland? Der *ducatus transalbinus* des Erzbischofs von Magdeburg von 1196 (in diesem Band).

SCHOTT (2014): Clausdieter Schott: Magdeburger Recht und Sachsenspiegel – Stadtrecht und Landrecht (in diesem Band).

Schwineköper. Burg (1975): Berent Schwineköper: Burg, in: Provinz Sachsen-Anhalt (= Handbuch der Historischen Stätten 11), Stuttgart 1975, S. 59–61.

Schwineköper. Magdeburg (1978): Berent Schwineköper: Art. Magdeburg, in: HRG 3(1978), Sp. 131.

Schwineköper. Stendal (1975): Berent Schwineköper: Art. Stendal, in: Provinz Sachsen-Anhalt (= Handbuch der Historischen Stätten 11), Stuttgart 1975, S. 447–452.

Sello (1884): Georg Sello: Brandenburgische Stadtrechtsquellen, in: Märkische Forschungen 18(1884), S. 1–108.

Sello (1880): Georg Sello: Die Gerichtsverfassung und das Schöffenrecht Berlins bis zur Mitte des 15. Jahrhunderts, in: Märk. Forschungen 15(1880), S. 1–129. Berichtigungen dazu: Märk. Forschungen 17(1882), S. 57ff.

Sello (1893): Georg Sello: Brandenburger Weistum für Frankfurt a. d. Oder v. 29. Feb. 1376 und undatierte Gerichtsordnung für Frankfurt a.d.O., in: Forschungen zur Brandenburgischen und Preußischen Geschichte 6(1893), S. 239–240.

Springer (2000): Mathias Springer: Magdeburg im Mittelalter, in: Landeshauptstadt Magdeburg und Landesheimatbund Sachsen-Anhalt e.V. (Hg.): Magdeburg. Porträt einer Stadt, Halle 2000, S. 73–103.

Tschirch (1941): Otto Tschirch: Chronik der Stadt Brandenburg, Brandenburg ³1941.

Waack (2005): Ulrich Waack: Die frühen Herrschaftsverhältnisse im Berliner Raum. Eine neue Zwischenbilanz der Diskussion um die »Magdeburg-Hypothese«, in: Jahrbuch für brandenburgische Landesgeschichte, 54 (2005), S. 7–38.

Weinert (2014): Jörn Weinert: Die Sprache des Burger Landrechts (in diesem Band).

Zimmer (2003): Keno Zimmer: Das Burger Landrecht. Ein spätmittelalterliches Rechtsbuch aus dem Kernland des Sachsenspiegels (= Studien zur Landesgeschichte, Bd. 8), Halle (Saale) 2003.

Zimmer (2014): Keno Zimmer: Das Burger Landrecht. Ein spätmittelalterliches Rechtsbuch aus dem Kernland des Sachsenspiegelrechts (in diesem Band).

ANHANG

Text des Burger Landrechts nach der Originalhandschrift

Keno Zimmer

Editionsgrundsätze

Vorrangiges Ziel der Edition soll es sein, den handschriftlich überlieferten Text des Burger Landrechts möglichst originalgetreu wiederzugeben, d.h. der Genauigkeit der Textwiedergabe zu genügen, denn die beiden bisher vorliegenden Texteditionen erreichen dieses Ziel nur teilweise.[1] Darüber hinaus sollte aber auch eine bessere Lesbarkeit erzielt werden, um dem Leser den Zugang zur Quelle nicht durch eine fremdartige Schreibweise zu erschweren. Dies bedingte an und für sich eine weitgehende Normalisierung. Was jedoch unter Normalisierung zu verstehen ist bzw. wie weit diese gehen darf, ist lebhaft umstritten.[2] Zu Recht hat F. EBEL darauf hingewiesen, dass die Beantwortung dieser Frage nicht zuletzt vom Benutzerkreis abhängt, an den sich die Textedition wenden will.[3]

Ein solcher dürfte sich für das Burger Landrecht vor allem aus Historikern und Rechtshistorikern zusammensetzen, die zweifelsohne im Lesen handschriftlicher Quellen der vorliegenden Art geübt sind, ist doch der in der Textart vergleichbare Sachsenspiegel seit langem Gegenstand von Forschung und Unterricht. Dies spricht zunächst für eine möglichst buchstaben- und zeichengetreue Wiedergabe des Burger Landrechts, wodurch auch dem wachsenden Interesse der Germanistik an den deutschsprachigen Rechtshandschriften Rechnung getragen würde. Zu bedenken ist ferner, dass einer Edition in nicht zu unterschätzendem Umfang auch Archivierungsfunktion zukommt, wie insbesondere das Schicksal der Magdeburger Schöffensprüche zeigt.

Nichtsdestotrotz wird im folgenden nicht eine diplomatische Umschrift der Burger Handschrift geboten, die einer Faksimilierung gleichkäme, denn schon Markmann und Krause haben mit elf fotografischen Tafeln der Wissenschaft eine Faksimile-Wiedergabe des Burger Landrechts zur Verfügung gestellt.[4] Es galt vielmehr, den Landrechtstext in eine (zitierfähige) Form zu bringen, die einem insbesondere am juristischen Gehalt interessierten Leser eine leichte Lesbarkeit ermöglicht.[5] Die Edition bemüht sich daher um eine buch-

---

1 Zur Kritik an der Edition von Markmann/Krause, s. die Besprechung von Gerhard Buchda: Rezension zu: Das Burger Landrecht, hg. von Fritz Markmann und Paul Krause, in: ZRG GA 60 (1940), S. 377–380, hier 377ff.; und: Das Burger Landrecht, hg. von Fritz MARKMANN und Paul KRAUSE, Stuttgart/Berlin 1938.
2 Vgl. dazu Karl Heinemeyer (Hg.): Richtlinien für die Edition landesgeschichtlicher Quellen, Marburg/Köln 1978.
3 Magdeburger Recht, Band I: Die Rechtssprüche für Niedersachsen (Mitteldeutsche Forschungen 89/I), hg. v. Friedrich Ebel, Köln/Wien 1983, S. XVIII.
4 MARKMANN/KRAUSE: Das Burger Landrecht (wie Anm. 1), nach S. 6.
5 Ganz neue Möglichkeiten einer Textedition bietet der Weg in die elektronische Zukunft. Auf die unumstrittenen Vorteile der digitalen dynamischen Edition auch der deutschen Rechtsbücher des Mittelalters hat insbesondere Munzel-Everling nachdrücklich hingewiesen, Dietlinde Munzel-Everling, Jürgen Feuerstake, Andre Schnaubelt: Vorteile der digitalen dynamischen Edition (DDE) mittelalterlicher Rechtsquellen auf CD-ROM bzw. in online Diensten – dargestellt am Beispiel

stabengetreue Wiedergabe der Burger Handschrift, wobei allerdings gewisse behutsame Eingriffe vorgenommen wurden, die jedoch weder die Sprachform, noch die Struktur oder den Textzusammenhang entscheidend berühren.[6]

So wurde der Text vom äußeren Eindruck her analog zum Erscheinungsbild in der Handschrift wiedergegeben: Absätze, größere Leerstellen und Zeilenumbrüche im Original zogen ebensolche in der Wiedergabe nach sich, wobei auch der zweispaltige Textaufbau der Originalhandschrift beibehalten wurde. Um jedoch das Auffinden und Zitieren einzelner Textstellen des Burger Landrechts zu erleichtern, wurde entgegen der Handschrift jede Textkolonne mit Zeilenzahlen und jede Textseite mit einer Foliozahl versehen, wobei letztere einen Seitenumbruch im Original kenntlich macht. Der häufigste Eingriff, der zugleich eine Interpretationshilfe bieten soll, betrifft die Interpunktion. Während die Handschrift des Burger Landrechts keine Satzzeichen aufweist, liegt der Edition der heutige Schreibgebrauch zugrunde, ohne diesem jedoch sklavisch zu folgen, denn der rhetorisch orientierte Aufbau des Textes sollte Berücksichtigung finden. Ferner wurde entgegen der Handschrift die Großschreibung am Satzanfang und bei Eigennamen (Orts- und Personennamen) durchgeführt, ohne dies kenntlich zu machen. Ein weiterer wichtiger Eingriff in die Handschrift zeigt sich, wenn an dreißig Stellen der Textedition der offensichtlich fehlende erste Buchstabe des jeweiligen Satzanfangs der Originalhandschrift kursiv nachgetragen wird. Darüber hinaus folgt die Orthographie mit wenigen Ausnahmen möglichst buchstabengetreu der Handschrift. Die *u*/*v*-Graphie wurde dahingehend modifiziert, dass *u* allein vokalisch, *v* allein konsonantisch verwendet wird, wohingegen die Verwendung der Kleinbuchstaben *i* und *j* derjenigen der Handschrift entspricht. *W* wurde durch *vu* ersetzt, wenn dies der Lautform entsprach. Die Getrennt- und Zusammenschreibung folgt in aller Regel der Handschrift. Alle Abbreviaturen der Handschrift werden unter Verwendung der üblichen Buchstaben aufgelöst und kursiv gesetzt. Auf zweifelhafte Kürzungen und deren Auflösung weisen entsprechende Anmerkungen im textkritischen Apparat hin. Das gleiche gilt sowohl für Zusätze, die sich in der Handschrift am Rand des Textes befinden, als auch für Streichungen. Die dialekttypischen diakritischen Zeichen werden nicht wiedergegeben. Darüber hinaus wurden offensichtliche Schreibversehen und fehlerhafte Doppelschreibung nicht getilgt, wie auch augenscheinlich vergessene Wörter und Satzteile nicht ergänzt, selbst wenn dies im Einzelfall möglich gewesen wäre.

---

    des Kleinen Kaiserrechts, in: Anwendungen für Kommunikations-Highways: Perspektiven in den neuen Bundesländern, hg. v. Dieter Pötschke und Mathias Weber, Heidelberg 1997, S. 462–469, hier S. 462ff. Pötschke erwartet von einer computergestützten Forschung etwa zu den Textschichten in den Rechtsbüchern neue Erkenntnisse, vgl. Dieter Pötschke: Zum Einsatz von Methoden der Rechtsinformatik in der deutschen Rechtsgeschichtsforschung, in: JGMOD 58(2012), S. 117–135.

6 Die Art der Eingriffe in den Burger Landrechtstext orientiert sich an denjenigen Editionsgrundsätzen, die der Edition der Wolfenbütteler Sachsenspiegelbilderhandschrift zugrundeliegen, vgl. Wolfenbütteler Sachsenspiegel, s. Ruth Schmidt-Wiegand (Hg.): Eike von Repgow Sachsenspiegel. Die Wolfenbütteler Bilderhandschrift Cod. Guelf. 3.1 Aug. 2° Faksimile-Band, Textband und Kommentarband, Berlin 1993, hier Textband, S. 4ff.

fol. 65v

*I*n den namen des vaders,[1]
des sones unde des heiligen
gestes. Tho desseme lantrechte horen ses truwe kneche,
5 dy sevende schal myn here dy biscop sin odder sin truwe bode.
*K*umt eyn maget odder eyn knechet
tu samende, dat gud is half unde
half. Gewynen sy erve, so welek
10 orer lenger levet, dy behaldet dat
gud al. Hebben sy twey kindere,
dry odder mer, dat gud, dat den
kynderen anghevalt, dy wile, dat
dy kindere nicht ghedelet en heb-
15 ben, welk orer stervet, is stervet up
dy anderen. Is et ghedelet, is stervet
up den vader odder up dy muder. Is,
dat eyn udberaden is, dat stervet
up den vader unde up dy muder unde
20 up dy kindere nicht.
*K*umpt eyn knape tu eyner wede-
wen echtlike mid syme knape-
dom, hy behald dat gud half,
oft sy stervet; dy maget mid dem
25 wedewere dat silve.
*E*yn wedewe unde eyn wedewer, komen
sy tu samende. An syme erve
noch an orem erve heft orer
gheyn nicht, id en werde en gegeven. 30
Werd eyn erve gekoft von orer
beyder gude, dat mud men deylen.
Ghewinnen sy eyn erve, so geyt dat
midden entwey.
*M*an unde wif, dy or kindere udge- 35
gheven hebben, is dar eyn kint
inne, wil dy dar udberaden is
mid om deilen, dy schal dy helft
inbringen. Sint dy kindere al
udgegeven mid synen erve. Be- 40
sitted dy man odder dy frowe, al
dy wile dat sy nich vuen, farende gud odder kopenscapft, alle
frowen kleydere, dy mud man deylen,
sunder dy kleydere, dar sy des wer- 45
keldages mede tu der kerken
geyt unde tu den stoven. Schap, perde
unde kuge unde allet, dat dar is,
dat schal man deylen.
*K*umpt eyn knecht unde eyn maget 50
tu samen, dat gud is half unde half;
stervet dy knecht ane erve, dat
gud is half der frowen unde half
der frund. Is, dat sy erve gewinnen, dat dy wende beschrihet, ster- 55
vet dy man, dy frowe behaldet
dat gud tu male. Is, dat eyn

---

[1] Über dem eigentlichen Handschrifttext stehen die Worte: *assis propicia virgo maria mater*. Am Rand der ersten Textspalte ist ferner zu lesen: *Burges lantrecht hevet hir an.* Das Schriftbild deutet darauf hin, dass zumindest letzterer Satz zeitgleich mit dem übrigen Rechtstext niedergeschrieben worden ist.

Text des Burger Landrechts nach der Originalhandschrift

fol. 66r

frowe stervet, dy man behaldet dat gud tu male. Is, dat en man stervet, dy frowe mach wol vormunder orer kindere werden, dy wile, dat sy ane man blivet. Stervet der kinder eyn, dy wile, dat sy mid der muder nicht gedeilet hebben, so stervet dat gud up dy muder, unde nicht up dy kindere. Is, dat sy ghedeylet hebben or gud mid der muder unde dy kindere or gud tu samen hebben in eyn ghesament gud, so stervet dat van eynen kinde up dat andere unde nicht up dy muder.   Were, dat eyn frowe storve odder eyn man, dy kindere scholden dat erve upnemen unde kindeskint nicht. Weren sustere unde brudere, storve orer eyn, unde hedden sy eyn halven bruder, dy scholde deil nemen gelich den halven[2] rechten brudere. Were, dat eyn weddewe unde eyn wedewer tu samen quemen, kumpt dy wedewe in des wedeweres hof unde stervet dy wedewer, dy wedewe schal udfuren, wat sy inbracht heft witlike. Heft sy inbracht kuge, scap odder perde, is, daz dat ve stervet odder gerovet werdet, so mut dy wedewe des untberen. Is, dat sy des wullenkomen maach also dat recht is, dat si dat witlike inbracht heft, so is sy des neher tu beholden med twen man, dy dar over gewesen sint, dar dat gud ghelovet is, is dat gud geduret up twintich punt odder mer.   Were, dat kinderen gud angestorven wire, der kindere weren vire odder vife, dat eyne kind, dat trede vor unde vorgeve dat gud vor richter und vor schepen unde ghewerde des gudes iar unde dach, dy kindere muchten nymmer tu deme gude komen, dat sy denne so, dat sy buten lande syn odder gevangen sin odder vervested sin. Weren kindere, dy nicht mundich en weren, dy scholen eynen vormunder kisen, dar mede scholen sy ores gudes vortigen. Were, dat eyn man storve, dy wile, dat dy kyndere nicht witlike mid der muder gedelet hebben, storve der kindere enich, dat gud storve up dy muder unde nicht

---

2 Das Wort *halven* ist in der Handschrift expunktiert (gelöscht).

fol. 66v

up dy kindere. Ist, dat dy kindere gede-
delet hebben wittlike von der muder vor schepen unde vor gerichte,
storve denne der kindere eyn, so storve
dat gut up dy kindere unde nicht up
dy muder.   Al vorstorven gut tu
delen, dat schal stan wante tu dem
drittigesten, so schal man dat gut
deylen unde anderes nicht, et en sy, dat
men dat vorwilkore. Di wile, dat
dat gut nicht gedeilet is, so mach
man mede tu musedele gan.
Were eyn man odder eyn wif, dy sik
legen, dy en mach neyn gut vorgeven, dy wile, dat sy nicht gan odder
stan, ane der erven wille, wen dat
mit der hant van den bedde langen
mach. Men schal ok en ghen
gut von der were bringen also
lange, wente dy sike genese odder
ane der erven willekor.
Were, dat eyn keveskint were unde
hedde dat keveskint gut, storve dat keveskint unde levede
dy muder, der muder storve dat
gut an tu rechte; dat gud storve wedder in den bussem wan
dy muder em en mach neyn keveskint maken. Keveskindere
hebben eyn geyn deil an der muder
gud noch an des vaders. Keveskindere mogen eyn geynen tuch
furen, vnde neyn richer mach tu-
gen, sunder dy schepen. Een richer
mach neynen man mid tuge
beclagen.
Were, dat eyn man gud hedde, hus
unde hof, hedde dar eyn ander
man schap odder ve up witlike,
welkerleye gut dat were, bekan-
des genne, dy up den gude were,
dat et des manes were unde up den
den gude gedan hedde, were, dat
syn wif storve, des dat hus unde
were, unde quemen dy frunt unde
wolden dat gut delen, genne,
dy dat ve up deme hove gedan
hedde, dy were dar neher tu behalden, wen genner frowen frunt
ome tu entfernede si.
Queme eyn knecht unde eyn maget
tu samende unde wunnen sy kindere
unde storve dy frowe unde hedde
hof unde hufen unde weren dar
perde, scap unde ve, dar were
half des vaderes unde half der

kindere. Dy kindere, dy sitten mid oreme vadere tu scaden unde tu fromen. Dy vader neme eyn ander wif, dat wif, dat storve, dy
5 kindere scholen ir gut hebben tuvoren ut deme, dat orer muder gewesen is; dat sy hufen odder ve, perde odder schap, wat gut dat et is, dat den kin-
10 derent von orer muder angestorven is, dat scholen sy tuvoren ud nemen; dat andere, dat scholen dy frunt deylen mid deme vadere unde der kindere
15 gut nicht.
Swen dy voget dingen wil vor der stad tu Borch inme lantrechte, so schal hy sin dink dry dage tu vorn
20 kundigen laten. Wy dar nicht en queme, dy dinkplichtich is, dy weddet dry schillinge, hy ne moge sik des benemen also eyn recht is. Dy sche-
25 pen ne dorfen nymende dink sitthen wen des bischopes vogede. So schal hy dy schepen up dy bank biden, eyn werf, ander werf, dridde werf, also recht is. Welk schepen darna stunde, dy muste wedden, dat hy nicht sitthen gink up dy bank. Worde den schepen eynes ordeiles gefraget, dy dat schulde, dy schepen scholden dat in unser heren kameren halen. Swy eyn ordel schelden wil, dy schal den schepen von der eschen med synen vorspreken. Hy schal spreken also: »Her richter, wil gy Hinriks word horen? Here, her richter, hy biddet iu, dat gy willen Korde von der bank eschen laten. Here, her richter, wil gy horen, war umme hy von der bank geeschet is? Here, her richter, eyn unrecht ordel heft hy myme heren unde deme lande vunden, dat scheldet Hinrik unde ik von syner wegen unde sta up der stede und vinde eyn rechter, unde vinde iu, dat dit eyn rechter sy, und berupe my des vor dy schepen, dy dat recht utgeven inme lande unde bidde der boden.«

fol. 67v

Binnen deme ordel also dat ordel
gefristed wert, so scholen dy schepen eynen ordel inbringen, dat
tu der sake tred.

5 Schuldiget eyn man den anderen,
dat hy on geslagen hebbe, vor
den richter mach hy des vulkomen
med seven schepen unde mid
eyme belenden richtere.

10 Eyn ordel schal eyn schepen
sittene vinden. Dy gene, dy dat
schildet, dy schal stan unde schal
schelden dat ordel unvorwan-
deldes vutes; dat is, dat hy nicht

15 von der stede gan schal, hy en
hebbe dat geschulden unde eyn
rechter ordel gevunden.
Wert eyn man
beclaget umme slege ane blut,

20 bekennet hy des, so weddet hy
deme richtere dri schillinge, deme
klegere syne bute twe schillinge.
Wert eyn man gheslagen mid
stocken odder mid fusten, blau

25 odder brun, beclaget hy den
mid geruchte, bekennet hy
des, so weddet hy deme richtere
dry schillinge, deme sakweldigen
drittich schillinge. Ist, dat hy der 30
sclege vorsaken wil unde seyt
sich unschuldich, hy is om neher
tu untgande med syner unschult,
wan ome dy cleger over tu gande.
Alle klage, dy eyn man dut, dy 35
is men neher tu untgande, wen eynnch
man up on tu bringende; ane hant-
haftige dat, dy is me neher over
tu gande, wen hy tu untgande.
Is hy begrepen umme eynen dod- 40
slach, hy mut wedden den hals;
umme dy wunde dy hant.
Swe rovet, wert hy vorbracht
med deme rove, man schal richten,
alse recht is, over synen hals; 45
umme dy dufchte dy wedde;
umme den mort unde mortbrant
dat rad; ume falch dy kupe.
Alle, dat eyn man stelet by
nachte, is et ses penninge wert, 50
men schal ne hengen. Is, dat
hy stelet by dage, so mud dat[3]
driger schillinge wert wesen.
Eynen besproken man, den mach
man hengen mid ses penningen. 55

---

3   Im Original ist an dieser Stelle *hy* gestrichen und *dat* darübergesetzt.

fol. 68r

Eyn man, dy geclaget heft,
side odder hoch, dy mach syne clage wol verbuten mid syme gewedde. Thut eyn man eyn swert,
dat⁴ schal hy lecgen in eyme hegeden
dinge, alse recht is.   Wundet
eyn man den anderen, wert he beclaget, men schal eyn clagen over de
nacht; wil hy vorkomen, hy is neher
tu untgande, wen hy over tu gan.
Is dy clage vernachtet, so schal
hy klagen dri virteynnacht, so
schal im richten, oft genne nicht
vor en kumpt.   Wert eyn man
begrepen, dy den anderen gewundet
heft, binnen der hanthaftigen
dat, den schal men dat swert odder
dat messer in dy hant behalden
unde schal on so vor gerichte bringen unde schal on den richtere antwerden; dy richter schal on des anderen dages tu gerichte bringen
unde schal on den deme sakweldigen wedder antwerden, alse
recht is. Weret also, dat dy
richter on nicht wedder antwerde,
alse recht is, hy schal dar umme
wedden dem hogesten heren syn
gewedde und deme klegere syne
bothe, dat is eynes manns wergeld; umme dy wunde, dy kampverdich
is, negen pund; umme den dotslach
achteyn pund.
Efte eyn man den anderen gewunt heft
unde lat hy sik borgen unde en kumpt
hy nicht vor tu deme hegeden
dinge, dy on geborget heft schal
on vorbringe. Bringet hy den
man nicht vor, den hy borget
heft, hy mud dar umme wedden
dem richtere syn gewedde unde dem
sakweldigen syne bothe; ist umme
eyne wunde negen pund, ist umme
den dotslach achteyn pund. Bringet
hy on vor, so is hy ledich.
Dy voget heft dry botding, so
schal on dy burmester dy cost geven.
Swi den voget in dat dorp ladet,
dy schal om dy cost geven. Ist, dat
eyn man den anderen beclaget, bekennet hy on unde et heft hy neyn
erve, hy schal em wis maken;
heft hy neynen borgen, hy schal
silven borge syn; men schal en
dem sakweldigen antwerden;
dy schal on behalden, oft hy

---

4 Am Rand nachgetragen.

fol. 68v

beseten is dar tu. Ist hy nicht beseten, hy schal wis maken, dat
hy den man wedder antwerde; hye
schal on wedder antwerden gesunt;
5 hy schal on halden nicht tu heyt
unde nicht tu kalt unde nicht vor-
hungeren noch vorsmachten unde
ouch nicht lemen; hy schal on holden glik syme degeliken gesinde.
10 Were, dat hy des nicht en dede, hy
muste dar umme liden, dat eyn rechet
were. Were, dat hy storve, eynes
mannes weregelt achteyn pund; wiere,
dat hy gelemet worde, negen
15 pund; wiere, dat hy gekrenket were
an syme live, drittich schillinge;
untlipe hy ome, hy muste dar
umme wedden den richter dry schillinge, synen frunden achteyn punt.
20 Were, dat hy on wedder vorbrechthe[5]
unde wolde dat beholden mid
synen rechte, dat hy on geholden
hedde, alse hy von rechte scholde, me en mach en nicht naher.
25 Worde eyn man beklaget unde vor-
sakede hy om unde is nicht besethen unde hed ok neyne borgen,
dy richter schal on behalden un
dy scholen bewaren. Wynnen dy bur
lude dar tu, dy bur scholen den
luten lonen gemeyne; wert, dat hy
one untlipe, dy bure scholen dar
umme wedden.   Kumpt eyn
man tu dinge nicht, hy mut dar
umme wedden dry schilling. Dry
wedde mach eyn man wedden unde
nicht mer, so mut dat dy richter
ud panden.
Heft eyn man den anderen lant
afgeeret, dat schal beleyden,
alse dat recht is, mid den richtere
unde mid den schepen; mach hy
om des over gan mid seven schepen unde mid eme belenden richtere,
hy schal dar umme wedden dem richtere
syn gewedde dry schillinge, dem
sakweldigen syne buthe drittich schillinge. Wert, dat eyn-
neme manne gud gegeven
worde vor den schepen un vor
den richter unde eyn frede dar-
over gewarcht worde unde dat
iar unde dach beseten hedde,
dat ist hy neher tu beholden,
wan on enich man tu unt-
fernede si.

---

5 Unsichere Lesung.

fol. 69r

Were, dat bur land odder eynn
wisch hedden, dy bur, dy dat
in orer weren hetten iar unde
dach an rechte ansprake,
5 des sint sy neher tu behalden
mit orme rechte, wen on
dat enich man untfernende
is. Were, dat dy bur algemey-
ne up eynen man klageden,
10 dat dy bur gemeynlik anginge,
dar en muchten dy bur en
ghein ordel vinden tu rechte,
wen dy sake on silven antred.
Were, dat eyn man hedde gud,
15 land odder wische, dat bure
gemeyne spreken, dat dat
ore were, heft dat eyn man an
syner were ghehad drittich
iar unde eyn iar unde ses weken
20 ane rechte ansprake⁶, so is is dar
neher tu beholdene, wen dy
bur om tu untfernede.
Were, dat hy des nicht vulkomen en muchte, also dat
25 recht is, so wernt dy bur
neher tu beholdene, wen on
dat enich man tu untfer-
nende.

Oft eyn man den anderen ghewunt 30
heft, lat hy sich borgen unde
kumpt hy nicht vor tu den ge-
hegeden dinge, dy on geborget heft, dy schal on vorbringen tu dinge; brochte hy 35
on nicht vor, hy mut dar
umme wedden den richter syn
gewedde un den sakweldigen
syne buthe, dat ist eynes mannes wergelt achteyn punt. 40
Bringet hy on vor, so ist hy⁷ le
ledich, also dat recht is, so
schal hy ome untgant silf
sevende up den hiligen. Ist,
dat eyn man den anderen ge- 45
wunt heft unde wert hy begrepen in der hanthaftigen dat
unde wert he vor gerichte gebracht
mid den messere odder mid den
swerde, dat schal in dy hant 50
hebben, so schal hy clagen mid
synen geruchte over synen fre-
debreker, dy den frede an on
gebroken heft. Ist, dat hy
eme dach gift den mordere, 55
so schal hy den morder antwerden dem richtere unde schal

---

6 So dürfte aufzulösen sein.
7 So ist wohl aufzulösen.

fol. 69v

des tu deme richtere syn. So schal dy richter sik wis laten maken, dat dy borgen on vorbringen, also si on geborget hebben.

Geve eyn man den anderen eyn erve odder lant, des hy ome nicht weren en muchte und dat syne nicht en were, dy richter scholde deme gebiden, dat hy om gewerde iar unde dach. Kumpt ymant unde weddersprikt dy gift, dy recht tu deme gude heft, gene, dy dat gud vorgeven heft tu unrechte, dy mut dar umme wedden deme richtere syn gewedde dri schillinge tu iowelken gedinge in deme iare unde deme sakweldigen drittich schillinge, dat hy om nicht geweret heft.

Wilkore brekt alle recht vor schepen unde vor gerichte. Were eyn man gevangen odder buten landes odder vorvestet, dy ne mach syn gud nicht vorsumen binnen iar unde binnen dage; hy mach syn gud wol anspreken tu rechte, wen hy dat behalden wil alse recht is, dat id eme recht nod benomen heft.

Were eyn man vervestet in syner yegen node, dar hy hus sethe is, dy en is nicht dingplichtich, willen on dy heren rechtes staden. Ist, dat eyn man bedevard getogen is odder buthen landes is odder yn water nod, dy en syn nicht dingplichtich, des sy dat bewisen, alse recht is, dat on echte nod hebbe benomen; dar schal nymand umme wedden. Were en man besethen buthe landes, hy en wire nicht digplichtich, willen on dy heren rechtes stan. Were, dat eyn man den anderen land odder gud afgekoft hedde, muchte hy des vulkomen mid synen likcops luden, dy den lickop gedrunken hedden, dat hy on dat gut rechtlike unde redelike afgekoft hedde, hy wire dar neher tu behaldene mid synen lickops luden, wen en genne tu entfernen. Were, dat genne dat gud nicht laten en wolde, dat gud scholde hy on avghewinnen, also recht were, mid synen lickops luden up den hiligen. Were, dat dy lickops lude on nicht

fol. 70r

helpen wolden tu synen rechte,
sye musten dat up den hiligen
sweren, dat sy den lickop nicht
gedrunken hedden un*de* dy lic-
5 kop nicht geschin en were.
We*re*, dat hy on dat gud nicht
rumen ne wolde, den hy en afgekoft hedde, dat schal hy on
afwinnen tu drin dingen; tu
10 deme irsten dinge so schal hy
don eyne klage deme richt*ere*,
dat hy eyn gud gekoft hebbe
rechtike un*de* redelike un*de* on dat
nich rumen wil un*de* bidde dar u*m*[8]
15 rechtes dorch syn*er* klage wille
un*de* bidde deme richt*ere*, dat hy
vragen eynes rechten ordeles,
wat dar eyn recht u*m*me is, dat
hy om nicht en wil volgen la-
20 ten den kop. Hy schal dar umme
wedden deme richt*er* dri schillinge, deme cleg*ere* drittich schillinge,
dat hy on dat gud nicht geru-
met hef, dat hy mid rechte ge-
25 wu*nn*en[9] heft. Dy clage schal
hy dun tu den anden dinge; ru-
met hy on nicht, so schal hy echt
dar u*m*me wedden; dat silve tu
den dridden dinge; so wint aver
30 dy richt*er* syn gewedde un*de* dy cleger dy buthe. So schal dy
cleg*er* vragen eynen rechten ordels,
oft on dy richter un*de* dy schepen
des gudes icht weldigen scholen.
35 So scholen sy on tu rechte weldigen des gudes. Dy richter un*de*
dy schepen scholen treden in den
hof un*de* in dat hus un*de* scholen nemen syne stule un*de* al syn bur-
40 rat un*de* dragen dat up dy strate
un*de* scholen gennen in dat hus un*de*
in den hof weldigen un*de* genes
pluch ud der vore nemen un*de* synen
dar in setten. Di richt*er* schal om wer-
45 ken der heren frede un*de* des landes,
dat den nymat enbreke, hy du
et mid r*e*chte; we*re* dat gud angre-
pe, men scholden upholden vor eynen
rover un*de* scholde in sin recht dun.
50 Welk man den anderen wundet up
den kop boven den ogen want in
den nacken, schal dy wu*n*de kampverdich syn, sy mut dorch den
knoke wesen, so is dy wu*n*de kamp-
55 verdich un*de* anders nicht, dat en
sy, dat dy wu*n*de in den slap sy odd*er*
dor dy wange odd*er* dy nese af
odd*er* dat oge ut.
*E*yn kampv*er*dich wunde, dy

---

8 So dürfte aufzulösen sein.
9 Am Anfang der Zeile steht ein *m*, das gestrichen worden ist.

fol. 70v

Eyn kampverdich wunde dy schal wesen nagel dip unde ledes lang. Dy wunden scholen dy schepen besyn. Dy wunde schal man meten mid eyme vulkomen lede an den middelsten vinger unde mid eme vulkomen nagele; so scholen dy schepen dy wunde meten, oft on dar an twivelt.

Schuldeghet iuk dy Rat-[10] nne so antwerdet alsus dar to.[11]
Dy wort sprak ik in rades wyse, dun ik tu deme rade vorbodet was unde dede dat der stad tho eren unde den ghemeynen borgheren thu ghemake unde dorch rechtes willen. Wan my recht unde erlik duchte, dat man neynen manne doden scholde, man dede dat met rechte. Hebbe ik hir an ghebroken, so wil ik buten na rechte, wu dy schepen thu Meydeburch dat erscheyden.

Oft andere borgere in schuldigen, so antwerdet alsus dar to.[12]
Dy wort sprak ik in rades wise, dun ik tu deme rade vorbodet was, also ok meyr beddderne lude dar gheladen weren, unde hope, ik hebbe iegen neynen manne dar an gebroken, unde si en vorder nicht plichtich dar umme tu antwerdene. Unde berope my des an dy schepen tu Meydeborch, ofte ik van rechte gyk antwerden schole oder nicht.

---

10 Mit dieser Zeile beginnt ein neuer, nicht zum Burger Landrecht gehörender Text wie schon das Schriftbild der Handschrift zeigt.
11 Von *schuldeghet* bis *dar to* rote Schrift.
12 Von *oft* bis *dar to* rote Schrift.

Text des Burger Landrechts nach der Originalhandschrift

Übersetzung des Burger Landrechtes aus dem 14. Jahrhundert

Dieter Pötschke, Keno Zimmer, Jörn Weinert

Vorbemerkung

Im Kern handelt es sich hier um die Übersetzung, die Markmann und Krause mit Unterstützung von Karl Bischoff, Magdeburg, dem Bearbeiter des Ostfälischen Wörterbuches, vorgelegt haben.[1] Sie hatten die ursprünglich von George Adalbert von Mülverstedt bereits 1867 veröffentlichte Übersetzung[2] nach ihrer Auffassung in einigen Punkten berichtigt. Nach der Dissertation von Zimmer[3] über das Burger Landrecht und weiterer Überlegungen durch die genannten Mitautoren machte sich die Neuübersetzung einiger Passagen erforderlich, die hier berücksichtigt sind.

Bisher konnten nicht alle Probleme zum Burger Landrecht gelöst werden. Genannt seien hier nur die genaue Datierung der Entstehung (nicht der Niederschrift!), die Frage nach dem Verhältnis zum Magdeburger Schöppenstuhl (der heren kameren), das Verhältnis zum Lindower und Schartauer Recht oder das Verhältnis zum – nur in einem Textfragment überlieferten – Stadtrecht von Burg, die in den in diesem Band vorgelegten Aufsätzen behandelt werden.

Mit dem weiteren Fortschritt der Forschungen zum Burger Landrecht wird sich die Notwendigkeit erweisen, einige Stellen neu zu übersetzen. In diesem Sinne handelt es sich bei der hier vorgelegten Übersetzung um einen Zwischenstufe im Sinne einer »digitalen dynamischen Edition«, die in der Zeit moderner elektronischer Speichermedien fortgeschrieben werden kann.[4]

Wir wollen aber den Bürgern aus Burg und Umgebung die Möglichkeit geben, den Sinn des Landrechtstextes zu erfassen, zumal in Burg heute kaum mehr Niederdeutsch gesprochen wird. Wen der Text und damit die hier im 14. Jahrhundert benutzte Sprache genauer interessiert, der möge parallel dazu das von Dr. Zimmer angelegte Wörterbuch (Glossar der Rechtswörter, S. 335ff. in seiner Dissertation) benutzen, auf dessen Abdruck wir aus Platzgründen hier leider verzichten mussten.

---

1 Fritz Markmann, Paul Krause: Das Burger Landrecht, Berlin (o.J. 1938).
2 Georg Adalbert von Mülverstedt: Das Landrecht von Burg, in: Neue Mittheilungen aus dem Gebiete historisch antiquarischer Forschungen 11 (1867), S. 159ff.
3 Keno Zimmer: Das Burger Landrecht. Ein spätmittelalterliches Rechtsbuch aus dem Kernland des Sachsenspiegels (= Studien zur Landesgeschichte, Bd. 8), Halle (Saale) 2003.
4 Dieter Pötschke, Jürgen Feuerstake, Dietlinde Munzel-Everling: Überlegungen zu künftigen Standards der digitalen dynamischen Edition von mittelalterlichen deutschen Rechtsbüchern, in: Computer und Geschichte 2(1995): Neue Methoden für die digitale dynamische Edition historischer Texte (= Neue Anwendungen der Informations- und Kommunikationstechnologien im Land Brandenburg Bd. 5, 1995), hg. v. D. Pötschke. Potsdam 1995, S. 107–117.

Notabene, Uraltes und wahrhaftes Exemplar des Sächsischen Weichbildes und Lehnrechtes und des Burger Landrechtes, welches auf den sechs letzten Blättern dieses Exemplars geschrieben steht, und lautet der Titel folgendermaßen:

[Blatt 1 = Innenseite des Deckels der Handschrift]

Burger Landrecht beginnt hier. Hilf, gnädige Jungfrau Mutter Maria. In dem Namen des Vaters, des Sohnes und des Heiligen Geistes. Zu diesem Landrecht gehören usw.

Wegen würdigen Alters ist dieses Exemplar besonderen Schutzes wert und für uns wie für die Nachkommen treulich zu bewahren.

Hilf, gnädige Jungfrau Mutter Maria. Burger Landrecht beginnt hier. In dem Namen des Vaters, des Sohnes und des Heiligen Geistes.

[Blatt 2 = fol. 65 verso] Kol. 1

Zu diesem Landrecht gehören sechs treue Ritter, der Siebente soll mein Herr, der Bischof, sein oder sein treuer Bote.

Kommen eine Jungfrau oder eine Junggeselle ehelich zusammen, so geht das Gut in zwei gleiche Hälften. Gewinnen sie Erbe, welcher von ihnen länger lebt, der behält das gesamte Gut. Haben sie zwei, drei oder mehr Kinder, so vererbt sich das Gut, das den Kindern gehört, wenn eines von ihnen stirbt, auf die anderen, sofern die Kinder es nicht geteilt haben. Ist es geteilt, so vererbt es sich durch Todesfall auf den Vater oder auf die Mutter. Ist es der Fall, dass eines ausgesteuert ist, so vererbt es sich durch Todesfall auf den Vater und auf die Mutter, und nicht auf die Kinder.

Kommt ein Junggeselle zu einer Witwe ehelich[5] mit seinem Junggesellentum, so behält er das Gut halb, falls sie stirbt. Die Jungfrau macht bei dem Witwer dasselbe.

Kommen eine Witwe und ein Witwer ehelich zusammen, so hat keiner von ihnen, weder sie an seinem noch er an ihrem Erbe Anteil, es sei denn, dass es ihnen gegeben wird. Wird ein Erbe gekauft von ihrer beider Gut, so muss man es teilen. Gewinnen sie ein Erbe, so geht das mitten entzwei.

Kol. 2

Haben Mann und Frau ihre Kinder ausgesteuert und ein Kind ist dabei, will dieses, sofern es ausgesteuert ist, mit ihnen teilen, so soll es die Hälfte einbringen. Sind alle Kinder ausgesteuert mit ihrem Erbe.[6] Besitzt der Mann oder die Frau, weil sie nicht Ackerbau treiben[7], fahrende Habe oder Kaufmannschaft, so muss man alle Frauenkleider teilen, außer den Kleidern, mit

---

5 »echtlike« hat im mnd. zwei Bedeutungen: 1. gesetzlich, rechtlich 2. ehelich. Letztere Bedeutung z.B. »die elike unde echtlike to zamene komen sin« nach SspLR. I 3 § 3 (DRW Hs. 1369); auch »he is … min man echtelike, ic hebbe bi eme lieve kindere.« SächsWChr. 164.
6 Hier dürfte etwas fehlen, wie schon Mülverstedt (wie Anm. 2), S. 162, Z. 10 bemerkt.
7 Vgl. die Anm. 13 zum Urtext. Hinter »vuen«, welches »Ackerbau treiben« bedeutet, muss ein Komma stehen, da »farende gut odder kopenscaft« zu dem Verbum des Bedingungssatzes »besitted« gehören.

Übersetzung des Burger Landrechtes aus dem 14. Jahrhundert

denen sie werktags zur Kirche geht und zur Badestube.[8] Schafe, Pferde und Kühe und alles was dort vorhanden ist, das soll man teilen.

Kommen ein Junggeselle und eine Jungfrau ehelich zusammen, so geht das Gut in zwei gleiche Hälften; stirbt der Junggeselle ohne Erben, so gehört das Gut halb der Frau und halb den Verwandten. Gewinnen sie einen Erben, der die Wände beschreit[9], stirbt dann der Mann, so behält die Frau das Gut insgesamt.

[Blatt 3 = fol. 66] Kol. 1

Wenn eine // Frau stirbt, so behält der Mann das gesamte Gut. Tritt der Fall ein, dass ein Mann stirbt, so kann die Frau Vormund ihrer Kinder werden, sofern sie ohne Mann bleibt. Stirbt eines der Kinder, ohne dass sie mit der Mutter geteilt haben, so vererbt sich das Gut auf die Mutter und nicht auf die Kinder. Haben sie aber ihr Gut mit der Mutter geteilt, und die Kinder besitzen ihr Gut zusammen als ein gemeinsames Gut, so vererbt sich das Gut von einem Kind auf das andere und nicht auf die Mutter. Wäre es der Fall, dass eine Frau stirbt oder ein Mann, so sollen die Kinder das Erbe an sich nehmen, Kindeskinder aber nicht. Wären es Schwester und Bruder, und einer von ihnen stirbt, und hätten sie einen Halbbruder, so soll der teilen gleich dem rechten Bruder. Wäre es der Fall, dass eine Witwe und ein Witwer ehelich zusammen kämen, und kommt die Witwe in des Witwers Hof, und stirbt der Witwer, so soll die Witwe fortführen, was sie offenkundig eingebracht hat. Hat sie Kühe, Schafe oder Pferde eingebracht, geschieht es,

Kol. 2

dass das Vieh stirbt oder geraubt wird, so muss die Witwe darauf verzichten. Geschieht es, dass sie das zu beweisen vermag, wie es Recht ist, dass sie es offenkundig eingebracht hat, so ist sie näher daran, es zu behalten, mit zwei Mann, die dabei gewesen sind, als das Gut versprochen wurde, wenn das Gut auf einen Wert von zwanzig Pfund oder mehr geschätzt wird. Wäre es der Fall, dass Kinder das Gut durch Todesfall erbten, und es wären vier oder fünf Kinder, das eine Kind trete vor und veräußerte das Gut vor Richter und Schöffen und leistete für das Gut Gewähr Jahr und Tag, so sollen die Kinder nimmermehr zu dem Gut kommen, es sei denn, dass sie außer Landes oder gefangen oder verfestet wären.

[Blatt 4 = fol. 66 verso] Kol. 1

Wären Kinder vorhanden, die nicht mündig wären, die sollen einen Vormund wählen, mit dem sie sich ihres Gutes begeben sollen. Wäre es der Fall, dass ein Mann stürbe, während die Kinder nicht offenkundig mit der Mutter geteilt haben, stürbe eines der Kinder, so vererbt sich das Gut auf die Mutter und nicht // auf die Kinder. Ist es der Fall, dass die Kinder offenkundig mit

---

8 Wahrscheinlich ist hier die »Badestube«, nicht einfach die Wohnung gemeint, was keinen Sinn gäbe. Vgl. Schiller-Lübben, Mittelniederdeutsches Wörterbuch (1878) unter »stove«.

9 Dieser Phraseologismus meint, dass der Erbe als lebend Geborener wahrgenommen wurde, vgl. hierzu auch Sachsenspiegel Lnr. 20, 1.

der Mutter geteilt haben vor Schöffen und vor Gericht, stürbe dann eins der Kinder, so vererbte sich das Gut auf die Kinder und nicht auf die Mutter. Alles durch Todesfall ledige Gut zu teilen, das soll aufgeschoben werden bis auf den dreißigsten Tag (nach dem Tod), dann soll man das Gut teilen und nicht anders, es sei denn, dass man darauf freiwillig Verzicht leistet; solange als das Gut nicht geteilt ist, so mag man damit zu Musteil gehen.

Wenn ein Mann oder ein Weib sich krank hinlegen, der vermag kein Gut zu veräußern ohne der Erben Willen, solange sie (die Erkrankten) nicht gehen oder stehen, außer jenes, das man mit der Hand vom Bett aus zu erreichen vermag. Man soll auch kein Gut von dem Besitz bringen, bis der Sieche genesen ist, oder ohne der Erben Einwilligung.

Wäre ein Kebskind[10] vorhanden, und hätte das Kebskind Gut, stürbe das Kebskind und lebte die Mutter, dann vererbt sich das Gut auf die Mutter zu Recht. Das Gut vererbt sich wieder auf die Verwandtschaft, wenn die Mutter ihm nicht ein / Kebskind zu schenken vermag. Kebskinder haben keinen Anteil an der Mutter noch an des Vaters Gut. Kebskinder vermögen keinen Zeugenbeweis zu führen, und kein Richter vermag Zeugnis abzulegen, außer den Schöffen. Ein Richter kann keinen Mann mit Zeugenbeweis beklagen. Kol. 2

Wäre es der Fall, dass ein Mann Gut hätte, Haus und Hof, hätte ein anderer Mann nachweislich Schafe oder Vieh darauf, welches Gut es auch immer sei, bezeugte jener, der auf dem Gut wäre, dass es dem Manne gehöre, und dass er es auf das Gut getan hätte, geschehe es, dass sein Weib, dem das Haus und [der Hof][11] gehören, stürbe, und kämen die Verwandten und wollten das Gut teilen, so wäre derjenige, der das Vieh auf den Hof getan hätte, näher daran, es zu behalten als die Verwandten jener Frau, es ihm zu nehmen.

Kämen ein Junggeselle und eine Jungfrau ehelich zusammen, und erhielten sie Kinder, und stürbe die Frau und hätte Hof und Hufen, und wären dort Pferde, Schafe und Vieh, das gehörte halb dem Vater und halb den // Kindern. Die Kinder, die besitzen es mit ihrem Vater zum Schaden und zum Nutzen. Nähme der Vater ein anderes Weib, und das Weib stürbe, so sollen die Kinder ihr Gut zuvor erhalten von dem, was ihrer Mutter gewesen ist, es seien Hufen oder Vieh, Pferde oder Schafe. Alles Gut, was es auch sein mag, das den Kindern durch den Tod der Mutter zugefallen ist, das sollen sie zuvor wegnehmen, das andere soll die Verwandtschaft teilen mit dem Vater, aber der Kinder Gut nicht. [Blatt 5 = fol. 67] Kol. 1

Wenn der Vogt dingen will vor der Stadt zu Burg im Landrecht, so soll er sein Ding drei Tage zuvor ankündigen lassen. Derjenige der dingpflichtig

---

10 Mit einer außerehelichen Geliebten eines verheirateten Mannes gezeugtes neben- beziehungsweise uneheliches und damit nicht in volles Recht geborener Kind im Gegensatz zu ehelichen Kindern.
11 Hier ist vermutlich »der Hof« zu ergänzen; vgl. die Anmerkung 28 zum Urtext.

Übersetzung des Burger Landrechtes aus dem 14. Jahrhundert

ist und nicht käme, der büßt mit drei Schillingen, es sei denn, er könnte sich dessen entziehen, wie es ein Recht ist.[12] Die Schöffen dürfen in niemandes Ding sitzen als in dem, das des Bischofs Vogt abhält. So soll er die Schöffen auf die Bank bitten, einmal, / zweimal, dreimal, wie es Recht ist. Welcher Schöffe danach noch stünde, der müsste Buße leisten, weil er nicht rechtzeitig auf der Bank saß. Würden Schöffen eines Urteils gefragt, und bleiben sie es schuldig, so sollen die Schöffen es in unserer Herren Kammer[13] einholen. Jeder, der ein Urteil schelten will, der soll den Schöffen (der es fand) von der [Gerichtsbank][14] heischen durch seinen Vorsprecher. Er soll so sprechen: Herr Richter, wollt ihr Hinrichs Wort hören? Höre, Herr Richter, er bittet euch, dass ihr Korde von der Bank heischen lassen wollt. Höre, Herr Richter, wollt ihr hören, warum er von der Bank geheischt ist? Höre, Herr Richter, ein unrechtes Urteil hat er meinem Herren und dem Lande gefunden, das schilt Hinrik und ich seinetwegen, und er stehe auf der Stelle und finde ein gerechteres Urteil, und finde auch, dass dies ein gerechteres Urteil sei; und er rufe mich deswegen vor die Schöffen, die das Recht sprechen im Lande, und bitte um die Boten. //

Wird binnen dem Urteil der Urteilsspruch vertagt, so sollen die Schöffen kein Urteil finden, das die Rechtsangelegenheit betrifft. Beschuldigt ein Mann den andern, dass er ihn geschlagen hätte, vor dem Richter, soll er es beweisen mit sieben Schöffen und mit einem belehnten Richter.

Ein Urteil soll ein Schöffe sitzend finden, derjenige, der es schilt, der soll stehen und soll das Urteil schelten stehenden Fußes, das heißt, dass er nicht von der Stelle gehen soll, es sei denn, dass er es gescholten und ein gerechteres Urteil gefunden hat.

Wird ein Mann beklagt wegen Schlägen ohne Blut, bekennt er das, so büßt er dem Richter drei Schillinge, dem Kläger leistet er Buße mit zwei Schillingen.

Wird ein Mann geschlagen mit Stöcken oder mit Fäusten blau oder braun, beklagt er den mit Gerüfte, bekennt er das, so büßt er dem Richter / drei Schillinge, dem Kläger dreißig Schillinge. Geschieht es, dass er die Schläge ableugnen will und erklärt sich für unschuldig, so ist er näher daran, sich zu reinigen mit seiner Unschuld, als dass ihn der Kläger überführen könnte. Alle Klagen, die ein Mann tut, denen ist man näher zu entgehen, als irgend ein Mann mit ihnen druchdrignen könnte, außer Klagen bei handhafter Tat, die ist man näher zu überführen, als dass der Beschuldigte sich reinigen könnte. Ist er ergriffen wegen eines Totschlages, so muss er den Hals büßen, wegen der Wunde die Hand.

---

12 Vgl. hierzu Sachsenspiegel, Ldr. III 56, 3 sowie die Bestimmungen zur »echten Not« im Burger Landrecht.
13 Zu »der heren kameren«, vgl. den Aufsatz von Dieter Pötschke: Textfragment eines Stadt- oder Schöffenrechtes von Burg (in diesem Band).
14 Vermutlich zu ergänzen: der Bank, vgl. Mülverstedt (wie Anm. 2), S. 164, Z. 22 Anmerkung.

Wer raubt, wird er vorgebracht mit dem Raube, so soll man richten, wie Recht ist, über seinen Hals, wegen des Diebstahls mit der Weide (Strang), wegen des Mordes und Mordbrandes mit dem Rad, wegen Betruges mit dem Fass.

Wenn alles, was ein Mann bei Nacht stiehlt, sechs Pfennige wert ist, so soll man ihn hängen. Geschieht es, dass er bei Tage stiehlt, so muss es drei Schillinge wert sein. Einen (bereits zuvor einmal) beklagten Mann, den mag man hängen bei sechs Pfennigen.

// Ein Mann, der geklagt hat, niedrig oder hoch, der mag seine Klage wohl verbüßen mit seinem Gewette. Zöge ein Mann ein Schwert, das soll er vorlegen in einem gehegten Ding, wie es Recht ist. Verwundet ein Mann den andern, wird er beklagt, so soll man ihn beklagen innerhalb[15] der Nacht, will er vor Gericht kommen, so ist er näher daran, sich zu reinigen, als dass er überführt werden kann. Ist die Klage vernachtet[16], so soll er klagen dreimal vierzehn Nächte, so soll man ihm Recht sprechen, wenn er nicht vor ihn kommt. Wird ein Mann, der den andern verwundet hat, bei handhafter Tat ergriffen, den soll man das Schwert oder das Messer in der Hand behalten lassen und soll ihn so vor Gericht bringen und soll ihn dem Richter überantworten. Der Richter soll ihn des anderen Tages vor Gericht bringen und soll ihn dann dem Kläger wieder überantworten, wie Recht ist. Wäre es so, dass der Richter ihn nicht wieder überantwortete, wie Recht ist, der soll darum büßen, dem höchsten Herrn sein / Gewette und dem Kläger seine Buße, das ist eines Mannes Wergeld; wegen der Wunde, die eines Zweikampfes würdig ist, neun Pfund, wegen des Totschlags achtzehn Pfund.

Wenn ein Mann den andern verwundet hat, und er lässt für sich bürgen und er kommt nicht vor zu dem gehegten Ding, so soll derjenige, der für ihn gebürgt hat, ihn vorbringen. Bringt er den Mann nicht vor, für den er gebürgt hat, so muss er deswegen büßen, dem Richter sein Gewette und dem Kläger seine Buße; ist es wegen einer Wunde, neun Pfund, ist es wegen des Totschlags, achtzehn Pfund. Bringt er ihn vor, so ist er ledig.

Der Vogt hat drei gebotene Dinge; so soll der Bauermeister ihm die Kost geben. Derjenige, welcher den Vogt in das Dorf lädt, der soll ihm die Kost geben. Ist es der Fall, dass ein Mann den andern beklagt, erkennt der ihn an und er hat kein Erbe, so soll er es ihm versichern. Hat er keinen Bürgen, so soll er selbst Bürge sein. Man soll ihn dem Kläger überantworten, der soll ihn behalten, wenn er // mit Eigentum ansässig ist. Ist er nicht ansässig, so soll er Sicherheit dafür geben, dass er den Mann wieder überantwortet. Er soll ihn wieder gesund überantworten. Er soll ihn halten nicht zu heiß und nicht zu kalt und weder verhungern noch verschmachten lassen, und auch nicht lähmen, er soll ihn halten gleich seinem täglichen Gesinde. Wäre es dass er

---

15 »Over« ist hier mit »innerhalb, binnen« zu übersetzen (Zimmer, S. 156).
16 Das heißt: nach der Nacht angestrengt.

das nicht täte, so müsste er darum leiden, was ein Recht ist. Wäre es, dass der (in seine Obhut gegebene Mann) stürbe, so müsste der Kläger büßen eines Mannes Wergelt, achtzehn Pfund, geschehe es, dass er gelähmt würde, neun Pfund, geschehe es, dass er Schaden erlitte an seinem Leib, dreißig Schillinge. Entliefe er ihm, so müsste er darum dem Richter büßen drei Schillinge, seinen Verwandten achtzehn Pfund. Wäre es der Fall, dass er ihn wieder vorbrächte und es mit seinem Recht beweisen wollte, dass er ihn gehalten hatte, wie er von Rechts wegen sollte, so vermag man ihn nicht zu belangen. Würde ein Mann beklagt und leugnete er ihm und wäre er nicht mit Eigentum ansässig [Kol. 2] und hätte auch keinen Bürgen, so soll ihn der Richter behalten und / die sollen ihn in Gewahrsam tun. Gewinnen die Bauern Leute dazu, die Bauern sollen die Leute gemeinsam entlohnen. Wäre es dass er ihnen entliefe, so sollen die Bauern darum büßen. Kommt ein Mann nicht zum Ding, er muss darum büßen drei Schillinge. Drei Wetten mag ein Mann büßen und nicht mehr, so muss der Richter das auspfänden.

Wenn ein Mann dem anderen Land abgepflügt hätte, das soll er beweisen, wie es Recht ist, mit dem Richter und mit den Schöffen. Überführt er ihn dessen mit sieben Schöffen und mit einem belehnten Richter, so soll er darum büßen, dem Richter sein Gewette mit drei Schillingen, dem Kläger seine Buße mit dreißig Schillingen. Wäre es der Fall, dass einem Manne vor den Schöffen und vor dem Richter Gut gegeben und ein Friede darüber erwirkt würde, und dass er das Jahr und Tag besessen hätte, das zu behalten, ist er näher daran, als ein Mann vorhanden ist, der es ihm entziehen kann. //

[Blatt 9 = fol. 69] Kol. 1 Wäre es der Fall, dass Bauern Land oder eine Wiese hätten, so wären die Bauern, die das in ihrem Besitz hätten Jahr und Tag ohne rechten Einspruch näher daran, es zu behalten mit ihrem Recht als ein einziger Mann es ihnen absprechen könnte. Wäre es der Fall, dass die Bauern gemeinsam einen Mann beklagten, was die Bauern allesamt anginge, da können die Bauern kein Urteil finden zu Recht, weil die Sache sie selbst angeht. Geschehe es, dass ein Mann Gut hätte, Ackerland oder Wiese, von dem die Bauern allesamt sprechen, dass es ihnen gehöre, hat es ein Mann in seinem Besitz gehabt dreißig Jahre und ein Jahr und sechs Wochen ohne rechten Einspruch, so ist er dort näher daran zu verbleiben, als die Bauern ihm es zu entfernen vermögen. Wäre es der Fall, dass er das nicht zu beweisen vermöchte, wie es Recht ist, so wären die Bauern näher daran, es zu behalten, als der Mann es wäre, es zu entfernen. /

Kol. 2 Wenn ein Mann den andern verwundet hat, lässt er für sich bürgen und kommt er nicht vor zu dem gehegten Ding, derjenige, der für ihn gebürgt hat, der soll ihn vorbringen zum Ding; brächte er ihn nicht vor, so muss er darum büßen, dem Richter sein Gewette und dem Kläger seine Buße, das ist eines Mannes Wergelt achtzehn Pfund. Bringt er ihn vor, so ist er ledig, wie das Recht ist, so soll er sich eidlich reinigen selbsiebend auf die Heiligen. Ist es der Fall, dass ein Mann den andern verwundet hat und wird er ergriffen bei der handhaften Tat und wird er vor Gericht gebracht mit dem Messer oder mit dem Schwert, das er in der Hand haben soll, so soll er klagen mit seinem Gerüfte über seinen Friedebrecher, der den Frieden an ihm gebrochen hat. Ist es der Fall, dass er am Tag dem Mörder Frist gibt, so soll er den Mörder dem Richter überantworten und soll deswegen bei dem Richter bleiben. So soll der Richter sich beweisen lassen, dass die Bürgen ihn vorbringen, so wie sie für ihn gebürgt haben.

[Blatt 10 = fol. 69 verso] Kol. 1

Gäbe ein Mann dem andern ein Erbe oder Land, für das er ihm nicht Gewähr zu leisten vermöchte und welches nicht das seine wäre, so soll der Richter demselben gebieten, dass er ihm Gewähr leistete Jahr und Tag. Kommt jemand, der Recht an dem Gut hat, und widerspricht der Gabe, so muss derjenige, der das Gut zu Unrecht vergeben hat, darum dem Richter büßen, sein Gewette, drei Schillinge zu jeglichem Geding in dem Jahr und dem Kläger dreißig Schillinge, weil er ihm nicht Gewähr geleistet hat.

Willkür bricht alles Recht vor Schöffen und vor Gericht. Wäre ein Mann gefangen oder außer Landes oder verfestet, der kann sein Gut nicht durch Versäumnis verlieren binnen Jahr und Tag, er mag auf sein Gut wohl Anspruch erheben zu Recht, wenn er es behalten will, wie es / Recht ist, dass es ihm durch echte Not entzogen ist.

Kol. 2

Wäre ein Mann verfestet in seiner Gegend, in der er Hausbesitzer ist, der ist nicht dingpflichtig, sollen ihn die Herren vor Gericht laden. Ist es der Fall, dass ein Mann zu einer Wallfahrt ausgezogen oder außer Landes ist oder in Wassersnot, die sind nicht dingpflichtig, sofern sie es beweisen, wie es Recht ist, dass sie echte Not gezwungen habe; deswegen soll niemand Buße leisten.

Wäre ein Mann ansässig außer Landes, der wäre nicht dingpflichtig, wollen ihn die Herren vor Gericht laden. Wäre es der Fall, dass ein Mann den andern Land oder Gut abgekauft hätte, vermöchte er es zu beweisen mit seinen Weinkaufsgenossen, welche auf den Weinkauf getrunken hätten, dass er ihm das Gut rechtlich und redlich abgekauft hätte, er wäre näher daran, es zu behalten mit seinen Weinkaufsgenossen, als jene wären, es zu entfernen. Wäre es der Fall, dass jene das Gut nicht lassen wollten, das Gut sollte er ihnen abgewinnen mit seinen Weinkaufsgenossen auf die Heiligen, wie es Recht ist.

Wäre es der Fall, dass die Weinkaufsgenossen ihm nicht // helfen wollten zu seinem Recht, so müssten sie das auf die Heiligen schwören, dass sie auf den Weinkauf nicht getrunken hätten und der Kauf nicht geschehen wäre. Wäre es der Fall, dass er ihm das Gut nicht räumen wollte, dem er es abgekauft hätte, das soll er ihm abgewinnen zu drei Dingen. Zu dem ersten Ding soll er dem Richter eine Klage tun, dass er ein Gut gekauft hätte rechtlich und redlich und dass man es ihm nicht räumen wollte und bitte darum Recht um seiner Klage willen und bitte den Richter, dass er ein rechtes Urteil frage, wie es sich mit dem Recht verhält, dass er ihm nicht den Kauf folgen lassen will. Er soll deswegen büßen dem Richter drei Schillinge, dem Kläger

[Blatt 11 = fol. 70 recto] Kol. 1

dreißig Schillinge, dass er ihm das Gut nicht geräumt hat, das er mit Recht gewonnen hat. Die Klage soll er tun bei dem zweiten Ding. Räumt er es ihm nicht, so soll er abermals darum Buße zahlen; dasselbe bei dem dritten Ding, so gewinnt wiederum der Richter sein Gewette und der Klä/ger die Buße. So soll der Kläger ein rechtes Urteil fragen, ob ihm der Richter und die Schöffen Gewalt über das Gut geben sollen; so sollen sie ihm zu Recht Gewalt über das Gut geben. Der Richter und die Schöffen sollen in den Hof und in das Haus treten und sollen nehmen seine Stühle und allen seinen Hausrat und es auf die Straße tragen und sollen jenen in die Gewalt des Hauses und des Hofes setzen und jenes Pflug aus der Furche nehmen und seinen darein setzen. Der Richter soll ihm erwirken der Herren und des Landes Frieden, dass ihn niemand breche, er tue es denn mit Recht. Wer das Gut angriffe, den soll man aufgreifen als einen Räuber und sollte ihm sein Recht tun.

Welcher Mann den andern verwundet auf dem Kopf über den Augen bis in den Nacken, so soll die Wunde kampfeswürdig sein. Sie muss durch den Knochen gehen, so ist die Wunde kampfwürdig und anders nicht, es sei denn, dass die Wunde in der Schläfe sei oder durch die Wange, oder die Nase ab oder das Auge aus. //

[Blatt 12 = fol. 70 verso] Kol. 1

Eine kampfwürdige Wunde soll nageltief und Gliedes lang sein. Die Wunde sollen die Schöffen besehen. Die Wunde soll man messen mit einem vollkommenen Gliede an dem mittelsten Finger und mit einem vollkommenen Nagel. So sollen die Schöffen die Wunde messen, falls sie daran zweifeln. –

aus dem Burger Stadtrecht[17]:

Beschuldigen Euch die Ratmannen, so antwortet folgendermaßen darauf: Diese Worte sprach ich in der Weise des Rates, da ich zu dem Rate vorgeboten war und täte das der Stadt zu Ehren und den gemeinen Bürgern zu Nutzen und durch Rechtes willen. Wenn es mich recht und ehrlich deuchte, dass man keinen Mann töten soll, man täte es denn mit Recht. Habe ich hieran fehlgetan, so will ich büßen nach Recht, wie die Schöffen zu Magdeburg das entscheiden. /

Kol. 2

Wenn andere Bürger ihn beschuldigen, so antwortet folgendermaßen darauf: Diese Worte sprach ich in der Weise des Rates, da ich zu dem Rat vorgeboten war, ebenso auch mehr biedere Leute dazu geladen wären, und ich hoffe, ich habe gegen keinen Mann dabei fehlgetan und sei fürder nicht pflichtig darum zu antworten, und berufe mich dessen auf die Schöffen zu Magdeburg, ob ich von Rechts wegen Euch antworten soll oder nicht.

---

17 Vergleiche hierzu den Aufsatz von Dieter Pötschke: Textfragment eines Stadt- oder Schöffenrechtes von Burg (in diesem Band).

Das Burger Landrecht aus dem 14. Jahrhundert

Abdruck der Originalhandschrift aus dem Landkreis- und Stadtarchiv Burg

Das Burger Stadtbuch, Einband. Foto: D. Pötschke (2013)

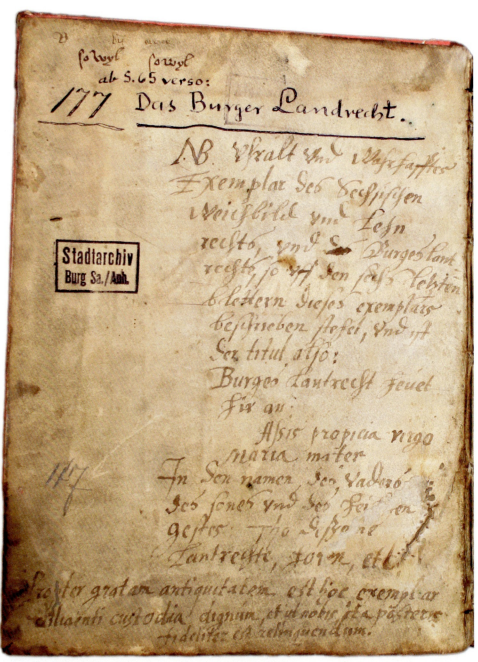

Das Burger Landrecht, Innenseite. Foto: D. Pötschke (2013)

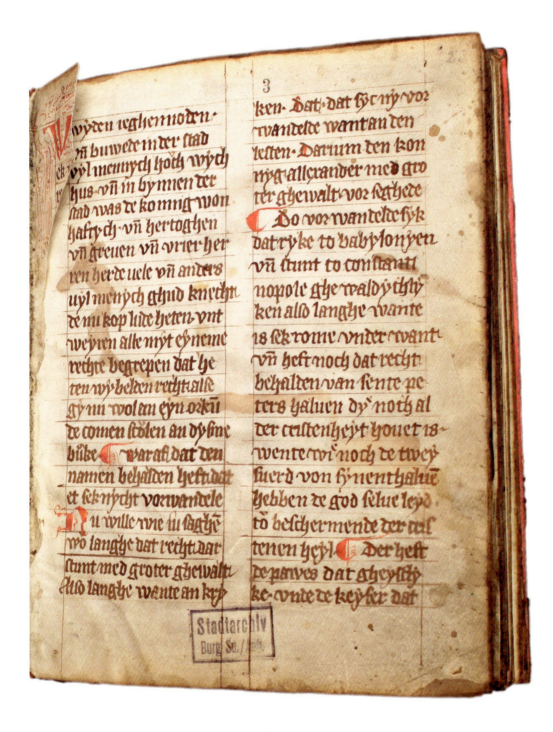

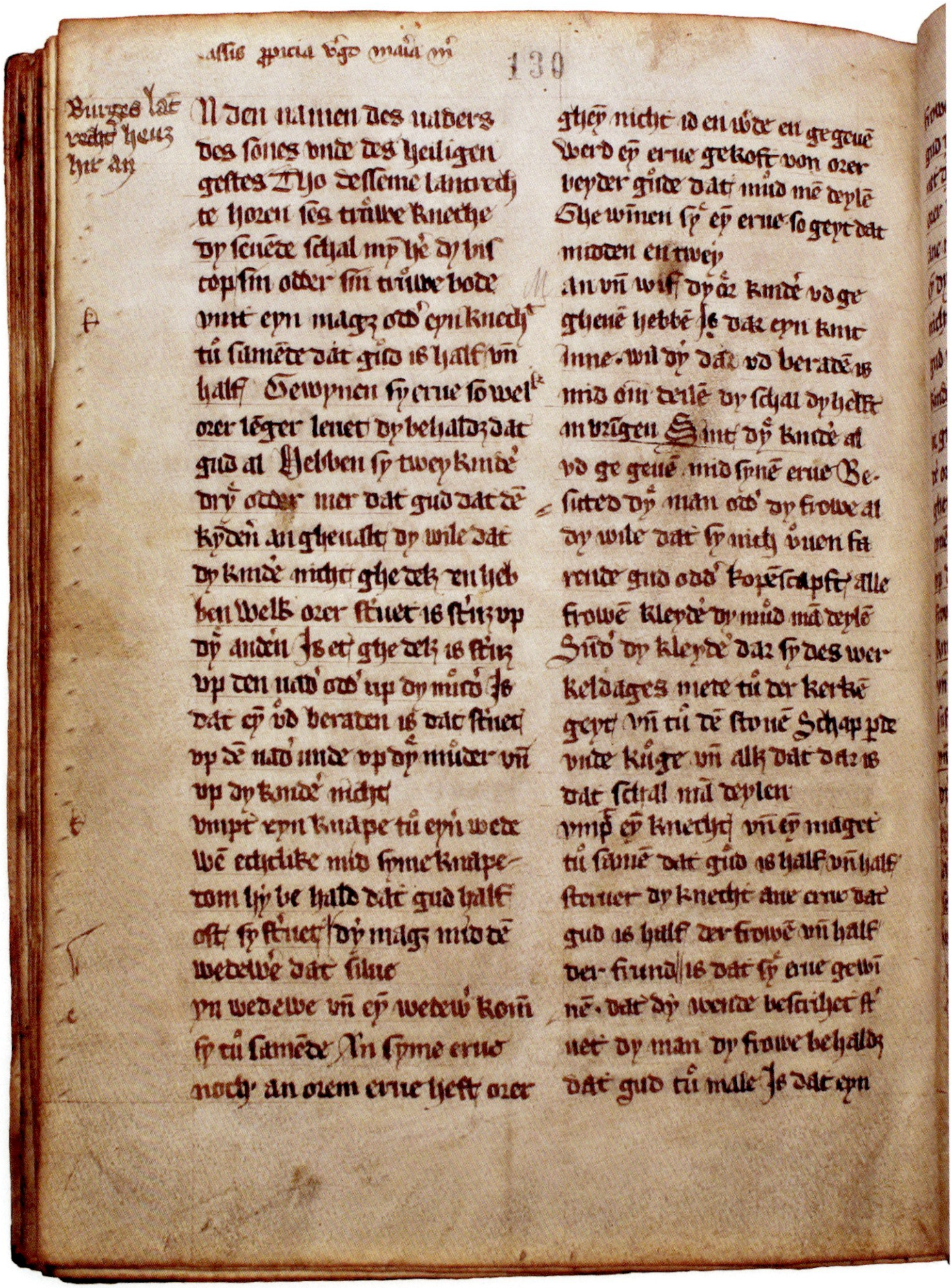

Das Burger Landrecht, fol. 65 verso. Foto: D. Pötschke (2013)

frowe stiruet dy mû beholdz dat
gud tu male Is dat en mâ st
net dy frowe mach wol vormud
over kide wden dy wile dat sy
ane man bliuet Stiruet d kider
ey dy wile dat sy mid d mud
nicht ge deilt hebbe so stiruet dat
gud vp dy mud vn nicht vp dy
kinde Is dat sy ghedeyt hebbe
oz gud mid der mud vn dy ki
de oz gud tu same hebbe mey
ghesamet gud so stiruet dat vā
eyne kide vp dat ande vn nicht
vp dy mud Were dat ey
frowe storue oder eyn man dy
kinde scholde dat erue vp nemē
vn kindes kint nicht Were
suste vn brude storue oder ey
vn hedden sy eyn halue bruder
dy scholde deil neme gelich de
halue rechte brude We dat
ey wedde we vn eyn wedew tu
same queme kumpt dy wede
we in des wedewes hoff vnst
uet dy wedew dy wedewe schal
vd suire wat sy in bracht heft
witlike heft sy d bracht kuge
scrip odd pde as dat dat ne

stiruet odd geroueet wdz so miuc
dy wedewe des vueberen Is dat
sy des willekome maach also
dat recht is dat si dat writh
ke in bracht heft so is sy des
neyer tu beholde med twe mā
dy dat ouer gewesen sint dat
dat gud ghelouet is Is dat gud
ge diuet vp twitich piint od
mer Were dat kinden gud
ā an gestoruē vowe der kinde
were vire oder vise dat eyne
kind dat o ede nor vm vor gene
dat gud vor richt vnd vor schepe
vn gheweide des gudes idzyn dich
dy kinde muchte nymer tu de
me gude kome. Dat sy denne
so dat sy buten lande sy odd ge
nedgen sin odd vo uested sin
Vern kinde dy nicht mindich
en weren dy schole eyne vormu
der kisen dat mede schole sy
ores gudes vortige We dat
eyn man storue dy wile dat dy
kynde nicht witlike mid dir
mider gedelet hebbe storue
der kinde enich dat gud stor
ne vp dy muder vnde nicht

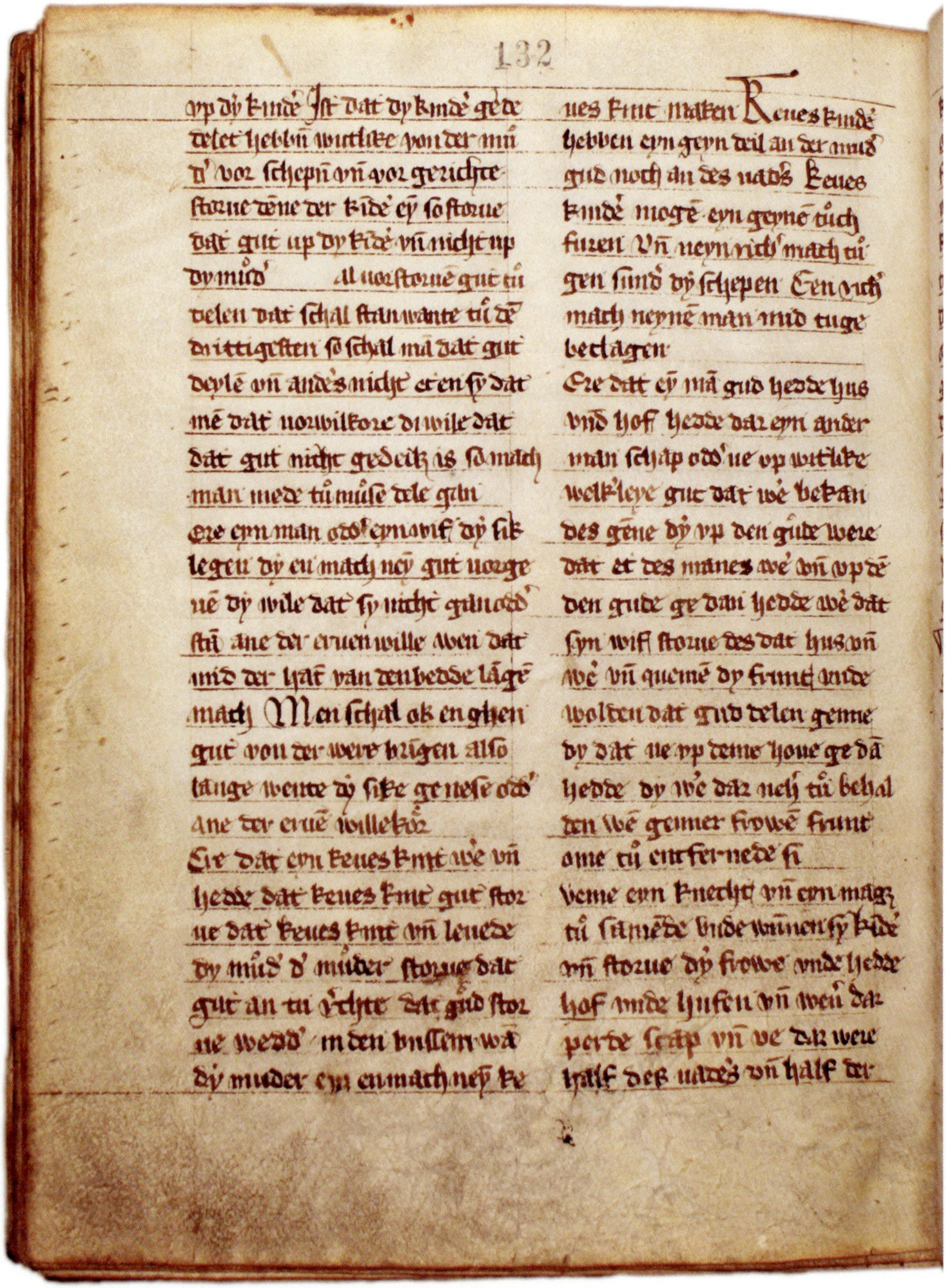

Das Burger Landrecht, fol. 66 verso. Foto: D. Pötschke (2013)

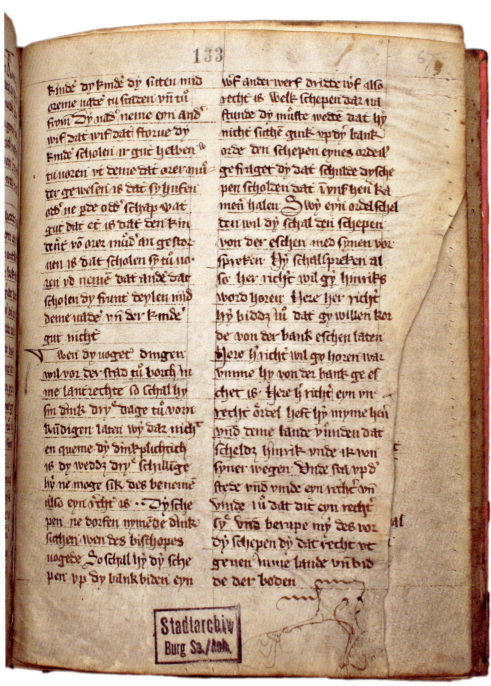

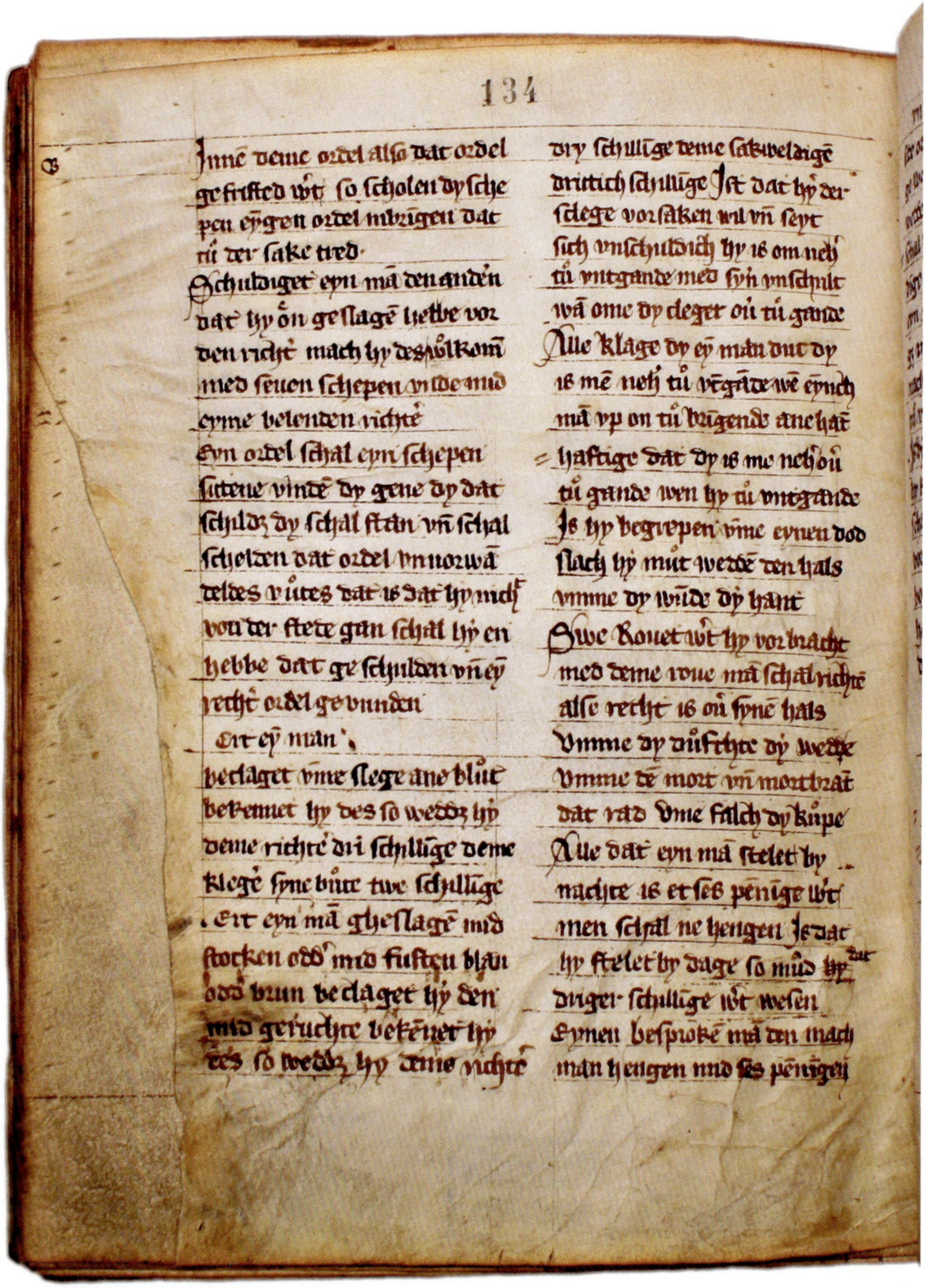

Inne deme ordel alse dat ordel
gefristed wert so scholen dy sche
pen eyngen ordel inbringen dat
tu der sake tred.
Schuldiget eyn man den anderen
dat hy on geslagen hebbe vor
den richte mach hy des vulkomen
med seuen schepen vnde mid
eyme belenden richte
Eyn ordel schal eyn schepen
sittende vinden dy gene dy dat
schuldet dy schal stan vnde schal
schelden dat ordel vnnorwan
deldes vntes dat is dat hy nicht
von der stede gan schal hy en
hebbe dat ge schulden vnde eyn
recht ordel gevunden
ert eyn man
beklaget vme slege ane blut
bekennet hy des so wedde hy
deme richte dri schillinge deme
klegere syne bute twe schillinge
ert eyn man geslagen mid
stocken oder mid fusten blau
oder brun beklaget hy den
mid geruchte bekennet hy
des so wedde hy deme richte

dry schillinge deme sakweldige
drittich schillinge Ist dat hy der
slege vorsaken wil vnde seyt
sich vnschuldich hy is om neher
tu vntgande med syner vnschult
wan ome dy cleger ou tu gande
Alle klage dy eyn man dut dy
is men neher tu vntgande wen eynich
man vp on tu bringende ane hant
haftige dat dy is me neher on
tu gande wen hy tu vntgande
Is hy begrepen vme eynen dod
slach hy mut wedden den hals
vmme dy wunde dy hant
Swe Rouet wert hy vor nacht
med deme roue man schal richten
alse recht is ouer syne hals
Vmme dy durstighe dy wedde
vmme de mort vnde mortbrant
dat rad vme falch dy kupe
Alle dat eyn man stelet by
nachte is et ses penige wert
men schal ne hengen Is dat
hy stelet by dage so mud hy dat
driger schillinge wert wesen
Eynen besprokenen man den mach
man hengen umd ses penigen

Das Burger Landrecht, fol. 67 verso. Foto: D. Pötschke (2013)

135

vn man dy ge claget heft
sir ors hoch dy mach sine cla
ge wol verburt mid syne ge
wedde. Thut eyn mā ey swt
dē schal hy leggen in eyne hegede
dige alse recht is. Wundz
eyn mā de anden wt hy beda
gz ane schal eyn dagen off de
nacht wil hy vorkome hy is nehi
til vntgānde wen hy off tu gā
Is dy clage ver nacht so schal
hy klage dri nrteynacht. So
schal ym richte oft gene nichte
vor en kupt. Wert eyn mā
begrepen dy de anden ge wūdz
heft bīne der handhaftigen
dat de schal me dat swert ors
dat mess in dy hant behalz
vn schal on so vorgerichtet brī
gen vn schal on den richte ant
wden dy richte schal on des an
deren dages tu gerichte brīge
vn schal on de deme sakwel
digen wetter antwden alse
recht is. Weret also dat dy
richte on nichte wedd antwde
alse recht as hy schal dat vme
wedde dem hogeste hen syn

ge wedde vnd deme klege sīne
bocke dat is eynes mans wer
gelt vne dy wūde dy kupdich
is nege vūd vmme den dotslach
achteyn vūd
ste ey mā den anden gewūt heft
vn late hy sik borgen vn en kup
hy nicht vor tu deme hegede
dige. dy on geborget heft schal
on vor brīge. Brīget hy den
man nicht vor den hy borg
heft hy mus dat vme wedden
dem richte sy gewedde vn de
sakweldigen syne bocke. Ist vm
eyne wūde negen vūd ist vm
den dotslach achteyn vūd. Brīgz
hy on vor so is hy ledich

Dy voget heft dry botding so
schal on dy burmest dy cost gene
Wi den voget in dat dorp lad
dy schal om dy cost gene. Ist dat
eyn mā den anden beclagz beke
net hy on vn et heft hy neyne
erne hy schal em wis maken
heft hy neyne borgen hy schal
silue borge syn ouen schal en
dem sakweldigen antwden
dy schal on behalden oft hy

Das Burger Landrecht, fol. 68 recto. Foto: D. Pötschke (2013)

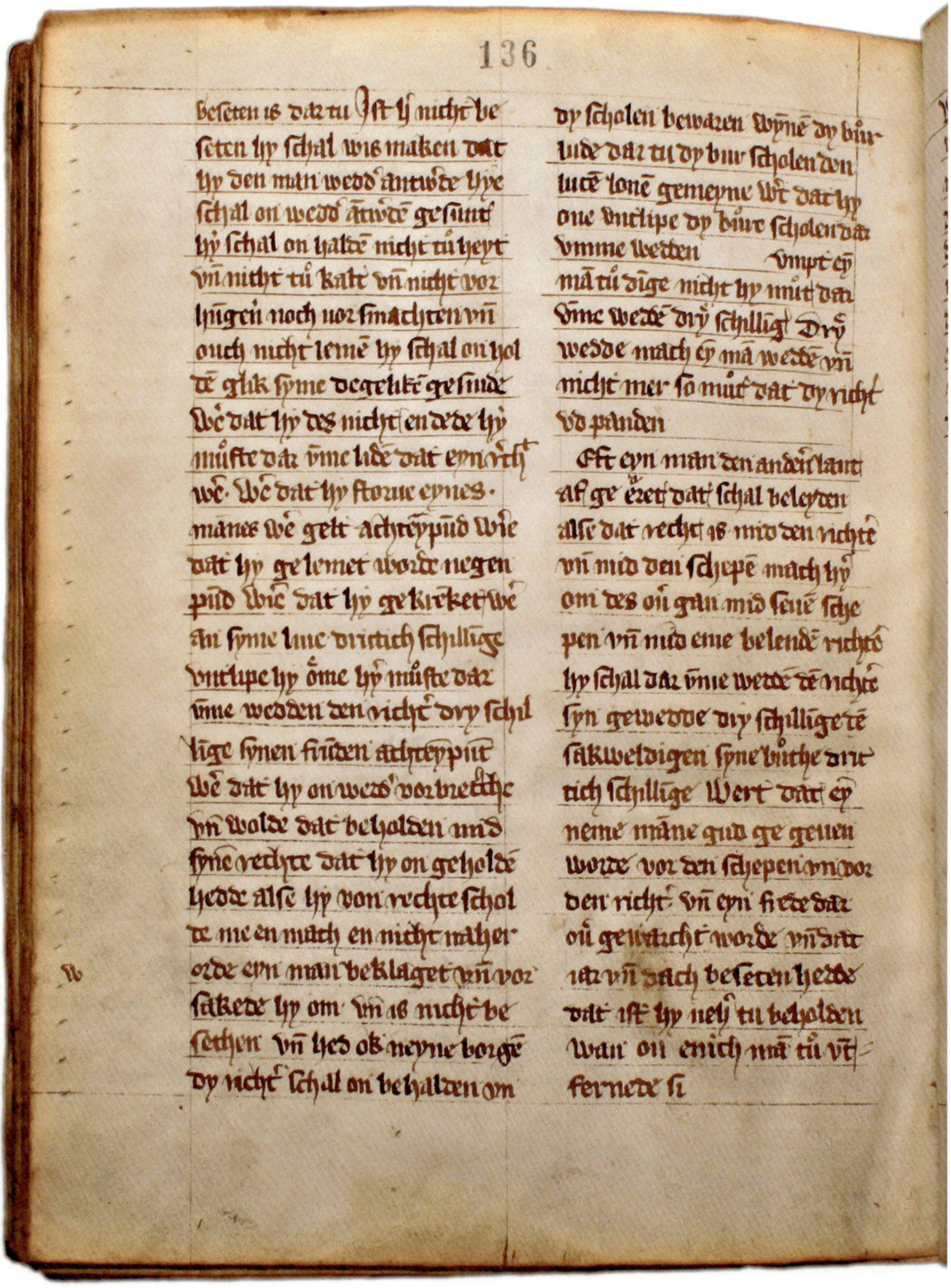

Das Burger Landrecht, fol. 68 verso. Foto: D. Pötschke (2013)

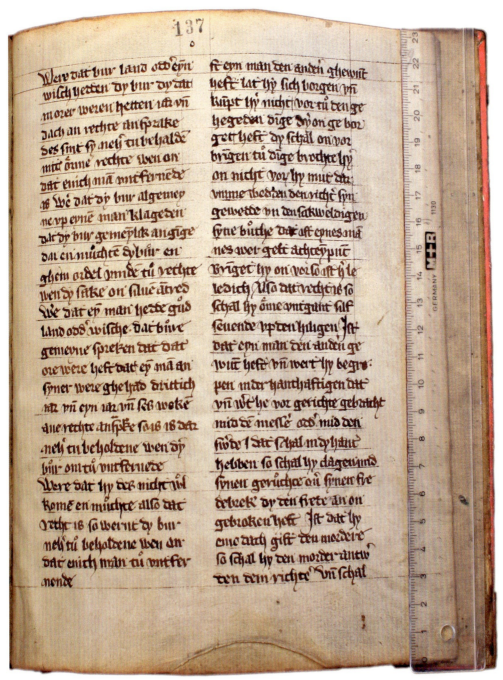

Das Burger Landrecht, fol. 69 recto. Foto: D. Pötschke (2013)

138

des tu deme richtv syn So-
schall dy richt sik awis latten
maken dat dy borge on vor
bugen also si on geborgt h
hebben

Eue eyn man den anden eyn
erue odd lant des hy ome
nicht wen en muchtv vnd
dat syne nicht enwere dy
richte scholde deme gebiden dat
hy om gewerde tat vn dich
kupt ymāt on wedspritke
dy gift dy recht tu deme gude hest Dene dy dat gud vor
gut hest tu vnrechte dy mut
dat ome wedden deme richte
syn gewedde dri schillige tu
iowelken gedige in deme ore
vn deme sitkweldigen dri rich
schillige dat hy om nicht ge-
werz hest

Hyrvor bockt alle recht
vor schepn vn vorgerichte
Ere ey mā genūge odd bitte
lādes odd voruestz dy ne mach
syn gud nicht vor sume bine
tat vn bine dage hy mach sy
gud wol anspreken tu rechte
we hy dat behalde wil alse

recht is dat ad eme recht nod
benomen hest
Ere ey mā vuestz a syn vegenode
dar hy huselethe is dy en ab nicht
digplichtich wille on dy here erth
tes stāden Ist dat ey mā
bederuald getoge as odd buchen
landes is odd hy watr nod dy en
syn nicht digplichtich des sy dat
bewisen alse rechte as dat on
erchte nod hebbe benome dat
schil nymādo ome werden
Ere en mā be sechen buchelādes
hy en wre nichts digplichtich
wille on dy here rechtes stān

Ere dat ey mā den anden
land ods gud af gekoft hedde
muchte hy des volkom amid syne
lickops lude dy den lickop ge-
druken hedden dat hy on dat
gut rechtlike vn redelike af
gekoft hedde hy wur dat neh
tu behaldene mid syne lickops
luden wen en gene tu entferne
we dat gene dat gud nicht laten enwolde dat gud schalde hy
on antgeiwine also rechte we mid
syne lickops lude op den hilige
we dat dy lickops lude on nicht

Das Burger Landrecht, fol. 69 verso. Foto: D. Pötschke (2013)

helpen wolden tu synen rechte
he musten dat vp den hiligē
sweē dat sy den tickop nicht
gedrunken herden vā dy lic
kop nicht gē schē̄ en were
We dat hy ōn dat gud nicht
kumē ne wolde den hy en af
gekoft herde dat schal hy on
afwinnē tu dem digen tu
deme ersten dige so schal hy
dō eyne klage deme richte
dat hy ey gud gekoft hebbe
rechtike vn redelike v̄ ōn dat
nicht vīme wil vn bidde dar
rechtes dorch syn klage wille
vn bidde deme richte dat hy
vragen eynes rechte ordeles.
Watt dar eyn recht vīme is dat
hy ōn nichē en wil volgen la
ten den kop hy schal dat syne
wedder deme richte drī schult
ge deme klege druttich schillige
dat hy ōn dat gud nicht gerū
met heft dat hy mid rechte ge
w wīme heft Dy klage schal
hy dun tu den anden dige tu
met hy an nicht so schal hy eche
dat vīme wedden Dat sulue tu
den dridden dige so wint aver
dy richte hyn gewedde vn dy cle

ger dy burhe   o schal dy
cleg vragen eyne rechte ordels
oft ōn dy richter vn dy schepe
des gudes icht weldige schole
So schole hy ōn tu rechte wel
digen des gudes Dy richter vn
dy schepen scholen trēdē inden
hof vn in dat hus vn scholen ne
men syne stule vn al syn buv--
rat vn dragen dat vp dy strate
vn scholen gene wat hus vnde
in den hof weldigen vn genes
pluch vō der vore neme vn syne
dar ni setten dīricht schal ōn wer
ken dar her tu frede vn des lātes
dat den nymāt onbreke hy du
et mid rechte We dat gud an gre
pe men scholden vpholte vor eyne
rouer vn scholde in syn rechte dū

Elk mā den anden wūndet vp
den kop boue den ogen want in
del nacken schal dy wūde ketsp
ver dich syn hy mut dorch den
knoke wesen so is dy wūde ketsp
ver dich vn anders nicht dat en
sy dat dy wūde māe slap sy ōdd
vō dy wāge ōdd dy nese af
ōdd dat oge vt

Yn kumpt dich wūnde dy

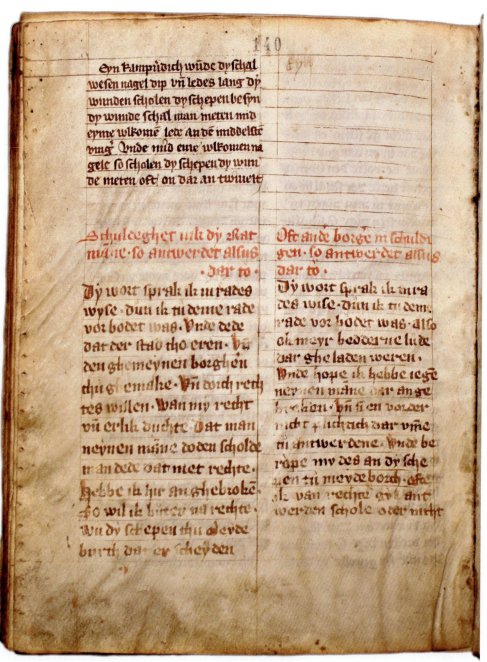

Das Burger Landrecht, fol. 70 verso. Foto: D. Pötschke (2013)

Adressen der Autoren und Herausgeber

Prof. Dr. jur. Mag. rer. soc. oec. Wilhelm Brauneder
Institut für Rechts- und Verfassungsgeschichte
Universität Wien
Juridicum, Schottenbastei 10–16, A 1010 Wien
und
Donau-Institut für Interdisziplinäre Forschung der Andrássy Universität Budapest
Andrássy Universität Budapest
wilhelm.brauneder@univie.ac.at

Dr. Bernd Feicke
Vorsitzender des Harz-Vereins für Geschichte und Altertumskunde
Leiter der Fachkommission Landesgeschichte
Straße des Friedens 269, 06502 Thale, OT Westerhausen
bernd.feicke@gmx.de

Dipl. Ing. Gunter Fritsch
Präsident des Landtages Brandenburg
Schirmherr des Netzwerkes der Rolandorte
Alter Markt 1, 14467 Potsdam
praesident@landtag.brandenburg.de

Prof. Dr. Andrzej Gulczyński
Fakultät für Recht und Verwaltung der
Adam-Mickiewicz-Universität in Poznań
Al. Niepodległości 53, PL 61-714 Poznań
guland@amu.edu.pl

Prof. Dr. Dr. h.c. Gernot Kocher
Karl-Franzens-Universität Graz
Rechtswissenschaftliche Fakultät
Vogelweiderstraße 48, A 8010 Graz
gernot.kocher@uni-graz.at

Prof. Dr. iur. habil. Gerhard Lingelbach
Friedrich-Schiller-Universität
Professur für Bürgerliches Recht und Deutsche Staats- und Rechtsgeschichte
Fachkommission Rechtsgeschichte im Harz-Verein
Rheinlandstraße 18, 07743 Jena
g.Lingelbach@recht.uni-jena.de

Dr. Ulrich-Dieter Oppitz
Oderstraße 10, 89231 Neu-Ulm
ulrich-oppitz@t-online.de

Dr. Dieter Pötschke
Leiter der Fachkommission Rechtsgeschichte im
Harz-Verein für Geschichte und Altertumskunde
An der Wublitz 25B, 14542 Leest
dpoetschke@web.de

Prof. Dr. Adrian Schmidt-Recla
Juristenfakultät Universität Leipzig
Burgstraße 27, 04109 Leipzig
post@schmidt-recla.de

Dr. Michael Scholz
Brandenburgisches Landeshauptarchiv und
Fachkommission Rechtsgeschichte im Harz-Verein
Dattelner Straße 20, 39307 Genthin
mscholz_fahrland@yahoo.de

Prof. Dr. iur. Clausdieter Schott
vormals Lehrstuhl für Rechtsgeschichte und Privatrecht
Universität Zürich
Dorfstrasse 37, CH 8126 Zumikon/Schweiz
clausdieter.schott@access.uzh.ch

Dr. Jörn Weinert
Germanistisches Institut
Martin-Luther-Universität Halle-Wittenberg
Herweghstraße 96, 06114 Halle (Saale)
und
Friedensstraße 13, 39240 Stadt Barby (OT Zuchau)
joern.weinert@germanistik.universität-halle.de

Kulturattachée Violaine Varin
Beauftragte für deutsch-französische Angelegenheiten in Sachsen-Anhalt
Staatskanzlei
Hegelstraße 42, 39104 Magdeburg
violaine.varin@stk.sachsen-anhalt.de

Dr. Keno Zimmer
VI. Gartenreihe 9, 66740 Saarlouis
keno.zimmer@stwb-wohnen.de